Ostasien im 21. Jahrhundert

Politik – Gesellschaft – Sicherheit – Regionale Integration

Herausgegeben von
V. Blechinger-Talcott, Berlin, Deutschland
T. Heberer, Duisburg, Deutschland
S. Heilmann, Trier, Deutschland
H. Holbig, Frankfurt, Deutschland
P. Köllner, Hamburg, Deutschland
H. W. Maull, Trier, Deutschland
G. Schubert, Tübingen, Deutschland

Gesine Foljanty-Jost • Karoline Haufe • Mai Aoki

Bürger als Partner

Kooperative Demokratie in japanischen
Kommunen

 Springer VS

Dr. Gesine Foljanty-Jost
Karoline Haufe
Mai Aoki

Martin-Luther-Universität Halle-Wittenberg
Deutschland

ISBN 978-3-658-02149-8   ISBN 978-3-658-02150-4 (eBook)
DOI 10.1007/978-3-658-02150-4

Die Deutsche Nationalbibliothek verzeichnet diese Publikation in der Deutschen Nationalbibliografie;
detaillierte bibliografische Daten sind im Internet über http://dnb.d-nb.de abrufbar.

Springer VS
© Springer Fachmedien Wiesbaden 2013

Springer VS ist eine Marke von Springer DE. Springer DE ist Teil der Fachverlagsgruppe Springer
Science+Business Media.
www.springer-vs.de

Inhalt

Abbildungen und Tabellen

Abbildungen

Tabellen

1. Einleitung

Chihō shūken[1] – lokale Souveränität – ist eines der politischen Schlagwörter, mit denen der Demokratischen Partei im September 2009 ein sensationeller Wahlsieg im japanischen Unterhaus gelungen ist. In seiner Regierungserklärung vom 26.10.2009 erläuterte der damals neue Premierminister Hatoyama sein Verständnis von „lokaler Souveränität" wie folgt: „Ich werde eine ‚lokale Souveränität' durchsetzen, um eine lokale Gesellschaft voller Aktivität zu schaffen, in der die Bürgerinnen und Bürger über die Gemeinde, in der sie leben, selbst entscheiden. Sie müssen selbst darüber nachdenken und entscheiden, für welche politischen Maßnahmen sie wie viel Geld ausgeben wollen und was für eine Kommune sie haben wollen. [...] Es muss ein grundlegender Wandel in der Beziehung zwischen Zentralstaat und Kommunen von einer vertikalen, in der der Zentralstaat auf die Kommunen herabblickt, hin zu einer neuen partnerschaftlichen Beziehung stattfinden, in der beide unter gleichberechtigten Bedingungen kommunizieren. [...] Grundlage dieser Reformen ist ein neues Bild von Bürgerinnen und Bürgern als Subjekt, nach dem diese vor Ort in den Kommunen selbst die Verantwortung für die Zukunft der Dörfer und Städte, in denen sie leben, übernehmen" (Shushō kantei 2009). Der Begriff „lokale Souveränität" löst ein anderes Schlagwort ab, das seit mehr als 10 Jahren mit Kommunalpolitik auf das Engste verbunden ist: *Chihō bunken* – Dezentralisierung, die im Jahr 2000 nach einem fast zehnjährigen öffentlichen Diskussionsprozess über die Zukunft der japanischen Gebietskörperschaften[2] in einem umfassenden Gesetzespaket festgeschrieben worden ist.

Die Reformen gelten bis heute als Wendepunkt in der japanischen Innenpolitik und werden als epochal eingeschätzt, weil sie das bisherige Abhängigkeitsverhältnis der Präfekturen von der Zentralregierung und der Städte, Dörfer und Gemeinden von den Präfekturen

---

1   Japanische Begriffe werden im Folgenden nach dem revidierten Hepburn-System transkribiert. Bei Personennamen erfolgt gemäß der japanischen Konvention auch im deutschen Text die Wiedergabe in der ostasiatischen Reihenfolge (zuerst Familienname, danach persönlicher Name). Im Literaturverzeichnis wird bei japanischen Namen nach dem Familiennamen ein Komma gesetzt. Im Fließtext wird hingegen der volle Name oder nur der Familienname genannt. Japanische Termini mit Ausnahme von Quellenangaben und Namen werden kursiv markiert. Die Transkription richtet sich nach den Regeln für die Umschrift des Japanischen in schriftlichen Arbeiten des Japanologischen Seminars der Universität Heidelberg (Schamoni 2002).

2   Der Begriff Gebietskörperschaften wird im Folgenden wie auch der Begriff Selbstverwaltungskörperschaften als Übersetzung des japanischen Begriffs *chihō jichitai* bzw. *chihō kōkyō dantai* verwendet. Er umfasst zwei Verwaltungsebenen, nämlich die Ebene der Präfekturen (*to-dō-fu-ken*) sowie der Städte, Dörfer und Gemeinden (*shi-chō-son*). Präfekturen sind als Ebene zwischen Zentralverwaltung und Kommunen für weiträumige, bzw. überregionale Aufgaben in Bereichen wie Regionalentwicklung und Infrastruktur zuständig, wogegen die eigentliche kommunale Ebene mit Städten, Dörfern und Gemeinden (*shi-chō-son*) für sämtliche bürger- und alltagsnahen Aufgaben verantwortlich ist. Die Verwendung von „kommunal" im laufenden Text bezieht sich jeweils nur auf die unterste Ebene, d.h. die Stadt- bzw. Gemeindeebene. Sofern auch Präfekturen gemeint sind, wird dies explizit vermerkt.

zugunsten horizontaler gleichberechtigter Beziehungen auflösen sollen. Die zentralen Bestandteile der Dezentralisierungsreformen sind die Neugestaltung der Arbeitsteilung zwischen den Verwaltungsebenen, eine Neuordnung von Verwaltungsstrukturen in Gestalt von Gebietsfusionen sowie die Reform des kommunalen Finanzsystems. Ziel der Reformen sind die Erhöhung von Verwaltungseffizienz sowie die Entlastung der Staatskasse und die Erhöhung von staatlicher Legitimität durch Verbesserung öffentlicher Dienstleistungen.

Im Zuge der Umsetzung des Dezentralisierungsgedankens ist seither in einer Mischung aus Verwaltungsreformen von „oben" und lokalen Initiativen für mehr Bürgerbeteiligung[3] von „unten" eine Welle von reformpolitischen Initiativen auf kommunaler Ebene zu beobachten. Diese setzten bereits in den späten 1990er Jahren ein und haben zur Einführung von dialogisch orientierten, freiwilligen und auf Kooperation angelegten Beteiligungsformen von Bürgern und Bürgerinnen an politischen Entscheidungsprozessen und an deren Umsetzung sowie Dienstleistungserbringung geführt. In Anlehnung an Bogumil (2001: 212ff.) lässt sich von Ansätzen einer kooperativen Demokratie auf kommunaler Ebene sprechen. Sie sind Teil eines Paradigmenwechsels in der japanischen Innenpolitik, der die Stärkung der kommunalen Selbstverwaltung als Ziel formuliert und Dezentralisierung als Kombination aus institutionellen Veränderungen im Verhältnis von Zentralstaat und Kommunen, neuen administrativen Steuerungsmodellen und neuen Beteiligungsformen sieht.

Entsprechend dieser Charakterisierung von Dezentralisierung unterscheiden sich die Protagonisten: Während die Zentralverwaltung flankiert von der Verwaltungswissenschaft programmatisch den Fokus auf eine Ökonomisierung der Kommunalpolitik im Hinblick auf Effizienzsteigerung legt, diskutieren Bürgergruppen und die seit Hatoyama bis Dezember 2012 regierende Demokratische Partei mit argumentativer Hilfe der Sozialwissenschaften Dezentralisierungsreformen vor allem unter dem Blickwinkel eines Demokratiezugewinns. Sie werden durch die Erwartung angetrieben, dass die in der japanischen Verfassung garantierte Autonomie der Kommunen und ihre Rolle als Schule der Demokratie mit den neuen Formen kooperativer Politik eingelöst werden.

Die Regierungserklärung von Hatoyama knüpfte also an die Verwaltungsreformen an. Neu ist, dass der Akzent der Regierung explizit auf der Rolle der Bürgerin und des Bürgers als Subjekt gelegt wird. Dies entspricht dem damaligen Wahlkampfprogramm der Demokratischen Partei, von deren Mitgliedern und WählerInnen ein beträchtlicher Teil über Erfahrungen im Bereich des freiwilligen Engagements bzw. der Bürgerinitiativarbeit verfügt.

Der seit Jahren als Slogan zur Kennzeichnung bürgernaher Kommunalpolitik verwendete Begriff der gleichberechtigten „Partnerschaft" von Kommunalverwaltung und BürgerInnen hat damit de facto Einzug in die programmatischen Leitsätze der Regierung gehalten. Die Frage nach dem Gehalt der neuen Formen kooperativer Politik hat seither an Brisanz gewonnen. Der Überblick macht deutlich, dass es sich nicht um neue direktdemokratische Beteiligungsformen handelt, sondern um Formen der Mitgestaltung und Beteiligung von Bürgerinnen und Bürgern an Planungs- und Entscheidungsprozessen, die direktdemokratische und repräsentative Formen der Willensbildung ergänzen. Der Bürger bzw. die Bürgerin

---

3   Angesichts der dominanten Rolle, die Frauen in der japanischen Zivilgesellschaft spielen, wird trotz gelegentlicher Sperrigkeit die männliche und weibliche Form differenziert verwendet, lediglich im Titel des Buches und in zusammengesetzten Begriffen wie Bürgerversammlung wird aus Gründen der Lesbarkeit keine Differenzierung vorgenommen.

wird „Partner" der Kommunalverwaltung. Es findet also wie in Deutschland eine Neujustierung der kommunalpolitischen Akteure statt, die auch außerhalb Japans intensiv unter dem Stichwort „local governance" diskutiert wird (Benz u.a. 2007, Walk 2008).

Hier wie dort lassen sich zwei Diskurse identifizieren (vgl. Zimmer 2009: 121f.): Zum einen geht es im Zusammenhang mit den Verwaltungsreformen um die Frage nach Effizienzsteigerung und Entlastung des Staates durch neue Netzwerkkonstellationen. Beteiligung von Bürger und Bürgerinnen ist in diesem Kontext nur solange von Interesse wie sie für die Kommune zu Kosteneinsparungen führt, ein darüber hinaus gehender Partizipationseffekt steht nicht zur Diskussion. Der zweite Ansatz nimmt aus der Perspektive der Zivilgesellschaftsforschung die Einbindung von BürgerInnen in kommunale Planungsprozesse und Leistungserbringung im Sinne einer „partizipative(n) Governance" in den Blick und interessiert sich für zivilgesellschaftliche Potenziale, bürgerschaftliches Engagement und die Chancen für einen Zugewinn an lokaler Demokratie durch Beteiligung (Walk 2008).

Die spezifische Entwicklung der japanischen kommunalen Selbstverwaltung und die großen Erwartungen an Demokratisierungseffekte durch Kooperation in dem dortigen Dezentralisierungsdiskurs machen es insbesondere seit der programmatischen Positionierung der BürgerInnen als selbstverantwortliche Gestalter ihrer Kommune naheliegend, den zweiten Zugang aufzugreifen und nach dem Potenzial neuer Formen von „partizipativer Governance" für lokale Demokratie zu fragen. Entsprechend dieses Zugangs wird in der vorliegenden Studie das Partnerschaftsparadigma politisch programmatisch, institutionell sowie in der Umsetzung anhand von Fallbeispielen in vier japanischen Städten empirisch untersucht. Ziel ist es, die Frage zu beantworten, ob von Konzept und Umsetzung des Prinzips der „gleichberechtigten Partnerschaft" zwischen BürgerInnen und Kommunalverwaltung ein Demokratiezugewinn im Sinne von mehr Bürgernähe, der Verbesserung reflexiver Kommunalpolitik und der kommunalpolitischen Gestaltungskompetenz der BürgerInnen zu erwarten ist. Diese Frage dürfte gerade angesichts der immer wieder von außen beklagten starken Bürokratie Japans und schwachen politischen Profilierung der japanischen Politik auf zentralstaatlicher Ebene sowie einer damit einhergehenden geringen Bürgernähe von Interesse sein.

Die Arbeit beginnt mit einem Überblick über die Einführung und Umsetzung der kommunalen Selbstverwaltung in Japan im Zuge der Demokratisierungsmaßnahmen nach 1945. Es werden dabei die Kontinuitäten gegenüber dem Vorkriegssystem aufgezeigt, die zu dem bis heute diskutierten Demokratiedefizit geführt haben und die normative Aufladung der aktuellen Debatte über die Dezentralisierungsreformen erklären, die sich in den hohen Erwartungen an die neuen Partizipationsformen im Hinblick auf ihren Demokratiegehalt zeigen. In Anlehnung an Bogumil (2006: 161), der auf die Bedeutung von institutionellen, organisatorischen und kulturellen Veränderungen als Voraussetzung für den Aufbau von kooperativen Demokratieformen hinweist, wird in Kapitel 3 ein Abriss der politischen und administrativen Reformen seit 2000 gegeben. Differenziert wird zwischen den Verwaltungsreformen, die auf eine Erhöhung der Effizienz von Verwaltungshandeln abzielen und den neuen Formen von Bürgerpartizipation zur Erhöhung der Akzeptanz von Kommunalpolitik. Die Diskussion erfolgt entlang und unter Einbezug der japanischen Forschung, die neue Formen von lokaler Governance als Ergebnis der Reformen sieht. Obwohl in der Governance-Debatte wie in Deutschland auch auf lokaler Ebene typischerweise die netzwerkähnliche Zusammenarbeit von lokaler Wirtschaft, der Interessenverbände sowie von Vertretern der Öffentlichkeit verhandelt wird, wird sie hier im Sinne der Fragestellung auf die Untersuchung von Formen partizipativer Governance eingegrenzt und als Rahmen für die Untersuchung kooperative Beziehungen zwischen BürgerInnen und Kommunen genutzt. Diese sind Gegenstand von Kapitel 4. In Kapitel 5 werden Konzept und institutionelle Rahmung von Partnerschaft/ *kyōdō* zunächst in einem breiten kommunalen Überblick dargestellt und auf mögliche demokratiefördernde Konnotationen befragt. Der empirische Teil der Studie beginnt in Kapitel 6 mit Ausführungen zur Anlage der empirischen Untersuchung, die in den Kapiteln 7 und 8 präsentiert wird. Ziel ist, Aufschlüsse über Konzept und Umsetzung des Partnerschaftsparadigmas in japanischen Kommunen im Hinblick auf das Verhältnis von BürgerInnen und Kommune zu gewinnen, wobei der inner- und intrakommunale Vergleich vor voreiligen Verallgemeinerungen schützen und der großen Varianz kommunalen Handelns Rechnung tragen soll. Der Band schließt mit einem Ausblick über Stand und Möglichkeiten einer kooperativen lokalen Demokratie in Japan.

Die Arbeit ist Ergebnis einer langjährigen Forschung, die von der Deutschen Forschungsgemeinschaft großzügig gefördert wurde und zu der zahlreiche Kollegen und Kolleginnen beigetragen haben. Zu nennen sind vor allem die Kollegen Tsubogō Minoru von der Waseda Universität in Tōkyō, Tsujinaka Yutaka von der Tsukuba Universität, Frau Hidaka in Iruma, Herr Hirohashi in Niigata, die als „Türöffner" vor Ort hilfreich waren sowie die in der ersten Projektphase beteiligte wissenschaftliche Mitarbeiterin Jana Priemer und die studentischen Hilfskräfte Güde Thomas und Susanne Graul. Ihnen allen danken wir für Diskussionen und Unterstützung.

Halle, April 2013

Gesine Foljanty-Jost
Karoline Haufe
Mai Aoki

2. Kommunale Selbstverwaltung: Der lange Weg zur Bürgerselbstverwaltung

Das in der Einleitung angeführte Zitat aus der Regierungserklärung des ersten Premierministers der Demokratischen Partei nach nahezu 54jähriger ununterbrochener Regierungsführung durch die Liberaldemokraten greift ein Problemfeld der japanischen Innenpolitik auf, das seit etwa 20 Jahren Gegenstand verschiedenster Reformbemühungen ist und gleichzeitig auf das nach wie vor nicht eingelöste Versprechen der japanischen Nachkriegsverfassung verweist, eine lokale Selbstverwaltung zu garantieren. Angesprochen ist die vertikale administrative Struktur mit einer starken zentralstaatlichen Dominanz, die es zugunsten einer Neubestimmung der Beziehungen zwischen Zentralregierung und Kommunen zu reformieren gilt. Angesprochen werden auch die Reformrichtungen: Es geht zum einen um die Aufwertung der Kommunen als gleichberechtigte Verwaltungsebene, zum anderen um die Rückbesinnung auf den Bürger als politisches Subjekt.

Beides ist also nicht neu, wohl aber in ihrer politischen Priorisierung überraschend. Die Idee der kommunalen Selbstverwaltung ist seit dem 19. Jahrhundert integraler Bestandteil der Modernisierungs- und Demokratisierungsdiskurse des Landes. An ihr haben sich normativ Fragen nach einer effizienten Verwaltung, einer rationalen Arbeitsteilung zwischen den Verwaltungsebenen sowie dem Verhältnis von Bürger und Staat entzündet. Nach der Kriegsniederlage 1945 galt die kommunale Selbstverwaltung als Vehikel der Demokratisierung. Im Jahr 2009 wird sie immer noch als politisches Programm der Zukunft formuliert.

2.1 Die Kommunalreform und Modernisierung

Das System der Kommunalverwaltung geht auf das preußische Modell zurück, das unter dem Juristen Albert Mosse im Zuge des Aufbaus eines modernen Nationalstaates am Ende des 19. Jahrhunderts eingeführt wurde. Das Prinzip der kommunalen Selbstverwaltung an sich wurde bereits im Jahr vor der Verabschiedung der Meiji-Verfassung (1889) in der Städte- und Gemeindeordnung festgelegt, in die Verfassung jedoch nicht übernommen. Es sah ein dreigliedriges System mit Präfekturen, Bezirken (*gun*), Städten und Dörfern vor, wobei von Beginn an der präfekturalen Ebene als Verbindung zwischen der zentralstaatlichen und der kommunalen Ebene die entscheidende Rolle zukam. Die Leitidee formulierte Yamagata Aritomo[4] anlässlich der Verabschiedung der Städte- und Gemeindeordnung wie folgt: „Die Bedeutung der kommunalen Selbstverwaltung (*jichisei*) liegt nicht allein darin, dass das Volk einen Gemeinsinn entfaltet und zu einer Ressource für die Realisierung eines Konstitutionalismus wird, weil es dort die wissensmäßigen Erfahrungen über Verwaltungsbeteiligung

---

4 Politiker und erster Premierminister, welcher unter der Meiji-Verfassung vereidigt worden war.

(*gyōsei sanka*) erwirbt [...]." (Harada 2005: 16). Ihre Umsetzung war indessen eingeschränkt (Harada 2005: 17). Die Kommunen verfügten über sehr eingeschränkte Selbstverwaltungs-befugnisse und unterlagen der Aufsicht der Präfekturen, die direkt dem Innenministerium unterstanden. Anders als auf präfekturaler Ebene erhielten die Bürger auf der kommunalen Ebene jedoch das Recht, ihren Gemeinderat zu wählen, der den Bürgermeister wählte und dem Innenministerium zur Ernennung vorschlug. Das Wahlrecht folgte einem Zensus, der die höheren Einkommensschichten deutlich privilegierte. Aufgrund des hohen Zensus waren Mitglieder der Gemeinderäte faktisch lokale Honoratioren. Sie standen in dem Ruf, Kom-munalpolitik als verlängerter Arm des Zentralstaates zu praktizieren.

Traditionelle Formen der Beteiligung an Gemeinschaftsdiensten auf der untersten Ebene der Kommunen existierten jedoch auch im Rahmen der kommunalen Selbstverwaltung der Meiji-Zeit weiter. So übernahmen nun anknüpfend an die sogenannten Fünfergruppen der Edo-Zeit (*goningumi*) Nachbarschaftsorganisationen soziale Dienstleistungen für die Nach-barschaft, gegenseitige Hilfe und Aufgaben der lokalen Sicherheit durch ältere Menschen Alte und Honoratioren. Die Mitgliedschaft in Nachbarschaftsorganisationen war verbindlich und erfolgte nicht individuell; Mitglieder waren vielmehr acht bis zehn Haushalte. Sie entwi-ckelten sich zu den maßgeblichen Trägern eines komplexen Systems aus gegenseitiger Hil-fe, öffentlichen Dienstleistungen und Regelung von Gemeinschaftsaufgaben wie öffentliche Sicherheit, Durchführung von Festen und Ritualen wie Bestattungen usw. Unter dem Dach der Nachbarschaftsvereinigungen bildeten sich zusätzlich Gruppen wie der Jugendkreis, der Frauenkreis und der Kinderkreis. Somit war Gemeinschaftsbildung auf lokaler Ebene funk-tional weitgehend auf die Nachbarschaft begrenzt.

Es könnte argumentiert werden, dass die allumfassende Zuständigkeit der Nachbar-schaftsvereinigungen unter Einbindung aller Bewohner die Notwendigkeit einer zusätzlichen Vereinsbildung zumindest erschwerte oder auch unnötig machte. Auf jeden Fall ist festzuhal-ten, dass sich eine Übernahme von Gemeinschaftsaufgaben durch die Anwohner zur Organi-sation und Gestaltung der eigenen Lebensumwelt ab der Meiji-Zeit als integraler Bestandteil der Kommunalpolitik fest etablierte. Gemessen an der quantitativen Entwicklung erlebten die Nachbarschaftsvereinigungen ihre Blütezeit in den 1920er Jahren. Als Gründe wurden neben konkreten Anforderungen an die Nachbarschaften im Zeichen von Verstädterung und sozia-len Krisen wie dem Kantō-Erdbeben 1923 oder der Weltwirtschaftskrise 1927 auch explizite staatliche Unterstützung sowie spontane Selbstorganisation genannt (Pekkanen 2004: 234).

Gleichwohl ist ihre politische Bedeutung wiederholt problematisiert worden. Die Vor-sitzenden der Vereinigungen gehörten zur lokalen Elite. Sie waren eng mit der Kommunal-verwaltung verbunden und für die Kommunikation zwischen Verwaltung und der lokalen Bevölkerung verantwortlich. Studien über das kommunale Wahlverhalten in der Meiji-, vor allem aber in der Taishō-Zeit als das allgemeine Wahlrecht für Männer eingeführt wurde, zeigen dass die Nachbarschaftsvereinigungen in der Regel durch den Vorsitzenden domi-niert kollektiv wählten. Eine Demokratisierung, wie sie zumindest in Ansätzen institutio-nell in den 1920er Jahren zu beobachten war, setzte sich auf lokaler Ebene nicht durch. Im Zuge der Militarisierung in den 1930er Jahren wurden die Nachbarschaftsorganisationen nach und nach in die allgemeine Mobilisierung einbezogen und soweit verrechtlicht, dass sie kommunale Angelegenheiten wie soziale Fürsorge, Feuerschutz, Katastrophenhilfe, Lebensmittelzuteilung sowie Aufgaben sozialer und politischer Kontrolle übernahmen und als untere Ebene der *Taisei Yokusankai*[5] maßgeblich an Mobilisierung, Überwachung und Kontrolle der lokalen Gesellschaft beteiligt waren. Die Funktionalisierung der Nachbarschaftsvereinigungen als faktisches Organ der Verwaltung erreichte ihren Höhepunkt 1941, als die gesamte Bevölkerung Mitglied in insgesamt 200.000 Bezirksgruppen (*chōnaikai, burakukai*) und 1,3 Millionen Nachbarschaftsgruppen (*tonarigumi*) war (Schmidtpott 2009: 146f.).

Harada (2005: 15) betont daher auch den Doppelcharakter der damaligen Reformen, wonach einerseits die rechtliche Fixierung von Gebietskörperschaften für den Aufbau eines modernen Nationalstaates als fortschrittlich zu bewerten sei, gleichwohl die kommunale Selbstverwaltung extrem eng gefasst und ihre Funktion als ausführendes Organ des Innenministeriums vorherrschend war. Ansätze von repräsentativen Mitbestimmungsrechten verloren im Zuge der Kriegsmobilisierung durch die Rezentralisierung an Bedeutung. Insbesondere nach 1943 wurden die Rechte der Räte zugunsten der Bürgermeister massiv beschnitten, die Wählbarkeit der Gouverneure und Bürgermeister durch das Volk wurde zugunsten der Ernennung durch das Innenministerium wieder zurückgenommen. Die Gebietskörperschaften blieben bis 1945 funktional ausführendes Organ der Zentralbürokratie mit den Nachbarschaftsorganisationen als Basisgruppen. Es galt – wie Harada es auf Deutsch zitiert – das Prinzip „der Staat herrscht, die Gemeinde wirtschaftete" (Harada 2005: 23). Die Gemeinden unterstanden staatlicher Kontrolle und waren damit maßgeblich in die Kriegsmobilisierung und -führung eingebunden. Die Nachbarschaftsvereinigungen waren die Basis dieses Systems (Makita 2007: 38).

2.2 Kommunale Selbstverwaltung als Demokratiegarant

Das aktuelle System der kommunalen Selbstverwaltung hat ihren Ausgangspunkt in der Besatzungszeit, als die amerikanische Besatzungsmacht als Teil ihrer Demokratisierungsmaßnahmen den Kommunen eine prominente Rolle einräumte, weil von ihnen ganz im tocquevilleschen Sinne im Umerziehungsprozess des Volkes nach Jahren eines Tennō-zentrierten Nationalismus eine führende Rolle als Schule der Demokratie erwartet wurde.

Kommunale Selbstverwaltung als neues Leitprinzip nach 1945 zielte einerseits auf die Abschaffung zentralstaatlicher Dominanz über lokale Belange ab, die ursächlich in Zusammenhang mit dem Ultranationalismus der 1930er und frühen 1940er Jahre gesehen wurde. Andererseits sollte damit eine Demokratisierung „von unten" gefördert werden, indem den Bürgern und Bürgerinnen bei der Gestaltung alltagsnaher lokaler Angelegenheiten Beteiligungsrechte eröffnet wurden. Beteiligung zielte auf eine institutionelle Absicherung von demokratischen Verfahren der Willensbildung ab, eine gemeinschaftstragende Bedeutung der existierenden Nachbarschaftsorganisationen wurde nicht in Erwägung gezogen; mehr noch: Sie wurden als Handlanger eines undemokratischen Systems verboten. Das Innenministerium als Machtzentrum der Vorkriegsbürokratie wurde aufgelöst. In der Nachkriegsverfassung wird schließlich erstmals in Abschnitt 8 das Prinzip der kommunalen Selbstverwaltung verfassungsrechtlich garantiert.

---

5   Die Vereinigung zur Unterstützung der Kaiserherrschaft, gegründet 1940 durch den damaligen Premierminister Fumimaro Konoe.

Artikel 92 formuliert programmatisch als Kernstück die Garantie der kommunalen Selbstverwaltung (*chihō jichi no honshi*). In Artikel 93 werden mit der Direktwahl von (professionellen) Stadträten und Bürgermeistern sowie der Möglichkeit ihrer Abwahl in Ergänzung zu dem Prinzip der repräsentativen Demokratie für die kommunale Ebene Elemente direkter Demokratie eingeführt. Artikel 94 sieht im Rahmen der bestehenden Gesetze eine kommunale Gesetzgebungskompetenz in Form von Satzungen (*jōrei*) vor, die den Stadt- und Gemeinderäten die Möglichkeit einräumt, ergänzend zu bestehenden Gesetzen oder auch innovativ über diese hinausgehend, spezifische, räumlich begrenzte rechtsverbindliche Regelungen zu verabschieden. Artikel 95 führt das Referendum auf nationaler Ebene für eine Novellierung der Verfassung und auf kommunaler Ebene als Sonderregelung für bestimmte Städte ein, um die Bevölkerung beispielsweise an der programmatischen Erneuerung des Stadtimages nach 1945 zu beteiligen[6].

Die Details der kommunalen Selbstverwaltung wurden im Gesetz über die kommunale Selbstverwaltung (*Chihō jichihō*, 1947) formuliert. Unter dem Begriff Gebietskörperschaften (*chihō jichitai*) sind unterhalb der zentralstaatlichen Ebene die so genannten 47 Präfekturen (*to-dō-fu-ken*) – den deutschen Regierungsbezirken vergleichbar – als Ebene zwischen Zentralverwaltung und Kommunen für weiträumige, bzw. überregionale Aufgaben in Bereichen wie Regionalentwicklung und Infrastruktur zuständig. Hingegen ist die eigentliche kommunale Ebene mit Städten, Dörfern und Gemeinden (*shi-chō-son*) für sämtliche bürger- und alltagsnahen Aufgaben verantwortlich. In Konkretisierung der Verfassung werden in dem Gesetz u.a. die Stellung der Räte gegenüber den Bürgermeistern gestärkt sowie durch die Kriegszeit ideologisch besetzte und politisch missbrauchte staatliche Aufgabenfelder wie die öffentliche Sicherheit und das öffentliche Bildungswesen den Kommunen in der Erwartung übertragen, dass eine Demokratisierung der Gesellschaft durch eine Demokratisierung institutioneller Zuständigkeiten befördert werden könne. So wurden zunächst die Mitglieder der Schulausschüsse (*kyōiku iinkai*) öffentlich gewählt. Neben den verfassungsmäßig garantierten Formen direkter Demokratie sieht das Gesetz das Bürgerbegehren (*chokusetsu seikyū*) vor. Es ist vor allem für die Einleitung von Verfahren zur Amtsenthebung von Bürgermeistern, Stadträten oder Verwaltungsangestellten, für die Vorlage und Aufhebung von Satzungen, die Auflösung des Stadt- bzw. Gemeinderats sowie für die Durchführung von Innenrevisionen und die Veröffentlichung von Ergebnissen dieser bedeutsam (Shindō 2002: 187).

Zusammenfassend kann festgehalten werden, dass mit dieser so genannten zweiten großen Reform der kommunalen Selbstverwaltung die institutionellen Rahmenbedingungen für eine Bürgerselbstverwaltung auf nationaler Ebene geschaffen und als integraler Bestandteil der Demokratisierung des politischen Systems festgeschrieben sind. Eben diese institutionellen Voraussetzungen, ferner das dezidiert normative Ziel einer Demokratisierung des Landes sowie schließlich ihre unvollkommene Umsetzung sind die Angelpunkte der aktuellen Debatte über das Beteiligungspotenzial, welches sich durch die Dezentralisierungsreformen für die Kommunen ergibt (Shindō 2002: 31, Harada 2005: 23f.).

---

6   Diese Regelung wurde beispielsweise von Städten mit Kriegshäfen sowie von Hiroshima und Nagasaki wahrgenommen, um sich zu Städten des Friedens zu erklären (Kisa u.a. 2003: 288).

2.3 Die unvollkommene Durchsetzung der kommunalen Selbstverwaltung

Am Thema der kommunalen Selbstverwaltung lassen sich zwei unterschiedliche Diskurse festmachen, die sich zum Teil schneiden, gleichwohl mit unterschiedlicher Stoßrichtung geführt werden. Es handelt sich zum einen um Debatten über pragmatische Aspekte der Funktionsfähigkeit lokaler Selbstverwaltung. Hierzu zählen Themen wie die Effizienz von Verwaltungshandeln oder Probleme des Systems des Finanzausgleichs, welches jahrzehntelang dazu diente, Unterschiede zwischen den Kommunen zu kompensieren. Zu ihren Vertretern gehören Politikwissenschaftler wie Muramatsu Michio (1988), die das bisherige System der kommunalen Selbstverwaltung in Japan mit Blick auf eigenständige politische Initiativen der Gebietskörperschaften grundsätzlich als funktionsfähig bewerten, allerdings effizienzfördernde Reformen einfordern. Zum anderen handelt es sich um Positionen, die die Umsetzung der kommunalen Selbstverwaltung kritisch sehen, weil diese keine „wahre" Demokratisierung „von unten" gebracht habe. Es sind vor allem linksliberale Kritiker der bis 2009 dominanten und nahezu ununterbrochen regierenden Liberaldemokratischen Partei, die die Frage der Umsetzung und Praxis der kommunalen Selbstverwaltung mit der Qualität einer teilweise direktdemokratisch gestützten Demokratisierung verknüpfen. Vertreter dieser Position, zu der Politik- und Verwaltungswissenschaftler wie Shinohara Hajime (1977), Shindō Muneyuki (2002), Harada Naohiko (2005) oder Matsushita Kei'ichi (2002) zu rechnen sind, bewerten das bisherige System der kommunalen Selbstverwaltung als unzureichend, weil eine Befreiung der Gebietskörperschaften von der zentralstaatlichen Weisung als auch eine Beteiligung an der Kommunalpolitik durch die Bürger und Bürgerinnen kaum realisiert worden sei. Trotz unterschiedlicher Akzentuierung stimmen beide Debatten in der Einschätzung überein, dass eine konsequente Umsetzung der kommunalen Selbstverwaltung bis heute unterblieben ist (Muramatsu 2004a: 8, Harada 2005: 25, Yamamoto 2009: 61). Das Scheitern der Umsetzung lokaler Selbstverwaltung war kein linearer Prozess, sondern folgte politischen und ökonomischen Wendemarken der Nachkriegszeit.

2.3.1 Die 1950er Jahre: „Reverse Course" und Restabilisierung zentralstaatlicher Dominanz

Im Zuge des „Rollback" der US-amerikanischen Besatzungspolitik in der zweiten Hälfte der 1940er Jahre setzten sich diejenigen Kräfte, die eine Reintegration Japans in das US-amerikanisch dominierte westliche Militärbündnis unterstützten, gegenüber den radikalen „Demokratisierern" durch. Für den Bereich der kommunalen Selbstverwaltung schlug sich der Kurswechsel u.a. in der Rückverlagerung der Polizei in den Zuständigkeitsbereich der Zentralverwaltung 1954 und der Rücknahme der öffentlichen Wahl der Mitglieder der kommunalen Bildungsausschüsse (*kyōiku iinkai*) 1956 nieder (Shindō 2002: 42-45). Gleichzeitig aber wurde unmittelbar nach der ersten Novellierung des Gesetzes über die kommunale Selbstverwaltung im Jahre 1952 das Verbot von Nachbarschaftsvereinigungen aufgehoben. Die direkte Mitwirkung der lokalen Bevölkerung an der Organisation ihres Lebensumfelds in Nachbarschaftsorganisationen wurde zwar als eine teilweise Rücknahme der Demokratisierungsmaßnahmen kritisiert, andererseits wurde auch argumentiert, dass die Wiederzulassung bzw. die Revitalisierung der Institution der ehrenamtlichen Sozialarbeiter (*minsei iin*) als auch der Nachbarschaftsvereinigungen eine nachträgliche Bestätigung der Funkti-

onsfähigkeit der Nachbarschaft in der Umsetzung von Verwaltungsaufgaben in den Wohn-
quartieren war (Nakada 1986: 30-57).

Beide Formen bürgerschaftlicher Übernahme von lokalen Aufgaben der Kommunalverwaltungen sind seither wieder eng in die Kommunalverwaltung eingebunden. Die
ehrenamtlichen Sozialarbeiter übernehmen zentrale, unterstützende Aufgaben für die Kommunalverwaltungen, wie die Organisation von Selbst- und Nachbarschaftshilfe in Notfällen
und arbeiten bis heute als Verbindungsglied zwischen Betroffenen und Institutionen der öffentlichen Sozialeinrichtungen. Die Nachbarschaftsvereinigungen sind rechtlich nicht institutionalisiert, sondern beruhen auf dem Prinzip der freiwilligen Teilnahme. Ihre Belastung
durch politische Funktionalisierung während des Krieges sowie die bis heute nahezu ausge-
bliebene Institutionalisierung dürften als Grund dafür zu sehen sein, dass sie in den Diskussionen um Bürgerselbstverwaltung weitreichend ignoriert werden, obwohl sie einerseits als
Verbindungsglied zwischen Bürger und Verwaltung dienen, andererseits als unterste organisatorische Einheit der Kommune räumlich begrenzt für die Nachbarschaft Aufgaben des
Katastrophenschutzes, Brandschutzes, gegenseitiger Hilfe und Unterstützung übernehmen
und faktisch integraler Bestandteil von Bürgerselbstverwaltung geblieben sind.

2.3.2   Rezentralisierung und bürgerschaftlicher Widerstand: die 1960er Jahre

Das hohe Wirtschaftswachstum der 1960er Jahre wird ursächlich in Zusammenhang mit der
Rekonsolidierung zentralstaatlicher Kontrolle über lokale Belange gesehen, die kennzeichnend für den Status von Kommunalpolitik bis zu den Dezentralisierungsreformen im Jahr
2000 war (Shindō 2002: 49). Wachstumsbedingt stiegen vor allem in den Großstadtregio-
nen der Pazifikküste die Aufgaben der Kommunen beträchtlich an, die sie vom Grundsatz
her in Eigenverantwortlichkeit ausführen, da ein erheblicher Nachholbedarf an sozialer Infrastruktur, aber auch in den klassischen Bereichen wie Müllabfuhr, Be- und Entwässerung,
Unterhalt von Parkanlagen und Schulen usw. vor allem als Folge der rapiden Urbanisierung
bestand. Gleichzeitig nahmen die sogenannten übertragenen Aufgaben (*kikan inin jimu*) zu.
Diese erledigten die Kommunen im Auftrag der Zentralregierung als unterste staatliche Verwaltungsebene. Es handelte sich vor allem um Verwaltungsaufgaben zur Herstellung gleicher
Lebensbedingungen, beispielsweise zur Wahrung der öffentlichen Sicherheit und Ordnung,
Infrastrukturmaßnahmen sowie Organisation und Unterhalt der Institutionen der Sozialver-
sicherung. In diesen Bereichen unterlagen sie dem Weisungsrecht des zuständigen Ministeriums, d.h. Bürgermeister agierten in dem System der delegierten Aufgaben als Vertreter
der übergeordneten Verwaltungsebenen und unterstanden entsprechend den übergeordneten
Verwaltungsebenen bzw. erfüllten Aufgaben von Staatsbediensteten (Yamamoto 2009: 59).

Die Entwicklung zeigt, dass in dem Zeitraum von 1952 bis 1995 die Anzahl der sogenannten übertragenen Aufgaben beständig anstieg. Waren es 1952 erst 256 Aufgabenbereiche, lag die Zahl 1994 auf dem bis heute höchsten Stand von 562, von denen rund 55%
ohne gesetzliche Grundlage den Kommunen zur Umsetzung übertragen waren (Murakami 2003: 223-225). Der stärkste Anstieg fand in den 1960er Jahren statt, womit die Rekonsolidierung zentralstaatlicher Dominanz über lokale Angelegenheiten in zweierlei Hinsicht
festgeschrieben wurde. Zum einen wurde mit dem Anstieg der übertragenen Aufgaben ein
wachsender Anteil kommunaler Leistungserbringung der Kontrolle und dem Mitsprache-

recht der Räte und Bürgermeister entzogen. Zum anderen zementierte die beständige Ausweitung der Übertragung von Leistungen an die Kommunen strukturell die Abhängigkeit der Kommunen von zentralen Finanzzuweisungen. Folge waren legitimatorische Probleme, weil weder für die BürgerInnen, noch für die VerwaltungsbeamtInnen eine klare Zuordnung von Verantwortlichkeiten möglich war. In der politischen Praxis führte dies faktisch zur Zuweisung von Verantwortung für die Qualität staatlicher Leistungen an die politischen Verantwortlichen vor Ort, d.h. die Räte und Bürgermeister, die teilweise existentiell von ihrem Mandat abhängig waren, trugen die Verantwortung für staatliche und für kommunale Leistungen. Vor diesem Hintergrund bot die Rezentralisierung weiterer Teile der Infrastrukturerbringung für sie und ihre Kommunen einen willkommenen Weg, über die Anwerbung von Großprojekten zusätzliche staatliche Fördermittel zu akquirieren. Typisch hierfür waren großdimensionierte Bau- und Infrastrukturmaßnahmen, wie die Erschließung von Industriestandorten, regionalen Flughäfen oder Staudämmen, die insbesondere in den Jahren der wirtschaftlichen Hochkonjunktur einsetzten. Sie spülten zwar beträchtliche Finanzmittel in die kommunalen Kassen, führten jedoch gleichzeitig zu einer Restabilisierung der vertikalen Verwaltungsstruktur: Über den Mechanismus der interkommunalen Konkurrenz um Großprojekte und damit einhergehend um Subventionen nahm die Abhängigkeit der Kommunen von ministeriellen Projektträgern zu. Für einen direkt gewählten Bürgermeister als „Verhandlungsführer" bedeutet ein Erfolg im Akquirieren von Großprojekten immer auch eine Profilierung und Sicherung seiner Position gegenüber dem Wähler und dem Stadtrat.

Ein Blick auf die Politikfelder, in denen die Zentralregierung am stärksten kommunalpolitische Eigenständigkeit mittels der übertragenen Aufgaben einschränkte, macht deutlich, dass der Hauptanteil auf die Bereiche Agrarpolitik und Infrastruktur/Bauwesen entfiel (Shindō 2002: 75). Es handelt sich hierbei um Bereiche, die einerseits massiv von staatlichen Aufträgen und Fördergeldern abhängig, andererseits hoch politisiert sind. Ihre Vergabe erfolgte in einem Interessengeflecht von einflussreichen Agrar- und Baulobbyisten und Parlamentariern, die über diesen Weg ihre Wahlkreise begünstigten und die eigene Position sicherten. Dieser lokale Klientelismus hatte für die kommunale Selbstverwaltung weitreichende Folgen: Die interkommunale Konkurrenz um Großinvestitionen führte laut Shindō (2002: 49) zu einer internen Fragmentierung der Kommunalverwaltungen, die entsprechend der ministeriellen Zuständigkeiten für Projekte Koalitionen mit speziellen Ministerien eingingen, sowie zu einer faktischen Stärkung der zentralstaatlichen Kontrolle von Kommunalpolitik.

Eigenständige kommunale Politik war durch den wachsenden Anteil an delegierten Staatsaufgaben und der Abhängigkeit von staatlichen Finanzzuweisungen sowie von projektgebundenen Fördergeldern drastisch eingeschränkt. Die Zuweisungen zur Herstellung gleicher Lebensbedingungen, die das Wohlstandsgefälle zwischen den industriellen Ballungsgebieten und dem übrigen Land ausgleichen sollten, verfehlten ihre Wirkung indessen vollständig (Schulz 2009: 86). Sie führten zu einer Vereinheitlichung der öffentlichen Leistungen. Schulz (2009: 86) spricht davon, dass in ganz Japan „kleine Abbilder Tōkyōs" entstanden. Aus der Perspektive der Bürger und Bürgerinnen dienten die staatlichen Investitionsvorhaben zwar der Regionalentwicklung und Vollbeschäftigung, konnten jedoch nicht die Negativfolgen des hohen Wachstums, den Verlust regionaler und lokaler Eigenständigkeit sowie die Polarisierung der regionalen Entwicklung kompensieren.

Die Verschlechterung der Lebensbedingungen der Bevölkerung durch Landflucht einerseits und Verstädterung und Umweltverschmutzung andererseits führten zu einem beträchtlichen Legitimationsverlust, der sich einerseits in dem Auftreten von lokalen Bürgerinitiativen, zum anderen im Wahlverhalten bei Kommunalwahlen zeigte. Zwischen 1963 und 1973 verloren konservative Bürgermeister in allen japanischen Millionenstädten ihr Amt und wurden durch so genannte progressive Bürgermeister ersetzt, die mit dem Slogan „Kommunalpolitik im Schulterschluss mit den BürgerInnen" anstelle der bisherigen „Kommunalpolitik im Schulterschluss mit der Zentralverwaltung" angetreten waren. Die direkt betroffenen Kommunen und hier insbesondere die Großstädte reagierten unter dem Druck der WählerInnen mit umweltpolitischen Initiativen, die sie zu Vorreitern der japanischen Umweltpolitik schlechthin machten (Krauss und Simcock 1980: 221-224). So antworteten Kommunen mit hoher Umweltbelastung auf die Regelungsdefizite der Zentralregierung, indem sie Umweltschutzvereinbarungen mit den ortsansässigen Unternehmen abschlossen (Foljanty-Jost 1988: 88-93). Diese Entwicklung wurde als neue politische Kultur und Einlösung einer Demokratisierung von unten gefeiert, weil erstmals eine Politisierung der Bürger und Bürgerinnen beobachtet wurde (Shindō 2001: 52, Matsushita 1996, Shinohara 1977). Gleichwohl blieben die konservativen Mehrheiten in den Stadträten erhalten. Shindō (2002: 52) führt dies darauf zurück, dass der direkt gewählte Bürgermeister als personalisierte politische und administrative „Spitze" der Kommune zur Verantwortung gezogen wurde, die Wahl der Räte aber weiterhin entlang der lokalen Netzwerke von Wirtschaftsverbänden, Unternehmen und Stadträten erfolgte. Das dadurch auftretende Spannungsverhältnis zwischen Bürgermeister und Rat eröffnete Spielräume für Mitbestimmung, indem in zahlreichen Kommunen die Bürgermeister ihre Position gegenüber dem Rat durch Bürgerversammlungen usw. stärkten. Die Vorreiterrolle, die Kommunen in Tōkyō sowie die Städte Kawasaki und Yokohama in der Sozial- und Umweltpolitik in diesen Jahren übernahmen, lässt sich in diesem Kontext erklären (Shindō 2002: 52-54). Programmatisch schlugen sich die Erfahrungen der 1960er Jahre in dem 14. Bericht des Untersuchungsausschusses über den Stand der Kommunalverwaltungen 1970 nieder, in dem die Notwendigkeit formuliert wurde, dass „die Kommune als neue lokale Gemeinschaft geschaffen wird, um den Weg zu einer neuen Bürgerbeteiligung in der Verwaltung zu öffnen" (Tsujiyama 2002: 25).

2.3.3 Kommunale Reformpolitik und Bürgerbeteiligung: die 1970er Jahre

Die grundlegende Problematik der Unterfinanzierung der Kommunen verschärfte sich nach Abflauen der Hochkonjunktur. Einerseits nahmen die eigenen Steuereinnahmen ab, andererseits waren die Kommunen mit den wirtschaftlichen und sozialen Folgekosten des Wirtschaftsbooms der 1960er Jahre konfrontiert. Schon in den späten 1960er Jahren reagierten die Bürgermeister der sogenannten Reformkommunen (*kakushin jichitai*) der Präfekturen und der Städte Tōkyō, Kawasaki, Sendai, Yokohama und Musashino auf Forderungen seitens der oppositionellen Bürgerbewegungen mit der Implementierung neuer politischer Maßnahmen innerhalb der möglichen rechtlichen Bedingungen. Von zentraler Bedeutung war der Aufbau des Dialoges mit der Stadtverwaltung. BürgerInnen wurde damit die Möglichkeit eröffnet, Beschwerden vorzubringen, Einspruch zu erheben oder an Beratungsgremien sowie öffentlichen Diskussionsrunden teilzunehmen und sich somit Gehör und Aufmerksamkeit zu verschaffen (Matsui 2005: 231, Ichikawa 2006). In der Präfektur Tōkyō und der Stadt Yokohama wurden Gesprächskreise mit BürgerInnen ins Leben gerufen, wobei Bürger und Bürgerinnen auch direkt mit dem Bürgermeister bzw. de Bürgermeisterin in Kontakt treten konnten (Satō 2005c: 3). Auch Selbstverwaltungsorgane der BürgerInnen wie Einwohnerräte und Bürgerkonferenzen, die bis heute in einigen Kommunen (z.B. Mitaka, Suginami) existieren, reichen bis in die 1960er Jahre zurück. Diese seitens der städtischen Verwaltung initiierten Partizipationsangebote und Mediationsverfahren wurden als erster Schritt hin zu einer erhöhten Verantwortung von kommunaler Verwaltung und Politik sowie zu einer besseren Transparenz von politischen Prozessen bewertet, wobei vor allem die Bedeutung der neuen Partizipationsmethoden für die Artikulation von Beschwerden über die Politik hervorgehoben wurde (Tsubogō 2006b).

Neben der Einführung neuer Beteiligungselemente verfolgten ab den 1970er Jahren einzelne Kommunen die Etablierung von Strukturen zur Bürgerselbstverwaltung wie die Gründung von Community-Centern als Infrastruktur für Bürgergruppen. Dahinter standen hohe Erwartungen an einen neuen Typ von Bürgerorganisation, der anders als traditionelle Vereine Partizipation und Selbstverwaltung qualitativ verbessern würde (vgl. Tamano 2007: 34). Vor diesem Hintergrund haben sich seither unterschiedliche Modelle von kommunaler Selbstverwaltung durch die Umsetzung verschiedener direkter Partizipationsmuster entwickelt (Community Karte, Workshops, Bürgerzentrum usw.). Tamano (2007) bewertet die modellhafte Einrichtung von Bürgerzentren in einzelnen Gemeinden oder Stadtbezirken in den 1970er Jahren als Ausgangspunkt für die Zunahme an Bürger- und Freiwilligenengagement, das später Grundlage für die Entwicklung von NPOs und schließlich des heutigen Partnerschaftsparadigmas bildete.

Nach der Ölkrise 1973 wurden in der Mehrheit der Reformkommunen die Bürgermeister wieder durch konservative Kandidaten ersetzt. Die wirtschaftliche Krisenstimmung begünstige die Rückkehr zu politischen Mehrheiten, denen traditionell mehr Wirtschaftskompetenz als den Reformkräften zugetraut wurde und die bis heute in lokale Wirtschaftsnetzwerke gut eingebunden sind. Gleichwohl blieb das Thema der lokalen Lebens- und Wohnqualität auf der kommunalpolitischen Agenda. Trotz des konservativen „Rollback" fand kein Rückgang an eigenständiger kommunaler Reformpolitik statt. Vielmehr lassen sich zahllose Beispiele für kommunale Initiativen finden, in denen Städte und Gemeinden in Ergänzung oder in Verschärfung gesetzlicher Vorgaben eigene Satzungen erließen (Shindō 2002: 57-59). So wurden sie Vorreiter bei der Verrechtlichung der Umweltverträglichkeitsprüfung und der Informationsoffenlegungspflicht. Die Themen der Bürgerinitiativbewegung weiteten sich von Protesten gegen Umweltzerstörung hin zu Fragen der städtischen Lebensqualität, des Rechts auf Information oder des Rechts auf Sonnenlicht aus. Diese Aktivitäten wurden im akademischen Diskurs der damaligen Zeit erstmals mit dem Begriff „Bürgerpartizipation" (*shimin sanka*) beschrieben. Während im politischen Raum und in der Selbstzuschreibung stets von „Anwohner" (*jūmin*) die Rede war, wurde nun der Begriff „Bürger" (*shimin*) eingeführt, um die neue Qualität politischer Beteiligung im Sinne des/der politisch emanzipierten Bürgers/ Bürgerin zu kennzeichnen (Shinohara 1977).

Jedoch führte die Bürgerinitiativbewegung zu keiner Institutionalisierung neuer Beteiligungsformen, vielmehr verblieben die Bürger und Bürgerinnen in der Rolle der kontrollierenden und fordernden „Kunden" der kommunalen Entscheidungsträger bzw. der Kommunalverwaltungen (Tamura u.a. 2005: 202). Gleichwohl lässt sich festhalten, dass im Zuge der 1970er Jahre einerseits die seit Beginn der 1960er Jahre verfestigten Probleme der politischen und finanziellen Abhängigkeit der Kommunen von der Zentralverwaltung strukturell durch den steigenden Anteil übertragener Aufgaben weiter bestanden, andererseits zahlreiche Kommunen gerade aufgrund der Finanzabhängigkeit politisch eine neue Eigenständigkeit demonstrierten, die sich in der Rede vom „Zeitalter der Regionen" (*chihō no jidai*) niederschlug.[7]

Trotz ihrer Bedeutung, den Bürgern und Bürgerinnen zum ersten Mal in der Nachkriegsphase umfassend neue Partizipationsmöglichkeiten eröffnet zu haben, wird die Ära der selbstverwalteten Community-Center im Hinblick auf den demokratischen Zugewinn eher nüchtern eingeschätzt (Tamano 2007, Tsubogō 2006b). Mit Ausnahme weniger Kommunen (z.B. Mitaka) beschränkte sich die Aufgabe der Bürgerselbstverwaltung in den Zentren auf das Aufzeigen lokaler Probleme. Auf deren Lösung durch die Verwaltung hatten die BürgerInnen jedoch wenig Einfluss. Der Einfluss der BürgerInnen auf die Beschlussfassung in den Stadträten war nicht systematisch gesichert. Bürgerpartizipation wurde zwar öffentlich propagiert, fand aber faktisch nicht statt. Die BürgerInnen wurden nicht als GestalterInnen oder TrägerInnen der Öffentlichkeit und somit auch nicht als Akteure von local Governance-Arrangements gesehen. Beschlussfassung und öffentlicher Raum lagen allein in der Verantwortung der Verwaltung (Tamano 2007: 43). Von einer Realisierung der Bürgerselbstverwaltung zu dieser Zeit wird daher in der japanischen Literatur nicht gesprochen. Auch wenn der reale Einfluss auf kommunalpolitische Maßnahmen nicht als ausschlaggebend eingeschätzt wird, so wird doch die Bedeutung der neuen, kooperativen Beteiligungsformen dieser Zeit für die Mobilisierung von neuen und bisher nicht in Nachbarschaftsorganisationen engagierten EinwohnerInnen einer Kommune anerkannt. Diese Aktivierung der BürgerInnen habe letztlich die Umsetzung einer wirklichen Partizipation forciert (Tamano 2007: 37f.).

2.3.4   *Allparteien-Bürgermeister und kommunale Selbstverwaltung: die 1980er Jahre*

Während also erste Veränderungen im Verhältnis von Gebietskörperschaften und Zentralregierung in den 1970er Jahren zu beobachten sind, setzte die Debatte über eine institutionelle Dezentralisierung im Sinne der Neuordnung der Arbeitsteilung zwischen zentraler und regionaler bzw. lokaler politischer Ebene erst Anfang der 1980er Jahre ein. Auslöser war die steigende Staatsverschuldung nach den beiden Ölkrisen der 1970er Jahre. Mit der wachsenden Staatsverschuldung wurden die Finanztransfers an die Kommunen drastisch beschnitten, was in Verbindung mit neuerlichen Verlagerungen von öffentlichen Aufgaben auf die kommunale Ebene die Finanzlage der Kommunen weiter verschärfte.

Während ca. 30 % der Staatseinnahmen direkt an die Kommunen gehen, liegt ihr Anteil an den Staatsausgaben aufgrund des hohen Anteils übertragener Aufgaben stets bei rund 70 %, d.h. die Gebietskörperschaften können nur rund ein Drittel ihrer Ausgaben eigenverantwortlich ausgeben. Dies hat zu dem Schlagwort „30-prozentige kommunale Selbstverwal-

---

7   Der Begriff war mit dem Thema eines Symposiums der japanischen Präfekturen 1978 in Kanagawa identisch, auf dem die Präfekturalgouverneure ein neues Verhältnis zwischen Staat, Präfekturen und Kommunen forderten, das grundsätzlich die Selbstverantwortung der Kommunen zur Basis politischer Prozesse macht (Shindō 2002: 60-61).

tung" geführt und ist in der Vergangenheit als wichtigstes Hemmnis für die Durchsetzung des Prinzips der kommunalen Selbstverwaltung kritisiert worden (Nishio 2007: 14, Yamamoto 2009: 60-61). Verstärkend kommt hinzu, dass mehr als 50 % der Finanzzuweisungen der Zentralverwaltung projektbezogene Mittel sind, d.h. sie unterstehen ganz der Kontrolle des verantwortlichen Ministeriums. Da die Kommunen für die Kosten der Akquirierung von Sondermitteln sowie für die Folgekosten selbst aufkommen müssen, fördert das System der projektgebundenen Finanzzuweisungen faktisch die Ausgabenlast der Kommunen. Dieser Zusammenhang hat sich erstmals in den 1960er Jahren gezeigt, als die Kommunen für die ökologischen Folgen von Industrieansiedlungen in der Nähe von Wohngebieten aufkommen mussten; verschärfte sich nach der zweiten Ölkrise Anfang der 1980er Jahre jedoch immer weiter.

Mit der Propagierung der „Wohlfahrtsgesellschaft japanischer Prägung" (*Nihon-gata fukushi shakai*) unter Premierminister Ōhira Masayoshi setzte in Reaktion auf die Krise der Staatsfinanzen einerseits eine Reaktivierung von Familie und Selbsthilfe für die soziale Absicherung ein, andererseits wurde die Finanzierung sozialer Leistungen zunehmend auf die Kommunen verlagert. Der Staatsanteil an der Sozial- und Arbeitslosenhilfe wurde ebenso massiv zu Lasten der Kommunen zurückgenommen wie der Anteil am Kindergeld. Laut Harada (2004: 41-42) verschob sich ab 1988 die Finanzierung von Sozialleistungen, aber auch von öffentlichen Vorhaben in den Bereichen Schulwesen, Straßenbau und öffentliche Parkanlagen auf Kosten der Kommunen so stark, dass diese fortan mehr als 50 % der Projekte finanziell schultern mussten.

Die Reaktion auf kommunaler Ebene war eine Entpolitisierung der Bürgermeisterwahlen. Anders als die Räte waren die Bürgermeister stets Objekt parteipolitischer Umwerbung gewesen, da die Abgeordneten von ihnen eine Sicherung ihrer lokalen Wählerbasis bei nationalen Wahlen erwarteten. Ihre strategische Bedeutung haben die Bürgermeister immer wieder für sich genutzt: in den 1960er Jahren zur Machtsicherung durch Nutzung klientelistischer Strukturen, in den 1970er Jahren zur Machtsicherung durch Solidarisierung mit den BürgerInnen gegen die Räte. Unter den Bedingungen massiver finanzieller Einschnitte kann die Öffnung vieler Bürgermeister hin zu allen politischen Parteien, die in den 1980er Jahren verstärkt auftrat, als Strategie verstanden werden, die eigene Position durch Vertretung aller Parteien abzusichern und Kommunalpolitik zum gemeinsamen Projekt aller Parteien zu machen. Die Räte verloren dadurch weiter an Bedeutung, weil ihnen die Möglichkeit einer politischen Profilierung damit weitgehend entzogen wurde. Bereits seit den 1960er Jahren hatte sich faktisch ein Bedeutungsverlust der Räte gegenüber dem Bürgermeister bei der Anwerbung öffentlicher Großprojekte manifestiert. Bis heute haben sie in dem Geflecht aus Zentralbürokratie, Präfekturverwaltung, Bürgermeister und Interessenverbänden vor allem aus der Wirtschaft eine schwache Position. Ausdruck davon ist ihre geringe Beteiligung an der Initiierung von Gesetzesvorlagen sowie die starke Rolle der Verwaltung in Fachausschüssen. Laut Horie (1996: 62) beschränken sie sich in der Regel auf das „Durchwinken" der Anträge, die typischerweise vom Bürgermeister eingebracht werden. Lediglich 20 % aller Satzungsentwürfe stammen von den Räten und zwar – wie Imai (2004: 108) kritisiert – lediglich solche, die ihre eigenen Geschäftsordnungen bzw. Aufwandsentschädigungen betreffen. Der überwiegende Teil der einschlägigen Forschung kritisiert daher die Stadt- und Gemeinderäte als profillos, abhängig von der Verwaltung, „Handlanger" des Bürgermeisters, „Steuerdiebe" u.ä., wenngleich empirische Umfragen unter Räten durchaus auf Unterschiede zwischen den Gebietskörperschaften verweisen (Itō 2002: 73-74, Etō 2004: 19-22). Das geringe professionelle Niveau der Räte ist immer wieder als demokratiefeindlich und als Ursache für die sinkende Beteiligung der Bevölkerung an Kommunalwahlen kritisiert worden, weil aufgrund der Abhängigkeit der Kommunen von Finanzzuweisungen der Zentralregierung strukturell eine Nähe von Bürgermeistern zur wirtschaftsnahen LDP gefördert und die Chancen für einen politischen Wechsel auf kommunaler Ebene erschwert wurden (Shindō 2002: 65). Diese an sich bekannte Problematik trat Ende der 1980er Jahre deutlich zu Tage, als sich im Zeichen der Finanzkrise Wahlen mehrten, in denen sich – wie angesprochen – alle Parteien mit Ausnahme der Kommunistischen Partei Japans auf einen Kandidaten einigten (ōru yotō taisei). Dies führte gleichzeitig zu einer beständigen Abnahme der Wahlbeteiligung, bzw. der Wahl von dezidiert politikfernen KandidatInnen wie SchauspielerInnen oder UnterhaltungskünstlerInnen.

Die Finanzkrise der 1980er Jahre verschärfte, zusammengefasst, strukturelle Schwächen der kommunalen Selbstverwaltung, nämlich einerseits die durch das Steuersystem induzierte Finanzabhängigkeit von der Zentralverwaltung sowie andererseits Legitimationsdefizite durch die Entpolitisierung von Kommunalpolitik. Sie bilden den Kontext, in dem das Reformprojekt „Verwaltungsreform" angestoßen wurde, nachdem der Versuch der regierenden Liberaldemokratischen Partei durch Einführung einer Verbrauchssteuer an den Wählern gescheitert war.

2.4 Dezentralisierung als Ausweg: Herausbildung und Prozess

1981 wurde die erste Sonderkommission zur Beratung der Verwaltungsreform mit dem Versprechen, die Finanzen ohne Steuererhöhungen zu sanieren, eingesetzt. Sie leitete einen Beratungsprozess ein, der bis 2000 von insgesamt sieben Expertenausschüssen verhandelt wurde.[8] Bereits der Bericht des Zweiten Sonderausschusses für Verwaltungsfragen (Daini rinji gyōsei chōsakai), der 1989 sein Gutachten vorlegte, formulierte die Notwendigkeit einer Rationalisierung von Verwaltungsaufgaben sowie Vorschläge für eine Neubestimmung der Aufgaben und Finanzierung der Gebietskörperschaften: Empfohlen wurde eine Verlagerung sämtlicher bürgernaher Aufgabenbereiche an die Gebietskörperschaften. Als Voraussetzung für eine erfolgreiche Übernahme von mehr Funktionen durch die dezentralen politischen Ebenen wurde eine Vergrößerung der Verwaltungsbezirke, eine Qualifizierung der Verwaltungsbeamten sowie eine Reform der Finanzzuweisungen an die Präfekturen, Städte, Dörfer und Gemeinden vorgeschlagen (Murakami 2003: 39-40).

Faktisch waren damit die zentralen Bereiche der Verwaltungsreform markiert: Gebietsreform, klare Funktionstrennung zwischen den Verwaltungsebenen und eine Professionalisierung der Kommunalpolitik. Eine Neuordnung der Gebietskörperschaften oder gar eine föderale Struktur wurde zu diesem Zeitpunkt noch nicht in Betracht gezogen. Die generel-

---

8   Für eine detaillierte Rekonstruktion des Beratungsprozesses siehe Nishio 2007.

le Stoßrichtung fokussierte auf eine stärkere Akzentuierung und Profilierung der Regional-
förderung als Ziel der Reform.

Unmittelbarer Wegbereiter des Reformpakets des Jahres 2000[9] waren die Empfehlungen des Dritten Beratungsausschusses für die Verwaltungsreform (*Daisanji gyōsei kaikaku
shingikai*), der von 1990 bis 1993 arbeitete. Muramatsu (2004a: 8) bezeichnet die Übernahme
der Regierungsverantwortung durch die „Neue Partei Japans" (*Nihon Shintō*) unter Premierminister Hosokawa Morihiro 1993 als Wendepunkt in der Dezentralisierungsdebatte, weil
von nun an die Verwaltungsreform verknüpft mit politischen Reformen auf der Agenda der
Regierung oberste Priorität erhielt. Die Gründe hierfür waren komplex. Außenpolitisch galt
der chronische Bilanzüberschuss im Handel mit den USA als ökonomische Antriebskraft für
die Reformen, dem nun mit Hilfe der Ankurbelung der Inlandsnachfrage begegnet werden
sollte (Murakami 2003: 49). Deregulierung und ökonomische Revitalisierung der Kommunen waren hierfür die Kernstrategien, deren Konkretisierung Gegenstand der administrativen und politischen Reformbemühungen war. Unter den Schlagworten „reichhaltiges Leben",
„internationaler Beitrag" und „Beseitigung der Konzentration auf Tōkyō" wurde eine umfassende politische und administrative Reform initiiert (Abbildung 1).

Abbildung 1:   Kernbereiche der Dezentralisierungsreform

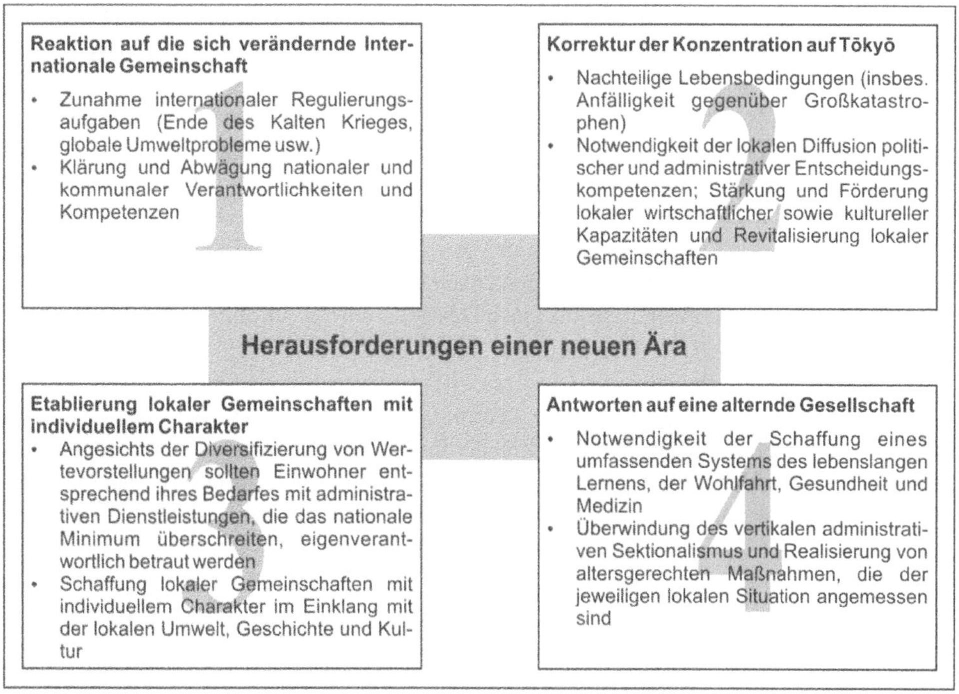

**Reaktion auf die sich verändernde Inter-
nationale Gemeinschaft**

- Zunahme internationaler Regulierungs-
  aufgaben (Ende des Kalten Krieges,
  globale Umweltprobleme usw.)
- Klärung und Abwägung nationaler und
  kommunaler Verantwortlichkeiten und
  Kompetenzen

Korrektur der Konzentration auf Tōkyō

- Nachteilige Lebensbedingungen (insbes.
  Anfälligkeit gegenüber Großkatastro-
  phen)
- Notwendigkeit der lokalen Diffusion politischer und administrativer Entscheidungs-
  kompetenzen; Stärkung und Förderung
  lokaler wirtschaftlicher sowie kultureller
  Kapazitäten und Revitalisierung lokaler
  Gemeinschaften

Herausforderungen einer neuen Ära

**Etablierung lokaler Gemeinschaften mit
individuellem Charakter**

- Angesichts der Diversifizierung von Wer-
  tevorstellungen sollten Einwohner entsprechend ihres Bedarfes mit administrativen Dienstleistungen, die das nationale
  Minimum überschreiten, eigenverantwortlich betraut werden
- Schaffung lokaler Gemeinschaften mit
  individuellem Charakter im Einklang mit
  der lokalen Umwelt, Geschichte und Kultur

Antworten auf eine alternde Gesellschaft

- Notwendigkeit der Schaffung eines
  umfassenden Systems des lebenslangen
  Lernens, der Wohlfahrt, Gesundheit und
  Medizin
- Überwindung des vertikalen administrativen Sektionalismus und Realisierung von
  altersgerechten Maßnahmen, die der
  jeweiligen lokalen Situation angemessen
  sind

Quelle: nach Kokuritsu kokkai toshokan 2007

---

9   Aufgrund des zeitlichen Zusammenfallens der Beratungen mit dem Beginn der Heisei-Ära wird auch von
     der Heisei-Dezentralisierung gesprochen.

Innenpolitisch hatten zahlreiche Korruptionsskandale in den 1980er Jahren das Vertrauen der WählerInnen in die Politik nachhaltig erschüttert. Diese waren strukturell durch die seit den 1960er Jahren praktizierte zentralstaatliche Vergabe von immensen öffentlichen Bauaufträgen an die Bauwirtschaft induziert. Diese kamen zwar den Kommunen zugute, begünstigte aber gleichzeitig die Verfilzung von Abgeordneten der Regierungspartei mit der Bau-Lobby und kommunalen Verwaltungsspitzen. Als weitere innenpolitische Faktoren, die die Debatte um Dezentralisierung beförderten, sind das Ende der Spekulationsphase und die Krise des Staatshaushalts, Steuerungsdefizite in den Bereichen Forschungs-, Verkehrs- und Bildungspolitik sowie die absehbar steigenden Kosten für soziale Dienste angesichts der Alterung der Gesellschaft zu nennen (Saitō 2004: 9). Der Konsens unter den politischen Parteien zeigte sich erstmals 1993 im Wahlkampf zu den Unterhauswahlen, als mit Ausnahme der Kommunistischen Partei (KPJ) auch die wichtigsten Oppositionsparteien Sozialistische Partei (SPJ)[10], die buddhistische Kōmeitō, die Demokratisch-Sozialistische Partei Minshatō und die Neue Japan-Partei (Nihon Shintō) explizit mit der Forderung nach Dezentralisierung auftraten und einen entsprechenden Gesetzesentwurf vorlegten, dessen Realisierung sie im Falle eines Wahlsieges den Wählern versprachen. Deutlich wurde zu diesem Zeitpunkt, dass Dezentralisierung zumindest für die KommunalpolitikerInnen mehr war als ein Verwaltungsakt. Die Debatte über die Neugestaltung des politischen Systems, welche maßgeblich von Gouverneuren geführt wurde, reichte bis hin zu Entwürfen, die die Einführung eines föderalen Systems mit „Großpräfekturen" als Bundesländer vorsahen[11]. Unter dem neu gewählten Premierminister Hosokawa, der als Gouverneur von Kumamoto führend an den Beratungen des Dritten Beratungsausschusses teilgenommen hatte, begannen noch 1993 die ersten vorbereitenden Schritte für eine umfassende Neuordnung der Funktionen von Gebietskörperschaften und Zentralregierung. Mit der Rückkehr der Liberaldemokratischen Partei (LDP) in die Regierung in einer Koalition mit der SPJ und der Neuen Partei Sakigake (Shintō Sakigake) 1994 blieb Dezentralisierung auf der Reformagenda. Ab 1994 arbeitete innerhalb des Kabinettsausschusses für die Förderung der Verwaltungsreform ein Expertenausschuss zur Förderung der Dezentralisierung, der bereits nach sechs Monaten seine Empfehlungen vorlegte. Diese bildeten die Grundlage für einen Gesetzentwurf des Kabinetts Murayama über die Förderung der Funktionsübertragungen an die Gebietskörperschaften (*Chihō bunken suishinhō*). Die Verabschiedung des Gesetzes 1995 bewertet Shindō (2002: 3) als historisch bislang einmaligen Vorgang, in dem die Zentralregierung die Abgabe eigener Funktionen beschloss. In der Präambel heißt es zum Ziel der Funktionsveränderungen: „Grundlage dieses Gesetzes ist die Klärung der Funktionen, die Staat und Gebietskörperschaften übernehmen sollen, eine Verstärkung der Eigenständigkeit und Autonomie der Gebietskörperschaften sowie die Realisierung einer lokalen Gesellschaft, die voll von Individualität und Lebendigkeit ist" (Sōmushō e-Gov 2006).

---

10 Die SPJ nannte sich bereits 1991 in der englischen Übersetzung des Parteinamens „Social Democratic Party", im Japanischen folgte die Umbenennung erst 1996.

11 Bereits 1991 hatte der Gouverneur von Okayama als Vertreter der Präfekturen einen „Untersuchungsbericht zum föderalen System" vorgelegt, der die Schaffung von zehn Bundesländern vorschlug, deren Ministerpräsidenten direkt gewählt werden und die sich aus Präfekturen und Städten, Dörfern und Gemeinden zusammensetzen sollten (vgl. zur Debatte: Shindō 2002: 16).

Zusammenfassend ist hervorzuheben, dass der gesamte Beratungsprozess über eine Stärkung kommunaler Selbstverwaltung weniger durch den politischen Wunsch nach konsequenterer Einlösung des Demokratisierungsgebots nach 1945 motiviert gewesen ist. Spätestens mit der Verabschiedung des Fünften Nationalen Entwicklungsplans (*Kokka hatten keikaku*) 1998 wird deutlich, dass Dezentralisierung im Sinne einer weitreichenden Rückübertragung von Funktionen an die Kommunen vor allem durch das konkurrierende Ziel einer Sanierung der Staatsfinanzen motiviert war. Die über Jahrzehnte verfolgte bisherige Strategie, durch zentralstaatliche Steuerung und vertikalen Finanztransfer einen Ausgleich zwischen den Regionen zu schaffen, war damit endgültig gescheitert (Schulz 2009: 83). Dezentralisierung als Reformprogramm folgte insofern der Logik der Zentralverwaltung und verlief entsprechend als Top-Down-Prozess. Die maßgeblichen Antriebskräfte für die Reformbestrebungen dürften vor allem innenpolitische Krisen und Funktionsdefizite der öffentlichen Verwaltung gewesen sein. Sie erklären, warum auch politische Kräfte, die von der unvollkommenen Dezentralisierung profitiert hatten, eine Neudefinition der Beziehungen zwischen Zentralstaat und Gebietskörperschaften unterstützten.

3. Kommunalpolitische Reformprozesse seit 2000

Der Beratungsprozess über die Reform der kommunalen Selbstverwaltung fand mit dem Inkrafttreten eines komplexen Pakets von 475 Gesetzen zur Dezentralisierung im Jahr 2000 einen vorläufigen Abschluss[12]. Es handelt sich um eine Kombination aus Verwaltungsreformen, die sich in ihrem Kern auf die Neuordnung der Beziehungen zwischen den Verwaltungsebenen sowie auf die Binnenmodernisierung der Kommunalverwaltungen mit dem Ziel der Effizienzsteigerung beziehen und politische Reformen, die auf eine Profilierung der Stadt- und Gemeinderäte sowie eine Neubestimmung der Rolle der BürgerInnen abzielen.

Das Reformpaket ist eingebettet in eine politische Programmatik, die unter dem Begriff der „Etablierung einer der neuen Zeit angemessenen lokalen Selbstverwaltung" (*Shin-jidai ni fusawashii chihō jichi no kakuritsu*) seither auf der politischen Agenda steht.

Inzwischen sind mehr als zehn Jahre vergangen. Als Meilensteine der Umsetzung gelten die Verabschiedung des Dezentralisierungsbeschleunigungsgesetzes (*Chihō bunken kaikaku suishinhō*) 2006 sowie der Beginn der gesonderten Beratungen über die Umsetzung der Finanz- und Gebietsreform (Nishio 2007: 122). Dieser Prozess ist nicht abgeschlossen, der Überblick über die Veränderungen hat insofern nur vorläufigen Charakter.

---

12 Eine ausführliche Dokumentation des Entstehungs- und Entscheidungsprozesses seit 1945 mit Schwerpunkt auf den 1990er Jahren liefern Muramatsu (2004a: 7-13) sowie Murakami (2003: Kap. 1 und 2).

Abbildung 2: Der Mechanismus des Dezentralisierungsbeschleunigungsgesetzes

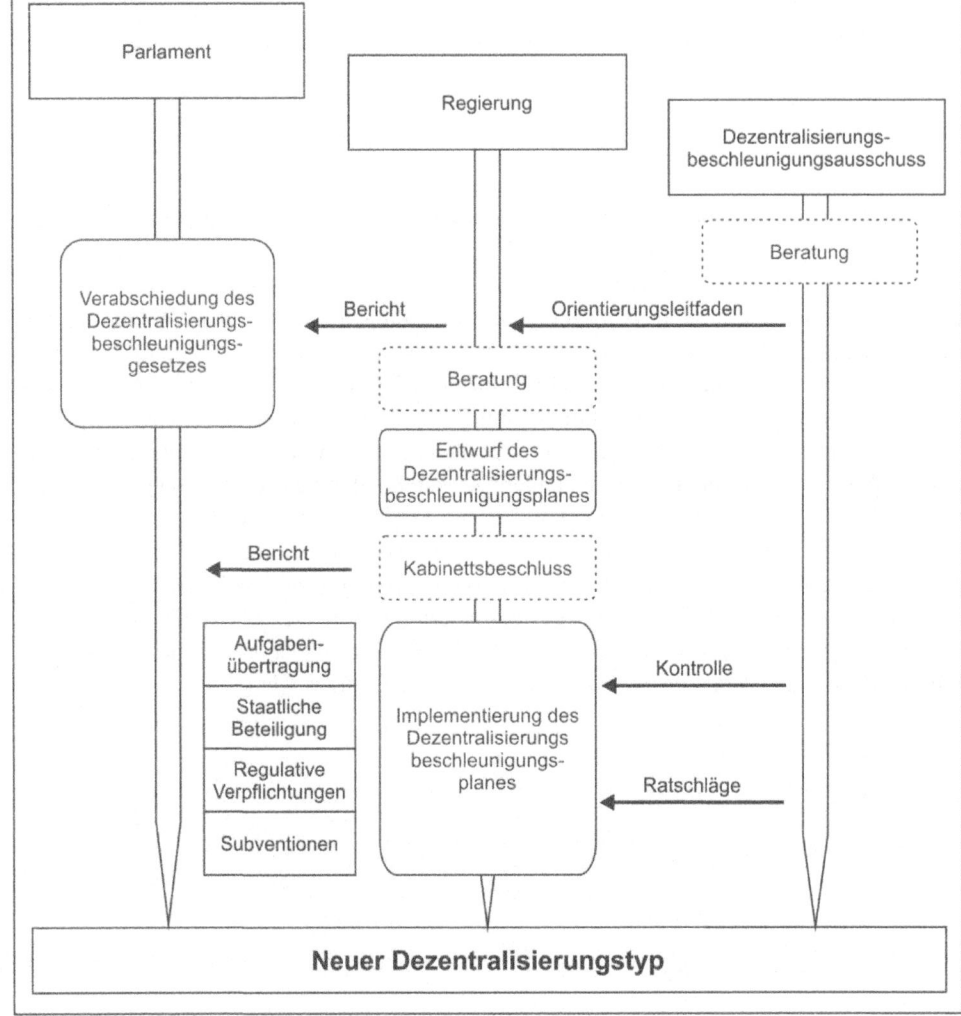

Quelle: nach Kokuritsu kokkai toshokan 2007

3.1 Reformpaket 1: Funktionalreformen

Wichtigste Veränderung des Reformpakets ist die Neuordnung des Verhältnisses von Staat und Gebietskörperschaften. Festgeschrieben ist nun eine funktionale Arbeitsteilung zwischen den drei Verwaltungsebenen bei Anerkennung ihrer grundsätzlichen Gleichstellung. Die Zentralregierung bleibt zuständig für Aufgaben, die gesamtstaatlich zu regeln sind wie die Außen- und Sicherheitspolitik, ferner für Aufgaben, die auf nationaler Ebene durchzu-

führen sind wie die Sicherstellung einheitlicher nationaler Standards z.B. sozialer Siche-
rungssysteme, sowie für Aufgaben, welche sich räumlich über das ganze Land erstrecken.
Die Präfekturen bleiben als Zwischenebene zwischen Staat und Kommunen erhalten. Ihre
Zuständigkeitsbereiche erstrecken sich auf Aufgaben mit weiträumigen regionalen Bezügen.
Die Städte, Dörfer und Gemeinden übernehmen demgegenüber alle Bereiche, die in unmittel-
barem Zusammenhang mit den Lebensbedingungen der ortsansässigen Bevölkerung stehen.
Sie sind daneben vor allem für die eigenständige Verwaltung ihres Bezirks, d.h. vor allem
den gesamten Bereich der Daseinsvorsorge zuständig. Durch diese neue Funktionszuwei-
sung wird die Rolle der untersten Verwaltungsebene deutlich gestärkt, das Verhältnis zwischen den Selbstverwaltungskörperschaften und zentralstaatlicher Ebene wird neu bestimmt:

1. Die Übertragbarkeit von Aufgaben durch die Zentralregierung an die lokalen Selbstver-
    waltungskörperschaften ohne gesetzliche Grundlage wird abgeschafft. Dadurch bleiben
    nur 45 % der bisherigen delegierten Aufgaben wirksam. (Murakami 2003: 227-228).

2. Zentralstaatliches Eingreifen in die Kommunalpolitik wird auf ein Minimum beschränkt.
    Es muss nun unter Wahrung des Prinzips der kommunalen Unabhängigkeit erfolgen.

3. Bereiche für mögliches zentralstaatliches Intervenieren werden zudem klar definiert.
    Unterschieden wird zwischen Forderungen nach Nachbesserungen, Anforderungen von
    Akten und Erteilen von Empfehlungen.

4. Zentralstaatliches Eingreifen muss in Übereinstimmung mit den Bestimmungen des
    Verwaltungsverfahrensgesetzes erfolgen. Auch ursprünglich informelle Verfahren wie
    die so genannten administrativen Empfehlungen (*gyōsei shidō*) bedürfen damit explizit
    rechtlicher Grundlagen.

5. Für die Regelung von Konflikten zwischen den Verwaltungsebenen über die Art und
    Weise des Eingreifens in kommunale Belange wird explizit die Klagemöglichkeit gegen
    die jeweils höhere Verwaltungsebene gesetzlich festgeschrieben.

Auswertungen der Umsetzung der ersten Reformwelle zeigen, dass die Erwartungen an die
Stärkung kommunaler Funktionszuwächse enttäuscht wurden. Lediglich ein Viertel der bis-
lang übertragenen Aufgaben ist abgeschafft worden (Japan Press Network 2009). In weniger
Bereichen als im Reformpaket vorgesehen, sind Funktionen tatsächlich auf die niedrigere
Verwaltungsebene übertragen worden. Während also der staatliche Einfluss auf kommunale
Belange durchaus weiterhin besteht, hat sich die Form der Einflussnahme geändert. So verweist Nishio (2007: 66f.) darauf, dass anstelle der früheren Übertragung von Aufgaben heute
der Form nach den Kommunen die Übernahme von Aufgaben „empfohlen" wird, d.h. zumindest formal die Akzeptanz von kommunaler Eigenständigkeit gewahrt bleibt. Gleichzeitig deutet die aktuelle Praxis der Satzungsgebung darauf hin, dass die Kommunen durchaus
ihre Möglichkeiten nutzen, eigenständig Satzungen zu verabschieden bzw. rechtliche Vorgaben an die lokalen und regionalen Erfordernisse anzupassen (Takahashi 2002: 15). Ausdruck kommunaler Eigenständigkeit ist die Zunahme kommunaler Rahmensatzungen (*kihon
jōrei*), die seit 2000 eingesetzt werden, um programmatisch der Kommune ein Leitbild und
einen politischen Referenzrahmen zu geben.

Abbildung 3: Anzahl der Kommunen mit einer kommunalen Rahmensatzung

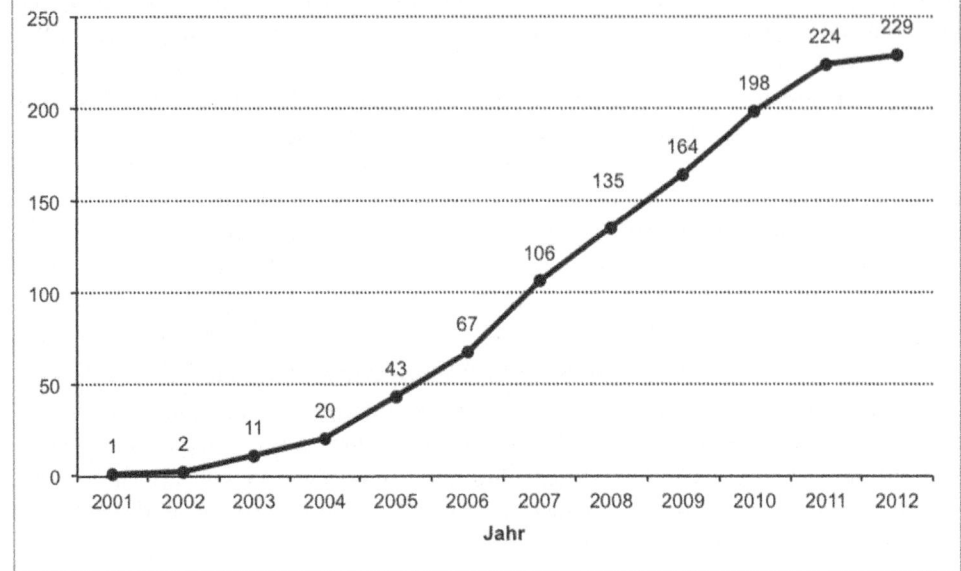

Quelle: Kōkyō seisaku kenkyūjo 2012

3.2 Reformpaket 2: Finanzreform

Die chronische Finanzabhängigkeit der Kommunen als wichtigstes Hemmnis für die Realisierung einer kommunalen Selbstverwaltung hat sich im Zuge der Umsetzung der Dezentralisierungsinitiativen nach 2000 immer stärker zum Kernproblem der Reformen entwickelt. Die Übertragung von zusätzlichen Aufgaben an die Kommunen impliziert neue finanzielle Belastungen für die kommunalen Haushalte, die nur mit Hilfe einer Erhöhung des Finanztransfers geschultert werden können. Die Realisierung autonomer kommunaler Politik findet damit in einem Spannungsfeld zweier Lösungsmöglichkeiten statt: Soll eigenständige Kommunalpolitik als Alternative zu der bisherigen Umsetzung zentralstaatlicher Aufgaben gelingen, muss entweder das Steuersystem so umgestellt werden, dass die Einnahmen aus Kommunalsteuern dem gewachsenen Aufgabenvolumen entsprechen. Alternativ müssten die Selbstverwaltungskörperschaften eigene Ressourcen aktivieren, um die Abhängigkeit von zentralen Finanzzuweisungen gering zu halten. Beide Optionen sind bislang nur bedingt realisiert worden. Die finanzielle Ausstattung der Kommunen ist, wie der administrative Beratungsausschuss für die Förderung der Dezentralisierung schon in seinem Abschlussbericht von 2001 feststellte, auch heute noch ein ungeklärtes Problem (Toki u.a. 2009: 128; Imai 2004: 12).

Die Grundlinien der unter dem damaligen Premierminister Koizumi eingeleiteten Finanzreformen sind indessen klar: Geplant waren drastische Reduzierungen bis hin zu vollständigen Streichungen bei den Subventionen. Im Gegenzug sollten Steuerquellen an die

Kommunen transferiert werden. Unklar bleibt jedoch, ob damit die erweiterten Zuständigkeiten der Kommunen finanziert werden können. 2005 wurde im Rahmen der so genannten
Trinitätsreform (*sanmi ittai kaikaku*) der zukünftige Transfer von Steuerquellen im Volumen
von 3 Billionen Yen vom Staat an die Kommunen vereinbart. Gleichzeitig wurden jedoch die
zweckgebundenen Zuweisungen an die Kommunen (*kokko hojo futankin*) zurückgenommen,
die sogenannte Ausgleichssteuer (*chihō kōfuzei*) wurde ebenso gekürzt. Dadurch entstand
eine Finanzierungslücke, die trotz der zwei Jahre später realisierten Steuerreform[13] zugunsten
der Kommunen nicht ganz geschlossen werden konnte. Um eine Weitergabe der Kürzungen
an die Bürger und Bürgerinnen zu vermeiden, nahmen zahlreiche Kommunen umfangreich
Personaleinsparungen vor (Yamamoto, Takashi 2009: 62f.). Die staatlichen Zuschüsse für die
Gehälter für Lehrer und Lehrerinnen, für die Sozialhilfe und das Kindergeld wurden massiv reduziert, ohne dass bis heute eine Übernahme der Ausgaben durch die Gebietskörperschaften sichergestellt ist. Yamamoto (2009: 67f.) verweist in diesem Zusammenhang darauf,
dass es im Falle der Pflegeversicherung und der Altenbetreuung durch die Übertragung der
Zuständigkeiten an die Kommunen vom Ergebnis her zu Reduzierungen der Leistungen gekommen sei, staatliche Kontrolle der kommunalen Leistungen jedoch durch Antrags- und
Berichtspflicht weiter erhalten bliebe.

Rückblickend gestaltet sich die fiskalische Dezentralisierung schwierig. Die Struktur
des Finanzausgleichs hat sich kaum verändert (vgl. Ihori 2009: 70). Lösungsansätze für die
ungeklärte Frage der Finanzierung kommunaler Eigenständigkeit weisen in unterschiedliche Richtungen. Zum einen wird insbesondere von den Wirtschaftsverbänden eine neue
Gebietsreform gefordert (s.u.). Zum anderen werden zunehmend kommunale Leistungen an
private Anbieter ausgelagert. Versuche mit unterschiedlichen Modellen von Public-Private-
Partnership gehen auf die 1990er Jahren zurück, als in Anlehnung an den britischen New
Public Management-Ansatz neue Steuerungsmodelle eingeführt wurden. Im Zuge der Dezentralisierungsreformen haben sie spürbar an Bedeutung gewonnen. Eine empirische Untersuchung von Kataoka (2004: 145-147) belegt den Zusammenhang zwischen einem hohen
Anteil an eigenen kommunalen Steuereinnahmen und einem hohen Niveau an Auslagerun-
gen von Aufgaben an private Anbieter. Dies kann als Versuch der betreffenden Kommunen
interpretiert werden, die eigenen unabhängigen Finanzquellen zu optimieren und über diesen Weg zu vermeiden, dass die neue politische Eigenzuständigkeit für kommunale Belange
nicht durch eine fortgesetzte Finanzabhängigkeit von der Zentralregierung unterlaufen wird.
Insbesondere in Bereichen der Daseinsvorsorge wird der Zusammenhang von Dezentralisierung, Finanznot der Kommunen und Alterung der Gesellschaft als Ursache für das Auftreten
neuer Formen Lokaler Governance hervorgehoben, in denen private Anbieter, Freiwillige und
gemeinnützige Vereine sowie die Kommunalverwaltung in einem arbeitsteilig strukturierten
Akteursnetz die erforderlichen Leistungen erbringen (Hatta 2008: 160). Während das Pub-
lic-Private-Partnership-Modell in seiner Orientierung an den BürgerInnen als Kunden vor
allem betriebswirtschaftlich motiviert ist, ist mit der Erweiterung der Kooperationspartner
auf NPOs[14], Freiwillige und Bürgergruppen, die in zahlreichen Kommunen stattfindet, zu-

---

13   Ab Januar 2007 wurde die Einkommenssteuer gesenkt und stattdessen die Gemeindesteuer erhöht.
14   In der japanischen Sprachregelung werden international agierende Nonprofit-Organisationen NGOs (Non-
     Governmental Organisations) und national agierende NPOs genannt. Beide haben den gleichen rechtlichen

mindest normativ die Brücke zu den politischen Zielen der Dezentralisierung im Sinne einer Stärkung von Bürgerselbstverwaltung geschlagen. Sakakibara (2003: 17) spricht daher auch von einem neuen Modell der Bürgerbeteiligung. Es wird zu prüfen sein, ob und wieweit die Kooperation zwischen Bürger und Kommunalverwaltung jenseits der Einsparungsziele diese Erwartungen erfüllt.

Die systematisch verfehlte Finanzreform hat zweifellos bislang keinen grundlegenden Ausweg aus dem Dilemma kommunaler Verschuldung bei gleichzeitig gestiegenen Ausgaben gebracht. Die Zustimmung zum Reformpaket bei den Bürgermeistern ist dementsprechend verhalten. Befragungen unter Bürgermeistern von 2003/2004 zeigen, dass die Bewertung der Dezentralisierung maßgeblich mit der ausstehenden Finanzreform verknüpft ist. Auf einer Skala von maximal 10 Punkten liegt die Bewertung bei durchschnittlich 3,57 (Nihon toshi sentā 2005: 15). Die Ursachen für die Zurückhaltung liegen auf der Hand: 47,1 % nennen als ungeklärtes Hauptproblem die Reform der Ausgleichssteuer (*chihō kōfuzei*), gefolgt von 37,4 %, die als wichtigste anstehende Aufgabe die Reform der staatlichen Subventionen nennen (Nihon toshi sentā 2005: 17). Da die Reform der Ausgleichssteuer bis heute als übereilte Entscheidung und Bevorteilung des staatlichen Primärsaldos kritisiert wird, fordern die Kommunen eine erneute Überarbeitung zu ihren Gunsten (Zenkoku shichōkai 2009; Chihō roku dantai 2006).

Bei den Wahlen zum Unterhaus 2005 war das Thema Dezentralisierung unter anderem aus diesem Grund noch immer Gegenstand der Wahlkampfagenda. Die politischen Programme aller großen Parteien berührten als zentralen offenen Punkt der Dezentralisierungsreform die Neuregelung der kommunalen Finanzen. Allerdings verpasste auch die 2005 ins Amt gewählte Regierung unter Premierminister Abe, für den geplanten Transfer der Steuerquellen, der eine substantielle Einlösung des Selbstverwaltungsgebots sichern sollte, konkrete und realistisch erscheinende Maßnahmen vorzulegen (Zenkoku chijikai 2007). So blieben das Thema Dezentralisierung und die dazugehörige Finanzreform auch während des Wahlkampfes zur Unterhauswahl 2009 auf der parteipolitischen Agenda.

Die Verlautbarungen der jetzigen Regierung stützen die Vorschläge der Fukuda-Regierung von 2008, wonach der Ausfall der vertikalen Transferzahlungen durch eine horizontale Umverteilung der kommunalen Gewerbesteuereinnahmen zwischen den Präfekturen kompensiert werden sollte. Schulz (2009: 96) sieht hierin eine „Nationalisierung der letzten großen regional- und leistungsbezogenen Steuerquellen" und damit eine erneute Stärkung zentraler Kontrolle über kommunale Leistungserbringung. Die Ankündigung der damaligen Regierung Hatoyama, den Finanztransfer aus Übertragungssteuern erstmals seit elf Jahren zu erhöhen, um diese strategisch zur Stabilisierung der kommunalen Wirtschaft einzusetzen, könnte ebenfalls in diese Richtung gedeutet werden (Zenkoku chijikai 2010).

Das ungelöste Problem der Finanzierung kommunaler Eigenständigkeit mündet damit in zwei gegenläufige Entwicklungen: Die hohe Verschuldung vieler Kommunen und die ökonomische Disparität zwischen den Ballungszentren und dem Rest des Landes stützen eine fiskalische Rezentralisierung und damit Konservierung zentralstaatlicher Kontrolle über

---

Status. Im Folgenden werden unter dem Begriff NPO grundsätzlich alle Organisationen des Dritten Sektors gefasst, also Bürgergruppen, die als rechtliche Körperschaft (*NPO hōjin*) anerkannt sind, aber auch jene ohne Rechtsstatus, die im Japanischen als *nin'i dantai* bezeichnet werden. Im Falle der Relevanz des Vorhandenseins des Rechtsstatus wird im Text explizit darauf verwiesen.

kommunale Belange. Gleichzeitig verursachen finanziell begründete Leistungskürzungen vor Ort in den Kommunen Legitimationsverluste, die diese durch Beteiligungs- und Mitgestaltungsangebote an ihre BürgerInnen auffangen wollen.

3.3 Reformpaket 3: Territorialreformen

Bereits zwischen 2000 und 2006 war im Zuge der so genannten „großen Heisei-Gebietsreform" (*Heisei dai-gappei*) die Anzahl der Kommunen von 3232 auf 1820 reduziert worden. Eine neuerliche Gebietsreform soll nunmehr die 47 Präfekturen zu etwa zehn „Ländern" (*dōshū*) zusammenschließen, an die perspektivisch Wirtschaftsförderung, Kernbereiche der Innenpolitik und sämtliche staatliche Verwaltungsaufgaben übertragen werden sollen. Ziel ist eine Effizienzsteigerung der Regionalverwaltungen und eine Ankurbelung der interregionalen Konkurrenz um staatliche Finanzzuweisungen. Eingeschaltet in diese Diskussion haben sich verschiedene Wirtschaftsverbände (Keidanren usw.), die ein föderales System favorisieren, um ein „gemeinsames Verständnis über das Ziel des Ländermodells zu entwickeln", und um sich gegenseitig über wirtschaftspolitische Perspektiven zu verständigen (Keidanren 2007). Befürworter einer konsequenten Einlösung des kommunalen Selbstverwaltungsprinzips sehen allerdings in dem Konzept einen klaren Widerspruch zu den politischen Zielen der Dezentralisierungsreform und die Gefahr einer Revitalisierung zentraler Verwaltungssteuerung (Yamamoto 2009: 65).

Gleichzeitig sind Prozesse der stadtinternen Dezentralisierung vor allem in jenen Städten zu beobachten, welche im Zuge der aktuellen Gebietsreform von Eingemeindungen betroffen sind und in denen zudem die Gefahr besteht, dass traditionelle lokale Gemeinschaften an Bedeutung verlieren oder gänzlich verschwinden. Ehemalige Verwaltungsinstitutionen werden nur zum Teil als Zweigstellen aufrechterhalten, um eine Verbindung zwischen Zentrum und Peripherie aufrecht zu erhalten. Ebenso sind im Zusammenhang mit der Gebietsreform der 1990er Jahre neue Initiativen zu beobachten, die zur Stärkung der lokalen Bürgerselbstverwaltung innerhalb einer Kommune beitragen. Typisch hierfür sind die Gründung von Beratungsausschüssen (*chiiki shingikai*) und Selbstverwaltungsbezirken (*chiiki jichiku*) (Ōsugi 2007: 21ff.). Die Rolle und Funktion dieser neuen Institutionen liegen in der Stärkung der eingemeindeten Kommunen bzw. Stadtbezirke, da sie als Ort der Meinungsäußerung auch für die „neuen" EinwohnerInnen Kritik, Vorschläge und Wünsche der BürgerInnen öffentlich machen. Von den Kommunen wird erwartet, dass die Verwaltung durch Kenntnis der Äußerungen ihr Handeln effektiviert und EinwohnerInnen motiviert werden, sich für ein besseres Lebensumfeld zu engagieren (für eine detaillierte Darstellung vgl. Ōsugi 2007: 22).

Formen der innerstädtischen Dezentralisierung werden heute interessanterweise auch in Städten erprobt, die keiner Gebietsreform unterlagen. Auch sie setzen neue Institutionen der Bürgerselbstverwaltung ein und knüpften damit an die Erfahrungen der Community Center in den 1970er Jahren an. Hintergrund waren damals – wie angesprochen – Herausforderungen im Zusammenhang mit der Alterung und vor allem die rapide Urbanisierung, die zu einer Abnahme des Zusammengehörigkeitsgefühls in den lokalen Gemeinschaften geführt hatte. In der Folge entstanden große Diskrepanzen hinsichtlich des Bürgerengagements innerhalb der gleichen Kommune. Bereits 1969 wurde in einer Untersuchung des Beratungsausschusses über die Lebensbedingungen des Volkes (*Kokumin seikatsu shingikai*) der Funktionsverlust der Nachbarschaftsorganisationen als traditionelle Form der Bürgerselbstverwaltung festgestellt. Daraufhin begannen einige Kommunen wie die Stadt Mitaka oder die Stadt Nakano in der Präfektur Tōkyō, sich mit der Reform ihrer Governance-Struktur hin zu mehr Transparenz und Offenheit gegenüber neuen Formen von Bürgerorganisation zu beschäftigen (Sakaguchi 2005; Tamano 2007). Heute wird die Gründung neuer Institutionen der Bürgerselbstverwaltung mit dem Anspruch verknüpft, zu qualitativen Verbesserungen von Partizipation und Selbstverwaltung beizutragen.

Zusammengefasst ist festzuhalten, dass die Gebietsreform die innerstädtische Dezentralisierung durch Einrichtung von bürgernahen Einrichtungen in den Bezirken und Stadtteilen beschleunigt hat, um damit eine kleinräumige, bürgernahe Ebene der Interaktion von Kommunalverwaltung und Bürger trotz der neuen großräumigeren Verwaltungseinheiten zu erhalten und sowohl lokale Identität als auch Bürgernähe zu wahren.

3.4 Reformpaket 4: Politische Reformen

In dem Spannungsfeld von Zunahme kommunaler Aufgaben einerseits und knapper finanzieller Ressourcen andererseits ist die Rolle der Gemeinde- und Stadträte erneut in die öffentliche Diskussion geraten. Es wird argumentiert, dass eine eigenständige Kommunalpolitik einer funktionsfähigen und demokratisch legitimierten Kontrolle durch die Gemeinderäte bedarf (Shindō 2002: 183). Ihr Zustand wird indessen als „krisenhaft" bewertet (Makita 2007: 66-69; Sakakibara 2005: 10). Ursächlich wird in diesem Zusammenhang auf die beständig sinkende Wahlbeteiligung bei Kommunalwahlen hingewiesen, die inzwischen kaum mehr 50 % übersteigt (Toki u.a. 2009: 49f.).

Die Gründe für die Funktionsdefizite der Räte werden zum einen in der rechtlichen und strukturell starken Position des Bürgermeisters gesehen, der für Haushalt und sämtliche Personalangelegenheiten der Kommune verantwortlich ist, den Rat einberuft und Wiederbefassung bei fehlender Unterstützung durch den Rat fordern kann. Shindō (2002: 182) sieht hierin eine Art Vetorecht und spricht von einer strukturell vorgegeben konfrontativen Konstellation von Bürgermeister und Rat, die zugunsten des Bürgermeisters verfestigt ist, zumal er im Falle eines Misstrauensantrags den Rat auflösen und erst nach Neuwahlen dem neuen Rat die Vertrauensfrage stellen muss. Dieser Mechanismus ist bedeutsam, da er als Druckmittel gegen die Abgeordneten verwandt werden kann, die Neuwahlen als gravierendes Berufsrisiko fürchten[15]. Die theoretisch durch Berufspolitikertum mögliche Qualifizierung und Profilierung der Räte wird durch diesen Mechanismus unterwandert. Dies ist keineswegs ein zwangsläufiger Effekt, wird jedoch durch eine politische Kultur begünstigt, die Konformität mit der Mehrheit und Verwaltungsnähe stärker goutiert als individuelle alternative Positionierungen (Makita 2007: 67). Sie spiegelt sich auch in einer politischen Indifferenz der Abgeordneten wider, die überwiegend parteilos, gleichwohl häufig mit identifizierbarer Unterstützung einer oder mehrerer Parteien antreten. Makita (2007: 66) sieht als Folge der ge-

---

15   Mündliche Kommunikation mit einem parteilosen Stadtrat von Mitaka, 26.7.2006.

ringen Profilierung der Räte einen Verlust ihrer demokratischen Kontrollfunktion, einen Verlust von kontroversen Positionierungen während der Ratssitzungen sowie einen Mangel an Responsivität gegenüber den Bürgern.

Empirische Untersuchungen belegen in der Tat ein niedriges Aktivitätsniveau, Bürgerferne und Verfahrensprobleme von Stadt- bzw. Gemeinderäten. Nur rund 10 % aller Gesetzesinitiativen werden von Räten eingebracht, wobei davon wiederum nur 0,8 % neue politische Initiativen sind, der Rest bezieht sich auf verwaltungsinterne Regelungen (Jichitai gikai kaikaku fōramu 2007: 32). Darüber hinaus finden die Sitzungen während der üblichen Arbeitszeiten statt, da die Räte BerufspolitikerInnen sind. Dies hat die Kritik der Bürgerferne genährt, da zu den üblichen Arbeitszeiten keine Öffentlichkeit bei den Sitzungen zustande kommt. Bürgeranhörungen finden kaum statt, die internen Debatten innerhalb der Räte werden in mehr als 80 % aller Kommunen in Form der Bündelung von Fragen und Antworten organisiert, so dass klare Positionierungen der Räte faktisch vermieden werden (Jichitai gikai kaikaku fōramu 2007: 33). Die politische Qualifikation der Mitglieder von Präfektural- und Gemeinderäten gilt daher noch immer als unbefriedigend (Tsubogō 2004: 32). Die Orientierung der Kommunalabgeordneten an der Politik der Regierung ist nach wie vor stark. Ausdruck findet sie in dem hohen Engagement von Kommunalabgeordneten für die Unterstützung von KandidatInnen bei den nationalen Wahlen zum Unter- und Oberhaus. Ihre Distanz lokalen Wählern und Wählerinnen, die sich wiederum in deren mangelndem Vertrauen in ihre Abgeordneten widerspiegelt, hat sich bislang kaum verringert. Eine Umfrage des Japan Productivity Center (Shakai keizai seisansei honbu 2003: 40) bestätigt diese Aussage: Lediglich 6,8 % der befragten Kommunalabgeordneten gab an, dass man sich für eine Bürgerbeteiligung in Ausschüssen einsetzen müsste. Die Notwendigkeit, die Sitzungen der Präfektural- und Gemeinderäte als Ort der politischen Auseinandersetzung mit dem Bürgermeister bzw. Gouverneur zu profilieren und dabei explizit mit Vertretern der Wähler und Wählerinnen zu kooperieren, wird bislang von der Mehrheit der Kommunalabgeordneten erst im Ansatz gesehen.

Das Erfordernis der Selbstreform der Räte ist zum einen im Kontext der Finanzkrise zu sehen, zu deren Lösung gegenwärtig auch die Verkleinerung von Stadträten als weitere Einsparstrategie diskutiert wird. Ihr entgegen steht allerdings das Berufspolitikertum der kommunalen Stadträte, welches sich durch eine Reduktion der Anzahl der Sitze existentiell bedroht sieht (Toki u.a. 2009: 54). Zum anderen hat sich der Druck für Veränderungen durch das Auftreten neuer politischer Alternativen erhöht, denn als Antwort auf das schwache politische Profil der Abgeordneten haben sich Wählerinitiativen von parteilosen Bürgern und Bürgerinnen gebildet, deren Kandidaten und Kandidatinnen sich mit regional- und lokalspezifischen Themen zur Wahl stellen (Tsubogō 2003: 214-225). Hier zeigen sich Ansätze einer Politisierung der Kommunalpolitik von unten, die durch die Einführung eines Referendums, der Beteiligung von Bürgern und Bürgerinnen an administrativen Beratungsgremien und Fördermaßnahmen der Städte für bürgerschaftliche Selbstorganisation gestützt werden. Bislang haben sich Kandidaten und vor allem Kandidatinnen der alternativen Wählerinitiativen in zehn Präfekturen in den Ballungsregionen des Landes mit Erfolg aufgestellt (Tsubogō 2009: 179-180).

Tabelle 1: Abgeordnete der Seikatsusha-Netzwerke in Kommunalparlamenten

Gruppen (Präfektur)	1987	1991	1995	1999	2003	2006	2007
Tōkyō (Tōkyō)	16	30	49	57	63	56	55
Kanagawa (Kanagawa)	14	25	38	39	42	43**	33***
Chiba (Chiba)	-	9	12	16	23	26	22
Saitama (Saitama)	-	1	1	6	6	4	4
Hokkaidō (Hokkaidō)	-	3	5	5	6	7	9
Fukuoka (Fukuoka)	-	6	8	7	10	9	10
Shinshu (Nagano)	-	1	2	3	2	4	4
Kumamoto (Kumamoto)	-	-	-	-	-	2	2
Tsukuba (Ibaragi)	-	-	-	-	-	2	2
Mizusawa (Iwate)	-	-	1	1	1	1	-
Gesamt	30	75	117	134	153*	154	141

Das jeweilige Jahr bezieht sich auf das Jahr der landesweiten Kommunalwahlen.
*   8 Seikatsusha-Netzwerke: Metropole Tōkyō, Hokkaidō, 6 Präfekturen (Kanagawa-ken, Chiba-ken, Saita-
        ma-ken, Iwate-ken, Nagano-ken und Fukuoka-ken).
**   37 Abgeordneten der „Kanagawa-Netzwerk-Bewegung" und 6 Abgeordnete des „Netzwerks Yokohama"
***   30 Abgeordnete der „Kanagawa-Netzwerk-Bewegung" und 3 Abgeordnete des „Netzwerks Yokohama"
Quelle: Tsubogō 2009: 180

Angesichts des hohen Unterstützungspotenzials durch Mitglieder der landesweiten Verbrau-
cherkooperativen (*Seikyō*) wird von ihnen ein zunehmender Einfluss auf die Kommunalpolitik
erwartet (Tsubogō 2003: 229-236). Auf jeden Fall treten mit diesen neuen Wählerinitiativen erstmals neben den etablierten klientelistischen Netzwerken insbesondere Kandidatinnen an, die sich explizit als Bürgervertreterinnen präsentieren. Zu erwarten ist, dass sie die
Reformbereitschaft der Räte positiv beeinflussen und bürgernahe Themen kompetitiv in die
Kommunalpolitik einbringen. Ohne kausale Zusammenhänge nachweisen zu können, könnte hier eine Ursache dafür liegen, dass in Kommunen mit Wählerinitiativen auch die Debatten über eine Politisierung der Stadträte aktiv geführt und die Bereitschaft zur Selbstreform
unterstützt werden.

Als Antwort auf die geringe politische Profilierung der Stadt- und Gemeinderäte wird
mit dem neuen Gesetz über die lokale Selbstverwaltung von 2000 in Zusammenhang mit den
erweiterten gesetzgeberischen Spielräumen der Gebietskörperschaften die Position der regionalen und lokalen Parlamente als gesetzgeberischer Kraft gestärkt. Während bislang ein
Achtel der Stimmen aller Abgeordneten erforderlich war, um einen Satzungsentwurf oder die
Novellierung einer Satzung einzubringen, muss es nunmehr nur noch mindestens ein Zwölf-
tel sein. Die Hürden für eine politische Aktivierung der Räte sind also niedriger geworden.

3.5 Zwischenfazit: Die neue Bedeutung der Kommunen durch die Dezentralisierungsreformen

Der Weg zur kommunalen Selbstverwaltung ist – wie gezeigt wurde – ein Prozess, der die gesamte Nachkriegszeit durchzieht. Die Dezentralisierungsreformen des Jahres 2000 sind insofern nicht grundlegend neu, sondern Ergebnis von langjährigen Wechselwirkungen aus Reforminitiativen von unten und Kontrollmechanismen von oben. Sie sind ihrer Intention nach als Verwaltungsreformen angelegt gewesen. Entsprechend folgen die drei Reformpakete – funktionale und territoriale Reformen sowie die Finanzreform – der Logik, durch einen Neuzuschnitt von Funktionszuweisungen an die Kommunen, Vergrößerung von Verwaltungseinheiten, sowie durch eine betriebswirtschaftliche Optimierung von Verwaltungsabläufen, die Effizienz von Verwaltungshandeln zu verbessern und Kosten zu sparen. In der scharpfschen Logik der Output-Legitimation soll mithilfe der Reformen die Zufriedenheit der BürgerInnen durch eine Verbesserung der Qualität öffentlicher Leistungen sichergestellt werden (Scharpf 1999). Gerade durch die Funktionalreform wird jedoch der Rahmen für kommunale Eigenverantwortung erweitert, so dass davon gesprochen werden kann, dass der zumindest partielle Rückzug des Staates aus der Kommunalpolitik die institutionellen Voraussetzungen für eine substantielle kommunale Selbstverwaltung verbessert hat.

Zwei der wichtigsten bisherigen Hemmnisse für kommunale Selbstverwaltung sind abgebaut: Die Übertragung von Funktionen von der zentralen auf die kommunale Ebene ist auf ein rechtlich definiertes Minimum reduziert. Zudem sind die Kommunen nun für sämtliche Regelungsbereiche, die sie unmittelbar betreffen, selbst verantwortlich. Das Verhältnis zwischen Zentralstaat und Gebietskörperschaften wird mit den Reformen programmatisch neu als „gleichberechtigtes Kooperationsverhältnis" definiert. Entsprechend der unterschiedlichen Positionierung zur Qualität bisheriger kommunaler Selbstverwaltung werden die Reformen als Weiterentwicklung der nach 1945 eingeführten kommunalen Selbstverwaltung gesehen (Muramatsu 2004a: i-iii), bzw. von den Kritikern der „unvollkommenen kommunalen Selbstverwaltung" als fundamentaler Wendepunkt im Verhältnis von Zentralstaat und kommunalen Selbstverwaltungskörperschaften begrüßt (Matsushita 2002: 6). Übereinstimmung besteht auf beiden Seiten in der positiven Bewertung der Reformen (Muto 1996: 70-74; Murakami 2003: 21-23).

Dessen ungeachtet ist davon auszugehen, dass diese institutionellen und strukturellen Reformen lediglich eine notwendige, aber nicht ausreichende Voraussetzung für eine tatsächliche Neubestimmung der Kommunen und ihrem Verhältnis zur Zentralregierung sind. Als Kerndefizit der Reformen bleibt die finanzielle Absicherung der Kommunen durch eine grundlegende Reform des Finanztransfers ungeklärt. Empirische Untersuchungen zeigen sogar, dass die Verschuldung der Kommunen als Folge der Reformen zugenommen hat (Hüstebeck 2009: 45). Die neu gewonnene kommunale Eigenverantwortung ist also finanziell nicht unterfüttert.

In diesem Spannungsfeld aus fortgesetzter Unterfinanzierung einerseits und einer neuen politischen Eigenständigkeit treten nun der Bürger und die Bürgerin als neue Akteure der Kommunalpolitik in Erscheinung. Dies ist zweifellos bislang nicht in allen Kommunen gleichermaßen der Fall. So beobachten Autoren wie Nishio (2007: 45-48) eine Reformunlust bei solchen Kommunen, die sich in einem System der zentralstaatlichen Alimentierung sicher gefühlt haben. Andererseits ist gerade die desolate Finanzlage für zahlreiche Kommunen eine wesentliche Antriebskraft für eine neue bürgernahe Politik, weil die Legitimität von Kommunalpolitik neue Formen der Absicherung braucht. Kommunen, die sich rechtzeitig darauf eingestellt haben, dass die Transferzahlungen unweigerlich reduziert werden, wenden sich proaktiv der Umgestaltung des Verhältnisses zwischen Verwaltung und BürgerInnen zu und erkennen die BürgerInnen als Ressource für Kommunalpolitik (Tamano 2006).

Die Einbeziehung der BürgerInnen ist im Kontext der Gebietsreform am weitestgehenden dort zu beobachten, wo ihre Stimme durch die verbindliche Durchführung eines Referendums hörbar wird. Im Zusammenhang mit der Funktional- und der Finanzreform rücken die BürgerInnen als Kooperationspartner in den Blick, um das Niveau kommunaler Leistungen trotz sinkender Finanzen zu halten oder zumindest die Akzeptanz der Leistungen auf Bürgerseite zu sichern. Durch die Politisierungsbestrebungen der Stadträte schließlich wird den BürgerInnen als Wähler Rechnung getragen, da durch die Erhöhung der Rechenschaftspflicht über politisches Handeln die Zuweisbarkeit politischer Verantwortung erleichtert wird, was wiederum als wichtiger Anreiz für die Responsivität von Politik gelten kann. Die Bedeutung der Stadt- und Gemeinderäte als demokratisch gewählte Entscheidungsorgane wächst, weil ihre Kontrollfunktion gegenüber der Verwaltung durch neue Formen von Bürgerpartizipation abgestützt werden kann. Eine institutionelle Stärkung der Kommunalparlamente ist demnach mit einer institutionellen Absicherung von Partizipationsrechten verbunden.

Zusammenfassend ist festzuhalten, dass die Reformen zwar stark an einer Erhöhung der Effizienz von Verwaltungshandeln ausgerichtet waren, jedoch gleichzeitig in allen Teilbereichen der Reformen in vielfältiger Weise auf die BürgerInnen als kommunale Akteure Bezug genommen wird: Sie kommen bei der Diskussion über die Lösung der Finanzkrise ins Spiel, indem sie als Leistungserbringer neben oder anstelle der Kommune und privatwirtschaftlichen Leistungsanbietern in Betracht gezogen werden um Kosten zu sparen. Ihre Nähe zu lokalen Problemlagen und Ortskenntnis machen sie im Zusammenhang mit der Steuerungskrise als PartnerInnen interessant, deren spezifische Expertise bessere, d.h. problemangemessenere Lösungen erwarten lässt.

Die BürgerInnen gewinnen durch die Funktional-, Territorial- und politischen Reformen des Dezentralisierungspakets neue Funktionen als Mitgestalter und Kontrolleure von Politik. Diese neue Ausgangslage für Kommunalpolitik wurde 2009 von der neuen regierenden Demokratischen Partei bestätigt, die der Dezentralisierung als Top-Down-Prozess eine Absage erteilte und unter dem Schlagwort „Die Kommune als Subjekt" Dezentralisierung als einen von unten gesteuerten politischen Prozess positionierte (Shushō Kantei 2009).

4. Kommunalpolitische Antworten auf die Reformen: Partizipative Governance und lokale Zivilgesellschaft

Die Öffnung der Kommunen gegenüber den BürgerInnen äußert sich empirisch in der Einbindung von neuen gesellschaftlichen Akteuren in Entscheidungsprozesse, neuen Überschneidungen von staatlichen und öffentlichen Handlungsfeldern sowie neuen Formen der Interaktion zwischen Staat und kollektiven gesellschaftlichen Akteuren (vgl. Benz 2004: 17). Die Entwicklung wird unter dem Begriff „Governance" intensiv diskutiert (z.B. Benz 2004; Newman 2005; Schwalb und Walk 2007; Pierre und Peters 2000). Dabei wird der Governance-Terminus sowohl zur Beschreibung neuer Formen gesellschaftlicher, ökonomischer und politischer Koordination und Steuerung in komplexen institutionellen Strukturen verwendet, als auch als empirisches Konzept zur Beschreibung neuer Formen der Interaktion von Staat und gesellschaftlichen Politikadressaten (vgl. Bogumil, Holtkamp, Schwarz 2003; Geißel 2007: 24-25). Angesprochen als neue Akteure sind neben Vertretern des Marktes vor allem jene der Zivilgesellschaft.

4.1 Neue lokale Governance-Strukturen

Im Zuge der Kommunalreformen (vgl. Foljanty-Jost 2006) haben sich japanische Kommunen seit etwa 2000 Rahmensatzungen (*jichi kihon jōrei* oder *machizukuri kihon jōrei*[16]) gegeben, die den neuen Regelungsrahmen für Kommunalpolitik mit einer deutlichen Verlagerung von Kompetenzen und Funktionen von der zentralen auf die kommunale Ebene programmatisch formulieren. Diese Satzungen können analog zur zentralstaatlichen Ebene den Charakter einer lokalen „Verfassung" haben und entsprechend die Grundlinien der heutigen Kommunalpolitik definieren: Anstelle der bisherigen hierarchischen Steuerung, die die BürgerInnen als Kunden kommunaler Leistungen sieht, schreiben diese Satzungen einen neuen kooperativen Politikstil fest. In Form von differenzierten Funktionszuschreibungen der kommunalen Akteursgruppen wird ein Modell von funktionaler Arbeitsteilung entworfen, das interessanterweise aus der Gruppe möglicher gesellschaftlicher InteressenvertreterInnen nur die zivilgesellschaftlichen Akteure, nämlich die Bürger bzw. die Bürgerinnen explizit anspricht. Wir bezeichnen dieses neue Steuerungsmodell als „partizipative Governance".

„In Governance-Strukturen auf kommunaler Ebene [...] übernimmt Partizipation eine vermittelnde Rolle zwischen Individuum und Kommune, Individuum und Gemeinschaft sowie zwischen Individuum und Organisation, gleichzeitig ist es ein Mechanismus zur gegenseiti-

---

16 In einigen Städten enthalten diese Satzungen bereits explizite Regelungen hinsichtlich der Partizipation von BürgerInnen, in anderen hingegen werden Regelungen zur Bürgerpartizipation in separaten Satzungen formuliert (Ōsugi 2007: 11-12, 15).

gen Abstimmung zwischen Individuen" (Tsubogō 2006a: 26). Die Kategorisierung von Geißel (2004) aufgreifend, wird der Begriff hier als deskriptive Kategorie zur Beschreibung von
politischen Prozessen verwendet, die auf Kommunikation und Beteiligung der AdressatInnen
bzw. Betroffenen von Verwaltungshandeln, also den BürgerInnen vor Ort, angelegt sind und
mit neuen Formen institutionalisierter Einflussmöglichkeiten der Betroffenen einhergehen.

Bis Januar 2013 haben 255 Kommunen solch eine Rahmensatzung verabschiedet, in denen sie die künftige funktionale Arbeitsteilung von BürgerInnen, Verwaltung und Kommune
programmatisch formulieren (Kōkyō seisaku kenkyūjo 2013). Prototyp in dieser Hinsicht war
die Rahmensatzung der Gemeinde Niseko in der Präfektur Hokkaidō, die 2000 verabschiedet
und seither zweimal novelliert worden ist (Hidaka 2004: 67). Ihren Modellcharakter bezieht
sie vor allem aus folgenden Festlegungen: So heißt es in der Präambel: „Die Stadtverwaltung
stützt sich auf die Selbstverwaltung, die auf dem Denken und Handeln eines jeden Bürgers
beruht." In der Zweckbestimmung heißt es, dass Rechte und Pflichten der Bürger zur Realisierung der Selbstverwaltung festgelegt werden sollen. Hierzu werden im Einzelnen das
Recht auf Informationsoffenlegung von Verwaltungshandeln (Art. 3), die Teilnahme an Sitzungen des Stadtrates (Art. 6), die öffentliche Ausschreibung der Sitze in administrativen Beratungsausschüssen (Art. 7) sowie die Beteiligung der BürgerInnen an Planung, Umsetzung
und Evaluation von Stadtentwicklung (Art. 8) formuliert.[17] Artikel 10 garantiert explizit das
Recht der BürgerInnen, an der Gemeindeentwicklung beteiligt zu sein: „Wir BürgerInnen
von Niseko sind die Protagonisten in der Entwicklung und Mobilisierung der Gemeinde und
wir besitzen das Recht, an diesem Prozess teilzuhaben" (Niseko-chō 2000). Weiter heißt es
in Artikel 10: „Als Träger der Bürgerselbstverwaltung besitzen die BürgerInnen das Recht
auf Informationen über die Stadtverwaltung und somit die Möglichkeit, am Prozess der Formulierung von Maßnahmen, deren Umsetzung und Evaluation zu partizipieren."

Während am Anfang vor allem kleine Gemeinden dem Vorbild folgten, haben inzwischen entsprechende Diskussionsprozesse auch in Millionenstädten begonnen bzw. wurden
wie z.B. in Kawasaki (2005) oder Sapporo (2011) mit der Implementierung einer kommunalen Rahmensatzung abgeschlossen (Kawasaki-shi 2005, Sapporo-shi 2011).

Trotz hoher Varianz im Detail lässt sich bislang eine Reihe von Übereinstimmungen
identifizieren, die sich auch in der formalen Struktur der Satzungen niederschlagen und auf
Diffusionsprozesse hindeuten. Gemeinsam ist den bislang vorliegenden Satzungen, dass in
der Präambel oder in den Zielbestimmungen explizit die Realisierung von Dezentralisierung
und kommunaler Selbstverwaltung in Verbindung mit Kooperation zwischen Kommunalverwaltung und BürgerInnen als Basis der neuen Politik formuliert ist. Damit wird ein völlig
neues Verständnis von Kommunalpolitik formuliert, das sich in unterschiedlichem Ausmaß

---

17   „Unsere BürgerInnen haben einen Rechtsanspruch darauf, alle nötigen Informationen über die Arbeit der
     Stadt zu erhalten (Art.3). [...] Die Sitzungen des Stadtrats sind öffentlich, auch wenn es Fälle gibt, in denen
     ein Ausschluss der Öffentlichkeit für notwendig erachtet wird. In diesem Fall werden die Umstände, die
     zu der Entscheidung führten, im Vorfeld bekanntgegeben (Art. 6). [...] Die Stadt muss alle Anstrengungen
     unternehmen, die Zahl derer, die durch öffentliche Ausschreibung Mitglied in Untersuchungsausschüssen,
     administrativen Beratungsgremien sowie angegliederten Organen sind, zu erhöhen (Art 7). [...] Die Stadt
     ermöglicht die Partizipation der BürgerInnen in allen Phasen der Stadtgestaltung, von der Planung über die
     Umsetzung bis hin zur Evaluation (Art 8)." (Niseko-chō 2000).

auch in speziellen Satzungen niederschlägt. Unterschiede bestehen in den normativen Bezügen für die künftige Kommunalpolitik.

Während einige Städte wie Suginami (Tōkyō) die neue Partnerschaft von BürgerInnen und Kommune aus der Souveränität der BürgerInnen ableiten, beziehen sich andere auf die Menschenrechte oder auf das Prinzip der kollektiven Selbsthilfe. So heißt es in der Präambel der Satzung von Suginami: „Wir verabschieden diese Satzung mit dem Ziel, eine Stadt der Selbstverwaltung zu schaffen, in der die Menschenrechte eines jeden einzelnen Bürgers/ einer jeden einzelnen Bürgerin respektiert werden und (die BürgerInnen) mit Stolz an der lokalen Politik teilhaben und zusammenarbeiten." (Suginami-ku 2003). Ein anderes Beispiel ist die Satzung der Stadt Asago, in der als Voraussetzung für die Realisierung einer Bürgerkommune neben der Wahrung der Menschenrechte die kollektive Selbsthilfe aller BürgerInnen genannt wird (Asago-shi 2009). Konkretisiert wird das Prinzip der Kooperation in dem Recht der Bevölkerung auf Partizipation und Information, das in der Mehrzahl der kommunalen Rahmensatzungen verankert ist.

Eine zweite Übereinstimmung lässt sich in den Satzungen im Hinblick auf die Positionierung der Stadträte in den neuen Governance-Strukturen feststellen. Die Mehrzahl der nach 2000 verabschiedeten kommunalen Rahmensatzungen enthalten explizit Regelungen zu den Pflichten und Aufgaben der Abgeordneten. Die Formulierungen sind normativ anspruchsvoll, indem sie die Gemeinderäte auf das Ziel, dem Wohl der Stadt zu dienen, sich aktiv an Debatten zu beteiligen und politisch zu qualifizieren, verpflichten. Mithilfe von überregionalen zivilgesellschaftlichen und kommunalpolitischen Diskussionsforen im Internet zur Reform der Kommunalparlamente lassen sich Diffusionsprozesse nachvollziehen, die jenseits lokaler Spezifika in den Präambeln insgesamt zu einem vergleichsweise einheitlichen Regelungsinstrumentarium geführt haben.[18] So hat eine Reihe von Kommunen in Ergänzung ihrer Rahmensatzungen zusätzlich Stadtratssatzungen (*gikai kihon jōrei*) verabschiedet. Diese berücksichtigen explizit Bürgerinteressen in Form der Einrichtung von Bürgerforen, Durchführung von öffentlichen Anhörungen und neuen Formen der Bürgerbeteiligung durch Gründung von „Unterstützungsräten" aus BürgerInnen für den Gemeinderat sowie durch die Etablierung gemeinsamer Kommissionen aus BürgerInnen und Räten bei der Formulierung von Satzungen. Erste Beispiele von Satzungen, die die Rechte und Pflichten von Stadt- bzw. Gemeinderäten verbindlich regeln, ihre Beziehungen zu BürgermeisterInnen und BürgerInnen explizieren und klare Verfahren der politischen Meinungsbildung festschreiben, liegen seit 2006 vor. Bis März 2011 sind 168 solcher Satzungen verabschiedet worden (Jichitai gikai kaikaku fōramu: 2011). Landesweit größte Aufmerksamkeit hat bisher die Satzung der Stadt Kuriyama auf sich gezogen, die 2006 als erste Kommune eine Rahmensatzung zu Organisation, Rechten und Pflichten des Stadtrats verabschiedete, was als Ausdruck der Bereitschaft zu umfassender Selbstreform bis heute gewürdigt wird. Ihren Modellcharakter bezieht die Satzung vor allem aus folgenden Punkten: Informationsoffenlegungspflicht des Rats gegenüber der Öffentlichkeit, Redefinition von Beschwerden und Begehren der BürgerInnen als „Policy Input", Rederecht von BeschwerdeführerInnen aus der Bürgerschaft im Rat, Funk-

---

18   Zu den Institutionen, die die landesweite Verbreitung von Satzungsinitiativen zur Reform der Räte dezidiert fördern, gehören beispielsweise das Forum für die Reform kommunaler Räte (*Jichitai gikai kaikaku fōramu*), die Councillors' Organization for Policy Argument (*Jichitai gikai seisaku gakkai*) und der NPO Arbeitskreis für Bürgerpolitik (*Shimin ga tsukuru seisaku chōsakai*).

tionszuschreibung des Rats als Ort öffentlicher Deliberation bzw. Informationsbörse (Art. 2) (Kambara 2008: 144f.; Originalsatzung in Kuriyama-chō 2006)

Ein weiterer Regelungsbereich, der sich in allen neuen Satzungen findet, bezieht sich auf Aufgaben der Verwaltung. Neu ist, dass nicht nur die Aufgabenbereiche der Stadträte, sondern auch der Kommunalverwaltungen konkret definiert werden. Hierzu zählen Verpflichtungen der Verwaltung zur Selbstevaluation, Bürgerbeteiligung in allen Phasen des politischen Entscheidungsprozesses, Durchführung von öffentlichen Anhörungen, öffentliche Ausschreibung von Sitzen in administrativen Beratungsgremien und Informationspflicht gegenüber der Öffentlichkeit (Hidaka 2004: 74-75). Mit derartigen Regelungen gehen die Kommunen deutlich über die entsprechenden Regelungen der übergeordneten Verwaltungsebenen hinaus. So unterliegt die Besetzung der administrativen Beratungsgremien (*shingikai*) auf nationaler Ebene keinerlei demokratischer Kontrolle. Vielmehr werden die Mitglieder aus „erfahrenen Experten" (*gakushiki keikensha*), Wirtschaft und Öffentlichkeit von der zuständigen Fachverwaltung ausgewählt und ernannt. Dadurch kann die Bürokratie bis heute die Beratungsgremien unkontrolliert besetzen und so ihren Einfluss auf die Politikformulierung sichern. Auf lokaler Ebene hingegen müssen seit der Revision des Stadtplanungsgesetzes von 1992 BürgerInnen an der Stadtplanung beteiligt werden. Die Satzungen fördern durch die Einführung der Pflicht zur öffentlichen Ausschreibung eines Teils der Gremienmitglieder eine bislang nicht vorgesehene Transparenz und öffnen grundsätzlich den Weg zur Bürgerbeteiligung an administrativen Beratungsausschüssen. Eine ähnliche Funktion hat die Informations-, Berichts- und Erklärungspflicht der Kommunalverwaltung gegenüber der Öffentlichkeit. Damit gehen die kommunalen Satzungen ebenfalls über das Gesetz über die Offenlegung von Informationen (*Jōhō kōkaihō*) hinaus und verbessern die informationelle Voraussetzung für Partizipation.

In Analogie zu der Festlegung der Rechte und Pflichten der Kommunalverwaltung und der Räte werden auch die der BürgerInnen inzwischen festgeschrieben. Im Hinblick auf die Rechte der Bürger und Bürgerinnen sehen nahezu alle Rahmensatzungen als Novum ein Referendum vor. Zwar hat es nach Artikel 95 der japanischen Verfassung immer die Möglichkeit gegeben, lokal begrenzt Referenden durchzuführen, allerdings ist diese Möglichkeit direkter Partizipation in der Vergangenheit nur in eng begrenzten Fällen tatsächlich genutzt worden, beispielsweise bei der Initiierung von Amtsenthebungsverfahren. Ursache sind hohe rechtliche Hürden in der Durchführung von Referenden (Vosse 2004: 166). Erst mit dem Erdbeben von Kōbe 1995 ist eine deutliche Zunahme von Initiativen aus der Bevölkerung zur Durchführung von Referenden festzustellen, deren rechtlicher Status allerdings unklar geblieben ist, da sie sich gegen die Entscheidung der Gebietskörperschaft in Einzelfragen richten (Imai 2004: 76). Der bekannteste Fall dürfte das Referendum von Maki (Präfektur Niigata) sein, mit dem die örtliche Bevölkerung sich dem Ansiedlungsbeschluss der Stadtverwaltung für ein Atomkraftwerk widersetzen wollte. Dieser Typ von nicht-institutionalisierten Referenden ist im Zusammenhang mit der Dezentralisierungsdebatte in den Mittelpunkt der Diskussion gerückt, weil er nur schlecht mit dem Prinzip der repräsentativen Demokratie vereinbar ist. Gleichwohl wird darauf verwiesen, dass die Realisierung einer echten lokalen Selbstverwaltung mit der Institutionalisierung eines Referendums verbunden sei (Yamazaki 2004: 213, Imai 2004: 77).

In der Mehrheit der neuen kommunalen Rahmensatzungen wird nun das Referendum als direkte Partizipationsmöglichkeit vorgesehen. Die Konkretisierung variiert indessen von Satzung zu Satzung. Überwiegend wird zur Umsetzung des Verfahrens auf die bestehenden Regelungen verwiesen. Relativ vage formuliert wird der Status des Ergebnisses eines Referendums. So heißt es in der am weitesten gehenden Satzung von Kashiwazaki (Präfektur Niigata) lediglich, der Stadtrat und der Bürgermeister sollten das Ergebnis „respektieren" (*sonchō suru*) (Kashiwazaki-shi 2003).

Die Formulierungen im Hinblick auf Pflichten der BürgerInnen sind überwiegend weich, d.h. gefordert wird die Übernahme von Verantwortung für die Gemeinschaft sowie die Wahrnehmung von Beteiligungsrechten. Konkretisierungen, wie etwa die Unterstützung der Bürger und Bürgerinnen bei der Einführung einer kommunalen Plastiktütenabgabe, wie sie Suginami (Präfektur Tōkyō) verabschiedet hat, sind eher die Ausnahme. Angesichts der geringen Konkretisierung der Rahmensatzungen kommt somit der realen Ausgestaltung der Beteiligungsmöglichkeiten und deren verfahrenstechnischer Regelung zentrale Bedeutung zu.

Die Tendenz geht eindeutig zu immer weitreichenderen, aber gleichzeitig auch genaueren Bestimmungen bezüglich der Bereitstellung von Informationen als auch der Methoden und Mittel von Bürgerpartizipation (Ōsugi 2007: 15). Immer mehr Kommunen gehen inzwischen über die Verabschiedung von Rahmensatzungen hinaus und formulieren ergänzende Spezialsatzungen über Bürgerpartizipation (*shimin sanka (suishin) jōrei*) So sieht z.B. die Partizipationssatzung der Kommune Nishi-Tōkyō (2002) vor, dass die Verwaltung die Ansichten und Meinungen der BürgerInnen in den Formulierungsprozess von Basisplänen und Stadtentwicklungskonzepten integrieren und die BürgerInnen bei der Formulierung, Revision oder Abschaffung von Satzungen durch Beteiligungsangebote wie Public Comment (öffentliche Stellungnahme), Referendum, Workshop usw. einbeziehen sollte. In der Satzung über Partizipation und Kooperation der Stadt Komae (2003) wird z.B. ausdrücklich festgehalten, dass die Stadt zum einen gemeinnützige Bürgergruppen und deren Aktivitäten finanziell unterstützt, und die Kommune zum anderen gemeinnützigen Bürgerorganisationen Möglichkeiten bietet, in Verwaltungsprozessen und -verfahren so teilzuhaben, dass ihre besonderen Kenntnisse und Fähigkeiten zum Einsatz kommen.

Aus einer demokratietheoretischen Perspektive lässt sich die Bedeutung dieser Basisverordnungen daran messen, wie sie Partizipationsrechte der BürgerInnen formulieren, und wie über sie Bürgerbeteiligung als Teil der Kommunalpolitik verankert wird. In den aktuellen Satzungen wird die Bereitschaft der Kommunen deutlich, Bürgerpartizipation durch neue Beteiligungsmöglichkeiten zu gewährleisten. Während bislang Beteiligungsrechte auf wahlberechtigte Personen mit dauerhaftem Wohnsitz in der Kommune begrenzt waren, d.h. der Begriff „Bürger/ Bürgerin" im Japanischen als „*jūmin*" (AnwohnerIn) definiert wurde, wird nun z.B. in den Städten Niigata, Tama und Mitaka die Definition auf Personen ausgeweitet, die in der Stadt leben, arbeiten oder studieren. Damit wird der Kreis der AdressatInnen, die an der Kommunalpolitik teilhaben können, ausgeweitet. Mit dieser Redefinition der BürgerInnen als zentrale Akteure im kommunalpolitischen Handlungsraum verbindet sich gleichzeitig eine neue Selbstdefinition der Kommunen als unabhängige, dezentrale politische Ebene, welche zugleich die Voraussetzung für das Einlösen des Anspruches von local Governance ist. Normativ wird hierin die Voraussetzung für die Realisierung einer gleichberechtigten Zusammenarbeit zwischen BürgerInnen und Kommune gesehen (vgl. Etō 2003: 370).

Insgesamt ist die interregionale Varianz der institutionellen Verankerung neuer Governance Modelle in der Kommunalpolitik bis heute hoch: Es gibt Kommunen, welche Rahmensatzungen, Partizipationssatzungen, Satzungen zu Referenden und Partnerschaften u.ä. separat formulieren. Andere Kommunen wiederum versuchen, alle neuen Ansprüche an die kommunale Verwaltung – nämlich neue Formen der Partizipation von BürgerInnen im politischen Prozess bzw. Kooperation zwischen Verwaltung und BürgerInnen – in einer einzigen Stadt- oder Partizipationssatzung zu regeln.[19] Eine Reihe von Kommunalsatzungen hat präzise Verfahren festgeschrieben, wie Bürgerinnen und Bürger an kommunalen Gesetzgebungsverfahren beteiligt werden. Teilweise werden z.B. Beratungsausschüsse oder Bürgerbeiräte eingerichtet, deren Mitglieder mithilfe einer öffentlichen Ausschreibung bestimmt werden. Diese Gremien erarbeiten zu Satzungsentwürfen Stellungnahmen, die sie dem Bürgermeister vorlegen. Auch gibt es Kommunen, die inzwischen zum Teil das Recht auf Information, die Einführung eines/ einer Bürgerbeauftragten sowie lokale Referenden in Satzungen festgeschrieben haben. Diese unterschiedlichen Ansätze spiegeln letztlich nicht nur historische Erfahrungen der Bürgerselbstverwaltung und Bürgerpartizipation wider, sondern auch die spezifische Herangehensweise jeder Kommune bei der Formulierung dieser Satzungen selbst (Ōsugi 2007: 16).

Es ist festzuhalten, dass in den neuen kommunalen Verfassungen explizit eine Governance-Struktur abgebildet wird, die zivilgesellschaftlichen Akteuren eine zentrale Rolle zuweist, wogegen andere gesellschaftliche Akteursgruppen, wie beispielsweise die lokale Wirtschaft, vergleichsweise wenig Berücksichtigung in den Regelungswerken finden.

Als Folge der Engführung von Verfahrensregeln auf das Dreieck BürgerInnen-Kommunalverwaltung-Stadträte/Bürgermeister konzentriert sich die japanische Debatte über die neuen Steuerungsformen auf den Zusammenhang von Local Governance und Zivilgesellschaft (Tsubogō 2006a; Nakamura 2007; Sasaki 2009: 280). Im Kern geht es um die Frage, welche Voraussetzungen gegeben sein müssen, um das Machtgefälle zwischen administrativen, politischen und bürgerschaftlichen Akteuren zu überbrücken, Bereitschaft zu Kooperation zu schaffen und die Ambivalenz zwischen Effizienzsteigerung von Verwaltungshandeln durch Bürgerbeteiligung und Beteiligungsangeboten zur Stärkung der lokalen Demokratie auszubalancieren.

---

19   Unabhängig von diesen Satzungen sind seit der Revision des Stadtplanungsgesetzes 1992 das Recht auf Beteiligung der BürgerInnen an der Kommunalpolitik und entsprechende Partizipationsverfahren grundsätzlich verankert. Somit wird Partizipation grundlegend auch in Kommunen, die (noch) nicht Verordnungen dieser Art verabschiedet und implementiert haben, als auch in anderen administrativen Bereichen gesichert. Seit 1992 müssen Kommunen im Rahmen des Stadtplanungsprozesses BürgerInnen die Chance der Teilhabe an der Erstellung des Basisplanes einräumen.

4.2   Die japanische local Governance-Debatte

Die wissenschaftliche Auseinandersetzung mit neuen Formen von politischer Steuerung unter Einbezug der Bürger setzte in Japan unter Verwendung des aus der Verwaltungsreformdebatte stammenden Slogans „von Government zu Governance" in der zweiten Hälfte der 1990er Jahre ein (Yamamoto 2008: ix). Die Debatte knüpfte vor allem an Entwicklungen an, die so auch in nord- und westeuropäischen Ländern beobachtet worden sind (vgl. auch Sunahara 2005 und Nelissen 2002). In Reaktion auf die generelle Misere der öffentlichen Haushalte lässt sich ein partieller Rückzug des Staates aus Staatsaufgaben als Folge von Effizienzdefiziten beobachten. Die alternativen Handlungsoptionen richten sich einerseits auf die Aktivierung anderer gesellschaftlicher Akteure durch die Bereitstellung von Anreizsystemen und günstigen infrastrukturellen Rahmenbedingungen (vgl. Kropp 2007; Collin und Vagnoni 2001). In den Mittelpunkt werden angesichts von Legitimationsverlusten und einer äußerst angespannten Finanzlage vor allem zivilgesellschaftliche Akteure gestellt. Andererseits werden staatliche Aufgaben an private Anbieter vergeben. Diese entscheiden in der Regel eigenständig über die Ausgestaltung und Umsetzung der Leistungen. Ziel ist die Einsparung von direkten und indirekten Kosten. Zwischen diesen beiden alternativen Optionen liegt als dritte Entlastungsstrategie für die öffentlichen Verwaltungen die Institutionalisierung von Zusammenarbeit zwischen verschiedenen Akteuren des öffentlichen und privaten Sektors in netzwerkartigen Strukturen (privat-privat, öffentlich-privat) (vgl. auch Takao 2006).

Während der Fokus der japanischen Governance-Diskurse zunächst auf der Rezeption westlicher Forschung lag, wurde der Begriff „Governance" auf die Darstellung von Struktur und Prozess von Verwaltungshandeln interessanterweise wenig angewandt (vgl. Mayama 2002).

Seit etwa 2004 hat sich die Debatte nun auch den oben angesprochenen aktuellen Entwicklungen auf der kommunalen Ebene zugewandt und unter dem Schlagwort „Local Governance" verdichtet. Es existiert inzwischen eine Vielfalt an Studien, welche zum Teil empirisch angelegt sind und Local Governance aus der Perspektive der Beteiligung von zivilgesellschaftlichen Akteuren in kommunalen Entscheidungsprozessen und -strukturen analysieren (z.B. Etō 2003; Maeda u.a. 2008; Sueyoshi 2002; Mayama 2002). Im Rahmen dieser Debatte werden neue direkte Beteiligungsformen unter den Begriffen „local Governance" (*rōkaru gabanansu*), „community Governance" (*komyunitii gabanansu*), „Partizipative Governance" (*sanka gabanansu*) sowie „stadtinterner Dezentralisierung" (*jichitainai bunken*) thematisiert (vgl. z.B. Tsubogō 2006a; Etō 2003; Sakaguchi 2005). Es wird argumentiert, dass diese neuen Governance-Strukturen konsequente Folge des Zuwachses an kommunaler Selbstverantwortung durch die Kommunalreformen seien (Sakaguchi 2005; Takao 2006). Sie setzen – so wie in dem Schaubild von Yamamoto dargestellt (Abbildung 4) – Kooperation mit allen lokalen Akteuren voraus. Die von ihm als idealtypisch vorgeschlagene Vernetzung der lokalen Akteursgruppen positioniert die Akteure des Marktes primär in Partnerschaftskonstellationen mit der Verwaltung nach dem Modell des New Public Management, wohingegen die bürgerschaftlichen Akteure nach dem Modell der „Co-Governance" durch Funktionsübertragungen politisch gestärkt werden und als Partner der Verwaltung Kommunalpolitik mitgestalten.

Abbildung 4: Local Governance

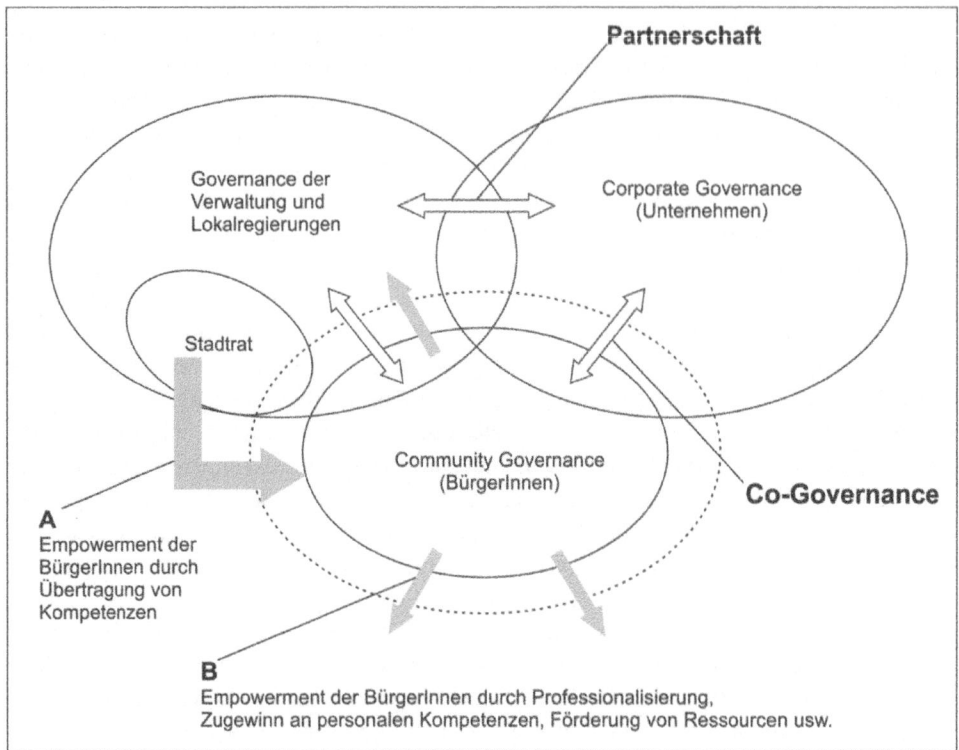

Quelle: nach Yamamoto 2004: 54

Im Vergleich zur Debatte der 1970er Jahre, erhalten der Begriff Bürgerpartizipation (*shimin sanka, jūmin sanka*) und die mit ihm eng verbundene Konzeption der Bürgerselbstverwaltung (*jūmin jichi*) im Sinne einer Bürgerkommune in dem theoretischen Rahmen der lokalen Governance nun eine neue Konnotation: Der Bürger bzw. die Bürgerin wird als unverzichtbarer Akteur neben Verwaltung und Wirtschaft im kommunalpolitischen Handlungsfeld verortet. Die Funktion der neuen Institutionen der Bürgerbeteiligung liege – so Sakaguchi (2005: 21-24) – in der Interessenvermittlung. Hervorgehoben wird das Fehlen eindeutiger hierarchischer Beziehungen, die Bedeutung kommunikativer Prozesse, die Dominanz von Prozessen über Strukturen, die sich ständig wandeln sowie der Mix aus Regelungsformen von rein staatlich bis rein zivilgesellschaftlich als entscheidende Neuerung. In einem disziplinär wie theoriegeleitet breit gefächerten sozialwissenschaftlichen Zugang wird Governance hier im Sinne selbst organisierter Netzwerke betrachtet. Diese lokalen, strategischen Netzwerke befassen sich mit der Problemlösung vor Ort und umfassen verschiedene Akteure aus Verwaltung, Unternehmen und gemeinnützigen, zivilgesellschaftlichen Organisationen und Gruppen. Dabei ist die Regierung idealer Weise nicht mehr die Hauptsteuerungsinstanz. Handeln beruht vielmehr auf einem partnerschaftlichen Prinzip. Verfügbare Ressourcen finanzieller, (im)materieller oder humaner Art werden gemeinsam eingebracht und Sozialkapital generierend eingesetzt. Marktwirtschaftliche Interessen wie Gewinn und Wettbewerb liegen in diesen Netzwerken nicht dem Handeln zugrunde, vielmehr sind alle Beteiligten darauf ausgerichtet, Gleichheit und Gerechtigkeit sowie einen Zugewinn an Demokratie durch partnerschaftliche Arrangements zu etablieren (Takao 2006). Ueki Yutaka definiert local Governance wie folgt:

> „Wenn man eine Stadt als einen Ort versteht, wo sich Strategien und Interessen verschiedener gesellschaftlicher Kräfte und Organisationen gegenüberstehen und kreuzen, wo Kompromiss und Konsens entstehen, dann ist die Kommunalregierung nur einer von mehreren Akteuren im Stadtmanagement. Neben der Kommunalregierung sind Unternehmen, Industriegruppen, gemeinnützige Organisationen und Konsumenten, Steuerzahler, ‚BürgerInnen' usw. diejenigen, die die strategische Ausgangslage einer Stadt bestimmen. [...] Basierend auf dem gegenseitigen Einverständnis von den in die betreffende Stadt involvierten Interessen und Kräften wird es eine wichtige Frage werden, welche Institutionen aufgebaut werden sollen, damit ihre Maßnahmen und Strategien sowohl effektiv als auch gerecht durchgeführt werden können. [...] Das auf diese Weise entstandene Institutionengefüge wird einstweilen local Governance genannt." (nach Sueyoshi 2002: 149).

Der Soziologe Yoshihara Naoki definiert local Governance als:

> „ein sich aus verschiedenen Strategien von Lokalregierung, Unternehmen, NGOs, NPOs usw. vielfältiges, zusammengefügtes Ganzes – als ein aus Andersartigkeit, Kompromiss und Zusammenarbeit bestehendes vielschichtiges Institutionengebilde" (nach Sueyoshi 2002: 149f.).

Der Verwaltungswissenschaftler Yorimoto Katsumi (2004: 62) schließlich gibt folgende Definition:

> „[...] the term 'local governance' connotes an interrelationship among a whole range of roles and activities, not simply involving local governments and other public organizations, but also NGOs, NPOs, private enterprises and individual citizens working on a given public sphere issue in a given region or municipality. [...] '(L)ocal governance' describes comprehensive mechanisms and activities through which both the government and non-government (private) sector deal with individual public-sphere problems (social problems) in a municipality [...]."

Diese drei Zitate spiegeln die wichtigsten Kernelemente von local Governance in der japanischen Diskussion wider, nämlich Formen von nicht-hierarchischer Steuerung, an der unterschiedliche Akteure bei der Lösung öffentlicher Probleme beteiligt sind. Programmatisch wird dieser neue Handlungsmodus zwischen den verschiedenen Akteuren mit dem Begriff *kyōdō* – Kooperation – belegt (vgl. Tsubogō 2006a: 15; Sasaki 2009).

Die Diskussion des Kooperationsparadigmas ist Teil der beiden aktuellen Diskussionsstränge über neue Governance-Strukturen auf kommunaler Ebene. Vor allem Politikwissenschaftler aus den Bereichen der politischen Kulturforschung, der Bewegungsforschung und der Kommunalpolitikforschung thematisieren die Integration der BürgerInnen als MitgestalterInnen in politische Prozesse, um Legitimationsdefiziten staatlichen Handelns und Steuerungsverlusten entgegenzuwirken. Governance wird hier in der Regel auf die Zivilgesellschaft als neuem Teilhaber an politischen Entscheidungsprozessen verkürzt. Kooperationen zwischen Verwaltung und BürgerInnen sowie Bürgerselbstverwaltung werden unter dem zumeist normativ geprägten demokratietheoretischen Blickwinkel diskutiert (vgl. auch Satō 2007; Tsubogō 2006a; Shinpō 2003). Das Forschungsinteresse gilt hier der Frage, welche Funktion die neuen Beteiligungsformen für eine Demokratisierung von unten haben können.

Der zweite Forschungsstrang wird vor allem von Verwaltungswissenschaftlern verfolgt. Governance wird hier definitorisch ausgeweitet auf Formen der kooperativen Implementation von Kommunalpolitik. Im Zentrum der Forschung steht die Diskussion von Lösungswegen für die defizitäre finanzielle Situation der Kommunen und der immer größer werdenden Schere zwischen öffentlichen Leistungen und Nachfrage der BürgerInnen sowie deren Rolle als Co-Produzenten von konkreten Leistungen der Daseinsvorsorge in einer partnerschaftlichen Beziehung mit der Verwaltung (vgl. Tsukamoto und Nishimura 2008).

Der unterschiedliche Zugang hat Folgen für die Positionierung der BürgerInnen und ihres Handelns im kommunalen Kontext. Beim demokratietheoretischen Zugang steht die Mitwirkung der BürgerInnen an der eigenverantwortlichen Regelung von Angelegenheiten der Kommune und folglich die Autonomie dieser gegenüber dem Staat im Vordergrund. Die Beteiligung der BürgerInnen im Rahmen einer funktionierenden lokalen Demokratie bestimme letztlich – so das Argument – die Legitimität des öffentlichen Handelns; Partizipation sei somit nicht das eigentliche Ziel, sondern vielmehr ein Instrument für die Realisierung der (Bürger)Selbstverwaltung (Tsubogō 2006b).

Hingegen liegt das Hauptaugenmerk des zweiten Ansatzes, der dem an Effizienz orientierten New Public Management (NPM)-Modell folgt, auf Partizipationsformen, welche einer effektiven und effizienten Gestaltung von öffentlichen Leistungen und daher vornehmlich einer finanziellen Entlastung der Kommunen dienen. Gemeint ist die in Kooperation mit der Verwaltung stattfindende Ausführung öffentlicher Aufgaben durch private Organisationen zumeist im sozialen Bereich. Die im NPM-Ansatz fokussierten Beteiligungsformen im Bereich der Dienstleistungserstellung werden jedoch nicht einfach als Übertragung von Aufgaben an BürgerInnen verstanden, sondern es wird darauf verwiesen, dass die Kommune damit gleichzeitig Zuständigkeiten abgibt. Ziel sei der gemeinsame Aufbau eines neuen öffentlichen Raumes mit neuen Rollen- und Funktionszuschreibungen, in welchem BürgerInnen über die Beteiligung an kommunalen Aufgaben auch Rechte besitzen, um bei der politischen Entscheidungsfindung zu partizipieren (*sankaku*) (Tamano 2007: 39f).

Beide Diskussionsstränge über neue, direkte und kooperative Formen in der Kommunalpolitik weisen demnach Überschneidungen auf, sofern sie sich empirisch auf das Phänomen der Auslagerung von kommunalen Aufgaben an private Akteure beziehen (Sakaguchi 2005; Takao 2006). Der Unterschied liegt in der Reichweite und den politischen Implikationen von Outsourcing an die unterschiedlichen Akteursgruppen. Anders als bei dem Outsourcing an lokale Unternehmen, wird mit der Übertragung von öffentlichen Aufgaben an NPOs und andere Bürgergruppen die Erwartung verbunden, dass sie durch die Verfügbarkeit von Beteiligungsrechten und die Institutionalisierung von Zusammenarbeit in zukünftige politische Entscheidungs-, aber auch Evaluationsprozesse eingebunden werden (Tamano 2006; Takao 2006). In diesem von Tamano (2006) und Takao (2006) erwähnten Zusammenhang wird noch einmal auf die untrennbare Diskussion beider Governance-Perspektiven mit dem Konzept Zivilgesellschaft verwiesen (Sasaki 2009: 279f.; Nakamura 2007).

4.3 Erfolgsbedingungen für partizipative Governance

Das vorherrschende Konzept von local Governance in der japanischen Debatte, das der Einbindung der BürgerInnen als Mitgestalter und Mitentscheider eine zentrale Rolle zuweist, ist voraussetzungsreich. Pragmatisch betrachtet müssen sie nicht nur bereit, sondern auch in der Lage sein, die ihnen angetragenen Aufgaben wahrzunehmen. Local Governance unter Einbeziehung der BürgerInnen bedarf demnach Rahmenbedingungen, die die strukturelle Ungleichheit zwischen Kommune und Bürgern kompensieren. Zu den wichtigsten zählen (vgl. auch Geißel 2007: 35):

- Tradition der Zusammenarbeit
- Institutionelle Beteiligungsbedingungen
- Zivilgesellschaftliche Ressourcen
- Unterstützende infrastrukturelle Maßnahmen der Verwaltung
- Offener Zugang zu Beteiligung

Das Vorhandensein einer Tradition von bürgerschaftlichem Engagement, das im Sinne kollektiv gemachter Erfahrung gesellschaftliche Akzeptanz generiert, wirkt – so die Annahme – fördernd, weil Engagement gesellschaftlich anerkannt ist. Institutionalisierte Formen der Beteiligung schaffen Verfahrenssicherheit, ihre Nutzung setzt jedoch Beteiligungskapazitäten auf Seiten der Bürger in Form von Expertise, Zeit und Geld voraus. Eine ressourcenstarke Zivilgesellschaft – so die Annahme – ist demnach eine zentrale Voraussetzung für den Erfolg von partizipativer Governance. Sie wird gestützt durch einen offenen Zugang aller Bürger und Bürgerinnen zu Beteiligungsangeboten. Die Erfolgsbedingungen von partizipativer Governance sind damit vor allem von dem soziokulturellen, politischen und institutionellen Kontext zivilgesellschaftlichen Engagements abhängig (Sasaki 2009: 279f.; Nakamura 2007).

4.3.1 Tradition der Zusammenarbeit

Bürgerschaftliches Engagement in Form des Vereinswesens hat in Japan wenig Tradition. Bei den bürgerschaftlichen Zusammenschlüssen in der Modernisierungsphase handelte es sich im Wesentlichen um Vereinigungen der politischen, wirtschaftlichen und kulturellen Elite, die sich Orte der politischen und sozialen Deliberation schufen. Das freiwillige Ehrenamt war vor allem durch die Übernahme des Elberfelder Modells in der Armenpflege (Hiramatsu 2011) in einigen Kommunen eingeführt worden. Eine selbstorganisierte Beteiligung an der unmittelbaren Kommunalpolitik jenseits der faktisch verpflichtenden Beteiligung an Nachbarschaftsvereinigungen sowie ein freiwilliges Engagement für gemeinnützige Zwecke wird jedoch erst seit den frühen 1970er Jahren beobachtet (Shinohara 1977).

Vorausgegangen war eine breite Bürgerinitiativbewegung in den 1960er Jahren gegen Umweltzerstörung, die sich auf lokaler Ebene direkt für eine Verbesserung der Lebensumwelt einsetzte. Sie ebnete den Weg zur Einführung neuer Beteiligungselemente, die ab den 1970er Jahren die Etablierung von neuen Strukturen zur Bürgerselbstverwaltung begünstigte. Begleitet wurden diese neuen Beteiligungsstrukturen von dem Fortbestand verschiedener Formen des freiwilligen Ehrenamts wie dem ehrenamtlichen Sozialfürsorgesystem (*minsei iin*) sowie den nach 1945 nach US-amerikanischem Vorbild eingeführten Parent-Teacher Associations (PTA).

Während der 1970er Jahre wurde jenseits dieser Formen der individuellen Beteiligung die Förderung von neuen Bürgerorganisationen und so genannten Community-Centern vorangetrieben. Erwartungen, die sich an diese Entwicklung knüpften, beruhten auf der Vorstellung von einem „neuen Typ von BürgerIn", der als Voraussetzung für eine qualitative Verbesserung von Partizipation und Selbstverwaltung gesehen wurde (vgl. Tamano 2007: 34). Tamano (2007) bewertet die Einrichtung von Bürgerzentren auf der Gemeindeebene bzw. in Stadtbezirken in den 1970er Jahren denn auch als Voraussetzung für die Erhöhung von Bürger- und Freiwilligenengagement, welches die Grundlage für die Entwicklung von NPOs und schließlich des heutigen Partnerschaftsparadigmas bildet.

Während der Begriff der Bürgerpartizipation (*shimin sanka*) als Produkt der 1970er Jahre gesehen wird, kam der Begriff des Bürgerengagements (*shimin katsudō*) erst im Zuge der Globalisierung und einsetzenden Dezentralisierung in den späten 1980er Jahren auf (Tsubogō 2006b: 31). Im Zuge der Vorbereitungen zur UNCED-Konferenz in Rio de Janeiro 1992 war deutlich geworden, dass japanische NPOs aufgrund staatlicher Intervention nicht teilnehmen konnten. Die deutliche Diskrepanz zwischen starken NGOs aus westlichen Industrienationen und den schwachen japanischen Organisationen dürfte eine Antriebskraft für den Wandel in der Einstellung von Regierung und Öffentlichkeit hinsichtlich zivilgesellschaftlichen Engagements gewesen sein. Aus der Perspektive von Sprechern der damals beteiligten NPOs wurde der japanischen Regierung bewusst, dass die neuen, komplexen globalen Probleme nicht im Alleingang, sondern nur in Kooperation mit außerstaatlichen Organisationen angegangen werden können. Kooperation weitete sich in gewissem Umfang bis auf die lokale Ebene aus. Die Kommunen begannen, zivilgesellschaftliche Akteure zunehmend zu akzeptieren und intensivierten die Kooperation mit ihnen auf der Ebene der Leistungserbringung. Sie erweiterten im Vergleich zu den 1970er Jahren, in denen vor allem soziale Dienste von freiwilligen Gruppen in Kooperation mit der Verwaltung erbracht worden waren, die Zusammenarbeit auf neue Bereiche (vgl. Yamamoto 1999: 102).

Das Potenzial von freiwilligem Engagement wurde anlässlich des Erdbebens von Kōbe 1995 beeindruckend öffentlich sichtbar. In Reaktion auf eine desorganisierte Regierung organisierten sich spontan 1,3 Mio. freiwillige Helfer, um die Opfer zu unterstützen (Bestor 2002: 37). Einhergehend mit der Berichterstattung der Medien gilt das Jahr 1995 als Beginn einer regelrechten „volunteer revolution" (Satō, I. 2002). Mochizuki (2001: 385) geht davon aus, dass die aktive Rolle von Freiwilligen bei der Bewältigung der Erdbebenschäden der Wendepunkt für die gesellschaftliche Bewertung von freiwilligem Bürgerengagement war. Anders als in den 1970er Jahren, als Bürgerinitiativen als „rebellisch" stigmatisiert wurden, erlangten nun zivilgesellschaftliche Akteure erstmals eine breite gesellschaftliche Anerkennung. Hasegawa (2002: 5) spricht im Zusammenhang mit dieser Entwicklung sogar von dem Beginn einer „neuen zivilen Kultur".

4.3.2 *Institutionelle Rahmenbedingungen*

Wenngleich die Bewertung des Erdbebens von Kōbe als Wendepunkt für die Entwicklung des Dritten Sektors in Japan durchaus umstritten ist[20], besteht Konsens, dass rechtlicher Regelungsbedarf für die wachsende Zahl von Bürgergruppen bestand, auf die die geltende Rechtslage nicht zutraf. Die Einführung eines Rechtsstatus für gemeinnützige Bürgerorganisationen war folglich ein drängendes Anliegen vor allem der Organisationen selbst (Yamagishi, Kasahara 2004: 11-14).

1998 wurde das sogenannte NPO-Gesetz verabschiedet, mit dem erstmals für Bürgergruppen eine dem eingetragenen gemeinnützigen Verein vergleichbare Rechtsform eingeführt wurde (siehe Tabelle 2).[21] Es wird ähnlich wie das Gesetz über das Recht auf Information von 1998 als entscheidender Schritt der Regierung für die Unterstützung der Zivilgesellschaft gesehen. Bürgerschaftliches Engagement wurde legalisiert und positiv sanktioniert. Für Bürgergruppen wurde über den Weg der Eintragung als Non-Profit-Organisation der Weg zu steuerlichen Vergünstigungen und verbesserter institutioneller Absicherung geöffnet.

Das Gesetz ist seit 1998 mehrfach novelliert worden. Die Analyse der aktuellen Fassung und ihrer Effekte lässt insgesamt ein ambivalentes Fazit zu: Durch die Verabschiedung des NPO-Gesetzes ist eine neue spezifische Rechtsform der gemeinnützigen Körperschaften eingeführt worden, die bislang nicht eingetragenen Bürgervereinen einen Rechtsstatus bietet. Anfängliche restriktive Regelungen wurden mit der Novellierung von 2003 gemildert, sodass die Zugangsbedingungen zum Rechtsstatus auch für kleine Gruppen erleichtert wurden. Die Möglichkeit, einen Status als gemeinnützige Organisation zu erwerben, brachte daneben einen Anerkennungsgewinn, der wiederum Engagement erleichtert. Zum anderen aber sind die konkreten Möglichkeiten der steuerlichen Begünstigung von zivilgesellschaftlichem Handeln noch immer so restriktiv gefasst, dass nur ein verschwindender Bruchteil der Bürgerorganisationen davon profitieren kann. Nur eine winzige Minderheit von 0,2 % der Organisationen fällt in die Kategorie der Gruppen, die heute steuerbegünstigt anerkannt sind; 99,8 %, sind es nicht (Foljanty-Jost und Aoki 2008).

Ein Rechtsstatus für Bürgergruppen im Sinne des Gesetzes hat sich entsprechend nur zögernd durchgesetzt. Die Zahl der registrierten NPO ist von 1.005 (1999) auf 40.313 (Juni 2010) angestiegen (Naikakufu 2010). Es wird geschätzt, dass weitere 200.000 bis 450.000 Gruppen aktiv sind, ohne einen Rechtsstatus erworben zu haben. Hieraus ergibt sich eine Ausdifferenzierung des zivilgesellschaftlichen Sektors. Er zerfällt heute in ein Segment professionalisierter, aber nicht profitorientierter Körperschaften, zu dem beispielsweise das Rote Kreuz gehört, in ein sehr kleines Segment vor allem national und international agierender NPOs, wie die Ornithologengesellschaft Yachō no kai, die steuerliche Privilegien genießen, NPOs ohne steuerrechtliche Anerkennung sowie in ein extrem großes Segment von bürgernahen, vor allem lokal agierenden und sich auf das freiwillige Ehrenamt stützende kleinere

---

20 Shaw und Goda (2004: 19) kommen zu dem Schluss, dass die Gleichsetzung von Zivilgesellschaft mit NPOs, wie sie gegenwärtig vorherrscht, ausschließlich auf das Kōbe-Erdbeben zurückzuführen ist. Demgegenüber betonen u.a. Vosse (1999: 34) und Imada (2003: 40), dass sich bereits in den 1980er Jahren viele Bewegungen und Organisationen im Bereich der Wohlfahrt und sozialen Dienste gebildet hatten.

21 Im Jahre 2011 kamen mit der Reform des NPO-Gesetzes zu den 18 Tätigkeitsbereichen folgende drei neue hinzu: „Förderung des Tourismus", „Förderung von landwirtschaftlichen Gebieten, Fischerdörfern und Berggebieten", „Aktivitäten, die durch Satzungen von Präfekturen festgelegt werden".

Tabelle 2:   Übersicht über Tätigkeitsbereiche von NPOs mit Rechtsstatus
(Stand: 31.3.2012, Mehrfachnennung möglich)

Nr.	Bereich laut NPO-Gesetz	Anzahl der NPOs	Anteil in %
1	Aktivitäten zur Förderung von Gesundheit, Wohlfahrt und medizinischer Versorgung	6014	56,3
2	Aktivitäten zur Förderung der Erziehung der Gesellschaft	7485	46,8
3	Aktivitäten zur Förderung von Stadterneuerung (Stadtplanung auf der Mikroebene mit Bottom-up-Ansatz).	8152	42,7
4	Aktivitäten zur Förderung von Wissenschaft, Kultur, Kunst und Sport	7120	35,4
5	Aktivitäten zur Förderung des Umweltschutzes	5450	29,8
6	Aktivitäten im Bereich der Katastrophenhilfe	3738	8,2
7	Aktivitäten im Bereich der lokalen Sicherheit	2432	11,7
8	Aktivitäten zur Förderung des Friedens und des Schutzes von Menschenrechten	1577	16,5
9	Aktivitäten im Bereich der internationalen Zusammenarbeit	989	19,4
10	Aktivitäten zur Förderung einer Gesellschaftsform, die auf einer gemeinsamen/gleichberechtigten Partizipation von Männern und Frauen beruht	628	8,7
11	Aktivitäten zur Förderung einer umfassenden Erziehung und Bildung von Kindern (mit dem Ziel des Wohlergehens)	392	41,2
12	Aktivitäten zur Förderung der Entwicklung einer Informationsgesellschaft	432	9,5
13	Aktivitäten zur Förderung von Technologie	158	5,3
14	Aktivitäten zur Aktivierung wirtschaftlichen Aktivitäten	108	15,4
15	Aktivitäten zur Unterstützung der Entwicklung beruflicher Fähigkeiten und der Eröffnung neuer Beschäftigungschancen	66	21,3
16	Aktivitäten zur Förderung des Verbraucherschutzes	46	6,0
17	Aktivitäten zur Unterstützung, Vernetzung und Beratung für Gruppen, die in den oben genannten Bereichen aktiv sind	359	45,2

Quelle: Naikakufu 2012

und kleine Bürgergruppen ohne Rechtsstatus. Letztere sind in der Tradition der lokalen Nachbarschaftshilfe verankert, haben diese weiterentwickelt und bilden heute die Mehrzahl lokaler Bürgergruppen.

Die neuen Beteiligungsangebote im Rahmen der partizipativen Governance tragen dieser Struktur insofern Rechnung, als dass sie offen für jede Form von Bürgergruppen sowie Individuen sind. Die gesamte lokale Anwohnerschaft ist Adressat, wenn in den neuen kommunalen Rahmensatzungen Gemeinwohlorientierung, Engagement und Mitarbeit gefordert werden. Als Indiz dafür, dass es sich nicht um politische Rhetorik handelt, kann die Fülle von unterschiedlichen neuen Formen der Beteiligung gezählt werden, die teilweise in Spezialsatzungen, teilweise als Verfahrensregeln in Stadtplanungsprozessen verankert sind. Insgesamt ist die interregionale Varianz allerdings bis heute hoch. Ein Zusammenhang zwischen Variablen wie Stadtgröße, politischen Mehrheiten oder Sozialstruktur ist systematisch nicht feststellbar.

4.3.3   Zivilgesellschaftliche Ressourcen

Ressourcen wie finanzielle Mittel, Personal, Professionalität, Legitimität oder freiwilliges Engagement sind entscheidend für die Entstehung, Größe und Form sowie Stärke oder Schwäche von zivilgesellschaftlichen Organisationen (vgl. McCarthy und Wolfson 1996: 1071, Ottersbach 2003: 136). Für die Bedingungen von Kooperation zwischen Bürger(organisationen) und Kommunen bedeutet dies, dass Ressourcen auch maßgeblich die Art und Weise der Zusammenarbeit bestimmen.

Gemessen an den Kriterien Mitgliederzahl, Einkommen und bezahlte Beschäftigte, aus denen wiederum Professionalität, Mobilisierungskapazität und letztlich auch politischer Einfluss abgeleitet werden können, sind die japanischen NPOs ressourcenarm. Folgt man den von Anheier u.a. (2006) eingeführten Indikatoren für die Abbildung der Ressourcenstärke des NPO-Sektors nach Anzahl der Beschäftigten im Nonprofit-Bereich, Umfang der ehrenamtlichen Arbeit sowie verfügbarem Einkommen der Organisationen ergibt die diesbezügliche Erhebung des japanischen Kabinettsbüros von 2005 unter NPOs folgendes Bild (Naikakufu 2005): Mehr als 50 % aller NPO hatten Einnahmen von weniger als 5.000.000 Yen (zum damaligen Zeitpunkt ca. 36.600 Euro) im Jahr. Ursache sind zum einen die niedrigen Mitgliederzahlen. Rund 50 % der NPOs hatten weniger als 30 Mitglieder. Das Spendenaufkommen ist im internationalen Vergleich niedrig. Rund 43 % der NPOs gaben an, keine Spenden zu erhalten. Im Zusammenhang mit der schlechten Finanzausstattung bestätigt sich die Erwartung, dass die Zahl der fest angestellten Beschäftigten in NPOs gering ist. 41,9 % aller NPO hatten 2005 1-4 Beschäftigte. Nur 2 % beschäftigen mehr als 50 Menschen. Es liegt in der Natur der Sache, dass entsprechende Daten für die Bürgergruppen ohne Rechtsstatus nicht vorliegen, da sie systematisch nicht auffindbar sind. Gleichwohl ist davon auszugehen, dass auf sie die Ressourcenschwäche in noch größerem Umfang zutrifft (Kanaya 2004: 50).

Als Folge ihrer schlechten finanziellen Ausstattung stützen sich sämtliche Gruppen auf Freiwillige. Mangelnde materielle Ressourcen werden durch immaterielle Ressourcen wie Zeit und Wissen kompensiert.

4.3.4   Unterstützende infrastrukturelle Maßnahmen der Verwaltung

Ressourcenarmut auf Seiten der BürgerInnen stellt das Gleichheitsgebot von Kommune und Bürger in Frage. Bereits vor Jahren wurde darauf hingewiesen, dass das Partnerschaftskonzept eine Illusion sei, weil aufgrund der unterschiedlichen Ressourcenausstattung eine wirkliche Gleichstellung von Kommune und BürgerInnen nie erreicht werden könne (Imai 2003: 18). Eine wesentliche Voraussetzung für das Gelingen von Kooperation im Rahmen der neuen Governance-Strukturen ist insofern das Vorhandensein kompensatorischer Maßnahmen der Kommunen zur Unterstützung der Bürgerseite.

Seit der Verabschiedung des NPO-Gesetzes haben die Stadtverwaltungen in Japan begonnen, in unterschiedlicher Form diesem neuen Organisationstyp Rechnung zu tragen. Ausdruck sind zum einen Dokumentations- und Recherchearbeiten zum Thema NPO, zum anderen hat die Zahl der Kommunen zugenommen, die innerhalb der Verwaltung einen Arbeitsbereich gründeten, der als Anlauf- und Koordinationsstelle für NPOs, aber auch für Bürgerorganisationen ohne Rechtsstatus fungiert. Nach einer repräsentativen Umfrage des Forschungsinstituts für Wirtschaft und Industrie (*Keizai sangyō kenkyūjo*) von 2006 haben 24,8 % der befragten Kommunen inzwischen eine derartige Verwaltungseinheit eingerichtet, die ausschließlich mit der Förderung von und der Kontaktpflege zu NPOs betraut ist (Keizai sangyō kenkyūjo 2007: 1). Das heißt, Zusammenarbeit mit den BürgerInnen wird in diesen Fällen als Querschnittsaufgabe etabliert, was strukturell eine Erleichterung von Kommunikation und Abstimmungsprozessen bedeutet. Dies hat kompensatorische Bedeutung, weil die Bürgergruppen im Hinblick auf Koordinations- und Organisationsaufgaben entlastet werden. Hinzu kommen Maßnahmen, die dezidiert eine Infrastruktur für Bürgeraktivitäten schaffen. Typisch hierfür sind die Anmietung und der Unterhalt von so genannten NPO- oder Freiwilligenzentren sowie Hilfestellungen beim Aufbau einer Homepage durch die Kommune, mit denen die Vernetzung und Zusammenarbeit zwischen Bürgergruppen gefördert werden soll. Materiell werden damit die Festkosten für die Gruppen reduziert; die Ausstattung mit Computern erleichtert Vernetzung und Kommunikation. Somit wird ein organisatorisch stabiler Rahmen für Bürgeraktivitäten angeboten und ein Raum für Zusammenarbeit und Vernetzung geschaffen. Adressaten sind nicht nur NPOs, sondern alle Bürgergruppen, die vor Ort aktiv sind, sofern sie sich als Nutzer eintragen. In Städten mit einem solchen Zentrum sind letztere in der Regel in der Mehrzahl.[22]

Die gleiche Behandlung von Bürgerorganisationen mit und ohne Rechtsstatus ist bedeutsam für die Kompensation schwacher Ressourcen, da sie die große Zahl der Gruppen, die stark lokal gebunden aktiv sind, auf einen Rechtsstatus verzichten und noch wenig professionalisiert sind, begünstigt.

4.3.5   Motivation und Ziele der zivilgesellschaftlichen Akteure

Seit der Verabschiedung des NPO-Gesetzes führte das Kabinettsbüro in den Jahren 2005, 2006 und 2007 repräsentative Umfragen unter NPOs, Kommunalverwaltungen und der Be

---

22   Im Bürgerzentrum der Stadt Niigata sind beispielsweise 190 Gruppen gemeldet. Davon sind rund 80 %
     Bürgergruppen ohne Rechtsstatus. Die Stadt bezahlt Miete und Löhne für die Beschäftigten. Interview
     mit Nawa Mitsuteru, Angestellter im Zentrum zur Unterstützung von Bürgeraktivitäten der Stadt Niigata
     (*Niigata-shi shimin katsudō shien sentā*), 23.7.2006.

völkerung durch, die Hinweise auf Veränderungen im Image von bürgerschaftlichem Engagement in der Bevölkerung, aber auch auf ihre Akzeptanz in den Stadtverwaltungen sowie
die Entwicklung von Kooperation zwischen der öffentlichen Verwaltung und NPOs geben.
Die Daten spiegeln nicht die ganze Wirklichkeit bürgerschaftlichen Engagements wider, da
sie nur den geringen Anteil der Vereinigungen mit Rechtsstatus erfassen. Da es aber für die
nicht-registrierten Gruppen keine Möglichkeit der Erfassung gibt, bieten diese Umfragen die
einzige quantitativ abbildbare Information zu den zivilgesellschaftlichen Organisationen.

In der Umfrage unter den über 20jährigen von 2005[23] antworteten 79,7 %, dass sie bürgerschaftliche Selbstorganisation wichtig (33,4 %), bzw. zu einem gewissen Grad (46,2 %)
wichtig fänden. Das heißt, dass grundsätzlich eine Akzeptanz von Bürgerengagement besteht. Allerdings kannten nur 39,7 % die Bedeutung des Begriffs NPO. Weitere 45,5 % kannten
das Wort, aber nicht die Bedeutung (Naikakufu 2005). 91,8 % hatten in den zurückliegenden
fünf Jahren an keinen Aktivitäten, die von NPOs ausgegangen waren, teilgenommen. 43,9 %
aller Antwortenden hatte jedoch Interesse, sich in Zukunft an Aktivitäten einer NPO zu beteiligen (Consumer Affairs Agency, Government of Japan 2005). Hieraus ließe sich folgern,
dass insgesamt die Offenheit gegenüber einer Beteiligung an oder Unterstützung von NPOs
begrenzt ist, ein Mobilisierungspotenzial jedoch besteht.

Nach einer Erhebung des Kabinettsbüros von 2007 unter NPOs über den Stand ihrer
Kooperationsprojekte mit der Verwaltung haben ca. 75 % aller NPOs in den zwei vorangegangen Jahren Erfahrungen mit Kooperationsprojekten gesammelt. Davon haben 36,2 % im
Auftrag der Kommune und mit finanzieller Unterstützung Dienstleistungen erbracht, 27,9 %
führten regelmäßig zusammen mit der Verwaltung Veranstaltungen durch, 6,4 % für Verwaltungsbeschäftigte. 85 % gaben an, dass sie an Kooperationsprojekten mit der Verwaltung
interessiert sind (Naikakufu 2007). Hieraus wird zum einen eine große Beteiligungsbereit-
schaft sichtbar. Sie richtet sich auf die Co-Produktion von Leistungen, also den Bereich von
Local Governance, in dem Beteiligung an die Möglichkeit des Erwerbs weiterer finanzieller
Unterstützung durch die Kommune gekoppelt ist.

4.3.6   Offener Zugang zu Beteiligung

Im Hinblick auf die Legitimität, aber auch die Effizienz der neuen Governance-Formen ist
die Frage der Zugangsbedingungen für BürgerInnen von zentraler Bedeutung. Handelt es
sich um Selbstrekrutierung? Unterliegt die Beteiligung bestimmten Kriterien oder werden
die zivilgesellschaftlichen Akteure gezielt angesprochen? Takao (2006) kritisiert die aktuellen Beteiligungsmuster, da sie aufgrund der sozialen Selektivität im Zugang zu Freiwilligenaktivitäten, welche er „volunteer devide" nennt, die Gefahr einer geteilten Gesellschaft mit
sich bringen würden. Satō (2006) führt diese Problematik auf Struktur und Prozess der Beteiligung zurück, die faktisch den Zugang begrenzten. Als Beispiel nennt er die Bürgerkonferenzen, bei denen sich bereits bei der öffentlichen Ausschreibung der Sitze das Problem der
Repräsentativität zeige, da sich ausschließlich BürgerInnen mit Interesse und Vorinformati-
onen auf diesem Weg für eine Beteiligung an politisch-administrativen Planungsprozessen
der Kommune bewerben würden (Satō 2005b: 130). Dafür spricht, dass die Stimmen junger
BürgerInnen zwischen 20 und 30 Jahren, von AusländerInnen, neu Hinzugezogenen sowie

---

23   Zufallsstichprobe von 3000 mit einer Rücklaufquote von 62,1 %, durchgeführt im Zeitraum von 11.-21.8.2005.

von der sogenannten „silent majority" in den Konferenzen und ihren Empfehlungen an die Stadt wenig zum Ausdruck kommen. Geschuldet ist dies allerdings auch zum Teil dem zeitlichen Ablauf der Konferenzen; meistens finden sie an Wochenenden und Nachmittagen statt, was z.B. die Teilnahme junger Eltern und Berufstätiger erschwert. Faktisch führen informationelle und persönliche Voraussetzungen ebenso wie organisatorische Faktoren dazu, dass die TeilnehmerInnen der Bürgerkonferenzen meistens RentnerInnen und zivilgesellschaftlich aktive BürgerInnen sind, die sich zum Teil in mehreren Organisationen engagieren und typischerweise bereits Erfahrungen mit verschiedenen Formen der Bürgerpartizipation gemacht haben. Für die Beteiligung an der Zusammenarbeit mit der Kommune bei der Erstellung von Leistungen der kommunalen Daseinsvorsorge gilt ähnliches: Auch hier stellt sich das Problem der selektiven Beteiligung und somit der reduzierten Einbringung verschiedener Fähigkeiten und Kompetenzen. Zeit und Kompetenz zumeist in Form unbezahlter Freiwilligenaktivitäten werden vor allem von Frauen erbracht.

4.4 Zwischenfazit: Einlösung der Bedingungen für partizipative Governance und Zivilgesellschaft?

In den japanischen Kommunen lässt sich seit mehr als einer Dekade eine Relativierung von hierarchischer politischer Steuerung zugunsten einer Einbindung von zivilgesellschaftlichen Akteuren beobachten. Sie zeigt sich in einem Boom an neuen Beteiligungsformen, der ein neues Modell der kooperativen Kommunalpolitik begründet, das hier unter dem Begriff der partizipativen Governance diskutiert wurde.

Die zusammenfassende Betrachtung der Bedingungen dafür, dass diese neuen Formen der Zusammenarbeit von BürgerInnen und Kommune zu positiven Impulsen für das Gemeinwesen, Erhöhung der Legitimität und Akzeptanz von Kommunalpolitik und einer Verbesserung der Bürgernähe von Politik führen, bleibt indessen uneindeutig:

Positiv ist festzuhalten, dass die Struktur der japanischen Zivilgesellschaft generell aufgrund ihrer starken lokalen Bindung und kleinräumigen Organisations- und Aktivitätsstruktur für eine bürgerzentrierte Governance-Struktur geeignet ist. Das Potenzial freiwilligen Engagements ist hoch, die Bindung an lokale Themen und das Wohnumfeld traditionell groß. Hier dürfte sich positiv die lange Tradition der nachbarschaftsnahen Selbsthilfe auswirken, die Zusammenarbeit mit der Kommunalverwaltung und den politischen Entscheidungsträgern als funktionale „Normalität" lokalen Lebens etabliert hat. Beteiligung ist heute gesellschaftlich akzeptiert und wird anerkannt, wenngleich die Rechtsform der Non-Profit-Organisation noch eine kurze Geschichte hat.

Problematisch ist zum gegenwärtigen Zeitpunkt die Ressourcenausstattung der zivilgesellschaftlichen Akteure. Wie gezeigt, ist die Verfügbarkeit von Ressourcen begrenzt. Zwar stellen die Kommunen unterstützend Infrastruktur für Beteiligung und Kooperation bereit, aufgrund von sehr begrenzten eigenen Ressourcen sind der Eigenprofilierung jedoch Grenzen gesetzt. Hieraus ergibt sich das Problem der Abhängigkeit von kommunalen Finanzleistungen, die zwar für die Beteiligung an der Produktion von Dienstleistungen bereitstehen, nicht jedoch für die Beteiligung an Planungs- und Beratungsgremien. Die Teilnahme an der politischen Entscheidungsfindung ist daher für die Mehrzahl der Engagierten in Vereinen weniger attraktiv. Die vielfach in der japanischen Diskussion geäußerte Skepsis gegenüber dem Modell der partizipativen Governance hat hier ihren Ursprung. So verweist Niikawa (2004: 6) auf die Gefahr, dass BürgerInnen als Subunternehmen der Kommune funktionalisiert werden und lediglich ein Instrument der Kostenreduzierung sind (vgl. auch Imai 2003: 18 und Matsushita 2004: 237), aber auch umgekehrt die Bürgergruppen sich mit der Funktion als Co-Produzenten von Leistungen zufrieden geben. Als eine Ursache kann die sozial selektive Beteiligung, Mangel an politischer Erfahrung und Finanzabhängigkeit angeführt werden (Tōkyō borantia shimin katsudō sentā 2005: 68). Local Governance mit dem Schwerpunkt auf Co-Produktion lokaler Leistungen birgt darüber hinaus die Gefahr, dass Beteiligung zu einem Konkurrenzfaktor innerhalb der Zivilgesellschaft und damit zu einem Spaltungselement wird (Sasaki 2006: 41).

Partizipative Governance findet insofern in einem Spannungsfeld von Beteiligungsmöglichkeiten und faktischen Beteiligungsgrenzen statt. Eine ressourcenarme lokale Zivilgesellschaft ist ein schwacher Partner und muss tendenziell zu den Beteiligungsangeboten tendieren, die versprechen, Schwäche zu minimieren. Dies erklärt die empirisch nachweisbare Dominanz von Co-Produktion von Leistungen innerhalb der neuen Arrangements partizipatorischer Governance. Beteiligungsangebote, die sich auf die politische Entscheidungsfindung beziehen, richten sich demgegenüber faktisch an zivilgesellschaftliche „Eliten", partizipationserfahrene Individuen und professionalisierte NPOs.

Die Voraussetzungen für positive Wirkungen auf das Gemeinwesen durch partizipative Governance sind insofern positiv einzuschätzen, als dass durch die neuen Formen der Beteiligung die lange Tradition der Zusammenarbeit von Bürger und Kommune institutionell verstetigt und programmatisch aufgewertet worden ist. Die Umsetzung erfolgt unter den Bedingungen einer von Ressourcenarmut geprägten lokalen Zivilgesellschaft, d.h. in einer Arbeitsteilung zwischen zivilgesellschaftlichen „Eliten" und dem Gros der lokalen BürgerdienstleisterInnen. Sie muss zu keinen Einbußen in den positiven Wirkungen für das Gemeinwesen führen, beinhaltet und begünstig allerdings die traditionell starke Dominanz der kommunalen Verwaltung.

5. Zusammenarbeit als neues Leitmotiv der Kommunalpolitik

Kyōdō ist das Schlagwort, mit dem programmatisch die institutionell wie politisch praktisch zu beobachtende Erweiterung der kommunalpolitischen Akteure auf die BürgerInnen, also die partizipative, lokale Governance bezeichnet wird.

Der Begriff wird bereits seit den frühen 1990er Jahren verwendet. Verschriftet mit den chinesischen Zeichen für „zusammen" (*kyō*) und „arbeiten" (*dō*) markiert der Begriff *kyōdō* den neuen Modus lokaler Politik. Takahashi (2005: 32) bietet eine inzwischen „klassische" Definition an, indem er formuliert: „*Kyōdō* bedeutet, dass die verschiedenen Akteure einer Region eine gemeinsame Zielstellung besitzen, Besonderheiten und Unterschiede der anderen (Beteiligten) wahrnehmen und anerkennen sowie eine auf gleichberechtigter Rollenverteilung basierende, Synergieeffekte hervorrufende Kooperation eingehen, um regionale öffentliche Probleme zu lösen." Er fasst damit die zentralen Bestandteile früherer Definitionsangebote des Ministeriums für Verwaltung, Inneres, Post und Telekommunikation zusammen, das bereits 1991 formuliert hatte, „*kyōdō*" sei eine „Kooperation zwischen mindestens zwei Individuen oder Organisationen, die gleichberechtigt gemeinsame Ziele verfolgen" (Chihō jichi kyōkai 1991: 3f.). Gleichberechtigung von Kommune und BürgerInnen sowie gemeinsame Ziele markierten hier bereits einen fundamentalen Paradigmenwechsel in der kommunalen Positionierung zu den Bürgerinnen und Bürgern, die nun nicht mehr nur als EmpfängerInnen von öffentlichen Leistungen bzw. AdressatInnen von Verwaltungshandeln gesehen werden, sondern als „PartnerInnen". In einer Definition von 2005 des Ministeriums hieß es: „BürgerInnen und Verwaltung arbeiten zusammen für ein gemeinsames Ziel. Dabei erkennen sie ihre jeweilige Position gegenseitig an und respektieren sie" (Sōmushō jichi gyōseikyoku chiiki shinkōka 2005: 9). Gegenüber 1991 wurde der Gedanke der gleichberechtigten Beziehung nun normativ durch die Hinzufügung von Anerkennung und Respekt angereichert. In der Definition von 2006 schließlich geht das Ministerium noch einen Schritt weiter und bezeichnet explizit „gleichberechtigte Partnerschaft", „Synergieeffekte" und die „Verstärkung der Kompetenz für Bürgerselbstverwaltung" als Kernbestandteile von *kyōdō* (Sōmushō jichi gyōseikyoku chiiki shinkōka 2006a).

Eine Verknüpfung der neuen Rolle der BürgerInnen als MitentscheiderInnen mit einer neuen Form basisdemokratischer Beteiligung wird in den einschlägigen Berichten des japanischen Sōmushō allerdings nicht explizit vorgenommen (Sōmushō jichi gyōseikyoku chiiki shinkōka 2005; 2006a). Der Verweis auf die Stärkung von Bürgerautonomie kann jedoch als Hinweis darauf verstanden werden, dass eine politische Dimension von Partnerschaft zwischen BürgerInnen und Kommunalverwaltung im Sinne der Stärkung lokaler Demokratie in dem Konzept berücksichtigt ist. Kooperation wird hier formuliert als Mechanismus des „Einübens" von Autonomie, ohne dass die führende Rolle der Verwaltung in Frage gestellt wird. Dieser Sicht entspricht die Zunahme an institutionalisierten Formen von Bürgerpartizipation in kommunalen Planungsprozessen, die Zunahme an Informationszugängen für Bürger und Bürgerinnen sowie die Etablierung einer Infrastruktur für Kooperation, die sämtlichst Beteiligung anbieten, ohne das Entscheidungsmonopol der demokratisch gewählten Organe der Kommune zu tangieren.

Der Begriff *kyōdō* wird neben seiner Verwendung zur Kennzeichnung eines grundlegenden Paradigmenwechsels im Interaktionsmodus von Kommune und BürgerInnen in der kommunalpolitischen Praxis auch mit Outsourcing gleichgesetzt. In diesem Falle dient er der Kennzeichnung von konkreter Zusammenarbeit (*kyōryoku*) in Projekten der Leistungserbringung sowie gemeinsamer Durchführung von lokalen Veranstaltungen. Der im Japanischen als Synonym verwendete Anglizismus *pātonāshippu* (partnership; Partnerschaft) spiegelt die Reduktion des Verständnisses von Zusammenarbeit auf die ökonomisch motivierte Public-Private-Partnership-Konstellation nach britischen Vorbild wider, wird gelegentlich jedoch auch wenig trennscharf im Sinne der weiter gefassten lokalen Governance-Konstellation verwendet. In der kommunalpolitischen Praxis haben sich beide Begriffsverwendungen durchgesetzt, ohne in jedem Fall präzise zu differenziert zu werden.

Eine klassische Formulierung für die weite Definition findet sich beispielsweise auf der Homepage der Stadt Sagamihara: „Wir wollen eine Bürgergesellschaft schaffen, die von allen getragen wird, indem sich die Träger der Stadtgestaltung (*machizukuri*) wie Individuen und Verbände, Unternehmen und die Verwaltung gegenseitig akzeptieren und durch Übernahme ihrer jeweiligen Verantwortung zusammenarbeiten und vernetzen und so Partnerschaft aufbauen" (Sagamihara-shi 2003). Die Stadt Yokosuka definiert: „Stadtgestaltung durch Partnerschaft kann man als einen der wichtigsten Begriffe des Stadtmanagements im 21. Jahrhundert sehen. Er bedeutet, dass sich auf der Grundlage autonomen Bürgerhandelns BürgerInnen und Verwaltung als gute Partner zusammentun und in der Stadtgestaltung engagieren. Partizipation und Teilnahme bedeutet, dass sich Bürger und Bürgerinnen unter Federführung der Verwaltung am Prozess des Agenda-Settings, der Planung, Durchführung und Überprüfung beteiligen. Die Verantwortung liegt bei der Verwaltung. Demgegenüber bedeutet ‚*kyōdō*' eine weiter gehende Stufe der Partizipation, auf der BürgerInnen und Verwaltung aus einer gleichberechtigten Position heraus gemeinsam Verantwortung tragen und sich zur Erreichung ihrer Ziele zusammentun. *Kyōdō* ist etwas, worin sich die Souveränität der BürgerInnen mehr entfalten kann" (Yokosuka-shi 2010). In der Stadt Kawagoe schließlich lautet die Formulierung: „*Kyōdō* ist die Zusammenarbeit zwischen Verwaltung und BürgerInnen zur Erfüllung der Aufgaben eines Bezirks, indem beide Akteure jeweils bewusst ihre Rolle und Verantwortung übernehmen, sich gegenseitig anerkennen, eine gemeinsame Zielsetzung verfolgen und miteinander diskutieren" (Kawagoe-shi 2006: 22). Die Stadt Mitaka, die als Vorreiter bei der Einführung neuer Formen der Beziehungen zwischen Kommune und BürgerInnen gelten kann, beschreibt in ihrem Handbuch zur Förderung von Partnerschaft den Begriff *kyōdō* dahingehend, dass vielfältige Organisationen und Gruppen sowie die Stadt bezüglich der Selbstverwaltung gemeinsame Zielvorstellungen entwickeln, ihre jeweiligen Rollen deutlich positionieren, während der gemeinsamen, gleichberechtigten Zusammenarbeit ihre Kapazitäten in höchstem Maße entfalten und für die Realisierung gemeinsam hart arbeiten. Gruppen, welche mit der Stadt kooperieren und Projekte durchführen, werden „Partner" genannt (Mitaka-shi 2006a: 2).

Übereinstimmung bei den angeführten Beispielen, die sich erweitern ließen, besteht darin, dass als zentrale Punkte für *kyōdō* die Gleichberechtigung von BürgerInnen und Kommune sowie ihre geteilte Verantwortung für kommunale Belange genannt werden. Gemeinsam ist auch die Konzipierung von Gleichberechtigung jenseits der Infragestellung der letztendlichen Entscheidungsbefugnis der Kommunen, die zwar die Rolle der BürgerInnen aufwertet, ihn gleichwohl in der Funktion der „Mitdiskutanten" oder „Mitgestalter" belässt.

Unterschiede bestehen allerdings durchaus in den Erwartungen an die Reichweite des Paradigmenwechsels. Sie reichen von einer pragmatischen Erhöhung der Problemlösungskapazität der Kommunen bis hin zur Ermöglichung einer „besseren Gesellschaft".

Wir übersetzen den Begriff *kyōdō* entlang der chinesischen Verschriftung mit „Zusammenarbeit" oder „Kooperation" und folgen dem Verständnis des Ministerium für öffentliche Verwaltung, Inneres, Post und Telekommunikation (*Sōmushō*), d.h. der breiten Definition, wonach alle Formen von Zusammenarbeit zwischen Kommunalverwaltung und Bürgern bzw. Bürgerorganisationen, die in partizipativen Verfahren umgesetzt werden, angesprochen sind. Synonym wird für *kyōdō* auch der Begriff der Zusammenarbeit verwendet, um den über den Anglizismus „*pātonāshippu*" hinausgehenden normativen „Spielregeln" von Zusammenarbeit, nämlich Gleichberechtigung, gemeinsame Ziele sowie gegenseitiger Respekt Rechnung zu tragen.

5.1 Kooperationsformen in der Kommunalpolitik

Kooperation zwischen BürgerInnen und Kommune lässt sich in Anlehnung an das Ministerium für öffentliche Verwaltung, Inneres, Post und Telekommunikation (Sōmushō jichi gyōsei-kyoku chiiki shinkōka 2005: 9) nach den Phasen des kommunalpolitischen Prozesses differenzieren, nämlich:

1. Einholen von Informationen (*jōhō shūshū*)
2. Politische Entscheidung / PLAN (*seisaku kettei, ishi kettei*)
3. Implementierung / DO (*seisaku shikkō*) und
4. Evaluation / SEE (*seisaku hyōka*).

Der Überblick (Tabelle 3) macht deutlich, wie in allen Phasen des politischen Prozesses neue Formen der Kooperation geschaffen worden sind, in denen Kontakt zwischen Kommune und BürgerInnen stattfindet. Sie variieren im Hinblick auf den Charakter der Zusammenarbeit: Die Informationsbeschaffung und die Evaluation sind von ihrer Intention her einseitig angelegt. Die Verwaltung will ihr Handeln optimieren, indem sie die Bedürfnisse und Anforderungen der Bevölkerung aufnimmt. In der Planungsphase ist Ziel, die BürgerInnen einzubinden, um Akzeptanz bzw. Verständnis zu schaffen. Im Hinblick auf die demokratiefördernde Bedeutung von Kooperation ist der Mitbestimmung in Planungs- und Projektentscheidungen immer eine hervorgehobene Bedeutung zugewiesen worden (Shinotō 2009: 44f.; Nemoto 2006: 44f.), wenngleich es sich dabei nicht um eine Relativierung repräsentativer Verfahrensmodi handelt, da die letzte Entscheidung beim Stadtrat verbleibt. In der Implementationsphase werden die BürgerInnen zwar als KooperationspartnerInnen berücksichtigt,

Tabelle 3: Kategorien von *kyōdō*

Phase im politischen Prozess	Ziel von *kyōdō* aus Sicht der Verwaltung	Instrumente und Verfahren
1. Einholen von Informationen	Regelmäßiges Einholen von Vorschlägen und Meinungen der BürgerInnen, um sie als Basis für den politischen Entscheidungsprozess zu verwenden.	• Informationsveranstaltung • Öffentliche Anhörung • Monitoring durch BürgerInnen • Umfragen/Anhörung • Call-Center und Beratungsschalter • Online-Konferenzen
2. Politische Entscheidung (PLAN)	Herstellung einer gemeinsamen Sicht von Verwaltung und BürgerInnen im gesamten Entscheidungsprozess (Entwurf/ Diskussion/ Beschluss). Herstellung von Verständnis auf Bürgerseite für die politische Maßnahme.	• Beratungsausschuss • Bürgerkonferenz • Workshop • Public Comment • Referendum • Bürgerbegehren
3. Implementierung (DO)	Einsatz materieller und immaterieller Ressourcen von Individuen, Organisationen, Privatunternehmen usw. bei der Durchführung bestimmter Maßnahmen zur Verbesserung der Qualität öffentlicher Dienstleistungen sowie der Effizienzsteigerung bei der Dienstleistungserbringung. Verwaltungstätigkeit mit dem Ziel der Erhöhung der Responsivität von Verwaltungshandeln und der Qualitätsverbesserung	• Einrichtung eines Fonds für Stadtplanung • Verwaltung von öffentlichen Einrichtungen durch den privaten Sektor • Outsourcing von öffentlichen Dienstleistungen • Unterstützung für Bürgergruppen • Gemeinschaftsprojekte • mit kommunalen Dienstleistungen • Bürgerveranstaltungen zur Evaluation öffentlicher Leistungen • Ombudsmann-System
4. Evaluation (SEE)	Feedback von BürgerInnen zur Verwaltungstätigkeit mit dem Ziel der Erhöhung der Responsivität von Verwaltungshandeln und der Qualitätsverbesserung	• Bürgerumfragen zur Zufriedenheit mit kommunalen Dienstleistungen • Bürgerveranstaltungen zur Evaluation öffentlicher Leistungen • Ombudsmann-System

Quelle: Sōmushō jichi gyōseikyoku chiiki shinkōka 2005: 9-10

auffallend ist jedoch die Rolle des privaten Sektors bei der Umsetzung von Verwaltungsmaßnahmen, was darauf hindeutet, dass die Stoßrichtung seitens des Ministeriums die Effektivierung von Verwaltungshandeln ist. BürgerInnen erscheinen hier als Spender von Zeit, Wissen und Geld und als MitgestalterInnen von Dienstleistungen. Sofern die Mitentscheidung über die Art und Weise der Leistungen nicht integriert ist, bleibt dieser Bereich für die

Skeptiker ohne grundsätzliche Bedeutung für lokale Demokratie und birgt die Gefahr des „Missbrauchs" des Bürgers/ der Bürgerin als billige Arbeitskraft (Yonamine 2006: 132f.).

5.1.1 Informationsaustausch als Voraussetzung für Partnerschaft

Die Phase der Informationssammlung ist für das sogenannte Agenda-Setting relevant. Die Verwaltung informiert alle BürgerInnen frühzeitig über mögliche Initiativen in Form von Mitteilungen auf der Homepage, in den Bürgerzentren, durch Aushänge in öffentlichen Gebäuden und teilweise durch Nachbarschaftsvereinigungen oder die örtliche Presse. Damit sollen die wesentlichen informationellen Voraussetzungen für jede Form der Beteiligung garantiert werden. Dieser Prozess ist als doppelter Prozess angelegt: Die Verwaltung versetzt die Bürger und Bürgerinnen frühzeitig in die Lage, sich als PartnerInnen für weitere Phasen des politischen Entscheidungsprozesses zu qualifizieren, umgekehrt erhält sie dadurch schon in der Vorbereitungsphase Kenntnisse über mögliche Interessenkonflikte oder spezifische Problemkonstellationen.

In der kommunalpolitischen Praxis existiert eine Vielzahl von Instrumenten, mit deren Hilfe Informationssammlung und Informationsbereitstellung organisiert wird: Relativ offen und an alle BürgerInnen gerichtet sind die Internetauftritte der Kommunen, in denen in unterschiedlicher Breite und Tiefe über die aktuellen Entwicklungen in Stadtrat und Verwaltung berichtet wird, und die in der Regel eine direkte Kontaktaufnahme zu der jeweils beteiligten Verwaltungsabteilung anbieten. Ein Beispiel hierfür ist die Stadt Hiroshima, die regelmäßig aktuelle Meldungen auf ihrer Homepage veröffentlicht und zudem in Form eines RSS-Feeds zur Verfügung stellt (Hiroshima-shi o.J.).

Hinzu kommen in einem späteren Stadium des Agenda-Settings gezielt thematische Informationsveranstaltungen und Umfragen unterschiedlicher Reichweite, die von der gesamten Bevölkerung bis hin zu den unmittelbar Betroffenen reicht. So hat die Stadt Nagasaki beispielsweise ein Call-Center ins Leben gerufen, das seit Oktober 2010 unter einer zentralen Rufnummer Anlaufstelle für Informationssuchende zu verschiedensten kommunalen Themen sein soll, und ruft nun die Bevölkerung dazu auf, diesem Call-Center bei einem Wettbewerb einen Spitznamen zu geben (Nagasaki-shi o.J.).

Öffentliche Anhörungen (*kōchōkai*) zur Einholung von Meinungen aus der Bevölkerung sind zwar gesetzlich verpflichtend, jedoch kann nicht von einer substanziellen Partizipationsform gesprochen werden, da die zusammengefassten Meinungen weder zwischen BürgerInnen und Verwaltung diskutiert werden, noch BürgerInnen in diesem Verfahren Antworten auf ihre Fragen erhalten (Maeda u.a. 2008).

Ziel dieser Formen des Informationsaustausches ist aus Sicht der Verwaltung, Transparenz von Verwaltungshandeln zu erhöhen und zu einem frühen Zeitpunkt mithilfe von Informationen, Interessen und Vorschläge der BürgerInnen zu erfahren. Diese haben durch den Informationsaustausch keinen direkten Einfluss auf Planung, Umsetzung und Evaluation von administrativen Maßnahmen (vgl. Satō 2005a). Gleichwohl ist die relative Unverbindlichkeit des Austauschs insofern mehr als Symbolik, als dass durch das Informationsoffenlegungsgesetz (*Jōhō kōkaihō*) der rechtliche Anspruch der BürgerInnen auf die Offenlegung von Informationen durch die Verwaltung gesichert ist.[24] Information stellt in dieser Kombination aus allgemeinen Informationen, gezieltem Informationsaustausch und rechtlicher Absicherung die Basis für weitere Stufen der Bürgerpartizipation in den Phasen der Planung, Umsetzung und Evaluation dar (vgl. dazu auch Ichikawa 2006: 217f.).

5.1.2 Zusammenarbeit in der politischen Entscheidungsfindung

Partnerschaft in der Entscheidungsphase bedeutet, dass die Position der BürgerInnen in kommunikativen Prozessen Eingang in Verwaltungsplanungen und -entscheidungen finden soll. Sie richtet sich an jeden Bürger und jede Bürgerin, d.h. diese sind als Individuen angesprochen, nicht als VertreterInnen kollektiver Interessen. Institutionell sind für die kollektive Meinungsbildung unterschiedliche Verfahren, Gremien und Orte vorgesehen. Die Varianz zwischen den Kommunen, aber auch innerhalb von Kommunen sowie zwischen einzelnen Typen von Meinungsbildungsverfahren im Hinblick auf Dauer, thematischer Ausrichtung, Verbindlichkeit und Zusammensetzung ist breit. Am häufigsten haben sich inzwischen Bürgerbegehren und Referendum durchgesetzt. Beide Verfahren sind nicht neu, haben jedoch im Zuge der Dezentralisierungsreformen einen deutlichen Bedeutungszuwachs erhalten. Daneben hat in der Phase der politischen Entscheidungsfindung die Beteiligung von Bürgern an administrativen Beratungsgremien, Stadtteil- oder Bezirkskonferenzen, Anhörungsverfahren sowie bei Ad-Hoc-Veranstaltungen an Bedeutung gewonnen.

Bürgerbegehren und Referendum

Nach Artikel 96 der japanischen Verfassung ist in eng definierten Fällen wie der Verfassungsrevision ein Referendum vorgesehen. Das Gesetz über die lokale Selbstverwaltung sieht in Verbindung mit dem Bürgerbegehren Referenden bei Amtsenthebungsverfahren von Bürgermeistern, Verwaltungsbeamten und Räten vor. Das Ergebnis ist in diesen Fällen bindend. Darüber hinaus können BürgerInnen mit Hilfe des Bürgerbegehrens die Durchführung eines Referendums initiieren. Dies war in der Vergangenheit in schweren lokalen Konflikten wie im Falle der geplanten Ansiedlung eines Atomkraftwerks in Maki (Präfektur Niigata) oder in Bezug auf die Reduzierung amerikanischer Militärbasen in Okinawa der Fall.[25] Das Ergebnis des Referendums ist jedoch in diesen Fällen nicht bindend. In der Vergangenheit

---

24 Das Gesetz über die Informationsoffenlegung (*Gyōsei kikan no hoyū suru jōhō no kōkai ni kansuru hōritsu* oder kurz *Jōhō kōkaihō*) wurde 1999 verabschiedet und trat 2001 in Kraft. Es berechtigt die Bürger, mit einigen Ausnahmen, wie dem Schutz der Privatsphäre, der nationalen Sicherheit u.a., auf nationaler Ebene Einblick in alle Unterlagen der Verwaltung zu beantragen, sieht jedoch nicht vor, dass die Verwaltung sämtliche Dokumente aktiv zur Verfügung stellt. Für die Bürger selbst fallen zum Zeitpunkt der Antragstellung und bei Einsichtnahme Bearbeitungsgebühren an (vgl. Sōmushō e-Gov 2009).

25 In Maki in der Nähe der Stadt Niigata waren am 4. August 1996 die 23.200 stimmberechtigten Einwohner der Stadt aufgerufen, ihre Stimme für oder gegen den Bau eines neuen Atomkraftwerks abzugeben. Bei der Abstimmung handelte es sich landesweit um das erste offizielle Referendum auf lokaler Ebene. Die Wahlbeteiligung lag bei fast 90%. Rund 61% der Wahlberechtigten (12.478 Stimmen) lehnten den Bau des Atomkraftwerks ab, gut 38% waren dafür (7.904 Stimmen). Im September des gleichen Jahres ging es in Okinawa einmal mehr um das auf der Inselgruppe stationierte US-Militär. Die knapp 910.000 wahlberechtigten Bürger Okinawas sollten ihre Meinung zu einer Reduzierung der Anzahl der US-Militärbasen in der Präfektur abgeben. 89% der abgegebenen Stimmen waren dafür, jedoch war die Wahlbeteiligung mit nur knapp 60 Prozent vergleichsweise niedrig (vgl. Heberer/ Derichs 2008: 278f.; Eldrige 1997).

begegneten die betroffenen Kommunen diesem Problem in der Weise, dass sich der Bürgermeister vor Durchführung des Referendums öffentlich darauf festlegte, das Ergebnis umzusetzen bzw. zurückzutreten (Okamoto 2008: 56). Die Daten von Okamoto (2008: 56f.) deuten
darauf hin, dass dieser Typ von Referendum zur Entscheidung von lokalen Konflikten vor
allem dann zu Stande kommt, wenn die Initiative vom Bürgermeister ausgeht und von ihm
in den Rat eingebracht wird. Referenden als Folge von Bürgerbegehren kamen demgegenüber nur in 20 % aller Fälle tatsächlich zustande. Die Bedeutung als basisdemokratisches Beteiligungsinstrument bzw. Vetorecht der BürgerInnen ist daher als begrenzt einzuschätzen.

Im Zuge der Kommunalreformen durchlief das Referendum allerdings einen Funktionswandel und wird nun als Instrument der politischen Willensbildung in lokalen Alltags-
fragen eingesetzt. Seit 2000 erhöhte sich die Zahl sprunghaft auf inzwischen mehr als 300
Fälle. Okamoto (2008: 58) sieht darin eine indirekte Folge des 2002 novellierten Sonderge-
setzes über die Gemeindefusion (*Shichōson gappei tokureihō*), das die Durchführung von
Referenden in den betroffenen Kommunen in Bezug auf die Gründung von Beratungsgremien über Gemeindefusionen (*gappei kyōgikai*) möglich machte. Nach Okamoto (ebd.) reg-
te diese Neuregelung wiederum viele Kommunen an, auch ein Referendum zur Fusion selbst
auf den Weg zu bringen. In Reaktion hierauf verabschiedeten zahlreiche Kommunen Satzungen, die die Durchführung eines Referendums zur Klärung der Zustimmung bzw. Ab-
lehnung zur Gebietsreform vorsehen (vgl. beispielsweise Kawasaki 2008).

Bemerkenswert ist, dass anders als bei den politischen Konflikten mit überregionaler
Bedeutung, wie dem Bau von Atomkraftwerken oder der Sicherung von Militärbasen, das
Referendum in dieser neuen Funktion kein basisdemokratisches Instrument zur Durchsetzung von Betroffeneninteressen gegenüber staatlicher Politik ist, sondern als Top-Down-Prozess den Kommunen vorgegeben und von ihnen umgesetzt worden ist. Dahinter steht u.a.
das Problem, dass Gemeindefusionen zwar ursprünglich als selbst gesteuerter kommunaler
Prozess intendiert waren, aber bei zahlreichen Bürgermeistern und Räten auf Widerstand
stießen. Ziel der Einführungen des Referendums zur Gründung von Beratungsgremien über
Gemeindefusionen sowie der Verabschiedung von Satzungen zur Durchführung der Fusion
war in diesem Kontext die Legitimierung der Entscheidung durch die Beteiligung von Bürgervertretern (Harada 2005: 78; Okamoto 2008: 58).

Die Durchführung von Referenden im Zusammenhang mit der Gemeindereform hat
gleichwohl die Diskussion um eine Stärkung basisdemokratischer Formen der Beteiligung
neu belebt. Während Verwaltungswissenschaftler kritisierten, dass Referenden nur schlecht
mit dem Prinzip der repräsentativen Demokratie vereinbar sind, wird von den Protagonisten
einer „wahren" lokalen Selbstverwaltung normativ argumentiert, dass eine „echte" kommunale Selbstverwaltung zwingend mit der Institutionalisierung eines bindenden Referendums
verknüpft ist (Yamazaki 2004: 213; Imai 2004: 77).

Die neuen kommunalen Rahmensatzungen sehen inzwischen mehrheitlich das Referendum als direkte Partizipationsmöglichkeit vor. Der Status des Ergebnisses eines Referendums
bleibt jedoch vage. Das „Respektieren" des Ergebnisses (*sonchō suru*) eines Referendums
hat den Status eines Meinungsbildes (vgl. z.B. Yoshikawa-chō 2003 oder Kashiwazaki-shi

2003).[26] Gleichwohl argumentiert Harada (2005: 77), dass sich faktisch kein Bürgermeister über die Ergebnisse völlig hinwegsetzen könne.

Public Comment-Verfahren

Das sogenannte Public-Comment-Verfahren (*paburikku komento*), seit 1999 auf nationaler Ebene, seit 2000 auf präfekturaler und kommunaler Ebene praktiziert, soll BürgerInnen neben den konventionellen Beteiligungsformen die Teilhabe an der politischen Entscheidungsfindung ermöglichen. Mit diesem Verfahren verpflichtet sich eine Stadtverwaltung, Rahmenplanungen, Verordnungen bzw. Satzungen sowie grundlegende Planungsvorhaben in einzelnen Verwaltungs- und Politikfeldbereichen vor deren Beschluss, Revision oder Abschaffung über die Homepage, Stadtzeitung oder die Informationsabteilung vorab zur Einsicht freizugeben. Die BürgerInnen haben dann die Möglichkeit, innerhalb eines bestimmten Zeitraums ihre Stellungnahmen und Anfragen einzureichen. Eingegangene Anfragen und Anmerkungen muss der Stadtrat in die abschließende Diskussion über die Verabschiedung bzw. Revision der oben genannten Vorhaben einbeziehen.

In einer zunehmenden Anzahl von Kommunen ist die Institution des Public Comments in Satzungen zur lokalen Selbstverwaltung oder Partizipation festgeschrieben. Angesichts der sehr unterschiedlichen Präzisierung im Hinblick auf das Verfahren, wird allerdings auf die Gefahr der Willkür hingewiesen und klare Definitionen und Verfahrensregelungen gefordert (vgl. Ōsugi 2007: 19). Takahashi (2005b: 163) kritisiert, dass Anfragen seitens der BürgerInnen und Antworten der Stadt oft erst nach Beschlussfassung veröffentlicht werden. Insgesamt wird das Public-Comment-Verfahren als ein System bewertet, welches eine neue Möglichkeit der Meinungsäußerung zu administrativen Plänen und politischen Maßnahmen eröffnet und eine gemeinsame Informationsgrundlage für Verwaltung und BürgerInnen schafft. Das Public-Comment-Verfahren wird als Methode beschrieben, mit der mehr Transparenz sowie Gerechtigkeit im Verwaltungssystem hergestellt werden kann (vgl. Satō 2005a: 10; Masuhara 2005: 93f.). Es geht also nicht um direkte Entscheidungsbeteiligung, sondern um eine Einbindung der BürgerInnen nach der eigentlichen Entscheidung.

Beteiligung an Beratungsausschüssen

Die Institution der so genannten administrativen Beratungsausschüsse (*shingikai*) ist auf allen Verwaltungsebenen ein etabliertes Verfahren zur Entscheidungsvorbereitung. Mitglieder sind traditionell VertreterInnen der wichtigsten Interessengruppen aus Wirtschaft, Wissenschaft und Kultur sowie ExpertInnen, die jeweils für eine Beratungsphase ernannt werden. Auch auf kommunaler Ebene repräsentieren administrative Beratungsausschüsse die konventionelle Form der konsensualen Entscheidungsfindung. Ihre Mitglieder werden vom Bürgermeister ernannt und setzen sich vor allem aus VertreterInnen der lokalen Wirtschaft, Wissenschaft und der Medien zusammen. Der Abschlussbericht eines Ausschusses geht un-

---

26　In der Satzung von Yoshikawa-chō zur Stadtgestaltung (*machizukuri kihon jōrei*), Paragraph 29, Satz 2 heißt es: „Wenn ein Referendum durchgeführt wird, so klärt der Bürgermeister vorher über dessen Ziel auf und respektiert anschließend das Ergebnis." Im Falle von Yoshikawa-chō – seit 2005 in die Stadt Jōetsu eingemeindet – lehnte der Gemeinderat die Verabschiedung einer Satzung zum Referendum über die Gemeindefusion ab (Kokumin jūmin tōhyō o ikasukai 2005).

ter beträchtlicher medialer Beachtung direkt in die Entscheidung des Stadtrats ein. Mit dem neuen Gesetz zur kommunalen Selbstverwaltung (2000) haben Kommunalverwaltungen und Stadträte nun zunehmend diese Beratungsausschüsse, die Fragen wie die Einführung und Umsetzung neuer Satzungen, Programme oder politischer Maßnahmen erörtern, für BürgerInnen geöffnet, d.h. sie vergeben einen Teil, zuweilen auch alle Plätze über öffentliche Ausschreibungen an BürgerInnen.

Im Vergleich zur bisherigen Praxis, nach der VertreterInnen der Verwaltung und handverlesene BeraterInnen und ExpertInnen aus der Öffentlichkeit hinter verschlossenen Türen berieten, ist die Teilnahme von BürgerInnen an Beratungsausschüssen nicht nur als Zugewinn hinsichtlich der Informationsoffenlegung zu bewerten. Vielmehr erhalten BürgerInnen eine direkte Stimme in einem Gremium, das traditionell für den politischen Entscheidungsprozess von zentraler Bedeutung ist (Ōsugi 2007: 18). An der Praxis wird allerdings kritisiert, dass aufgrund der beschränkten Anzahl der Plätze in den Gremien immer nur ein kleiner Teil der Bürger partizipieren könne und folglich die Meinung der Bürger in den Beratungsausschüssen nie repräsentativ abgebildet werden könne. Zudem sei der Prozess der Auswahl der sich auf die öffentliche Ausschreibung bewerbenden bürgerschaftlichen Mitglieder nicht transparent oder bliebe gar unbekannt. Zeitliche und örtliche Vorgaben würden zudem eine mögliche Teilnahme von Bürgern einschränken. Darüber hinaus sei meistens die Anzahl und Dauer der stattfindenden Ausschusssitzungen von vornherein festgelegt, wodurch Möglichkeiten der Diskussionsführung eingeschränkt werden würden (Maeda u.a. 2008: 78). Trotz dieser Einwände muss allerdings festgehalten werden, dass die Bürgervertreter zumindest durch die Öffnung der Beratungsgremien Zugang zu den Informationen der Verwaltung erhalten und Kenntnisse über die Diskussionsprozesse unter den örtlichen Meinungsführern erhalten.

Bürgerkonferenzen

Neben den Beratungsausschüssen ist seit Ende der 1990er Jahre vermehrt die Einberufung so genannter Bürgerkonferenzen (*shimin kaigi*) zu beobachten. Ursprünglich wurden diese von Vorreiterkommunen wie Musashino, Kōchi, Kamakura, Yokohama oder Suginami schon seit den späten 1960er Jahren eingesetzt. Hauptthemen waren neben Urbanisierung und Umweltproblemen vor allem Fragen der Stadtplanung. Die neuere Entwicklung wurde nicht zuletzt durch die Novellierung des Stadtplanungsgesetzes (*Toshi keikakuhō*) von 1992 unterstützt, welche die Transparenz, vorzeitige sowie rechtzeitige Offenlegung von Informationen über vorgesehene Stadtplanungsmaßnahmen gegenüber den BürgerInnen vorschreibt (Art. 17). Allerdings wird in dem Gesetz die Partizipation der BürgerInnen an der Formulierung und Gestaltung von kommunalen Plänen (wie Stadtentwicklungskonzept, Basisplan, Pläne verschiedener administrativer Bereiche bzw. Masterplan) in das Belieben der Kommune gestellt, die entscheiden kann, wann sie eine Partizipation für „notwendig" erachtet (Toshi keikakuhō 2008).

Bürgerkonferenzen stellen eine neue Form der Partizipation dar, da sie die Beteiligung an der Formulierung und Revision von Stadtplanung ermöglichen und darüber hinaus der weiteren Institutionalisierung von Bürgerbeteiligung im Politikformulierungsprozess dienen, (Satō 2005c: 39ff.). Zahlreiche Kommunen haben eigene Formen von Bürgerkonferenzen

auf unterschiedlichen Ebenen der Kommune und in unterschiedlichen Politikfeldern eingerichtet, die in der Regel sowohl individuelle als auch korporative Mitglieder haben. Diese
können sich selbst bewerben oder auch ernannt werden. Wie bei den administrativen Beratungsgremien (*shingikai*) sind Mischformen üblich, d.h. die Experten werden häufig direkt
von der Verwaltung angesprochen und ernannt, die Bürgerseite kann sich bewerben. In jedem
Fall liegt die letzte Entscheidung über die Gremienmitglieder formal beim Bürgermeister.

Die Bürgerkonferenzen arbeiten themenbezogen und in der Regel zeitlich befristet. In
einzelnen Reformkommunen wie der Stadt Mitaka sind Bürger und Bürgerinnen auch an
der Formulierung von Verfahrensregeln für Partnerschaften oder von Gemeindeordnungen
beteiligt. Schließlich haben eine Reihe von Städten auch ständige Bürgerkonferenzen eingesetzt, in denen Mitglieder der Verwaltung und Bürger bzw. Bürgerinnen Themen wie Schul-
wegsicherheit, Katastrophenschutz oder Umweltaktionen diskutieren. Die Initiative geht in
der Regel von der Verwaltung aus. Die Ergebnisse gehen nicht unmittelbar in den politischen
Entscheidungsprozess ein, sondern dienen als Meinungsbild bzw. als Diskussionsgrundlage
für die etablierten administrativen Beratungsausschüsse (*shingikai*, s.o.).[27]

Im Zuge der Gebietsreformen sind unter dem Schlagwort „innerstädtische Dezentralisierung" inzwischen auch auf Stadtteilebene Konferenzen eingeführt worden, die funktional
den Bürgerkonferenzen entsprechen. Die Möglichkeit der Gründung von Bezirkskonferenzen
(*chiiki kyōgikai*) ist seit der Revision des Gesetzes zur lokalen Selbstverwaltung von 1991
für alle Kommunen möglich (Art. 202-4) und bis 2006 von 15 Kommunen aufgegriffen worden, die sie als Institutionen der Bürgerselbstverwaltung verstehen (Sōmushō 2006: 2). Einige Kommunen (z.B. Ikeda, Takahama) haben versucht, lokale Anwohnerkonferenzen in den
Schulbezirken zu etablieren. In anderen Städten wie z.B. Setagaya oder Shinjuku sind sie an
die klassischen administrativen Bezirke gebunden. Unter Bezeichnungen wie Anwohner-,
Bezirks- und Quartierskonferenzen (*jūmin kyōgikai, chiiki kyōgikai, komyuniti kyōgikai*)
handelt es sich bei diesen im Gegensatz zu den Beratungsausschüssen und Bürgerkonferenzen auf Stadtebene, die eher punktuell angelegt sind, um langfristig und kontinuierlich an-
gelegte Partizipationsformen der BürgerInnen an der kommunalen Politikformulierung und
Planung, also um eine Mitberaterrolle (Sakaguchi 2005; Takamizawa 1991; Holtkamp und
Bogumil 2007: 237).

Jenseits von Aktivitätsebene und Benennung weisen diese neuen Institutionen der Kommunikation und des Austausches Gemeinsamkeiten auf, die sie zu einer neuen zukunftswei-
senden Form der Partizipation machen (ebd., Ōsugi 2007: 18f., 26):

- Gegenstand der Beratungen sind spezifische und greifbare Probleme des Bezirks sowie
  deren Lösungen.

- BürgerInnen und Verwaltung verstehen sich als Partner im Beratungsprozess.

---

27 In Sapporo wurde beispielsweise in Bezug auf Maßnahmen gegen den Klimawandel in den Jahren 2007
    und 2008 bei insgesamt sieben Veranstaltungen diskutiert, wie man die Stadt zur „Umwelthauptstadt"
    ausrufen könne (vgl. Sapporo-shi 2008). Auf der *machizukuri*-Bürgerkonferenz der Stadt Nara können die
    BürgerInnen Naras diskutieren, wie ihre Stadt zukünftig aussehen und wie der Prozess der Stadtgestaltung
    ablaufen sollte (vgl. Nara-shi 2010).

- Die Gründung erfolgt in der Regel auf Initiative der Verwaltung, die Mitglieder legen aber eigenständig Verfahrensregeln und Funktionsträger fest. Die Verwaltung assistiert bei Sekretariatsaufgaben.

- Bürgerkonferenzen sind keine singulären Veranstaltungen; sie bestehen mindestens sechs Monate, und auch über den eigentlichen Zeitraum hinaus kontinuierlich arbeitende Bürgerkonferenzen sind keine Seltenheit. Um adäquate Lösungsansätze zu erarbeiten, nutzen die Mitglieder verschiedene Arbeitsmethoden wie Workshops, Umfragen, themenbezogene Arbeitsgruppen usw.

- Die Teilnahme an Bürgerkonferenzen wird zumindest teilweise öffentlich ausgeschrieben, d.h. ein Teil der Mitglieder wird von der Verwaltung ernannt, ein anderer wird durch BürgerInnen besetzt, die sich beworben haben und von der Verwaltung ausgewählt wurden. Obwohl bei der Ausschreibung der Konferenzen nur eine beschränkte Anzahl an Plätzen von den Kommunen ausgewiesen wird, werden jedoch meist alle BewerberInnen akzeptiert.[28] Damit wird faktisch die Auswahl umgangen und das gesamte Beteiligungspotenzial genutzt.

- Mitglieder partizipieren als Individuen und nicht als RepräsentantInnen bestimmter Organisationen (siehe Abbildung 5).

Abbildung 5: Kooperationsmuster einer Bürgerkonferenz

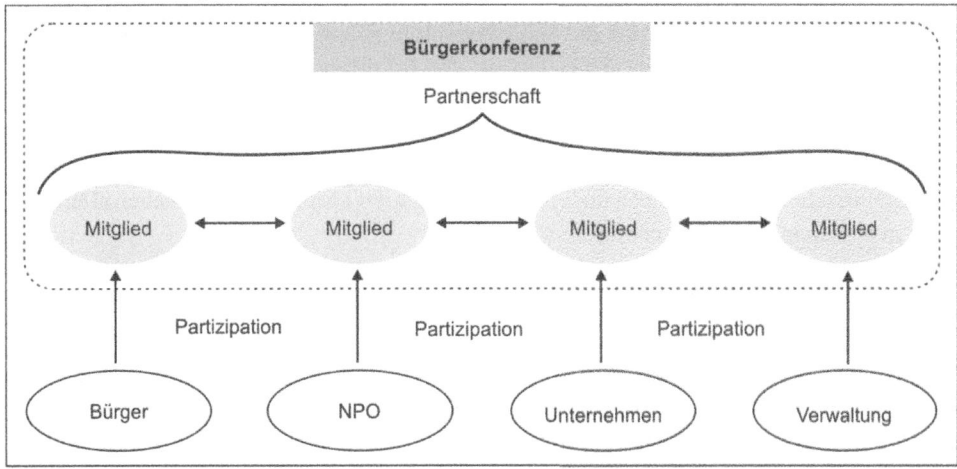

Quelle: in Anlehnung an Takahashi 2005: 43

Die Funktion dieser Konferenzen ist es, im Vorfeld der eigentlichen politischen Entscheidungen eine Empfehlung für den Bürgermeister aus der Sicht des Quartiers/ Bezirks zu erarbei-

---

28 In Mitaka hatte die Bürgerkonferenz 375 Mitglieder; Kamakuras „100 Bürger-Konferenz" für das Projekt „Kamakura von morgen" zählte 144 Mitglieder; in Shinjuku nahmen 376 Mitglieder an der Bürgerkonferenz zur Revision des Masterplanes zur Stadtgestaltung teil.

ten, auf Anfrage des Bürgermeisters bzw. der Verwaltung einzelne kommunale Themen zu beraten und den Zusammenhalt mit den Bürgern vor Ort zu stärken.

Unterhalb der Ebene basisdemokratischer Mitbestimmungsmöglichkeiten wie dem Referendum lässt sich also eine Fülle neuer Institutionen von partizipativer Governance finden. Sie sind sowohl auf städtischer Ebene als auch auf Quartiersebene oder auf Ebene der Schulbezirke organisiert.

Organisationsformen wie Gemeindezentren, Anwohner- und lokale Beratungsgremien werden als Versuch bewertet, Selbstverwaltung auf der untersten Ebene der Wohnquartiere zu stärken und institutionelle Bedingungen für Bürgerpartizipation auf der untersten Ebene zu schaffen (Etō 1998: 149). Alle Formen dezentraler Diskussionsforen werden als Angebote für die Schaffung von Transparenz bei der Stadtgestaltung gesehen, die sowohl die Funktion der Interessenregulierung als auch der Meinungsreflexion gegenüber der lokalen Verwaltung wahrnehmen können (Takamizawa 1991: 92; Sakaguchi 2005: 23).

Die Bedeutung der Bürgerkonferenzen als Partizipationsgremium wird insgesamt positiv eingeschätzt. So wird hervorgehoben, dass alle Formen von Bürgerkonferenzen im Gegensatz zu dem bisherigen von der Verwaltung initiierten, einseitig angelegten Meinungsaustausch zwischen Bürgern und Verwaltung gleichermaßen Ort und Prozess für Diskussionen über lokale Belange sind und auf einen auf Konsens beruhenden Handlungsentwurf für die Verwaltung abzielen. Zweitens könne durch die langfristige, kontinuierliche Interaktion zwischen Verwaltung und BürgerInnen in Bürgerkonferenzen eine partnerschaftliche Beziehung zwischen diesen beiden Akteuren gefördert werden. Schließlich hätten die Bürgerkonferenzen das Potenzial, die Selbstverwaltungsfähigkeiten der BürgerInnen in ihrer eigenen Stadt zu stärken, da sie als Ort für den Erfahrungsaustausch zwischen zivilgesellschaftlich engagierten EinwohnerInnen fungieren können (Satō 2005a: 15). Aus dieser Perspektive können Bürgerkonferenzen auch als Plattform dienen, Sozialkapital zu generieren, neue Netzwerke aufzubauen und neues bürgerschaftliches Engagement hervorzubringen. Empirische Untersuchungen über die Einlösung dieser Möglichkeiten stehen allerdings auch in der japanischen Forschung aus.

Symposien , Workshops und Foren

Symposien, Workshops und Foren werden sowohl von den kommunalen Verwaltungen allein als auch als Kooperationsveranstaltungen von Bürgerorganisationen und Verwaltungen durchgeführt, um in der lokalen Öffentlichkeit einen Dialog zwischen den Fachverwaltungen und den Bürgern über breitgefächerte Themen zu initiieren und Meinungen auszutauschen. Nicht selten werden ExpertInnen aus der Wissenschaft eingeladen, um über Methoden oder Verfahren zu informieren, welche neu in der Verwaltung zur Anwendung kommen sollen. Ein Beispiel ist das *machizukuri*-Forum der Stadt Hachiōji (Hachiōji-shi 2004). Die Stadt veranstaltet seit 2003 die Symposien-Reihe „*Genki Fōramu*" (*genki* bedeutet etwa „glücklich", „aktiv"; *fōramu* bedeutet Forum). Das Forum 2010 stand unter dem Motto „Selbsthilfe, gegenseitige Hilfe und öffentliche Unterstützung in einer überalternden Gesellschaft – Alle zusammen für ein gesundes Leben" (Hachiōji-shi Homepage 2011).

Ein anderes Beispiel ist das Forum zur Einführung der Planungszelle in Mitaka 2006 (Mitaka-shi shimin kyōdō sentā 2006) oder das Forum zur Bildungsreform in Mitaka (Mitaka-shi 2010a), das unter dem Slogan „Mitaka voran! Für eine Bildungsreform und echte Schul-gemeinschaft" die Einführung einer neuen allgemeinbildenden (Gesamt-) Schule diskutierte. Daneben werden in den Wohngebieten regelmäßig lokale, informelle Diskussionsforen (*chi-ku-betsu kondankai*) meistens von der Verwaltung allein veranstaltet, um den persönlichen Austausch zwischen Verwaltung – zumeist dem Bürgermeister – und den EinwohnerInnen zu fördern. Diese Gesprächsrunden werden von der Verwaltung auch genutzt, um Informa-tionen an die BürgerInnen weiterzugeben. Die Mehrzahl dieser Veranstaltungen ist jedoch rein informativ angelegt und hat, wenn nicht im Rahmen von längerfristigen Partizipations-formen (z.B. Bürgerkonferenzen) durchgeführt oder in Partizipationssatzungen festgeschrie-ben, keinen maßgeblichen Einfluss auf den Prozess der Politikformulierung (vgl. Satō 2005a).

Bei den so genannten Workshops (*wākushoppu*) geht es im Wesentlichen um ein Qua-lifizierungsangebot der Verwaltung für partizipationswillige BürgerInnen. So werden zum Beispiel zumeist an einem Nachmittag oder Wochenende verschiedene Kreativitäts- und Mo-derationstechniken (Rollenspiel, Pinnwand usw.) vermittelt und erörtert.

Bei all diesen Veranstaltungsformen handelt es sich nicht um Beteiligung an Entschei-dungsprozessen wie im Falle der Bürgerkonferenzen und der Public-Comment-Verfahren, als vielmehr um Gesprächsangebote. Es ließe sich allerdings argumentieren, dass sie der Vorbereitung auf substantiellere, vor allem stärker strukturierte und verstetigte Formen der Zusammenarbeit von BürgerInnen und Verwaltung dienen indem sie Informations- und Qua-lifizierungsangebote für Beteiligung schaffen.

5.1.3   Partnerschaft in der kommunalen Leistungserbringung

In der Phase der Umsetzung von Kommunalpolitik ist die wichtigste Neuerung zweifellos die Erweiterung des PPP-Prinzips auf BürgerInnen und Bürgergruppen als kommunale Leis-tungserbringer. Neben den klassischen Formen der Auslagerung von kommunalen Dienstleis-tungen an private Anbieter, bei denen Unternehmen die Partner der Verwaltung sind, werden nun BürgerInnen sowohl als Mitglieder von Bürgerorganisationen, als auch als Freiwillige aufgefordert, sich an der praktischen Gestaltung ihrer Lebensumwelt zu beteiligen. Dieses

Abbildung 6: Partnerschaft zwischen verschiedenen Organisationen und Institutionen

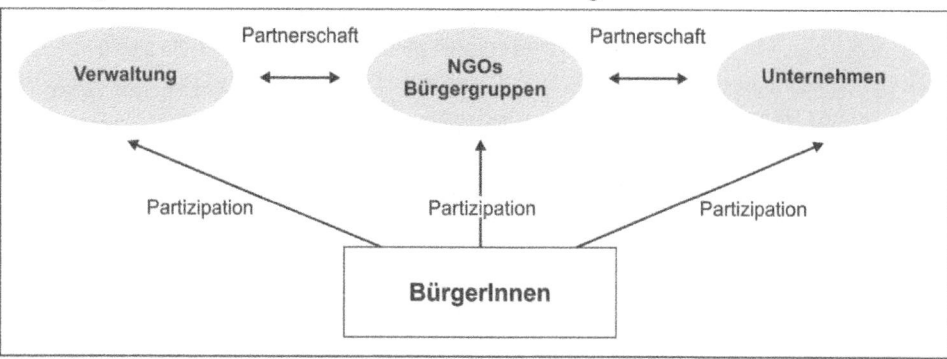

Quelle: Takahashi 2005: 43

ausgeweitete Partnerschaftsmodell bezieht sich vorrangig auf die Erstellung von kommunalen Leistungen durch die BürgerInnen zusammen mit oder anstelle der Kommune. Es finden sich allerdings inzwischen auch Formen der projektbezogenen Zusammenarbeit zwischen Unternehmen und Bürgerorganisationen, beispielsweise im Bereich des Umweltschutzes (vgl. Brucksch 2007), so dass hier von multiplen Kooperationskonstellationen gesprochen werden kann, die jedoch jeweils auf die BürgerInnen als neue Akteure fokussieren.

Die Konzipierung der Kooperationsprojekte zwischen BürgerInnen und Verwaltung sowie die konkrete Durchführung erfolgt auf unterschiedliche Weise. Grundsätzlich können sich Bürgerorganisationen mit einem Vorschlag an die Verwaltung wenden und diesen prüfen lassen. Idealtypisch liest sich beispielsweise der Ablaufplan der Stadt Ichikawa (siehe Abbildung 7). Darin wird davon ausgegangen, dass die BürgerInnen nicht allein Forderungen an die Stadt stellen, sondern ihrerseits der Stadt Angebote machen, was sie im Rahmen ihrer Verantwortung für die Kommune an Aufgaben konkret übernehmen wollen. Dieser Vorschlag kann von allen EinwohnerInnen der Stadt, Bürgerorganisationen sowie Berufs- und Bildungspendlern eingereicht werden. Über den Antrag berät in Ichikawa die Kommunalverwaltung mit den AntragstellerInnen. Im Falle der Annahme schließen sie eine Vereinbarung (*kyōtei*) über das Projekt ab, die Rechte und Pflichten beider Seiten definiert. Projektentwurf und der Umsetzungsprozess werden von der Stadt öffentlich bekannt gegeben. Nach Abschluss des Vorhabens wird ein Bericht verfasst und eine Bewertung vorgenommen, die wiederum von der Stadt veröffentlicht werden.

Abbildung 7: Prozessschema für Kooperationsprojekte in Ichikawa

1.	INITIATIVE/ ANTRAG- STELLUNG	• Es obliegt der NPO bzw. den Freiwilligen, ein Kooperationsprojekt zu initiieren und bei der Verwaltung einzureichen
2.	GESPRÄCH	• Gespräch erfolgt zwischen der zuständigen Verwaltungsabteilung und dem Verantwortlichen der NPO/ Freiwilligen • Themen sind Durchführungszeitraum, Arbeitsanteile der Antragsteller und der Stadt usw. • bei Projekten, die einen großen Umfang haben und an denen mehrere Verwaltungsabteilungen beteiligt sind, sollte das Projekt dem innerbehördlichen Ausschuss vorgelegt werden • je nach Notwendigkeit werden ExpertInnen zu Rate gezogen
3.	(gemeinsame) ENTSCHEIDUNG	• nach Beendigung der Gespräche erfolgt die Entscheidung über das Projekt Anschließend Vertragsabschluss mit der Stadt
4.	DURCHFÜHRUNG	• Durchführung des Kooperationsprojekts • Information über den Fortschritt des Projekts (öffentliche Bekanntmachung durch die Stadt)
5.	ABSCHLUSS/ ERGEBNIS	• Abschluss des Projektes • Erstellung eines Projektabschlussberichts • Bewertung des Projektabschlussberichts und des Projekts (öffentliche Bekanntmachung durch die Stadt)

Quelle: in Anlehnung an Ichikawa-shi (o.J.)

Variationen zu diesem Modell werden in einer Reihe von Kommunen praktiziert. So ist die vertragsförmige Regelung von Kooperationsprojekten bislang noch nicht generell üblich. Auch die Regel, dass die Initiative von den BürgerInnen ausgeht, ist nicht Standard. In der Mehrheit der Fälle wird immer wieder darauf hingewiesen, dass die Initiative von der Verwaltung ausgeht, die in Form von öffentlichen Ausschreibungen oder direkter Kontaktaufnahme Projektpartner unter den Bürgergruppen oder bei Freiwilligen sucht (Naikakufu keizai shakai sōgō kenkyūjo 2010: 1).

Übereinstimmung besteht allerdings zwischen den Kommunen darin, dass die Bürgerleistungen in den Projekten kostenlos erfolgen oder in einem unterschiedlichen Umfang von der Kommune entgolten werden. So werden häufig Aufwandsentschädigungen für die Bürger und Bürgerinnen, die kostenlose Bereitstellung einer Infrastruktur sowie die Übernahme von tatsächlich anfallenden Kosten angeboten. Personalkosten werden überwiegend nicht übernommen. In jedem Fall handelt es sich um gemeinnütziges Handeln ohne eine Erzielung von Profit.

Inhaltlich firmieren unter dem Schlagwort „*kyōdō*" ganz unterschiedliche Projektzuschnitte. Sie umfassen neben der Übernahme von Pflichtleistungen der Kommune beispielsweise in der Alten- oder Kinderbetreuung durch quasi-professionalisierte Organisationen des Dritten Sektors auch ergänzende Leistungen wie Stadtverschönerung, Unterhalt von Bürgertreffs oder Durchführung von Stadtteilfesten. Je mehr Pflichtleistungen der Kommune betroffen sind, umso stärker ist die Zusammenarbeit beispielsweise durch vertragsähnliche Regelungen formalisiert und auf Dauer angelegt. Partner sind in solchen Fällen typischerweise NPOs. Diese unterliegen aufgrund des staatlichen Zulassungsverfahrens einer mit dem Rechtsstatus verbundenen Berichtspflicht gegenüber der zulassenden Behörde, was sie als Partner und als Empfänger von öffentlichen Zuweisungen qualifiziert. Die eingetragenen NPOs gewinnen dadurch sowohl an Bedeutung, als auch an realen Einkommensquellen, so dass als Folge im Bereich der Leistungserbringung zwei Kategorien von zivilgesellschaftlichen Partnern arbeiten, nämlich Individuen und die zahlreichen Gruppen ohne Rechtsstatus, die im Rahmen des freiwilligen Ehrenamtes kooperieren und die eingetragenen NPOs, für die über den Weg der bezahlten und vertraglich geregelten Leistungserbringung die Kooperationsprojekte zur Professionalisierung beitragen.

Die eingangs zitierten Appelle des damaligen Premierministers Hatoyama an den Bürger und die Bürgerin als Subjekte, die Verantwortung für ihre Stadt übernehmen sollen, richten sich auf beide Formen der Zusammenarbeit zwischen BürgerInnen und Staat, insbesondere aber auf die gemeinsame Erbringung von Leistungen für die Kommune.

5.1.4 *Partnerschaft in der Evaluation von Verwaltungstätigkeit*

Die Einbindung von BürgerInnen als Kunden der öffentlichen Verwaltung in Form von Bürgerumfragen hat eine lange Tradition. Neu hinzugekommen ist im Zuge der Rezeption des New-Public-Management (NPM)-Ansatzes die Beteiligung von BürgerInnen an der Evaluation von Verwaltungshandeln mit dem Ziel der Erhöhung von Responsivität der Verwaltung gegenüber den Bedürfnissen der Bevölkerung sowie die Selbstevaluation von Partnerschaftsprojekten zwischen BürgerInnen und Verwaltung als Optimierungsstrategie.

Evaluation von kommunalen Leistungen

Die Umfrage (*ankēto*) ist ein in vielen Kommunen weit verbreitetes Verfahren, um Einstellungen, Bedürfnisse und Zufriedenheit der BürgerInnen mit Hilfe einer Zufallsstichprobe zu erfragen. Ein Großteil der Umfragen wird in einem regelmäßigen Turnus durchgeführt. Darüber hinaus gibt es Meinungsumfragen anlässlich der Haushaltsplanung und stadtpolitischer Basispläne und Entwicklungskonzepte, mit denen im Vorfeld der Umsetzung Einstellungen bezüglich administrativer Planungen erfragt werden. In diesen Fällen geht es um die Verbesserung der Leistungen der Kommune, d.h. der BürgerInnen werden hier eher in ihrer Funktion als Kunden von kommunalen Leistungen, denn als MitgestalterInnen gefragt. Typische Instrumente sind neben Bürgerbefragungen das Ombudsmann-System.

Mit der Anhörung (*hiaringu*) ist der Verwaltung eine Möglichkeit gegeben, Meinungen und Ideen spezifischer Zielgruppen zu erfragen, welche sich mittels eines Fragebogens schlecht erfassen lassen. Im Zuge der Einführung neuer Steuerungsmodelle nach dem Vorbild des NPM wird von einer Reihe von Kommunen das Monitoring der Verwaltung (*gyōsei monitā*) durch BürgerInnen angeboten, wobei die Stadtverwaltung meist über ein Ausschreibungsverfahren diese aufruft, sich für die kritische Bewertung administrativer Strukturen zu bewerben. Für dieses Verfahren ausgewählte BürgerInnen können dann innerhalb eines bestimmten Zeitraumes Seminare und Workshops besuchen, um sich über verwaltungstechnisches Handeln und Planungsvorgänge zu informieren. Sie sind angehalten, mit diesem Wissen kleine Untersuchungen über die Stadtverwaltung durchzuführen und die Ergebnisse der Verwaltung zu berichten.

In Anlehnung an den „Brief an den Bürgermeister" der 1970er Jahre hat inzwischen fast jede Kommune in Japan ein System der Beschwerde-, Idee- oder Meinungseinbringung etabliert (*iken* oder *aidea no boshū*). Meistens gibt es ein einfaches Formular, welches – mit Namen und Kontaktdaten versehen – online, per Brief oder Fax an die Verwaltung geschickt werden kann. Ein zumeist vom Bürgermeister einberufenes Gremium aus Rechtsanwälten beantwortet im nächsten Schritt die eingegangenen Schreiben. Häufig werden nur Antworten auf Anliegen, welche aus verwaltungstechnischen Fehlern hervorgegangen sind, öffentlich gemacht. Informationsveranstaltungen (*(jūmin) setsumeikai*) sind zusätzlich in einigen Kommunen angedacht, um BürgerInnen über die Verabschiedung von administrativen Plänen und deren Umsetzung im Vorfeld zu informieren und ihre Meinungen einzuholen. Die Verwaltung in Shinjuku tut bzw. tat dies z.B. in jedem Jahr vor der Ausschreibung von Unterstützungsangeboten für NPOs, der Gründung von Bezirkskonferenzen oder vor dem geplanten Bau von städtischen Alteneinrichtungen. Der Austausch von Meinungen und Informationen ist hier einerseits Reaktion der BürgerInnen auf kommunalpolitische Entscheidungen, andererseits auch Voraussetzung für eine aktive Beteiligung.

Evaluation der öffentlichen Verwaltung

Erste umfassende Versuche seitens der Kommunen, sich mit der Evaluation ihrer Verwaltung auseinanderzusetzen, gehen auf die späten 1990er Jahre zurück. Mit der Einführung von Verfahren der Selbstevaluation auf kommunaler Ebene setzte auch die Etablierung von Partizipationsmechanismen in der Evaluationsphase ein (Sōmushō 2005: 9-10). Die Präfektur Mie führte 1996 als erste ein Evaluationssystem ein. Inzwischen praktiziert die Mehrzahl der

Präfekturen und Großstädte ein System zur Evaluation ihrer Administration, hingegen ist die Zahl der Kommunen auf der Stadt- bzw. Dorfebene nach wie vor gering (Tanaka 2009: 5).

Im Vergleich zu neuen Beteiligungsformen an der Entscheidungsfindung bzw. der Umsetzung von politisch-administrativen Maßnahmen ist die Einführung von neuen Elementen der Bürgerpartizipation im Bereich der Evaluation spät in Angriff genommen worden. Es lassen sich erst wenige Kommunen benennen, die auf eine konsequente Beteiligung von BürgerInnen an der Evaluation von Verwaltungshandeln setzen (Moteki 2006: 120).

Aus verwaltungswissenschaftlicher Sicht sind die neuen Verfahren häufig nicht im engen Sinne als Evaluationsverfahren angelegt, sondern eher als Ergänzung zu externen Verfahren (Tanaka 2009: 29). Zum Beispiel wurde in der Stadt Tama im Jahr 2005 ein Bürgerkomitee zur Förderung der Selbstverwaltung ins Leben gerufen, welches aber auch externe Evaluationen von Verwaltungsabläufen berücksichtigt. In der Stadt Suginami werden die Ergebnisse einer Befragung von 1000 BürgerInnen genutzt, um die Ergebnisse eines externen Evaluationskomitees zu ergänzen. Ziel ist, die Meinungen der BürgerInnen in die Evaluation mit einzubeziehen (vgl. Ōsugi 2007: 26).

Darüber hinaus gibt es Ansätze, Evaluationen projektbezogen „auszulagern". Ausgangspunkt war eine Initiative des Think-Tanks Japan Initiative (*Kōsō Nihon*) 2002; mittlerweile wird sie in über 30 Kommunen umgesetzt. Im Fokus steht eine kleine Anzahl von Projekten der kommunalen Verwaltung, die im Hinblick auf ihre Notwendigkeit, ihre Umsetzung und mögliche Verbesserungsansätze von einem Ausschuss, dem neben Angestellten anderer Kommunalverwaltungen und Experten auch ausgewählte BürgerInnen angehören, bewertet werden (Tanaka 2009: 29f.). Ziel ist laut Moteki (2006: 119) die optimale Realisierung von zukünftigen Projekten sowie der Ausbau von evaluatorischen Fähigkeiten der Bürger und Bürgerinnen. Während also einerseits mit Evaluation neben der eigentlichen Zielsetzung auch aufklärerische Ziele seitens der Verwaltung verbunden werden, ist ihr Status relativ vage, weil Bürgerbeteiligung häufig parallel zu anderen Evaluationsverfahren verläuft und ihre Ergebnisse lediglich als unverbindliches Referenzmaterial für die Verwaltung dienen (Hayashi 2005: 25). Langfristig gesehen ist nicht absehbar, ob das Konzept der administrativen Evaluation an sich als Teil der kommunalen Administration akzeptiert wird und es überhaupt zu einer breiten Anwendung kommt (Tanaka 2009: 34).

Selbstevaluation von Partnerschaftsprojekten

Im März 2006 veröffentlichte das Ministerium für öffentliche Verwaltung, Inneres, Post und Telekommunikation (*Sōmushō*) die Ergebnisse einer Studie über Fördermaßnahmen für Kooperationsvorhaben zwischen Kommunen und NPOs (Sōmushō 2006). Das Ziel der Untersuchung war die Konzipierung eines Evaluationssystems für *kyōdō*, was als wichtigstes Element für eine Stabilisierung des Partnerschaftsparadigmas angesehen wird. Die Studie macht deutlich, dass zwar immer mehr Kommunen durch die Formulierung von Partnerschaftsrichtlinien Kooperation als Interaktionsmodus verstetigen, jedoch nur eine begrenzte Zahl der Kommunen an der Einrichtung eines Evaluationssystems interessiert ist (Sōmushō jichi gyōseikyoku chiiki shinkōka 2006a: 52). Der Untersuchungsbericht betont die Relevanz einer Selbstevaluation im Hinblick auf die Förderung von Kommunikation und Selbstverständnisdebatten zwischen den NPOs und der Verwaltung, auf die Überprüfbarkeit von

Partnerschaft für Dritte, Förderung gegenseitigen Verständnisses sowie Capacity-Building auf Seiten der NPOs im Hinblick auf Evaluationsverfahren (Sōmushō jichi gyōseikyoku chiiki shinkōka 2006a: 54). Städte wie Yokosuka und Yokohama gehören zu den ersten Städten, die eine Evaluation institutionalisiert haben. Ziel ist in beiden Fällen explizit die Aufdeckung von Problemen in der Zusammenarbeit von Verwaltung und Bürgerorganisationen sowie in der Qualität der Leistungen (Yokohama-shi 2010; Yokosuka-shi 2010). Das Verfahren erfolgt dort in Form von Fragebögen, die vor Beginn und nach Abschluss der Projekte von der Verwaltung und den beteiligten Bürgergruppen ausgefüllt werden. Die Ergebnisse werden auf der Homepage der Stadt veröffentlicht.

Abbildung 8:   Evaluationssystem von Kooperationsprojekten in Yokohama

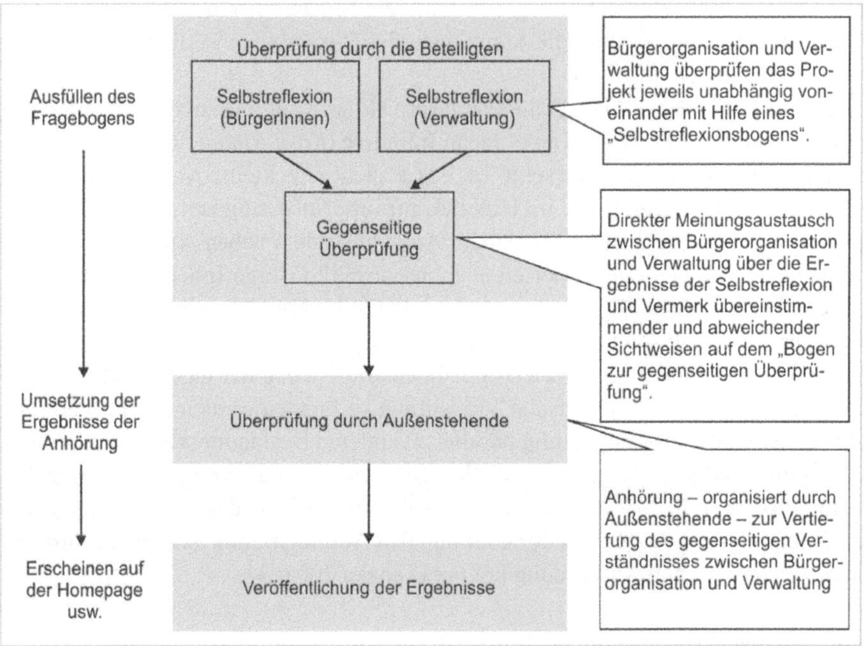

Quelle: Yokohama-shi 2010

Zusammenfassend ist festzuhalten, dass die neuen Formen der Bürgerbeteiligung mit Ausnahme des Referendums nicht direktdemokratisch angelegt sind, sondern als Ergänzung zu repräsentativen und direkten Formen demokratischer Willensbildung zu sehen sind. Sie bieten den Bürgerinnen und Bürgern Beteiligung in allen Phasen des politischen Prozesses, die letzte Entscheidung und damit Verantwortung verbleibt bei den gewählten politischen Vertretern, den Stadträten. Diese neuen Partizipationsformen werden auch unter dem Begriff der kooperativen Demokratie diskutiert, die dadurch gekennzeichnet ist, dass Kommunalpolitik zum Gegenstand von Verständigungs- bzw. Abstimmungsprozessen zwischen BürgerInnen und Kommune wird und die Umsetzung in Zusammenarbeit beider erfolgt. In Verbindung mit einer Binnenreform der öffentlichen Verwaltung wird von einer Einbindung der BürgerInnen in die Kommunalpolitik erwartet, dass durch Beteiligung die Akzeptanz von kommunalpolitischen Entscheidungen und die Bürgernähe von Verwaltungshandeln steigt und durch neue Modelle der Aufgabenteilung Kosten gespart werden können. Die Leitidee von kooperativen Beteiligungsformen verweist also auf einen Wandel von einem Dienstleistungsverhältnis zwischen Kommune und Bevölkerung als Kundin staatlicher Leistungen ist, hin zu dem Prinzip „von den BürgerInnen für die BürgerInnen" zu bezeichnen.

5.2   Partnerschaftsmodi in japanischen Kommunen

Neuere empirische Erhebungen über den Stand von Partnerschaften liegen von kommunalen und zentralstaatlichen Behörden vor. Sie weisen allerdings methodologische Probleme auf. Zum einen ist die Definition von *kyōdō* uneinheitlich. So verweist Takizawa (2006: 1f.) darauf, dass viele als *„kyōdō"* bezeichnete Projekte eigentlich konventionelle Outsourcing-Projekte sind, in denen die NPOs als Zulieferunternehmen der Kommune agieren. Die NPOs werden dabei von den Empfängern der Dienstleistung nicht als Partner sondern als Stellvertreter der Kommune wahrgenommen. Solche als *kyōdō* „getarnten" Outsourcing-Aufträge existieren heute neben „echten" *kyōdō*-Projekten. Takizawa sieht in der mangelnden Vereinheitlichung der Terminologie sowie in der Praxis von *kyōdō* einen Hinweis darauf, dass sich diese neuen Formen der Zusammenarbeit noch in einem „Trial-and-Error"-Stadium befinden, und viele Kommunen Kooperationsprojekte mit der Absicht starten, Erfahrungen zu sammeln, ohne sich mit bereits existierenden konzeptionellen Überlegungen beispielsweise des Kabinettsbüros auseinanderzusetzen (Takizawa 2006: 1f.).

In der Tat fällt auf, dass zum einen die Mehrheit der Kommunen, die über ihre Homepage Angaben zum Stand von *kyōdō* machen, den Begriff lediglich auf die Phase der Politikumsetzung bezieht. Partizipation an der Entscheidungsfindung bzw. an der Evaluation wird dagegen häufig als Folge einer zu engen Definition nicht berücksichtigt. Darüber hinaus ist die Bandbreite dessen, was als Partnerschaft angeführt wird, breit: Hineingerechnet werden neben Outsourcing auch übertragene Aufgaben (*itaku*), Unterstützung, gemeinsame Durchführung von Veranstaltungen und „Ermutigung" (*ōen*); letztere ist keine wirkliche Kooperation, sondern beschreibt letztlich die Selbstbeschränkung der Verwaltung auf eine „Ermutigung" der Bürger und Bürgerinnen zur Beteiligung. In der Stadt Tama fallen 225 von 349 Fällen in diese Kategorie (Tama-shi 2010).

An empirischen Untersuchungen existieren vor allem Fallstudien, die sich allerdings überwiegend den Vorreiterkommunen bzw. einzelnen Erfolgsfällen widmen, wie Niseko, Musashino oder Mitaka (Takimoto, Sekiya u.a. 2006; Saitō, Iwasaki u.a. 2006; Uchinaka 2006). Wenige Informationen liegen zu den als „Nachzüglern" eingestuften Kommunen vor. Gerade diese könnten aber wichtige Hinweise dafür liefern, wie und ob sich über die vergangenen zehn Jahre bestimmte Erfahrungen als generelle Praxis durchgesetzt haben.

Ein anderes Problem bei der empirischen Erfassung der aktuellen Umsetzung des Partnerschaftspostulats durch Verwaltungen ist, dass große Datensätze nur vom Ministerium für öffentliche Verwaltung, Inneres, Post und Telekommunikation oder vom Kabinettsbüro vorliegen. Dabei zeigt die große Bedeutung, die der Bewertung der Qualität der Partnerschaftsprojekte sowie deren Kosten zugemessen wird, allerdings deutlich, dass sich das Interesse vor allem auf die Effizienz von Zusammenarbeit richtet (vgl. Sōmushō jichi gyōseikyoku chiiki shinkōka 2006b). Die Perspektive zielt damit implizit auf den Zusammenhang von Kosten und Leistungen von Bürgerarbeit. Aussagen über die Bedeutung der politischen und sozialen Implikationen der neuen Partnerschaften stehen demgegenüber zurück.

Nach einer Erhebung des Kabinettsbüros von 2007 über den Stand von Kooperationsprojekten haben ca. 75 % aller NPOs in Japan in den zwei vorangegangen Jahren Erfahrungen mit Kooperationsprojekten gesammelt. Davon haben 36,2 % im Auftrag der Kommune und mit deren finanzieller Unterstützung Dienstleistungen erbracht, 27,9 % haben regelmäßig zusammen mit der Verwaltung Veranstaltungen durchgeführt, 6,4 % Veranstaltungen für Verwaltungsbeschäftigte (Naikakufu 2007: 3). 85 % möchten in Zukunft Partnerschaftsprojekte mit der Kommune durchführen (Naikakufu 2007: 5). Das Interesse seitens der NPOs an einer Partnerschaft mit der Kommune ist demnach hoch. Umgekehrt ist auch die Erwartung des Ministeriums an die NPOs, neben Kommunalverwaltung und Privatunternehmen als das dritte „Subjekt" die „Öffentlichkeit" zu tragen, groß.

Die Auswertung zeigt allerdings, dass aus Sicht der befragten NPOs die Nachteile und Probleme der Zusammenarbeit gegenwärtig überwiegen. Das Ministerium fasst in seiner Auswertung die Problempunkte wie folgt zusammen (Naikakufu 2007: 9-14):

- Überforderung der NPOs: Die Verfahren der Antragstellung, Durchführung und Berichterstattung bei Projekten werden als zu aufwendig und zeitintensiv kritisiert.
- Von der Projektplanung bis zur Vergabe des Projekts vergeht zu viel Zeit.
- Die Unterlagen der Verwaltung sind schwer verständlich.
- Die Fragmentierung der Verwaltung erschwert Kontaktaufnahme und Kommunikation.
- Verwaltungsentwürfe sind nicht ortsangemessen, Kommunikation während der Projektdurchführung findet kaum statt.
- Die Verwaltung ist insgesamt passiv, wenig informiert und wenig kommunikativ.
- Unklar ist, wer nach Abschluss der Leistungen im Falle von Defiziten die Verantwortung trägt.
- Es werden nur Sach-, nicht aber Personalkosten übernommen.
- Zwischen Leistungserbringung durch NPOs und Finanzzuweisung vergeht zu viel Zeit.

Das Ministerium zieht das Fazit, dass die Kommunen den Kooperationsgedanken offenbar noch nicht ausreichend verstanden hätten, zu stark dem Bild eines freiwilligen bürgerschaftlichen Engagements verpflichtet seien und daher die Frage der Kostenübernahme eher vernachlässigen.

Erste öffentlich zugängliche Auswertungen von Partnerschaftsprojekten bestätigen, dass die Kostenfrage kritisch ist. Für die aktiv beteiligten BürgerInnen ist die Finanzierung ihrer Aktivitäten bedeutsam, um überhaupt ein gewisses Leistungsniveau zu erreichen, aber auch eine Einkommensquelle, die für das Überleben und die Entwicklung der Gruppe von Bedeutung ist (Naikakufu 2009).

Das Interesse der Verwaltungen gilt demgegenüber – wie auch unsere Interviews zeigen – vor allem der Effizienzsteigerung durch Kosteneinsparung. Die Fülle an praxisnahen Beschreibungen von Partnerschaftsvorhaben in Broschüren und Internetauftritten der Kommunen vernachlässigt demgegenüber diesen Aspekt in der Regel und stellt auf Gemeinschaftssinn und Einsatz von BürgerInnen für die Kommune als „Bürgertugend" ab.

Die Schwerpunkte in Kooperationen bei der Erbringung von Leistungen spiegeln die Schwerpunkte von Vereinstätigkeit bzw. von Bürgergruppen wider. Wichtigster Kooperationsbereich in der Praxis ist die soziale Dienstleistungserstellung und die Stadtgestaltung, wobei regional durchaus Unterschiede existieren, die sich zum Teil aus spezifischen Problemlagen ergeben.[29] Konkrete Beispiele sind die Altenpflege, die Betreuung von Behinderten oder die Pflege öffentlicher Grünanlagen. Aktiv sind vor allem Frauen im Alter zwischen 40 und 60 Jahren, die unentgeltlich bzw. mit geringer Aufwandsentschädigung Leistungen erbringen, sowie lokale Bürgervereine. Diese sind häufig an quasi-staatliche Träger von Sozialleistungen (*shakai fukushi hōjin*) angebunden, die ihnen die Infrastruktur für ihre Arbeit in Form der Einrichtung so genannter Freiwilligenzentren und Kontaktbörsen bereitstellen. Daneben übernehmen auch NPOs mit Rechtsstatus Dienstleistungen für die Kommune und profilieren sich als alternative Leistungserbringer, die für ihre Leistungen von der Kommune bezahlt werden und dadurch leichter einen Professionalisierungsprozess durchlaufen können.

5.3 Zusammenarbeit und kooperative lokale Demokratie

In der Zusammenschau der kooperativen Partizipationsformen ergibt sich ein komplexes Bild: In allen Phasen des politischen Prozesses sind neue Institutionen der Beteiligung entstanden, in der kommunalpolitischen Praxis überwiegt allerdings die Beteiligung in der Implementierungsphase.

Für die Phase des Agenda-Settings sowie der Politikplanung wird in der japanischen Literatur oft auf die Partizipationsleiter von Sherry Arnstein (1969) verwiesen, wonach Partizipationsformen in acht verschiedene idealtypische, an Wirksamkeit und Verbindlichkeit zunehmende Kategorien – Sprossen einer Leiter – unterteilt werden. Es gibt jedoch auch einige originär japanische Typisierungen wie z.B. die von Tamura Akira, durch welchen unter anderem der Begriff *machizukuri* bekannt wurde, oder von Harashina Sachihiko und Takahashi Hideyuki, die sich mit Bürgerpartizipation im Rahmen von Umweltplanung beschäftigen (ausführlich vgl. Satō 2005a: 22f.). Gemeinsam ist den Konzepten, dass sie zwischen Formen der reinen Informationsbereitstellung, der einseitigen Meinungsäußerung durch Bürger und Bürgerinnen, des Dialogs zwischen BürgerInnen und Verwaltung, der beratenden Teilhabe in Untersuchungsausschüssen, der limitierten Partizipation in Form von Partnerschaften sowie der Partizipation an verbindlichen Planungen der Kommune unterscheiden. Sie differenzieren entsprechend zwischen formaler Partizipation, limitierter und realer Partizipation. Auf dieser Systematik aufbauend entwickelte Satō (2005) ein Modell, welches die Zusammenhänge und Abhängigkeiten von Partizipation, Partnerschaft

---

29   Ein Beispiel ist die Stadt Niigata mit einem hohen Anteil an Partnerschaften im Bereich Umweltschutz.

und Selbstverwaltung sowie das jeweilige Ausmaß der Beteiligung der Akteure BürgerInnen und Verwaltung abbildet.

Abbildung 9: „Fahrstuhl-Modell" der Bürgerpartizipation

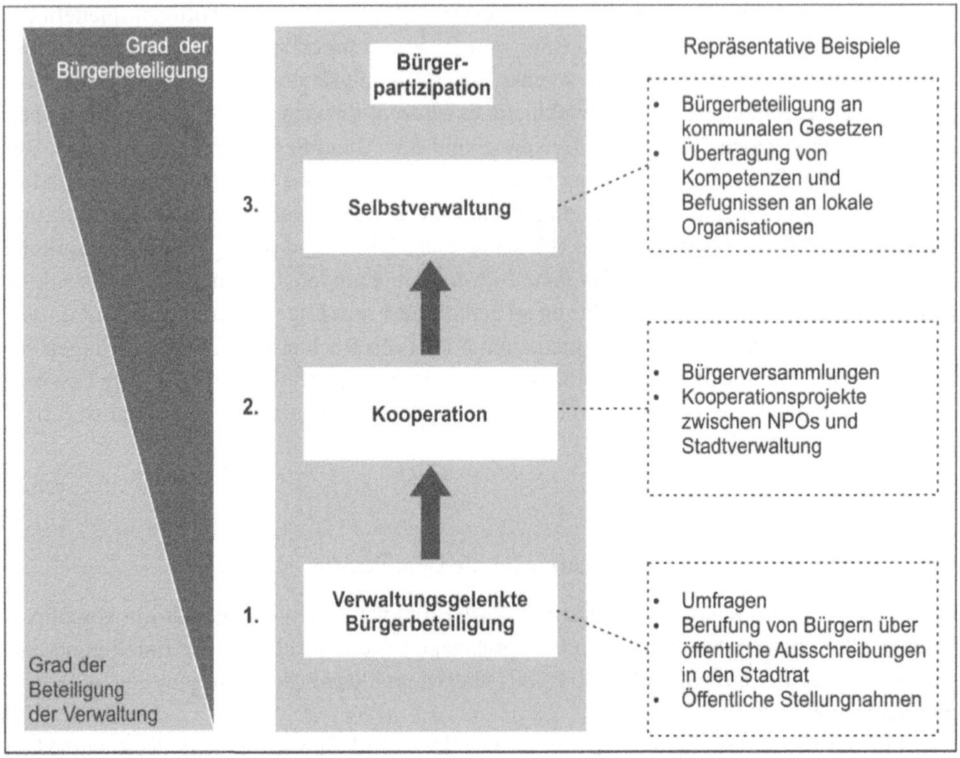

Quelle: Satō 2005a: 25

In dem Modell werden auf der untersten Ebene die Beteiligungsformen zusammengefasst, die zum Großteil durch die Verwaltung initiiert werden und der Anhörung von Bürgermeinungen dienen; die Verbindlichkeit der Beteiligung ist gering und die Entscheidungsbefugnisse liegen bei der Verwaltung. Allerdings ließe sich argumentieren, dass diese neuen Kommunikationsangebote der Qualifizierung der BürgerInnen als Partner dienen. In der darauf aufbauenden Partnerschaft, welche Bürger und Bürgerinnen oder NPOs als Mitgestalter politischer Prozesse sowie als Erbringer von Leistungen der lokalen Daseinsvorsorge integriert, sind alle Beteiligten programmatisch gleichberechtigt aktiv. Bürgerselbstverwaltung als weitreichendste Form der Partizipation an der Kommunalpolitik meint schließlich die umfassende Übertragung von Rechten und Kompetenzen an BürgerInnen, die dann eigenverantwortlich agieren. Im Gegensatz zur Stufe der Partizipation sollen BürgerInnen auf dieser Stufe weitere Partizipationsmomente initiieren, selbst Maßnahmen planen, entscheiden und durchführen.

In dieser Systematik lässt sich die Mehrheit der in diesem Kapitel vorgestellten Formen der direkten Beteiligung von BürgerInnen bei Entscheidungs- und Planungsprozessen jenseits der traditionellen Partizipationsmechanismen als Formen der verwaltungsgelenkten, singulären, wenig verbindlichen Beteiligung bezeichnen. Übertragungen von administrativen Funktionen an die BürgerInnen in Form von Stadtteilkonferenzen und Bürgerkonferenzen im Stadtplanungsprozess, die die Bezeichnung Partnerschaft verdienen, nehmen jedoch zu. Hierauf konzentriert sich auch die Debatte über die demokratischen Dimensionen von Beteiligung.

Der Überblick über die aktuelle Umsetzung des Kooperationsgebots zeigt, dass sich die Mehrzahl der kommunalen Kooperationsprojekte auf die Implementierungsphase bzw. die Leistungserbringung bezieht. Die Rolle der BürgerInnen bei der Umsetzung von Kommunalpolitik wird unter demokratietheoretischem Blickwinkel in Japan wenig diskutiert. Während sie aus Sicht der Zivilgesellschaftsdebatte als integraler Bestandteil bürgerschaftlichen Engagements demokratietheoretisch positiv bewertet wird, überwiegt aus Sicht des New Public Management die Reduzierung auf den Aspekt der Effizienz von bürgerschaftlicher Leistungserbringung (vgl. Namekata 2004; Ōsumi 2002 und 2005). Bürgerbeteiligung bei der Evaluation von kommunalen Leistungen wird aus den Partizipationsdebatten ganz ausgeschlossen, weil hier die BürgerInnen in ihrer Rolle als Kunden kommunaler Leistungen gefragt sind, die damit lediglich indirekt Einfluss auf die Qualität der Leistungen nehmen können, nicht aber gestalterisch beteiligt sind.

Wenn der Paradigmenwechsel in der japanischen Kommunalpolitik hin zu Kooperation zwischen Kommunalverwaltung und Bürgern und Bürgerinnen als Alternative zur traditionellen hierarchischen politischen Steuerung überwiegend vorsichtig positiv bewertet wird, ist nicht immer klar, über welchen dieser Bereiche der Zusammenarbeit gesprochen wird. Die aktivierten BürgerInnen als neuer Teil der Öffentlichkeit werden normativ als Garant dafür gesehen, dass der öffentliche Bereich nicht mehr vom Staat monopolisiert werden kann. Sie sollen als Gegenpol zu einer profitorientierten Umsetzung der Privatisierungstendenzen in der Kommunalpolitik wirken und spontan „soziale Gemeinsamkeit" entwickeln (*shakaiteki kyōdōsei*) (Yokokura 2005: 21, Sasaki 2006: 48). Neben diesen positiven Erwartungen an Zusammenarbeit als Auslöser für einen Demokratisierungsschub finden sich auch kritische Stimmen, die sich auf die praktische Kooperation bei der Leistungserbringung beziehen und Sorge über eine Ausnutzung kostenloser Bürgerarbeit als Sparmodell äußern (Niikawa 2005: 6), und als Indiz die Dominanz der Verwaltung bei der Initiierung von Zusammenarbeit anführen (Ejiri 2006: 27). Ferner wird als Folge des hohen Zeitaufwands die selektive Wahrnehmung der Beteiligungsangebote kritisiert. Die meisten engagierten BürgerInnen sind über 50 Jahre alt, womit die Repräsentativität der BewohnerInnen nicht gegeben sei. Zudem äußern Etō (1998) und Tamano (2007), dass sich mit den neuen Möglichkeiten der Bürgerpartizipation in Form von Anwohnerkonferenzen und Community Centern diese Strukturen im negativen Sinne verfestigen und so zu einer Erlahmung von Engagement wie auch zu einer gewissen Inhaltslosigkeit führen. Die verschiedenen Formen der Bürgerselbstverwaltung und -partizipation im Rahmen der innerstädtischen Dezentralisierung seien letztlich als Bürgeraktivität immer an die Verwaltung gebunden, nicht autonom und in vielen Fällen weniger wirksam als proklamiert (vgl. Tamano 2007).

Deutlich geworden ist, dass mit den unterschiedlichen Typen von Zusammenarbeit auch unterschiedliche Probleme der Zusammenarbeit einhergehen. Es bleiben begriffliche Unschärfen bestehen: Lediglich in der Implementierungsphase kann man eindeutig im Sinne der Wechselseitigkeit von Partnerschaftsprojekten sprechen. In der Informationsphase handelt es sich demgegenüber um einen einseitigen Prozess der Anhörung von Bürgerpositionen, die eigentliche Formulierung von kommunalpolitischen Initiativen liegt jedoch bei der Verwaltung. Ähnlich kann man dies auch für den Einsatz von Partnerschaftsprojekten in der Evaluationsphase konstatieren: Auch hier bedeutet Partnerschaft, dass die Verwaltung die Position der BürgerInnen zur Kenntnis nimmt. In der Politikformulierung bedeutet der Partnerschaftsbegriff informelle und formalisierte Partizipation der BürgerInnen an kommunalen Planungs- und Entscheidungsprozessen, die eigentliche Entscheidung verbleibt jedoch beim Stadtrat.

In der empirischen Untersuchung wird der Schwerpunkt auf Partnerschaftsprojekte zwischen NPOs und Verwaltung zur Durchführung praktischer Aufgaben der Kommune gelegt. Dieser Weg wird aus forschungspragmatischen Gründen gewählt, weil die Teilnahme an Beratungsgremien für die TeilnehmerInnen zeitlich begrenzt ist und auf individueller Ebene erfolgt, einer Erfassung somit Grenzen gesetzt sind und nur knappe Schlaglichter auf das Geschehen in der Beratung werfen kann. Die überwiegende Mehrzahl der Projekte, die unter dem Begriff „kyōdō" durchgeführt werden, finden demgegenüber in konkreten Arbeitsprojekten zwischen Bürgergruppen und Verwaltung statt und lassen sich als solche erfassen und dokumentieren. Dabei gehen wir davon aus, dass die in der (politischen) Partizipationsforschung angenommene pädagogische Bedeutung von Beteiligung auch für praktische projektbezogene Zusammenarbeit von Kommune und Bürger(gruppe)n gilt, also auch im praktischen Tun Lernprozesse bei den Beteiligten im Hinblick auf Verständnis der Handlungslogiken der anderen, Herausbildung von politischer Kompetenz und Kommunikationsfähigkeit stattfinden (Takahashi 2008: 193f.).

Konkrete Partnerschaftsprojekte und die diesbezüglichen Erfahrungen und Einschätzungen werden im Folgenden nach ihrer demokratiefördernden Dimensionen in Stadtstudien untersucht. Dabei folgen wir den in der Forschung formulierten Annahmen über die notwendigen Voraussetzungen für das Zustandekommen gleichberechtigter Kooperationsbeziehungen zwischen BürgerInnen und Kommune:

1. Kommunen mit einer langen Tradition von Bürgerpartizipation und -selbstverwaltung sind besonders effektiv in der Umsetzung neuer Partizipationsformen. Für andere Kommunen ist die Einführung von neuen Partizipationsformen als Folge neuer Steuerungsstrukturen und -prozesse mit Zwang verbunden. Einführung und Umsetzung sind für sie mit einem hohen Aufwand an Kosten, Arbeitskraft und Zeit verbunden (Etō 1998: 148).

2. Größe und Finanzlage der Kommune beeinflussen die Offenheit einer Kommune gegenüber neuen Formen der Integration der BürgerInnen in die Kommunalpolitik. Im Vergleich zum Hauptstadtgebiet und der Kansai-Region zeigen Studien, dass gerade kleine Kommunen und jene, die davon ausgehen, dass sinkende Transferzahlungen der Zentralregierung unvermeidlich sind, die Fähigkeit entwickeln, das Verhältnis

zwischen Verwaltung und BürgerInnen grundlegend zu ändern. Sie wünschen sich die Zusammenarbeit mit den Bürgern und übertragen dementsprechend auch mehr Rechte an sie (Tamano 2006: 150).

3. Die „Spielregeln" für Zusammenarbeit müssen klar definiert sein, um einem Missbrauch der Bürgerarbeit vorzubeugen (Satō 2002: 209).

4. Auf Bürgerseite muss eine Bereitschaft zu Engagement für die Gemeinschaft vorhanden sein (Ōishida 2004: 15).

6. Partnerschaft in vier japanischen Städten: Anlage der empirischen Studie

Empirisch gestützte Aussagen über die Reichweite des neuen Partnerschaftsparadigmas in der japanischen Kommunalpolitik für das Verhältnis von BürgerInnen und Staat und die Bürgernähe von Kommunalpolitik sind angesichts einer Verwaltungsstruktur, die 47 Präfekturen und 1820 Städte, Dörfer und Gemeinden in extrem verdichteten, aber auch strukturschwachen Gebieten umfassen, kaum möglich. Es wird daher hier der Weg der vergleichenden Fallstudien gewählt, um anhand konkreter Entwicklungen den aktuellen Stand der Einlösung des Paradigmas zu untersuchen.

Die Fallstudien wurden in folgenden Schritten vorbereitet: zunächst wurden die Untersuchungskommunen bestimmt, die exemplarisch für die breite Varianz kommunaler Handlungsbedingungen stehen. Für sie wurde dann mit Hilfe von Selbstdarstellungen der Städte im Internet sowie Materialien, die während des Besuchs der Stadtverwaltungen gesammelt werden konnten[30] ein Profil erstellt. Die Materialien dienen als Grundlage für die Einbettung der empirisch erhobenen Daten. Im zweiten Schritt wurden innerhalb der Untersuchungsstädte die Interviewpartner identifiziert. Gemäß der Fokussierung auf das Verhältnis von BürgerInnen und Kommune und der Engführung auf Kooperationsprojekte zwischen Verwaltung und Non-Profit-Organisationen wurde ein Methodenmix aus Fragebogen, Experteninterviews und leitfadengestützten Interviews eingesetzt. Die Bürgerseite wurde aufgrund der hohen Ausdifferenziertheit in einem zweistufigen Verfahren zwischen 2007 und 2009 erfasst. Diese bestand aus einem standardisierten Fragebogen zur Exploration des Forschungsfeldes und Generierung erster Basisdaten sowie vertiefenden, leitfadengestützten Interviews. Mit den Verwaltungsvertretern wurden angesichts der geringen Anzahl in allen vier Städten Expertengespräche geführt.

6.1 Auswahl der Untersuchungskommunen

Partnerschaft mit BürgerInnen als programmatisches Ziel ist als solches ein lokales Anliegen, was die Untersuchungsebene von vornherein auf die kommunale Ebene beschränkt. Die Auswahl der Städte erfolgte entlang der in der Forschung formulierten Annahmen im Hinblick auf fördernde bzw. hemmende Bedingungen für die Institutionalisierung und Umsetzung des Partnerschaftsparadigmas.

---

[30] Vgl. u.a. „Datenhandbuch Mitaka" (Mitaka-shi 2004b), „Wörterbuch der Basisbegriffe zu Mitaka" (Mitaka-shi 2004b), „Basiskonzept und Basisplan der Stadt Shinjuku" (Shinjuku-ku 2007b), „Plan zur Förderung von Partnerschaft mit Shinjuku und der Region" (Shinjuku-ku 2004c), „Leitfaden über Partnerschaft mit den Bürgern Niigatas" (Niigata-shi 2005b, 2007a).

1. Kommunen mit einer langen Erfahrung mit Bürgerbeteiligung und -selbstverwaltung sind besonders effektiv in der Umsetzung neuer Partizipationsformen, weil sie auf eine etablierte Beteiligungskultur zurückgreifen können (Etō 1998: 148).

2. Größe und Lage der Kommune beeinflussen die Offenheit einer Kommune gegenüber der Ausgestaltung neuer Formen der Partnerschaft und der Beteiligung der BürgerInnen an der Kommunalpolitik. Erwartet wird zum einen, dass sich in großen Kommunen Funktionen und Rollen der Akteure differenzierter gestalten und zum zweiten große Kommunen stärker zu formalisierten Verfahren und einer höheren Ausdifferenzierung von Formen der Beteiligung und Partnerschaft neigen. Für kleine Kommunen wird dagegen erwartet, dass die gewachsenen Kooperationen zwischen Kommune und BürgerInnen zu einer höheren Präferenz informeller Verfahren führen (vgl. z.B. Ladner und Bühlmann 2007). Für Städte im metropolitanen Großraum Tōkyō wird angenommen, dass sie offener sind, da infolge sozialer Mobilität traditionelle Beteiligungs- und Kooperationsformen an Bedeutung verloren haben. Für ländliche Städte wird vermutet, dass traditionelle Formen der Bürgerbeteiligung, vor allem in Nachbarschaftsorganisationen, die Ausgestaltung von Partnerschaft im Hinblick auf das Selbstverständnis und die Einbindung der BürgerInnen in diese nach wie vor prägen.

3. Das Vorliegen von Handlungsdruck verstärkt die Bereitschaft der Städte, Partnerschaft zur Problembewältigung einzusetzen. So zeigt Tamano (2006: 150), dass Kommunen, die sinkende Transferzahlungen der Zentralregierung erwarten, das Verhältnis zwischen Verwaltung und Bürgern zügiger verändern. Sie wünschen sich demnach die Zusammenarbeit mit den BürgerInnen und übertragen dementsprechend auch mehr Rechte an sie.

4. Zusätzlich waren forschungspragmatische Entscheidungen, nämlich die Gewährleistung des Zuganges zu Bürgerorganisationen sowie den Stadtverwaltungen durch persönliche Beziehungen vor Ort für die Auswahl der Kommunen ausschlaggebend. Basierend auf den Hypothesen und dem Vorliegen eines persönlichen Zuganges sind schließlich im Verlauf der Arbeit folgende vier Kommunen ausgewählt worden: die metropolitan geprägten Städte Mitaka und Shinjuku in der Präfektur Tōkyō, sowie die traditionell geprägten Städte Niigata und Iruma, die sich jeweils im Hinblick auf die Einwohnerzahl stark unterscheiden. Drei der vier Kommunen (Shinjuku, Mitaka und Iruma) befinden sich im Ballungsraum Tōkyō. Niigata, die vierte Untersuchungskommune, liegt hingegen ca. 320 km entfernt von der japanischen Hauptstadt am Japanischen Meer. Shinjuku und Niigata sind im Gegensatz zu Mitaka und Iruma Großstädte[31].

Für die vier Städte wurden Profile erstellt, die kontinuierlich bis zuletzt aktualisiert wurden und entlang folgender Überlegungen strukturiert sind:

■ Politische Mehrheiten im Stadtparlament sowie die politische(n) Kultur/ Traditionen: Es wurde erwartet, dass parteipolitisch neutrale oder zur Zentralregierung in Opposition stehende Bürgermeister und politische Mehrheiten in den Stadtparlamenten neuen – außerhalb der gewachsenen traditionellen Netzwerke von Politik, Verwaltung und

---

31 Japanische Großstädte sind nicht mit deutschen Großstädten vergleichbar. Erst bei einer Einwohnerzahl von mehr als einer Million wird eindeutig von einer „Großstadt" gesprochen. Niigata galt vor der Gemeindefusion mit damals rund 500.000 Einwohner eher als „Provinzstadt". Im Großraum Tōkyō führt die Verdichtung zur Aufhebung von Stadtgrenzen.

Wirtschaft – Formen der Kooperation offen gegenüberstehen. Grundlage hierfür waren Informationen über die Stadträte und deren Abgeordnete, welche auf den Internetseiten der Stadt öffentlich zugänglich sind.

- Struktur und Ausmaß des bürgerschaftlichen Engagements: Es wird davon ausgegangen, dass die Bereitschaft zur Übernahme kommunaler Aufgaben in Partnerschaften sowie die Funktionsweise und -fähigkeit von Partnerschaft durch die qualitative und quantitative Ausdifferenziertheit der lokalen Zivilgesellschaft geprägt wird (Ōishida 2004: 15).

- Stand der Institutionalisierung von Kooperation sowie deren Umsetzung in Förderprogramme, Infrastruktur usw.

6.1.1 Shinjuku – Zentrum im Großraum Tōkyō

Stadtspezifische Merkmale	• Zentrum im Ballungsgroßraum Tōkyō • Kommerzielles Zentrum mit großer Diskrepanz zwischen Tag- und Nachtbevölkerung • Hoher Anteil an ausländischen EinwohnerInnen • Hohe Obdachlosigkeit

Die Stadt Shinjuku ist eine von 23 Kommunen (*ku*), die den städtischen Kernbereich der Präfektur Tōkyō bilden. Sie hat unter unseren Untersuchungsstädten mit 317.528 Einwohnern auf einer Fläche von 18,23 km² die höchste Bevölkerungsdichte. Seit 1991 ist Shinjuku Verwaltungssitz der Präfektur Tōkyō und seit 2001 Hauptsitz des Verteidigungsministeriums. Während der Norden große, traditionelle Wohnviertel beherbergt, ist das Zentrum durch Einkaufs-, Vergnügungs- und Wolkenkratzerviertel mit Großunternehmen, vielen akademischen Institutionen, Großkrankenhäusern u.a. geprägt und erfüllt damit für die Bevölkerung im Hauptstadtgebiet zentrale Alltagsfunktionen. Die Tagbevölkerung ist entsprechend mehr als doppelt so groß wie die tatsächliche Einwohnerzahl[32]. Der Hauptbahnhof Shinjuku gilt als wichtiger Verbindungsbahnhof für Pendler und ist mit ca. 3.470.000 Passagieren pro Tag nach den Passagierzahlen der größte Bahnhof der Welt.

Shinjuku weist neben seiner besonderen Bedeutung als Zentrum zwei weitere lokale Besonderheiten auf. Unverkennbar an der Einwohnerstruktur ist zum einen der *hohe Ausländeranteil*. Während in Japan der Anteil ausländischer Einwohner an der Gesamtbevölkerung durchschnittlich bei ca. 1,71 % (Hōmushō 2010) liegt, betrug der Ausländeranteil in Shinjuku im Jahr 2011 ca. 11,2 % (Shinjuku-ku 2011a). Bürger-Servicestellen in Shinjuku bieten das „Handbuch für neu Hinzugezogene" nicht nur auf Japanisch an, sondern in mehreren Sprachen, wie z.B. in Chinesisch, Koreanisch, Englisch, Russisch und Spanisch. Mehrsprachigkeit im Bürgerservice ist in Japan nach wie vor selten, insofern stellt Shinjuku eine Ausnahme dar. Vor diesem Hintergrund ist multikulturelles Zusammenleben ein zentrales Thema von Verwaltung und BürgerInnen. Zum anderen ist der Anteil der Obdachlosen in Shinjuku relativ hoch. Nach einer Untersuchung der Präfektur Tōkyō wies Shinjuku 2004 mit 1.102 Obdachlosen die höchste Anzahl unter den Tōkyōter Kommunen auf (Shinjuku-ku

---

32 Die Tagbevölkerung Shinjukus betrug 2005 ca. 770.000 (Tōkeikyoku 2005).

2006a: 4). Landesweite Aufmerksamkeit erfuhr die Obdachlosenproblematik von Shinjuku erstmals 1996, als durch die Präfektur Tōkyō eine Zwangsräumungsaktion gegen die Obdachlosen im Hauptbahnhof durchgeführt wurde. Die vage Stellungnahme der Stadtverwaltung zu dieser Aktion erweckte Unzufriedenheit und Misstrauen bei einigen Menschenrechtsgruppen, wurde allerdings von zahlreichen Bürgerinnen auch unterstützt. Die zögerliche Haltung der Stadtverwaltung gegenüber dem Vorschlag der Präfektur Tōkyō, ein „Zentrum zur Unterstützung für selbständiges Leben" zu gründen, verstärkte die Distanz zwischen den kritischen NPOs und der Kommune, die bis heute anhält. Nachdem allerdings 2002 und 2003 die nationalen Förderrichtlinien für Obdachlose geändert worden waren (Sōmushō 2002; Kōsei rōdōshō 2003), formulierte Shinjuku eigene fördernde Maßnahmen für Obdachlose und schloss sich damit dem nationalen Trend an. Das 2004 eingeführte „Housing First Projekt" der Präfektur[33] erwies sich als effektiv: Die Obdachlosenzahlen in Shinjuku sanken zwischen 2004 und 2008 von 1102 auf 285 (Ōwaki und Kanazawa 2009: 109). Trotz des Rückganges ist jedoch die Problematik der Obdachlosigkeit in Shinjuku immer noch stark präsent. Bis heute gilt die Kommune als einer jener Orte Japans, an denen sich die meisten Obdachlosen konzentrieren.

Typisch für Shinjuku ist insofern, dass die Bevölkerung heterogen ist und die Stadt sich nicht auf umfassende stabile traditionelle Bindungen der BürgerInnen und eine Identifikation mit der Kommune stützen kann. Andererseits führte die Obdachlosenproblematik zu Solidarisierungsprozessen in der lokalen Bevölkerung, die sich in Teilen in Abgrenzung und Kritik zu der offiziellen Haltung der Verwaltung positioniert, also nicht unbedingt ein Potenzial für die Partnerschaftsidee darstellt.

6.1.2   Mitaka – Pendlerstadt mit Partizipationstradition

Stadtspezifische Merkmale	<ul><li>Pendlerstadt</li><li>Rasches Bevölkerungswachstum in den 1960er Jahren</li><li>Große Wohnblocks (90 % der Fläche)</li><li>Landesweit bekannt für progressive „Partnerschaftsorientierte Kommunalpolitik</li></ul>

Mitaka hat etwa 179.610 Einwohner und ist damit eine Kleinstadt, die aber innerhalb des Großraums Tōkyō liegt. Da Mitaka per Bahn innerhalb von nur 15 Minuten von Shinjuku zu erreichen ist, erfüllt sie eine wichtige Funktion als Schlafstadt. 90 % der Fläche machen Wohnviertel aus. Im Vergleich zum japanischen Durchschnitt leben in Mitaka weniger Kinder und Jugendliche unter 20 Jahren und weniger Menschen über 60 Jahre. Es überwiegen erwerbstätige Personen zwischen 20 und 45 Jahren, die größtenteils in Tōkyō beschäftigt sind und täglich pendeln (Mitaka-shi 2008: 10f). Der Ausländeranteil beträgt nur 0,01 % und liegt damit weit unter dem nationalen Durchschnitt (1,74 %).

Die Bevölkerung der Stadt nahm in den 1960er Jahren parallel zur kontinuierlichen Konzentration der Bevölkerung in Tōkyō dramatisch zu; sie verdoppelte sich zwischen 1960 und 1970 nahezu von ca. 90.0000 auf 160.000. Wegen des Zu- und Wegzugs in die bzw. aus der Kommune zählten jedes Jahr 30 % der EinwohnerInnen zu den „Neu-Zugezogenen" (Hi-

---

tachi AG 2005). Angesichts der hohen Bedeutung von Herkunftsort und damit verbunden einem Heimat- bzw. Zugehörigkeitsgefühl führte diese Entwicklung zu einer Differenzierung zwischen so genannten „Einheimischen" und „Neuen Bewohnern" (*kyū-jūmin tai shinjūmin*), die täglich ins Zentrum Tōkyōs pendelten und denen nachgesagt wurde, sich nicht ausreichend mit der Stadt zu identifizieren. Die Unterscheidung scheint bis heute gemacht zu werden. „Einheimische beschweren sich, dass sich die Neu-Zugezogenen für lokale Angelegenheiten nicht sehr interessieren. Diese wiederum beklagen sich über das konservative und exklusive Verhalten der ‚Einheimischen'", sagt Ōishida von der Stadtverwaltung von Mitaka. Hinzu käme, dass Mitaka für viele Familien mit kleinen Kindern kein Wohnort auf Lebenszeit sei, sondern eine „Zwischenstation". „Wenn die Kinder groß werden und eigene Zimmer brauchen, ziehen solche Familien aus Mitaka weg, weil größere Wohnungen hier für sie oft zu teuer sind", so Ōishida.

Als Konsequenz erscheint der Aufbau einer kooperativen Gemeinschaft häufig schwierig, so dass sich aufgrund der Distanz zwischen „Alt- und NeubürgerInnen", die „neuen BewohnerInnen" eher „modernen", d.h. neuen Bürgerorganisationen wie NPOs zuwenden, während sich die lang ansässigen BewohnerInnen in traditionellen, an den Wohnort gebundenen Bürgergruppen wie Nachbarschaftsorganisationen engagieren. Für die Realisierung des Partnerschaftsparadigmas ist die Kommune insofern vor die Aufgabe gestellt, beide Gruppen zu integrieren bzw. die Differenz zu überbrücken und eine arbeitsteilige Problemlösung anzustreben.

6.1.3   Iruma – ländliche Trabantenstadt nahe Tōkyō

Stadtspezifische Merkmale	• „Trabantenstadt" nahe Tōkyō im ländlichen Umfeld • Rasches Einwohnerwachstum in den 1980er Jahren • Gescheiterte Gemeindefusion

Mit 150.653 Einwohnern ist Iruma die kleinste der Untersuchungskommunen. In Iruma zeigten sich Auswirkungen der Urbanisierung und eine drastische Bevölkerungszunahme etwas später als in Mitaka, nämlich im Laufe der 1970er Jahre (Iruma-shi o.J.). Iruma liegt zwar nicht in der Präfektur Tōkyō, sondern in der Nachbarpräfektur Saitama, aber gute Bahnverbindungen ermöglichen Pendlern einen leichten Anschluss zu Tōkyōs Zentren. Ca. 33 % der gesamten Stadtbevölkerung arbeiten oder studieren außerhalb der Stadt, von denen wiederum 52 % außerhalb der Präfektur Saitama und 54 % in Tōkyō arbeiten oder studieren (Iruma-shi 2009). Iruma ist bekannt für sein großes Teeanbaugebiet, das ca. ein Sechstel der Stadtfläche ausmacht. Die Stadt hat einen ländlichen Charakter, obwohl der Anteil der Landwirtschaft betreibenden Bevölkerung nur knapp 1 % der Einwohner ausmacht. Arbeitsplätze bieten hingegen mehrere große Industriegebiete im Raum Iruma.

In Iruma werden Schwierigkeiten bei der Kooperation zwischen Einheimischen und Neu-Zugezogenen weitaus nicht so stark wie in Mitaka problematisiert, sind allerdings dennoch präsent. (Keizai sangyōshō 2006, Iruma-shi 2000). Wie Mitaka ist Iruma eine Schlafstadt für Pendler im Großraum Tōkyō. Die Stadt ist sich der „*Trabantenstadt-Problematik*" bewusst (Genkina Iruma zukuri shimin iinkai 2001: 3) und rechnet deshalb nicht mit viel Engagement der EinwohnerInnen für kommunales Zusammenleben. Die aufgrund der Trabantenstadtproblematik reduzierte Bindung der Bevölkerung an die Stadt schlug sich zum Teil bei der Diskussion um die Gemeindefusion mit der Stadt Sayama im Jahr 2004-2005 nieder. Bei der im Januar 2005, kurz vor der endgültigen Einstellung des Eingemeindungs- prozesses, durchgeführten großen Umfrageaktion in der Stadt mit 117.285 Befragten und ei- nem Rücklauf von 56,57 % sprachen sich 46,03 % der Befragten gegen die Gemeindefusion und immerhin 41,46 % dafür aus. Allerdings ist aus der Studie nicht ersichtlich, ob es sich bei den BefürworterInnenn bzw. GegnerInnen um überwiegend Alteingesessene oder neue- re BewohnerInnen oder Pendler bzw. Nicht-Pendler handelt. Die „Trabantenstadtproblema- tik" in Iruma steht nicht zwingend im Zusammenhang mit der Problematik „NeubürgerIn vs. Alteingesessene(r)". Das Problem liegt eher darin, dass viele Pendler insgesamt wenig Zeit in Iruma verbringen und daher die Notwendigkeit, Lebensbedingungen ihres Wohn- orts zu verbessern, nicht als so stark empfinden. Fast 70 % der Befürworter gehen davon aus, dass die Fusion zur Verbesserung der Finanzlage der Stadt führen würde.[34] Die GegnerIn- nen der Fusion argumentierten, dass die aktuelle Stadtgröße für die Generierung von Kom- munaldienstleistungen und eine „gute" Stadtpolitik genau richtig sei (Iruma-shi 2005a: 2-3). Sie setzten sich durch. Mit dem Scheitern der Eingemeindung wurde allerdings sowohl der Verwaltung als auch den BürgerInnen die Bedeutung von Kooperation bewusst. Dies führte letztlich zu der Erkenntnis, dass die Stadt die Finanzkrise, die eigentliche Haupttriebfeder der Fusion, ohne Gebietsreform allein überwinden muss und dafür die BürgerInnen braucht (Iruma-shi 2005a: 3).

6.1.4 Niigata – ländliche Großstadt in der traditionsreichen „Reiskammer"

Stadtspezifische Merkmale	• Ländliche Großstadt am Japanischen Meer • Wirtschaftlicher Nachzügler aufgrund der Lage an der „Rückseite Japans" • Hoher Anteil Landwirtschaft betreibender Bevölkerung • Große Gemeindefusion (2005) • Seither Sonderstatus als designierte Großstadt *(seirei shitei toshi)* • Innerkommunaler Dezentralisierungsversuch

Niigata liegt an der nördlichen Küste des Japanischen Meeres in der als „Reiskammer" be- zeichneten gleichnamigen Präfektur. Sie ist mit 804.325 Einwohnern seit 2007 die einzige durch Regierungserlass bestimmte Stadt mit Sonderstatus[35] an der Küste zum Japanischen Meer. Dieser Umstand würde Niigata eine besondere Bedeutung für den Kontakt Japans mit Ostasien zuweisen, so der amtierende Bürgermeister Shinoda in seinem offiziellen Blog (Ni- igata-shi 2003). Niigata ist die einzige „ländliche Großstadt" Japans mit einer nach wie vor bedeutenden landwirtschaftlichen Basis. Vor der Fusion waren ca. 8,3 % (2005) der Einwoh- ner Niigatas in der Landwirtschaft tätig, während es im nationalen Durchschnitt ca. 6,6 %

---

34 Von den Befürwortern der Gemeindefusion wurden folgende Vorteile für eine Zusammenlegung genannt: „Verstärkung der Finanzkraft durch Rationalisierung des Verwaltungswesens" (42,71 %), „verbesserte Fi- nanzierungsmöglichkeit einer alternden Gesellschaft mit niedriger Geburtenrate" (26,71 %), „Möglichkeiten für neue Stadtgestaltung" (20,43 %) und „Umsetzung einer bürgerorientierten Stadtverwaltung und neuer Stadtgestaltung durch Kooperation zwischen Bürgern und Kommune" (8,67 %) (vgl. Iruma-shi 2005c).

35 Nach dem Gesetz zur lokalen Selbstverwaltung (*Chihō jichihō*) wird Großstädten mit mehr als 500.000 Einwohnern ein Sonderstatus (*seirei shitei toshi*) verliehen. Damit erhalten sie gegenüber der Präfektur erweiterte Verwaltungskompetenzen. Im Jahr 2010 gab es 19 Städte mit diesem Status.

sind (Nōrin suisanshō 2010, Nōrin suisanshō 2011). Sie ist gleichzeitig Verwaltungssitz der
gleichnamigen Präfektur. Wie sich der Bürgermeister erinnert, hat Niigata lange unter der
Entfernung zu den wichtigen Wirtschaftszentren an der Pazifikküste gelitten. Stadt und Präfektur wurden von EinwohnerInnen und LokalpolitikerInnen stets als sozial und wirtschaft-
lich benachteiligt wahrgenommen (Niigata-shi 2003). Der oft in den Medien verwendete
Begriff „Rückseite Japans" *(ura Nihon)* drückt diese Lage nicht nur räumlich aus, sondern
hat auch die Konnotation des Abgewandten und Spätentwicklers. Stetiger Abzug von materiellen und Humanressourcen von der „Rückseite" an die „Vorderseite Japans" (*omote Nihon*)
– der Küstenstreifen entlang des Pazifiks mit Tōkyō und Ōsaka als Zentren der wirtschaftlichen Hochwachstumsphase – wurde als Indikator für eine verfehlte Regionalpolitik der Regierung in Tōkyō kritisiert (vgl. Furumaya 1997). Nach der Regierungsübernahme durch den
Bauunternehmer Tanaka Kakuei aus Niigata 1970 verbesserte sich die Verkehrsinfrastruk-
tur und somit die Anbindung an Tōkyō jedoch stetig.[36]

Niigata spielt heute die typische Rolle einer ländlichen Großstadt; sie hat die Bedeutung eines regionalen Oberzentrums mit sämtlichen Verwaltungsfunktionen, einem breit
gefächerten Konsum- und Dienstleistungsangebot und zahlreichen Bildungseinrichtungen
einschließlich einer staatlichen Universität. Die Stadt ist die einzige Kommune in der Nii-
gata-Präfektur, deren Bevölkerungswachstumsrate mit 2,2 % zwischen 1995 und 2005 den
nationalen Durchschnitt (1,8 %) überflügelte, während die Präfektur nach wie vor unter der
Landflucht leidet (Niigata-shi 2009a: 5). Einen massiven rechnerischen Bevölkerungszu-
wachs auf nunmehr 808.969 Einwohner erhielt die Stadt durch die große Gemeindefusion
mit 13 Nachbarkommunen im Jahre 2005 (Niigata-shi o.J.). Mit der Ausdehnung der Ver-
waltungsfläche entstanden allerdings wie in anderen betroffenen Gemeinden auch Integrati-
onsprobleme für die neuen Stadtbezirke, den ehemaligen Nachbarkommunen. Eine Umfrage
der Stadt 2006 ergab, dass nur 12,4 % der Befragten in den eingemeindeten Gebieten eine
Verbesserung der Verwaltungsdienstleistungen feststellten, 52 % dagegen sahen Verschlech-
terungen, weil Verwaltungsprozesse komplizierter, zeitaufwendiger bzw. undurchsichtiger
geworden seien (Niigata-shi 2006a: 6-7).

Gemäß den formulierten Annahmen im Hinblick auf die Umsetzung von Partnerschaft
in den Städten werden für die beiden Großstädte Niigata und Shinjuku weitgehend formalisierte aber auch vielfältige Kooperationsformen als Antwort auf die Ausdifferenzierung der
Akteure in einer Großstadt erwartet. Für die kleinen Städte Mitaka und Iruma werden hingegen eher informelle Kooperationsstrukturen erwartet, die auf persönlichen Netzwerken
beruhen. Für Mitaka und Shinjuku als Kommunen im metropolitanen Raum wird, basierend
auf der Annahme, dass infolge höherer sozialer Mobilität und diversifizierter Bedürfnisse
und Problemlagen, die Umsetzung von Kooperationen und Partnerschaften, die auf Elementen der Deliberation und Co-Governance bauen, erwartet. Im Gegensatz dazu werden für
die Städte im ländlicheren Raum Kooperationsmuster erwartet, die mehr auf traditionellen
Formen und autoritären Strukturen beruhen. Erwartet wird ebenso, dass sich die aktuellen,
spezifischen lokalen Problemlagen der einzelnen Städte in dem Modus der Zusammenarbeit

---

36 Im Jahr 1982 wurde der Jōetsu-Hochgeschwindigkeitszug, die erste direkte Verkehrsverbindung zwischen
    Niigata und Tōkyō errichtet, der auf Tanaka zurückging. Damit wurde die Fahrzeit zwischen beiden Orten
    auf knapp 2 Stunden reduziert (Niigata-shi 2010a: 1).

mit den BürgerInnen in der Hinsicht widerspiegeln, dass Partnerschaften in den betreffenden Bereichen weitaus häufiger stattfinden und besser funktionieren und eventuell zu einer Häufung von Partnerschaften oder Verfahrensweisen führen.

6.2 Die quantitative Erhebung

Als Erhebungsinstrument für die quantitative Forschungsphase wurde die schriftliche Befragung von Mitgliedern von Non-Profit-Organisationen mittels eines postalisch versendeten, standardisierten Fragebogens gewählt.

6.2.1 Die Stichprobe

Zur Ermittlung der Adressaten wurde in den vier Untersuchungsstädten zunächst ein Überblick über die potenziellen Partner der Kommunalverwaltungen erstellt. Bei zivilgesellschaftlichen Akteuren ist zwischen organisierten und nicht organisierten Bürgern und Bürgerinnen zu unterscheiden. Aufgrund der Fokussierung auf Kooperationen zwischen der Verwaltung und zivilgesellschaftlichen Organisationen wurden hier jedoch organisierte BürgerInnen, also Bürgerorganisationen wie NPOs, Stadtteilkonferenzen und Nachbarschaftsorganisationen in den Blick genommen.

Die Ermittlung der Grundgesamtheit war insofern schwierig, als dass keine zuverlässigen Listen von Bürgergruppen in den Städten vorliegen und nicht davon ausgegangen werden kann, dass alle Gruppen öffentlich sichtbar sind. Es konnten demnach nur Organisationen erfasst werden, deren Daten zugänglich waren. Ausgehend von der Annahme, dass die Organisationen und Gruppen, die etwas erreichen, sprich politisch partizipieren und ernst genommen werden wollen, auch an die Öffentlichkeit treten, also den direkten Zugang oder den Zugang über Dritte zu ihrer Organisation ermöglichen, wurden als Informationsquellen die Datenbanken der NPO-Center, Partnerschafts-Center und Volunteer-Center und zum Teil deren Online-Plattformen und -Netzwerke herangezogen. Ferner ermöglichen die Suchoptionen der NPO-Datenbank des Kabinettsbüros *(Naikakufu)*, NPOs mit Rechtsstatus nach Gründungsjahr, Hauptsitz oder Aktivitätsfeldern abzubilden. Generell bestätigte sich im Rahmen der Erstellung des Samples die von Canstein (2007) herausgearbeitete suboptimale Internetpräsenz japanischer Bürgergruppen.

In Shinjuku gab es zum Zeitpunkt der Erstellung des Samples weder ein NPO-Center noch ein Volunteer-Center, die Daten über Bürgergruppen öffentlich zur Verfügung stellten.[37] Der Zugang zur Stichprobe erfolgte daher zunächst über eine aufwändige Adressenrecherche, bei der jedoch neben der Internetrecherche auf die Unterstützung durch die Mitarbeiter des Volunteer-Center der Präfektur Tōkyō zurückgegriffen werden konnte. Diese erstellten aus ihrer Datenbank eine Liste mit über 400 in Shinjuku ansässigen Bürgergruppen. Da die Organisationen nur namentlich aufgeführt waren, mussten die Kontaktdaten über eine Internetrecherche ermittelt werden. Über die Suchmaschine Google wurde geprüft, ob die je-

---

37   In Shinjuku wird das Volunteer-Center über den städtischen Wohlfahrtsrat *(shakai fukushi kyōgikai)* organisiert. Informationen wurden zum Zeitpunkt der Erhebung lediglich an Personen weitergegeben, die Möglichkeiten des freiwilligen Engagements suchten.

weilige Organisation auf den ersten zwei Seiten auffindbar ist und welchen Rechtsstatus sie besitzt. Letztendlich konnten über die Liste des Volunteer-Center der Präfektur Tōkyō, sowie über Internetrecherche im Yahoo-Telefonbuch, auf der Yahoo-Volunteer-Seite[38], der Seite zur Unterstützung ehrenamtlicher Verbrechensverhütung in der Präfektur Tōkyō[39] sowie dem NPO-Netzwerk für Wohnsitz- und Stadtplanung[40] insgesamt 89 Organisationen mit Anschrift ermittelt werden. Mittels der NPO-Liste der Stadt Shinjuku, in die sich jene NPOs sich aufnehmen lassen können, die in Shinjuku ihren Sitz haben und tätig sind, konnten 51 Organisationen ermittelt werden.[41] Nach Abgleich dieser stand ein Sample von 132 Organisationen zur Verfügung.

In Mitaka sind zivilgesellschaftliche Organisationen im Bürger-Partnerschafts-Zentrum Mitaka[42] sowie im Freiwilligen-Zentrum Mitaka[43] aufgeführt. Über das Bürger-Partnerschafts-Zentrum wurden 109 Organisationen mit verschiedenem Status ermittelt, wobei jedoch im Falle von 24 Organisationen die Anschriften nicht zu ermitteln waren. In der Liste des Freiwilligen-Zentrumswaren zum Zeitpunkt der Untersuchung 58 Organisationen aufgeführt, von denen nur eine wegen fehlender Kontaktmöglichkeiten verworfen werden musste. Nach Abgleich der beiden Listen und Entfernen der Doppelungen lagen von 124 Organisationen Adressen vor.

In Niigata können sich Bürgerorganisationen – unabhängig vom Rechtsstatus – im Zentrum zur Unterstützung von Bürgeraktivitäten (*Niigata-shi shimin katsudō shien sentā*) und auf der städtischen Unterstützungsplattform für Bürgergruppen (*Niigata-shi shimin katsudō shien netto*) registrieren. Die dort gelisteten 86 Organisationen (Stand: Feb. 2007) wurden in das Sample aufgenommen. Die Liste wurde durch weitere 166 NPOs (mit Status einer NPO) ergänzt, die beim Kabinettsbüro registriert sind und nicht durch die Daten des Zentrums zur Unterstützung von Bürgeraktivitäten erfasst wurden. Insgesamt lagen somit die Namen und Adressen von 252 Organisationen vor.

Für das Iruma-Sample standen uns drei Quellen zur Verfügung, die Informationsseite für und über Bürgergruppen (*Iruma shimin katsudō dantai gaidobukku Web*)[44], das Center für bürgerschaftliches Engagement (*Iruma shimin katsudō sentā*)[45] und die NPO-Informationsseite der Präfektur Saitama (*Saitama-ken NPO jōhō sutēshon*)[46]. Auf der Informationsseite für und über Bürgergruppen waren 85 und im Center für bürgerschaftliches Engagement Iruma 47 Organisationen aufgelistet (Stand: 27.02.2007). Die Organisationen wurden durch

---

38   http://volunteer.yahoo.co.jp/

39   http://www.bouhan.metro.tokyo.jp/

40   Zum Zeitpunkt der Befragung war das Netzwerk unter folgender Adresse zu finden: http://www.smnpo.gr.jp/index.html. Seit 2009 werden die Daten von der Datenbank der Stiftung für die Belebung von Aktivitäten rund um Stadtplanung und Verbesserung des Wohnumfeldes *(Sumai machizukuri sōgō dētabēsu)* verwaltet: http://www.dihc.jp/.

41   *Shinjuku-ku NPO katsudō tōroku dantai risuto:* http://www.city.shinjuku.lg.jp/seikatsu/chiiki01_000110.html (letzter Zugriff 23.08.2010).

42   *Mitaka-shi kyōdō sentā:* http://www.collabo-mitaka.jp/index.php.

43   *Mitaka borantia sentā:* http://www.mitakavc.net

44   http://irumai-guidebook.seesaa.net/. Die Informationen der Webseite wurden seit Ende 2006 (20.10.2006) nicht mehr aktualisiert. Die Anzahl der registrierten Gruppen beträgt nach wie vor 85.

45   http://iruma-skc.seesaa.net/

46   http://www.saitamaken-npo.net/database/index.php

die 32 auf der NPO-Informationsseite der Präfektur Saitama zur Verfügung stehenden NPOs mit Rechtsstatus ergänzt. Der Abgleich der Daten ergab 110 Organisationen.

Das Ergebnis dieser Recherche war ein Gesamtsample mit 618 Organisationen und ihren dazugehörigen Adressen, die sich auf die vier Untersuchungsstädte wie in Tabelle 4 aufgeführt, verteilen.

Tabelle 4: Stichproben in den Untersuchungsstädten

	Quelle	Sample
Shinjuku	NPO-Liste der Stadt Shinjuku Volunteer-Center der Präfektur Tōkyō Unterschiedliche Listungen von Bürgergruppen mit und ohne Rechtsstatus	132
Mitaka	Bürger-Partnerschaftszentrum Mitaka Freiwilligen-Zentrum Mitaka	124
Niigata	Informationsseite für und über Bürgergruppen Städtische Unterstützungsplattform für Bürgergruppen Liste des Kabinettsbüros (nur NPO)	252
Iruma	Informationsseite für und über Bürgergruppen Center für bürgerschaftliches Engagement Iruma NPO-Informationsseite der Präfektur Saitama	110

Quelle: eigene Darstellung

6.2.2 Der Fragebogen

Da bisher weder in der westlichen noch in der japanischen Forschungslandschaft über Fallbeispiele hinausgehende, systematische empirische Studien über Kooperationen zwischen BürgerInnen und Verwaltung in Japan vorliegen, wurde zunächst mittels eines standardisierten Fragebogens eine Exploration des Forschungsfeldes vorgenommen. Ziel war es, einen vergleichbaren Datensatz über Formen und Häufigkeit von Zusammenarbeit zwischen den „Partnern" in verschiedenen Politikfeldern der vier Städte zu erhalten. Der Fragebogen richtete sich aufgrund der Größe des Samples nur an die Bürgerorganisationen. Hingegen wurde bei der Untersuchung der Verwaltungsseite zugunsten von Expertengesprächen auf Fragebogen verzichtet.

Für den Fragebogen wurde ein Mix aus geschlossenen und offenen Fragen formuliert, die sich an den oben genannten Vorüberlegungen orientierten. Er gliedert sich in drei Blöcke:

Im ersten Teil werden Strukturdaten wie Tätigkeitsfelder, Mitgliederzahlen, Professionalisierungsgrad, Organisationstyp, Geschlecht und Alter der Organisationsmitglieder abgefragt. Anhand dieser Daten werden vorläufige Aussagen über die potenziellen PartnerInnen auf der Bürgerseite ermöglicht; etwa in welchen Tätigkeitsfeldern die mit den Kommunalverwaltungen kooperierenden Organisationen aktiv sind, ob ihnen ausreichend materielle und immaterielle Ressourcen zur Verfügung stehen und welchen Rechtsstatus sie haben. Zudem soll geprüft werden, ob neue Akteursgruppen wie z.B. Frauen oder Ausländer in zivilgesellschaftliches Engagement und in diesem Falle Partnerschaften mit der Kommunalverwaltung eingebunden sind.

Normative Erwartungen von Partnerschaften seitens der Bürger und Bürgerinnen, eine quantitative Bestandsaufnahme von mit den Verwaltungen kooperierenden Organisationen sowie eine qualitative Bewertung der Partnerschaften sollen anhand der Fragen des zweitens Teils des Fragebogens identifiziert werden. Hier wurden u. a. in Anlehnung an Pappi (1987: 17) die Variablen Kontakt zu anderen möglichen Kooperationspartnern, Informationsaustausch und gegenseitige Unterstützung erhoben, welche Aufschluss über den Vernetzungsgrad zwischen den Institutionen und Organisationen geben. Ziel war es zudem, anhand offener Fragen, in denen sich die Befragten auf konkrete Partnerschaftsprojekte beziehen, Informationen über bestehende oder vergangene Zusammenarbeit zu erhalten, mittels derer neben Formen und Inhalten der Kooperationen auch deren Potenziale und Mängel aufgedeckt werden können.

Im dritten Teil des Fragebogens werden persönliche Angaben der den Fragebogen ausfüllenden VertreterInnen der Organisationen erhoben. Angesichts der (vermuteten) zentralen Position des Sprechers bzw. der Sprecherin und ihrer Rolle als AnsprechpartnerIn für die Verwaltung bei der Initiierung von Kooperationsprojekten wurden u.a. Items wie Alter und Geschlecht, berufliche Situation, Motivation für das Engagement in der Organisation und Wahlverhalten erfragt. In einer vertikalen Gesellschaft, die noch immer geprägt vom Senioritätsprinzip ist, sind die Inhaber von Leitungsfunktionen oft hohen Alters und männlichen Geschlechts. Eine Erhebung dieser Daten lässt deshalb Aufschlüsse darüber zu, ob in den Partnerschaften auf Seiten der BürgerInnen auch neue interne Organisationsstrukturen (weibliche, jüngere Führungspersonen) sichtbar werden. Mit diesen Fragen soll außerdem die subjektive Bewertung des aktuellen Stands der Partnerschaft erfasst werden. Dabei wird davon ausgegangen, dass die Bedeutung von Partnerschaften für eine langfristig, bürgernahe, partizipatorische Politik maßgeblich von der subjektiven Sicht der Beteiligten sowie deren Motivation, Antriebskräften und Bewertung abhängt.

Nach der Übersetzung des Fragebogens ins Japanische wurde er zur Sicherstellung der Validität einer eingehenden Prüfung durch japanische Experten unterzogen.

Der Versand der Fragebögen erfolgte im Herbst 2006 (Shinjuku und Mitaka) sowie im Frühjahr 2007 (Niigata und Iruma). Die durchschnittliche Rücklaufquote lag bei 33 % (Tabelle 5).

Tabelle 5: Rücklaufquoten

	Anzahl der angeschriebenen Organisationen	Rücklauf (N)	Rücklauf (%)
Shinjuku	132	47	35,6%
Mitaka	124	53	46,7%
Niigata	252	62	29,2%
Iruma	110	32	29,8%

Quelle: eigene Darstellung

6.3 Die qualitative Erhebung

Aufgrund der Erweiterung des theoretischen Bezugsrahmens auf den Governance-Ansatz wurden ergänzend zu den Umfragen auf der Bürgerseite Interviews mit Vertretern der Verwaltung sowie mit thematisch unterschiedlich arbeitenden NPOs in jeder der Untersuchungskommunen durchgeführt. Anhand konkreter, abgeschlossener Partnerschaftsprojekte wurden zum Teil analog zum Fragebogen, aber auch vertiefend Meinungen, Erwartungen sowie Bewertungen hinsichtlich der Partnerschaft mit der Verwaltung bzw. den BürgerInnen in der Praxis sowie als Konzept erfragt.

Damit soll der Beschränkung der Analyse von Selbstdarstellungen der Städte auf Strukturdaten und dem stark normativ aufgeladenen Partnerschaftspostulat als Leitmotiv der Städte auf den offiziellen Webseiten entgegengewirkt werden. Durch die direkte Befragung von Verwaltungsbediensteten, die gegenwärtig mit Partnerschaftsprojekten befasst sind, wird gleichzeitig zumindest die Möglichkeit eröffnet, über offizielle Sichtweisen hinaus, auch persönliche Motive und Sichtweisen zu erfassen.

6.3.1 Auswahl der Interviewpartner

Auf der Verwaltungsseite wurde zur Vorbereitung des Interviews zunächst schriftlich Kontakt mit den für Partnerschaften zuständigen Abteilungen aufgenommen. Aufgrund der Erfahrung, dass eine positive Reaktion stark von möglichst präzisen Informationen über Inhalt und Verlauf des Interviews abhängt, wurde der Interviewleitfaden beigefügt. Die Auswahl des Interviewpartners wurde der Abteilung und damit faktisch deren Leiter überlassen, da davon ausgegangen wird, dass bereits die Auswahl Aufschlüsse über die interne Bedeutungszuschreibung von Partnerschaft innerhalb der Verwaltung zulässt. Die Interviews wurden im September/ Oktober 2007 durchgeführt. Sie wurden aufgezeichnet und verschriftet. Anschließend folgte die Übersetzung aus dem Japanischen durch die Autorinnen.

In Shinjuku fand das Interview mit dem Verwaltungsangestellten Terao Yoshimi statt. Zum Zeitpunkt des Interviews war er in der Abteilung für Lokale Kultur für die Koordination von Angelegenheiten der Stadtteile zuständig. In der gleichen Abteilung ist auch die Koordination von Partnerschaften mit NPOs sowie die Planung und Etablierung von partnerschaftsfördernden Programmen angesiedelt. Herr Terao war unter anderem Gründungsmitglied des Gremiums zur Förderung von Partnerschaften in Shinjuku (*Shinjuku-ku kyōdō shien kaigi*) und in die Organisation und Verwaltung der einjährigen Bürgerkonferenz zur Erstellung des neuen Basisplanes sowie des neuen Stadtplanungskonzeptes (2005-2006) maßgeblich eingebunden.

In Mitaka stand auf der Verwaltungsseite für das Interview Ōishida Hisamune zur Verfügung, der zum Zeitpunkt des Interviews in der Abteilung für Koordination von Bürgerangelegenheiten tätig war. Herr Ōishida, der bei der Einrichtung des Partnerschaftszentrums mitwirkte, ist bereits lange in der Abteilung für Bürgerangelegenheiten tätig. Darüber hinaus publiziert er zu dem Themenbereich Governance, Selbstverwaltung und Partnerschaft.[47]

In Niigata wurden aufgrund der Empfehlungen von Herrn Hirohashi Masahiro, zu dem bereits ein langjähriger Kontakt besteht, Kontakte zu den Verwaltungsangestellten Tsurumaki Tsuneo und Ōzawa Masaki von der Abteilung für politische Planung, Förderung der Stadtadministration und Community geknüpft, mit denen dann auch das Interview über Kooperationen mit Bürgerorganisationen geführt wurde. Beide waren zum Zeitpunkt der Befragung in der Abteilung für Politische Planung tätig und somit auch für die Verankerung von *kyōdō* in allen Stadtteilen. Zudem wurde der Bürgermeister Shinoda Akira interviewt.

In Iruma fand das Interview mit dem Verwaltungsangestellten Saitō Mitsuaki statt. Herr Saitō war zum Zeitpunkt des Interviews im Referat für Selbstverwaltung und Kultur tätig, das wiederum zur Abteilung für Koordination von Bürgerangelegenheiten gehört. Saitō war auch Mitglied der Kommission für die Ausarbeitung der Richtlinien für partnerschaftliche Zusammenarbeit.[48]

Auf der Bürgerseite wurden VertreterInnen thematisch unterschiedlich ausgerichteter Gruppen (Wohlfahrt, Kinder, Stadtgestaltung/ *machizukuri*, Umwelt) mit Erfahrung in der partnerschaftlichen Zusammenarbeit mit der Kommune befragt, um Unterschiede zum einen hinsichtlich der Umsetzung von *kyōdō* in verschiedenen Politikfeldern und zum anderen hinsichtlich der verschiedenen Phasen des politischen Entscheidungsfindungsprozesses, in dem *kyōdō* stattfindet, abbilden zu können. Bei diesen Bereichen handelt es sich um die „klassischen" Bereiche bürgernaher Kommunalpolitik, in denen die höchste Dichte an registrierten Bürgergruppen arbeitet und die größte Anzahl an Partnerschaftsprojekten erwartet wurde. Gleichzeitig eignen sich die Bereiche für einen Vergleich, da sie sich unter folgenden Aspekten kontrastieren lassen: Historisch gesehen werden Bürgergruppen, welche sich in dem Bereich Umweltschutz/ Ökologie engagieren, in der Tradition der oppositionellen und radikalen Bürgerinitiativen gegen Umweltzerstörung in den 1970er Jahren verortet. Dies gilt bis heute. Mit Blick auf die kommunale Problemlage lassen sich im Bereich Wohlfahrt und Kinder mehr kollaborative Beziehungen mit einem unterschiedlichen Ausmaß an Entscheidungsfreiheit im Sinne eines Beziehungsmusters zwischen Verwaltung und NPOs vermuten als zum Beispiel im Umweltbereich, wo NPOs im Vergleich zur Kommune eher komplementäre Ziele verfolgen und Leistungen anbieten und somit Bedarfslücken schließen (vgl. Oyama 2003). Interessant ist hier, inwieweit die Verwaltung Partnerschaften mit Gruppen eingeht,

---

47 2001 veröffentlichte er eine Monographie mit dem Titel „Eine Skizze der Partnerschaftsgesellschaft" (Ōishida 2001), es folgten Artikel in verwaltungswissenschaftlichen Fachzeitschriften über die neue Rolle von BürgerInnen als auch der Kommunen (Ōishida 2008a, 2009) und eine Monographie über den Wandel der kommunalen Selbstverwaltung (Ōishida 2006) sowie weitere Beiträge in Sammelbänden (Ōishida 2008b).

48 Mitglieder der Kommission waren neun Verwaltungsbeamte, neun durch öffentliche Ausschreibung gewählte Bürger sowie ein wissenschaftlicher Berater.

Tabelle 6:   Interviews mit Verwaltungsangestellten

Kommune	Datum	Name des Interviewpartners	Abteilung / Position
Niigata	19.09.2007	Tsurumaki Tsuneo	Politische Planung Förderung der Stadtteiladministration und Community
		Ōzawa Masaki	Politische Planung Förderung der Stadtteiladministration und Community
	12.09.2008	Shinoda Akira	Bürgermeister der Stadt Niigata
	22.09.2007	Hirohashi Masahiro	Direktor des Rates für Soziale Wohlfahrt
Iruma	21.09.2007	Saitō Mitsuaki	Bürgerangelegenheiten Selbstverwaltung und Kultur
Shinjuku	01.10.2007	Terao Yoshimi	Vorsitzender der Abteilung für Koordination von Bürgerangelegen- heiten in der Abteilung für lokale Kultur
Mitaka	02.10.2007	Ōishida Hisamune	Bürgerangelegenheiten Koordination

Quelle: eigene Darstellung

die der Verwaltung gegenüber nicht zwangsläufig positiv eingestellt sind (Seko 2005: 16). Der Bereich *machizukuri*/ Stadtplanung kann als Schnittstelle der Bereiche Wohlfahrt und Umwelt gesehen werden, da er zwei Aspekte, nämlich die zwischenmenschlichen Beziehungen als auch die konkrete Stadtplanung, beinhaltet. Für alle Bereiche ist das Argument zu prüfen, Partnerschaften dienten der kommunalen Kostenersparnis sowie gegebenenfalls die hieraus resultierenden Folgen für die Bürgerseite. Angesichts ungleich verteilter materieller und immaterieller Ressourcen der Partner ist die Realisierung einer gleichberechtigten Partnerschaft insgesamt vermutlich schwierig.

Die Auswahl der Bürgergruppen erfolgte in allen Städten auf Basis von Informationen der Stadtverwaltungen hinsichtlich der Partnerorganisationen in abgeschlossenen Partnerschaftsprojekten. Aus einer Aufstellung aller *kyōdō*-Projekte des Finanzjahres 2007 wurden per Zufallsprinzip für die Bereiche Wohlfahrt, Kinder, Umweltschutz und Stadtgestaltung je nach Gesamtanzahl zwei bis drei Organisationen ausgewählt, die dann per E-Mail angeschrieben wurden. Die Organisation, welche zuerst eine positive Rückmeldung gab, wurde als Interviewpartner ausgewählt. Durch dieses Vorgehen war ein indirekter Einfluss der Verwaltung bei der Auswahl der Interviewpartner auf Bürgerseite gegeben, weil die von der Kommune veröffentlichte Liste der Partnerschaftsprojekte nicht auf Vollständigkeit und Fehler überprüft werden konnte (vgl. NPO *Moyai* in Shinjuku, Kapitel 8.2). Nur in der Stadt Mitaka existierte laut Aussagen der Stadtverwaltung solch eine Liste nicht; grundsätzlich seien alle Bürger und Bürgerinnen potenzielle PartnerInnen der Kommune. Schließlich schlug die damalige Leiterin des Zentrums für jedes Politikfeld eine Bürgergruppe vor, die auch zu einem

Tabelle 7:   Interviews mit Vertretern von Bürgergruppen mit *kyōdō*-Erfahrung

Kommune	Datum	Name des Interviewpartners Organisation	Bereich
Niigata	13.09.2008	Tanaka Yūichi „Niigata ettō tomo no kai"	Wohlfahrt
	12.09.2008	Kobayashi Keiko „Hotto hausu sasaguchi"	Kinder
	14.09.2008	Yoneda Yūsaku Kasahara Naoto Honma Hisafumi „Eco netto Toyosaka"	Umwelt
	12.09.2008	Suzuki Toshiyuki „Bandai bashi tanjōsai iinkai"	Stadtplanung/ -gestaltung
Iruma[49]	09.09.2008	Morimoto Fumie Iida Emiko Sasaki Jin'ichi „Iruma-shi shikaku shōgaisha gaido herupu no kai ‚Ai ai'"	Wohlfahrt
	17.09.2008	Saitō Fukutarō „Iruma kokusai kōryū kyōkai"	Kinder
	10.03.2010[50]	Ōyama Hiroshi Shimizu Tokuzō Yamanishi Motonao „Kaji kyūryō sanrin kanri gurūpu"	Umwelt
Shinjuku	15.09.2008	Inaba Tsuyoshi „Moyai"	Wohlfahrt
	17.09.2008	Shinohara Irie „Purēpāku kyōgikai"	Kinder
	17.09.2008	Kudō Kumiko „Neko dasuke"	Umwelt
	15.09.2008	Ōtomo Toshio Tanaka Kenji „Yotsuya kyōgikai"	Stadtplanung/ -gestaltung

Fortsetzung der Tabelle nächste Seite

---

49   Im Zeitraum der Durchführung der Interviews konnte in Iruma keine Bürgerorganisation im Stadtplanungs-bereich befragt werden, da es keine Bürgergruppen mit Partnerschaftserfahrung gab.

50   Umweltgruppen wurden 2008 nicht befragt, da Iruma 2007/ 2008 kein offizielles *kyōdō*-Projekt im Umwelt-bereich durchführte.

Kommune	Datum	Name des Interviewpartners Organisation	Bereich
Mitaka	18.09.2008	Fukushima Sachiko „Tasuke ai wākāzu komorebi"	Wohlfahrt
	18.09.2008	Katō Masaki „Yū Kidsclub"	Kinder
	17.09.2008	Tanaka Toshiaki „Inokashira kōen kansatsukai"	Umwelt
	18.09.2008	Yoshida Sumio „Junior Chamber International"	Stadtplanung/ -gestaltung

Quelle: eigene Darstellung

6.3.2   Der Interview-Leitfaden

Die Interviews mit den Verwaltungsangestellten und den VertreterInnen kooperationserfahrener Bürgergruppen folgten einem Leitfaden, der zum Zwecke der Vergleichbarkeit zu großen Teilen an den Fragebogen, den die Bürgergruppen ausgefüllt hatten, angelehnt war, aber auch neue Aspekte von Partnerschaft integrierte. Ziel war, nicht nur jeweils Sichtweise und Erfahrungen der/ des Befragten zu erfassen, sondern eine umfassende, differenzierte Aufnahme der Struktur und des Prozesses von Partnerschaft selbst an einem konkreten Partnerschaftsprojekt wiederzugeben. Zusätzlich wurden offene, unstrukturierte Fragen im Sinne eines Gesprächsangebotes integriert, um die persönliche Sicht der GesprächspartnerInnen einzufangen. Die Interviews wurden teilweise verschriftet und übersetzt. Während die Verwaltung nach dem Konzept und Verständnis von Partnerschaft sowie nach deren Abbildung in formalen Rahmenbedingungen einerseits und nach den Konsequenzen der neuen Rollenzuschreibung an die BürgerInnen befragt wurden, wurden die VertreterInnen der NPOs neben dem persönlichen bzw. gruppenspezifischen Verständnis, der Motivation und Zielsetzung vor allem entlang der Schilderung eines konkreten Partnerschaftsprojekts über Rollenverteilung, Erwartungen, bestehende Probleme, Kommunikation usw. (siehe Tabelle 8 und Tabelle 9) befragt.

Tabelle 8:   Leitfragen der Interviews mit den Verwaltungsangestellten

	Leitfragen
Persönliche Angaben des Interviewten	• Abteilung/ Posten, Alter • Berufliche/ private Erfahrung mit NPOs • Kurze Beschreibung des beruflichen (verwaltungsinternen) Werdegangs
Konzept von Partnerschaft	• Verständnis von „Partnerschaft" • Anlass zur Entwicklung von Partnerschaft/ Motivation • Definition von Partnerschaft im Rahmen von Verwaltungshandeln • Probleme der Durchsetzung
Rahmenbedingungen von *kyōdō*	• Leitlinien zu Verlauf und Organisation von Partnerschaft • Kommunalsatzungen bezüglich Partnerschaft • Evaluationssystem für Partnerschaftsprojekte
NPOs als Partner	• Kriterien bei der Auswahl der Partner • Spezifische Schwierigkeiten und Hindernisse • Verbesserungsbedarf • Spezifische Erwartung an NPOs als *kyōdō*-Partner
Praxis/Fallbeispiele	• Erfolgreiches Partnerschaftsprojekt • Weniger erfolgreiches Partnerschaftsprojekt

Quelle: eigene Darstellung

Tabelle 9:   Leitfragen der Interviews mit den Bürgervertretern

	Leitfragen
Begriff *kyōdō*	• Persönliches/ gruppenspezifisches Verständnis von *kyōdō*
Motivation und Ziele	• Motivation, Zielsetzung, Gründe für *kyōdō* • *kyōdō* als Option der Förderung von Bürgerautonomie und Teilhabe an Stadtpolitik • Langfristige Ergebnisse von *kyōdō*
Praxis/Fallbeispiele	• Konkreter Verlauf des *kyōdō*-Projektes • Rollenverteilung beider Akteure • Gleichberechtigtes Verhältnis • Form des *kyōdō*-Projektes • Kommunikation, Transparenz in *kyōdō*-Beziehung • Realisation von Erwartungen • Einfluss auf die Einstellung der Verwaltung • Wünsche und Vorschläge zur Verbesserung von *kyōdō* • Antizipation von Motivation, Verbesserungswünschen und Kritikpunkten der Verwaltung • Bewusstsein gegenüber eigener Probleme (Organisationsstruktur usw.) • Zukünftige Kooperationsabsichten

Quelle: eigene Darstellung

7. Kontextbedingungen für kommunale Partnerschaften in der Praxis

Ein kooperatives Verhältnis zwischen Bürgern und Stadtverwaltung ist heute zum kommunalpolitischen Glaubensbekenntnis avanciert. Dieser Satz gilt für alle untersuchten Städte. Die konkrete Planung, Umsetzung und Bewertung der Praxis erfolgen indessen unter jeweils unterschiedlichen Bedingungen. So ist davon auszugehen, dass die Rolle der BürgermeisterInnen bzw. der Stadträte für die Konkretisierung des Konzepts bedeutend ist, da beide aufgrund der Direktwahl stärker als die Verwaltung ein Interesse an der Einbindung der BürgerInnen als Mechanismus der Herstellung von Bürgerzufriedenheit haben dürften. Problemdruck in Verbindung mit der allgegenwärtigen Haushaltskrise dürfte zusätzlich Einfluss auf Motivation und Ausgestaltung der Kooperation haben, ebenso wie Erfahrungen mit Bürgerbeteiligung seitens der Verwaltung sowie Erfahrungen und Interesse seitens der BürgerInnen, sich zu beteiligen. Politische Rahmenbedingungen, kommunaler Problemdruck und die lokale zivilgesellschaftliche Landschaft bilden den Kontext, in dem Kooperation institutionell und politisch konkretisiert wird. Sie bilden den Rahmen, in dem die engagierten Bürger und Bürgerinnen kooperieren und ihre Bewertungen der Kooperation vornehmen.

7.1 Kommunalpolitischer Handlungsrahmen

Die kommunalpolitischen Bedingungen fördern oder hemmen – so die Annahme – die Planung und Umsetzung von Partnerschaft und den Modus der Zusammenarbeit. Für die Frage, ob ein Paradigmenwechsel hin zu mehr Kooperation mit den BürgerInnen überhaupt stattfindet, spielt die Position der politischen Funktionsträger – Stadtrat und BürgermeisterIn – eine wichtige Rolle. Wenngleich – wie angesprochen – generell auf kommunaler Ebene die parteipolitische Orientierung geringer ist, ist einerseits in der Vergangenheit die Einführung von partizipativen Verfahren und Praxen dort ausgeprägter zu beobachten, wo freie Wählergemeinschaften bzw. VertreterInnen von Bürgergruppen erfolgreich kandidiert haben wie in Mitaka in der Frühphase der bürgernahen Politik in den 1970er Jahren. Gleichwohl ist der Zusammenhang von Wahlverhalten, KandidatInnen, politischem Programm mit dem Grad an Institutionalisierung neuer Steuerungsformen in der Kommunalpolitik an dieser Stelle nicht abschließend zu klären.

Wie in Kapitel 2 angesprochen wurde, sind im Kontext der Dezentralisierungsreformen die Stadträte generell in Kritik geraten. Ihnen wird eine zu geringe politische Initiative und Eigenständigkeit gegenüber dem Bürgermeister/ der Bürgermeisterin vorgeworfen. Als Indikator für die Unzufriedenheit mit der Arbeit der Stadträte und der etablierten politischen Parteien hat Tsubogō (2003: 214-225) auf die Zunahme von freien Wählergemeinschaften bzw. VertreterInnen von Bürgergruppen in den Stadträten hingewiesen. In allen der hier untersuchten Städte sind dezidiert bürgerbewegungsnahe Wählergemeinschaften wie das von Tsubogō untersuchte parteiunabhängige Bürgernetzwerk (*Seikatsusha Nettowāku*) allerdings nicht im Stadtrat vertreten, obwohl die Anzahl derer, die für keine der etablierten Parteien zur Wahl angetreten sind, durchgängig hoch ist. Die politische Positionierung der Mitglieder dieser Gruppierungen ist generell kaum zu rekonstruieren, da zum einen informelle Bündnisse mit den etablierten Parteien durchaus üblich sind und die Kategorie „unabhängig" wie im Falle Mitakas häufig lediglich aus wahltaktischen Gründen präferiert wird, zum anderen keine Aussagen über ein konsistentes Abstimmungsverhalten zugunsten der einen oder anderen Partei möglich sind.

Tabelle 10: Parteipolitische Zusammensetzung der Stadträte im Erhebungszeitraum

	Mitaka		Shinjuku		Iruma		Niigata	
Bürgermeisterln: Parteizugehörigkeit und Geschlecht	JDP Weiblich		Parteilos Weiblich		LDP/ Kōmeitō Männlich		Parteilos Männlich	
Sitzverteilung im Stadtrat	13	Unabhängige	9	Kōmeitō	10	Konservativer Club	16	Bürger-Club
	5	Kōmeitō	8	LDP	4	KPJ	15	Niigata Club
	4	DPJ	8	KPJ	4	Kōmeitō	7	KPJ
	4	KPJ	6	DPJ	3	Bürger-Club der Zukunft	6	Bürger Bund
	2	LDP	3	Club der Parteilosen	1	Club der unabhängigen Bürger	5	Reform Netzwerk
			2	SPJ			5	Kōmeitō
			1	Hanamaru Club				

Etablierte landesweite Parteien:
LDP (Liberaldemokratische Partei/ Jiyū minshutō); Kōmeitō („Partei für saubere Politik"); DPJ (Demokratische Partei Japans/ Minshutō); KPJ (Kommunistische Partei Japans/ Nihon Kyōsantō); SPJ (Sozialistische Partei Japans/ Nihon Shakaitō)

Quellen: Mitaka-shi 2009a, Shinjuku-ku 2007a, Iruma-shi 2005b, Niigata-shi 2007e

Die Stadtratszusammensetzungen lassen also kaum Aussagen über Bürgernähe zu. Eine parteipolitische Positionierung zu dem Thema Kooperation/ *kyōdō* ist nicht nachzuweisen, weder in Shinjuku, wo der Anteil der parteigebundenen Stadträte hoch ist, noch in Niigata, wo die etablierten Parteien nur mit Mitgliedern der Kōmeitō und der Kommunistischen Partei Japans vertreten sind und alle anderen Stadträte Wählergemeinschaften angehören.[51]

Demgegenüber spielt der/ die Bürgermeister/in aus der Sicht der befragten BürgerInnen für die Förderung des Partnerschaftsleitbildes eine gewichtige Rolle. Sie bestätigen damit die politisch und rechtlich starke Rolle der Bürgermeister bzw. Bürgermeisterinnen als LeiterInnen der Verwaltung und Vorsitzende des Stadtrates in der japanischen Kommunalpolitik, wie sie bereits in Kapitel 2 angesprochen wurde (Abe 1997: 35). Sasaki (2009: 122) spricht von einem strukturell vorgegeben Ungleichgewicht von BürgermeisterIn und Rat, das zugunsten des Bürgermeisters bzw. der Bürgermeisterin verfestigt ist. Während der/ die Bürgermeister/in Satzungsentwürfe einbringt und sein/ ihr Recht auf Erstellung der Haushaltspläne in Anspruch nimmt, bleibt der Stadtrat in der politischen Praxis oft in der Rolle des „Durchwinkers". Die politische Initiative liegt überwiegend bei dem/ der Bürgermeister/in, er/ sie ist Adressat für die Bürger und Bürgerinnen. In den Interviews spiegelt sich diese Rolle dahingehend wider, dass die mit der Kommune zusammenarbeitenden Bürgergruppen im Stadtoberhaupt den mit Abstand wichtigsten steuernden Akteur in der Stadtpolitik sehen. Die Chancen für die Einlösung einer „gleichberechtigten Kooperation" werden daher eng mit seiner/ ihrer Einstellung zum Thema „Kooperation und Partnerschaft zwischen Kommune und BürgerInnen" verknüpft. Sowohl in Iruma als auch in Niigata haben die interviewten NPOs ihre Sorge formuliert, dass das Interesse der Kommunalverwaltung an einer Verbesserung der Partnerschaft mit den BürgerInnen nach dem Amtswechsel des Bürgermeisters sinken oder gar verloren gehen könnte, je nachdem wie der neue Bürgermeister *kyōdō* gegenüber eingestellt sei. Die den BürgermeisterInnen zugeschriebene hohe Bedeutung für die Entwicklung und Umsetzung des Partnerschaftsparadigmas korrespondiert mit der in beiden Städten vergleichsweise noch geringen Institutionalisierung von *kyōdō*. In Mitaka hingegen, das über eine längere Kooperationstradition verfügt und in Shinjuku, wo *kyōdō* stärker institutionalisiert ist, glauben die interviewten NPOs eher, dass sich bei einem Wechsel der Bürgermeisterin die unterstützende Position der Stadt in Bezug auf *kyōdō* nicht drastisch verändern würde, obwohl sie einräumen, dass die Bürgermeisterin die entscheidende Initiatorin einer partnerschaftlichen Stadtpolitik sei.

Die Frage, ob im Falle des Stadtoberhauptes neben dem Grad an Institutionalisierung von Kooperation auch Parteizugehörigkeit oder Geschlecht eine Rolle spielt, ist hier nicht zu beantworten. Im Hinblick auf das Geschlecht fällt auf, dass sowohl Mitaka als auch Shinjuku eine Bürgermeisterin haben, was angesichts eines Anteils an weiblichen Bürgermeistern in den Gemeinden (*shi*) von durchschnittlich nur 2 % bemerkenswert ist (Naikakufu danjo sankakyoku 2011). Bei beiden Kandidatinnen handelt es sich um Frauen mit Erfahrungen im bürgerschaftlichen Engagement, ein Zusammenhang mit der politischen Karriere als Bürgermeisterin konnte allerdings nicht nachgewiesen werden. Zumindest im Falle Mi-

---

51 Während es nach den letzten Stadtratswahlen – 2011 in Mitaka, Shinjuku und Niigata, sowie 2009 in Iruma – bezüglich der Sitzverteilung im Stadtrat in Mitaka und Iruma kaum nennenswerte Veränderungen gab, hat sich das Bild in Shinjuku und Niigata etwas gewandelt. In Shinjuku dominieren zwar immer noch parteigebundene Stadträte (LDP, Kōmeitō, KPJ), jedoch konnten fünf neue Wählerinitiativen in den Stadtrat einziehen. Ein ähnliches Bild ergibt sich für Niigata. Hier hat sich die Anzahl der im Stadtrat vertretenen Wählerinitiativen von drei auf sieben erhöht. In beiden Fällen dürfte sich damit das kommunalpolitische Spektrum erweitert haben (Niigata-shi 2011a, Mitaka-shi 2011a, Shinjuku-ku 2011c, Iruma-shi 2011b).

taka reicht zudem die *kyōdō*-Tradition bis zur Community-Politik (*komyuniti seisaku*) von Bürgermeister Sakamoto Sadao in den 1970er Jahren zurück (Ōmoto 2010: 261). Auch wenn sich heute Mitakas aktuelle Bürgermeisterin Kiyohara Yoshiko, die seit 2003 im Amt ist, massiv für eine Förderung von *kyōdō* einsetzt, ist doch die Kooperationskultur in der Stadt lange vor ihrer Amtszeit entstanden.

In Niigata, wo das Partnerschaftsparadigma viel später als in Mitaka in Richtlinien verankert worden ist, hat der (parteilose) Bürgermeister die Institutionalisierung von *kyōdō* rasch und massiv vorangetrieben. Als Grund nannte er im Interview Einsparerwartungen der Stadt und vor allem die Nachfrage seitens der Bürger und Bürgerinnen, die sich engagieren wollten. Es ist also festzustellen, dass Partnerschaft jenseits parteipolitischer Programme geplant und umgesetzt wird, die Rolle des Bürgermeisters/ der Bürgermeisterin ist gleichwohl als InitiatorIn und Förderer in allen Städten aus Sicht der BürgerInnen zentral.

Die unterschiedliche Bedeutungszuweisung spiegelt sich in der Wahlbeteiligung nicht wider. In allen untersuchten vier Kommunen ist die Wahlbeteiligung bei Kommunalwahlen gering und liegt mit Ausnahme der Stadtratswahl in Niigata unter dem nationalen Durchschnitt.

Tabelle 11: Wahlbeteiligung bei den Kommunalwahlen im Erhebungszeitraum

	Mitaka	Shinjuku	Iruma	Niigata	Landes-durchschnitt
Bürgermeisterwahl	47,79% (22.04.2007)	26,58% (12.11.2006)	48,03% (19.10.2008)	40,71% (12.11.2006)	53,74% (2007)
Stadtratswahl	47,81% (22.04.2007)	40,15% (22.4.2007)	44,81% (13.03.2005)	56,36% (08.04.2007)	53,47% (2007)
Befragte NPO-Vertreter mit Kooperationserfahrung	93,8%	96,3%	100%	94,9%	-

Quellen: Za senkyo 2011 a-f; Niigata-shi 2011b; eigene Erhebung

Allerdings zeigen unsere Umfrageergebnisse bei den NPO-Vertretern, die ja aufgrund ihres Engagements mit der Verwaltung relativ vertraut sind, eine sehr hohe Wahlbeteiligung in allen Untersuchungskommunen, was sowohl Voraussetzung als auch Folge von Kooperation sein kann.

Insgesamt ist festzuhalten, dass heute anders als in den 1970er Jahren, als die sogenannten „Reformkommunen" (*kakushin jichitai*) in Opposition zur konservativen Regierungspartei LDP in Tōkyō lokal bürgernahe Politik einführten, ein derartiger Zusammenhang im Hinblick auf die Förderung und Institutionalisierung des Partnerschaftsparadigmas nicht herstellbar ist. Wahlbeteiligung sowie Parteizugehörigkeit der politischen EntscheidungsträgerInnen lassen sich nicht in Zusammenhang mit der Umsetzung konkreter Zusammenarbeitsprojekte einer Kommune bringen. Die Rolle des Stadtrates beschränkt sich auf den Beschluss politisch-normativer Rahmenbedingungen für *kyōdō*. Entscheidend für die Formulierung und Erstellung von *kyōdō* ist aus der Sicht der beteiligten Bürger und Bürgerinnen die Persönlichkeit des Bürgermeisters bzw. der Bürgermeisterin als Oberhaupt der Verwaltung.

7.2 Kommunaler Problemdruck

Alle Untersuchungskommunen sind einerseits mit den gleichen, landesweit festzustellenden Problematiken und damit verbundenen nationalpolitischen Debatten konfrontiert: Finanzkrise, Verlust lokaler Verbundenheit und schließlich zunehmende und sich diversifizierende Bedürfnisse der BürgerInnen. Andererseits sind in allen vier Kommunen zusätzliche lokalspezifische Probleme auszumachen. Sowohl gemeinsame als auch lokalspezifische Probleme werden hier als Problemdruck gefasst und dargestellt (vgl. Tabelle 12).

Tabelle 12: Aktueller Problemdruck in den Untersuchungskommunen

Aktueller Problemdruck	Shinjuku	Mitaka	Iruma	Niigata
	Finanzkrise der Kommune			
	Verlust der Bürger- und Alltagsnähe seitens der Kommunalverwaltung Verlust **lokaler Verbundenheit** seitens der Kommunalverwaltung			
	Differenzierte, individuelle Lebensstile der BürgerInnen			
	Multikulturelles Zusammenleben Obdachlosen-Problematik	Konflikt zwischen Einheimischen und Neu-Zugezogenen	„Trabantenstadt"-Problematik	Abwanderung Verkleinerung der kommerziellen Zentren in der Innenstadt

Quelle: eigene Darstellung

Zur Lösung der Probleme, die in allen Städten gleich sind, wird interessanterweise überall „Partnerschaft mit BürgerInnen" als Schlüsselkonzept eingeführt.

7.2.1 *Finanzkrise, Verlust lokaler Bindungen und wachsende Bedürfnisse*

Finanzkrise

Alle Untersuchungskommunen schneiden bei den beiden wichtigen Kennzahlen, nämlich dem Leistungsbilanzsatz (*keijō shūshi hiritsu*) sowie dem Finanzkraftindex (*zaisei ryoku shisū*)[52], besser als der nationale Durchschnitt ab.

---

52 Der Leistungsbilanzsatz (*keijō shushi hiritsu*) bildet die Elastizität der finanziellen Struktur einer Kommune ab und zeigt, wie flexibel eine Kommune auf neue, dringende oder unerwartete Bedürfnisse finanziell reagieren kann. Je niedriger der Prozentsatz ist, desto flexibler ist die Finanzstruktur der Kommune. Der Finanzkraft-Index (*zaisei ryoku shisū*) ist ein Indikator für die steuerliche Leistungsfähigkeit der Kommunen, die sich aus dem Verhältnis der laufenden Kosten und den steuerlichen Einnahmen ergibt (CLAIR,

Tabelle 13: Leistungsbilanz und Finanzkraft-Index der Untersuchungskommunen

	Mitaka	Shinjuku	Iruma	Niigata	Nationaler Durchschnitt
Finanzlage	kein staat-licher Finanz-ausgleich	kein staat-licher Finanz-ausgleich	seit 2005 kein staatlicher Finanzaus-gleich	stark ab-hängig von staatlichem Finanzaus-gleich	-
Leistungs-bilanzsatz (2008)	88,8%	79,1%	93,0%	88,0%	92,0% (2007)
Finanz-kraft-Index (2008)	1,26	0,64	1,03	0,71	0,5 (2007)

Quellen: Iruma-shi 2008b, Tōkyō-to sōmukyoku 2008a, Shinjuku-ku 2008b, Niigata-shi 2008, Sōmushō 2008a

Mitaka, Shinjuku und Iruma gehören zu den 152 von insgesamt 1.727 Kommunen und 47 Präfekturen, die keinen staatlichen Finanzausgleich erhalten (Chihō kōfuzei seido kenkyūkai 2009). Niigata stellt eine Ausnahme dar, da die Stadt aufgrund ihres Status als sogenann-te designierte Großstadt finanztechnisch den Präfekturen gleichgestellt ist. Nach dem 2007 eingeführten Index zur Identifizierung kommunaler Finanzproblemen (*kenzen-ka handan hiritsu*)[53], der gleichzeitig die Grundlage für Konsolidierungsmaßnahmen bildet, gehörten unsere Untersuchungskommunen im Jahr 2010 nicht zu den 14 Gebietskörperschaften, die sich sofort zu speziellen Konsolidierungsmaßnahmen für ihre Finanzen verpflichten muss-ten. Trotzdem sind sich alle vier Untersuchungskommunen nach Angaben der Verwaltungs-vertreter bewusst, dass sie sich in einer schwierigen Finanzlage befinden und konsequent Sparmaßnahmen treffen müssen.

„Es ist seit langem offensichtlich, dass die Kommune ohne grundlegende Änderung ih-rer Arbeitsweise ihre kommunalen Dienstleistungen bald nicht mehr anbieten kann [...], zu-nächst einfach aufgrund Geldmangels." So begann das Interview mit Ōishida, der seit langem im Bereich „Partnerschaft mit BürgerInnen" in der Verwaltung Mitakas arbeitet.

Seine Aussagen decken sich mit denen aller Verwaltungsangestellten, die für Interviews zur Verfügung standen. Danach befänden sich die Kommunen in einer chronischen, schweren Finanzkrise. Die massive Dezentralisierungspolitik der japanischen Regierung seit den 1990er

---

COSLOG und GRIPS 2010). Je höher der Index ist, desto größer ist die Finanzkraft der Kommune. Wenn der Index größer als 1,0 ist, die steuerlichen Einnahmen also die Kosten übersteigen, bekommt die Kommune keinen Finanzausgleich durch den Staat. Sowohl Leistungsbilanzsatz als auch Finanzkraft-Index werden als Indikator zur Messung der kommunalen Finanzlage verwendet.

53   Der „Index zur Notwendigkeit der Wiederherstellung einer gesunden Finanzwirtschaft" (*kenzen-ka handan hiritsu*) wurde 2007 mit Inkrafttreten des „Gesetzes zur Wiederherstellung einer gesunden Finanzwirtschaft der Gebietskörperschaften" (*Chihō kōkyō dantai no zaisei no kenzen-ka ni kansuru hōritsu*) eingeführt, um die Finanzlage der Gebietskörperschaften zu prüfen und sie dazu zu verpflichten, die durch das Gesetz vorgesehenen Maßnahmen durchzuführen (Sōmushō 2007a).

Jahren hätte im politischen und verwaltungstechnischen Kontext einen Machttransfer vom Nationalstaat zu lokalen Gebietskörperschaften ermöglicht. „Nun haben die Kommunen zwar mehr Kompetenzen und Aufgaben, aber viele Kommunen können mit diesem drastischen Strukturwandel vor allem finanziell nicht mithalten. Ein grundlegender Strukturwandel ist auch für die Kommunalverwaltungen notwendig. Ohne das Engagement der BürgerInnen könnte die Kommune viele Dienstleistungen nicht mehr anbieten. Es ist zu teuer, immer Privatunternehmer zu beauftragen", so Ōishida. Diese Sicht wird nicht nur von Verwaltungsangestellten in den anderen Untersuchungskommunen sondern auch von allen BürgerInnen geteilt, die bereits in einem Kooperationsverhältnis mit der Kommune stehen: „Unsere Kommune hat kein Geld. Das ist eine Tatsache, die auch die Bürger und Bürgerinnen zur Kenntnis nehmen müssen." „Die alte Zeit, in der Bürger und Bürgerinnen alles von „oben" bekamen, ist vorbei. Beschwerden oder Bittgesuche funktionieren nicht gut angesichts der Finanzkrise. Wir selbst müssen aktiv werden", sagt Shimizu, Vorsitzender der befragten Umwelt-NPO in Iruma. Tanaka, Sprecher der Wohlfahrts-NPO in Niigata, die Unterkünfte für Obdachlose bewirtschaftet, erklärt: „Es war von Beginn an klar, dass die Kommune uns, nämlich bürgerschaftliche Arbeitskräfte, nicht adäquat bezahlen kann. Trotzdem arbeiten wir aktiv für das Projekt. Ansonsten könnten gewisse Dienstleistungen gar nicht mehr angeboten werden, was sehr bedauerlich wäre."

Die Finanzkrise der öffentlichen Haushalte wird von den NPO-VertreterInnen in unterschiedlichen Zusammenhängen wahrgenommen. Nicht nur die im Alltag spürbare Reduzierung der kommunalen Leistungen und die täglichen Medienberichte vermitteln ihnen das Gefühl von Krise, sie erfahren die Finanzkrise auch durch ihre persönlichen Kooperationserfahrungen, sei es, dass ihre Leistungen zu wenig finanziell entschädigt werden, sei es, dass Sachkosten nicht ausreichend zur Verfügung stehen. Sie erhalten dadurch Einblicke in die aktuelle Finanzlage der Stadtverwaltung und entwickeln (teilweise) Verständnis dafür, dass die Stadt sie – aus ihrer Sicht – in Kooperationsprojekten nicht angemessen finanziell unterstützt. Die Interviewten sind sich darin einig, dass zwar die Finanzkrise als legitimer Grund bzw. Auslöser für Partnerschaften zwischen Kommune und BürgerInnen zu sehen sei, ob sich aber aus der Kooperation auch für die beteiligten BürgerInnen Vorteileergeben, sei momentan nicht absehbar.

Kooperationsbereitschaft wegen der knappen kommunalen Finanzen wird jenseits der bestehenden Kooperationsprojekte auch von der gesamten Bevölkerung gefordert. Unter unseren Vergleichskommunen sind in Iruma und Niigata entsprechende Beispiele zu finden. In Iruma z.B. bekamen die BürgerInnen im Zusammenhang mit der geplanten Gemeindefusion 2004 bis 2005 mehrfach städtische Informationsangebote, um sich in der Vorbereitungszeit der Fusion mit dem Thema „Verbesserungsmöglichkeiten der schwierigen Finanzlage" auseinanderzusetzen. Auch die Stadt Niigata informierte die Bürger 2005 offen über die finanzielle Situation der Stadt und präsentierte die Gebietsreform als notwendigen Schritt zur Überwindung der Finanzkrise. Die Gemeindefusion sollte durch verwaltungstechnische Vorteile auch positive Auswirkungen für die BürgerInnen haben und der Stadt durch den neuen Status einer so genannten designierten Stadt (*seirei shitei toshi*) mehr Selbstverwaltungskompetenzen ermöglichen und Zugang zu neuen Finanzquellen eröffnen (Niigata-shi 2005b). Die Finanzkrise und die Möglichkeiten ihrer Überwindung wurden auch in Niigata mit der Propagierung einer neuen Stadtpolitik verbunden.

Verlust von Bürger- und Alltagsnähe

Der Versuch der Kommunen, BürgerInnen in kommunale Dienstleistungen einzubinden, resultiert nicht nur aus der Finanzkrise. Ōishida von der Stadtverwaltung Mitakas formuliert: „Im sich fortsetzenden Rationalisierungsprozess des Verwaltungswesens wird die Funktion einer Kommunalverwaltung langsam auf die der Koordination eingeschränkt. Das heißt, dass es für Verwaltungsbeamte immer weniger Chancen gibt, ‚vor Ort' zu arbeiten. Stattdessen sind es immer mehr Subunternehmer der Verwaltung, die vor Ort aktiv sind. Es wird daher für das Verwaltungspersonal immer schwieriger, über den Alltag der Bürger gut informiert zu sein."[54] Damit widerspricht Ōishida der häufig vertretenen Ansicht, wonach der durch die Dezentralisierung in Gang gesetzte Machttransfer von oben (Zentralregierung) nach unten (dezentrale Gebietskörperschaft) eine bessere Problem- und Bedürfniswahrnehmung der Kommunalverwaltung ermöglicht, und damit die Responsivität verbessert (Nagamine 2004: 61). Terao von der Stadtverwaltung Shinjuku weist darauf hin, dass ein großer Anteil des Verwaltungspersonals nicht in der Kommune wohnt, für deren Verwaltung sie zuständig ist. „Beamte sind zwar Verwaltungsexperten, aber die besten Lokalexperten sind die BürgerInnen selbst", so Terao.

Bürger und Bürgerinnen bestätigen diesen Entfremdungsprozess der Verwaltungsbeschäftigten von den realen Verhältnissen in der Kommune, verweisen aber darauf, dass er nicht neu ist. Der Mangel an Erfahrungen des Verwaltungspersonals mit lokalen Angelegenheiten ist für die BürgerInnen eher ein klassisches Phänomen, das sie weitläufig unter „Bürokratisierung" abbuchen. Sie betrachten die Unwissenheit des Verwaltungspersonals über den Alltag der BürgerInnen als ein chronisches Problem, dessen Ursache sie auf die regelmäßige obligatorische Arbeitsplatzrotation innerhalb der Verwaltung zurückführen, durch die den Verwaltungsangestellten tiefere Einsichten und Kenntnisse in die einzelnen Facetten der Kommunalverwaltung und des kommunalen Alltags kaum möglich seien. Die interviewten Vertreter und Vertreterinnen der Bürgergruppen, die sich als SpezialistInnen für bestimmte Themen verstehen, zeigen deshalb interessanterweise für die Verwaltung durchaus Verständnis.

Während „Unwissenheit" der Verwaltung also mehr oder weniger von ihnen toleriert wird, formulieren sie Unzufriedenheit, wenn sie Desinteresse, Verschlossenheit und Intransparenz auf der Verwaltungsseite feststellen. Dies sei ein negatives Erbe aus früherer Zeit, in der die Kommunen noch die Dienstleistungen anbietende Instanz und die Bevölkerung Kunden waren. Einige der interviewten NPO-Vertreter wie Tanaka von der Wohlfahrts-NPO in Niigata und Toshiaki von der Umwelt-NPO in Mitaka, beschweren sich, dass sie große Schwierigkeiten beim Kommunikationsaufbau mit der Verwaltung gehabt hätten. Sie interpretieren diese als Vorbehalte der Verwaltung gegenüber den BürgerInnen.

Diversifizierte Bedürfnisse der Bevölkerung

Die Vertreter der Kommunalverwaltungen nennen neben dem Verlust der Nähe zum Alltag der Menschen vor Ort als weiteres Problem die zunehmend diversifizierten Lebensstile der BürgerInnen in ihrer Stadt. Tsurumaki von der Kommunalverwaltung Niigata begründet sei-

---

54   Interview mit Ōishida Hisamune, Stadtverwaltung Mitaka.

ne Forderung nach einer Verbesserung der Kommunikation mit den BürgerInnen auch damit, dass die Bedürfnisse und Forderungen der BürgerInnen immer ausdifferenzierter und individueller werden würden. Hierzu zählten nicht mehr nur die Nachfrage nach Leistungen und Service, sondern auch nach immateriellen Angeboten wie Informationen sowie Beteiligungs- und Mitsprachemöglichkeiten. Hirohashi, ein anderer ehemaliger Verwaltungsbeamter in Niigata verweist darauf, dass im Zuge der Dezentralisierungspolitik die kommunalen Entscheidungsprozesse transparenter geworden seien, so dass die BürgerInnen nun besser wissen, wo, wie und wann sie ihre eigenen Interessen im kommunalen Alltag ausdrücken können.

Diese Sicht wird im Grunde auch von den NPO-VertreterInnen geteilt: „Die Lebensstile der Menschen hier waren eigentlich immer individuell. Meiner Ansicht nach geht es eher darum, dass BürgerInnen mehr Möglichkeiten sehen, ihre eigenen Bedürfnisse bzw. Forderungen auszudrücken."[55] Sie sehen zwar die Individualisierung der Bedürfnisse ebenfalls als ein Problem, das allerdings nicht neu sei. Umso mehr heißen sie diesen „neuen Erkenntnisgewinn" seitens der Kommune und die Bereitschaft zu mehr Kommunikation willkommen.

Für alle untersuchten Kommunen erweisen sich die diversen Forderungen seitens der BürgerInnen als neuartige Herausforderung: Nicht nur die Frage, ob sie überhaupt über genug Kapazitäten zur Erfüllung der vielfältigen Bedürfnisse der BürgerInnen verfügen, muss beantwortet werden. Die Kommunen sind nun zusätzlich auch mit der Notwendigkeit konfrontiert, sich mit Mitsprache- und Beteiligungsforderungen auseinandersetzen zu müssen. In diesem Zusammenhang stellt sich die Herausforderung so dar, das Ziel des „Gemeinnutzes", dem die Kommunen verpflichtet sind, erneut zu prüfen und effektiv umzusetzen. Terao von der Kommunalverwaltung Shinjuku erklärt dazu, dass die Kommune mit bestimmten Bürgergruppen nicht zusammenarbeiten kann, solange sich die Gemeinnützigkeit ihrer Aktivitäten nicht bestätigt: „Die Kommune muss ihrer Rechenschaftspflicht nachkommen können. Das heißt, dass wir alle Partnerschaften und Förderungen aus gemeinnütziger Hinsicht begründen können müssen". Gleichzeitig weist er auf den (vor allem zeitlichen) Ressourcenmangel bei der Kommunalverwaltung hin, was die gründliche Prüfung auf Gemeinnützigkeit in jedem einzelnen Fall fast unmöglich macht.

Vor allem das Bewusstsein über die Finanzkrise und deren Verschärfung im Zuge des Aufgabenzuwachses eint alle Untersuchungskommunen. Bei den schriftlichen Stellungnahmen und allen Interviews mit Verwaltungsangestellten spielte es eine wichtige Rolle zur Begründung von neuen Formen der Bürgerbeteiligung im Sinne partnerschaftlicher Zusammenarbeit. Die in der einschlägigen Forschungsliteratur wiederholt geäußerte Vermutung, die Finanzkrise würde Beteiligungsangebote fördern, die wiederum zu Einsparungen führen würden, lässt sich demnach bestätigen. Ein klarer Zusammenhang zwischen lokalen Problemlagen und der Kooperationspraxis lässt sich indes kaum nachweisen, gleichwohl ist zumindest davon auszugehen, dass sie Druck auf die Kommunalverwaltung ausüben und im Sinne der Erhöhung der Input-Legitimation auch Einfluss auf Kooperationsangebote an die BürgerInnen haben können. Die Integration von verschiedenen zivilgesellschaftlichen Akteuren einerseits und die arbeitsteilige Problemlösung mit ihnen sind Aufgaben, mit denen alle Städte gleichermaßen bei der Umsetzung von *kyōdō* konfrontiert sind.

---

55   Interview mit Saitō Fukutarō von der Wohlfahrtsinitiative „Ai-ai" in Iruma.

7.2.2 Lokale Zivilgesellschaftslandschaft als Beteiligungsreservoir

Politischer Wille zu kooperativen Beziehungen ist nur dann im Sinne der Gemeinschaft sinnvoll zu praktizieren, wenn die BürgerInnen nicht nur über die Bereitschaft, sondern auch über die Fähigkeit verfügen, sich an kommunalpolitischen Aufgaben zu beteiligen. Als mögliche Partner der kommunalen Verwaltung kommen dabei grundsätzlich sowohl Einzelpersonen als auch als organisierte Gruppen in Betracht. Bemerkenswert ist, dass die drei Kommunen mit einer kommunalen Rahmensatzung (Niigata, Shinjuku und Mitaka) den Begriff Bürger bzw. Bürgerin ausdrücklich weit fassen und nicht nur auf die japanische Staatsbürgerschaft, sondern auch auf das Wohnortprinzip als Definitionsmerkmal für „BürgerIn" verzichten. Neben EinwohnerInnen, in der Stadt Arbeitenden sowie Lernenden und Studierenden werden auch sich für die Stadt (unternehmerisch) engagierende Personen und Gruppen als BürgerInnen bezeichnet (Niigata-shi 2007b, Mitaka-shi 2006b, Shinjuku-ku 2010c).

Tabelle 14: Beispiel – Das Partnerspektrum der Stadt Mitaka

Organisationsart	Mögliche Partnerschaftsbereiche	Charakter
Nachbarschafts-organisationen	• Teilbereiche der sozialen Wohl-fahrt, Umwelt- und Landschaftsge-staltung und öffentlichen Sicherheit in Nachbarschaften	• lokale Verbundenheit • Generalisten, breites Aufgabenspektrum • gegenseitige Hilfe
Stadtteilkonferenzen	• allgemeine Problemlösung im Be-zirk (z.B. öffentliche Sicherheit, lokale Betreuung für junge Müt-ter, Behinderte, Kranke und ältere Menschen usw.)	• lokale Verbundenheit • Generalisten, breites Aufgabenspektrum • Stabilität der Organisation
Bürgerorganisationen mit/ ohne Rechtssta-tus (z.B. NPOs, Frei-willigengruppen)	• nicht an Profit orientierte, verschie-dene gemeinnützige Aktivitäten	• Selbständigkeit • Fachwissen • Hohe Mobilität • Pioniergeist
Erziehungs- und Forschungs-institutionen	• Beratung bei lokalen politischen Maßnahmen, Erziehung, Technik- und Wissenstransfer an lokale In-dustrie	• Eigeninitiative (Spontanität) • Fachwissen • Pioniergeist
Private Dienstleister	• Soziales Engagement als Unter-nehmensphilosophie	• Eigeninitiative • Hohe Mobilität • Fachwissen • Pioniergeist
Berufsgenossen-schaften und gemein-nützige Organisatio-nen (z.B. Handelskammer)	• Verschiedene Beiträge für lokale Gesellschaft	• Eigeninitiative • Fachwissen • Lokale Verbundenheit

Quelle: erstellt aus Mitaka-shi 2006c: 5

Mitaka nennt im offiziellen „Handbuch zur Förderung von Partnerschaft" (Mitaka-shi 2006c), welches sich an Verwaltungspersonal richtet, eine Reihe von potenziellen Partnern der Zusammenarbeit: Nachbarschaftsorganisationen, Stadtteilkonferenzen, Bürgergruppen mit und ohne Rechtsstatus, Erziehungs- und Wissenschaftsinstitutionen, private Dienstleister, Berufsgenossenschaften und gemeinnützige Organisationen. Mitaka schreibt jedem dieser Partner unterschiedliche Charakteristika zu. Während sich Stadtteilkonferenzen und Nachbarschaftsorganisationen durch ihre lokale Verbundenheit, ihr breites Interessen- und Aufgabenfeld, sowie durch ihre Stabilität auszeichnen, erwartet man von Bürgerinitiativen vor allem Eigeninitiative, Fachwissen, hohe Mobilität sowie Pioniergeist (Mitaka-shi 2006c: 5).

Die anderen Untersuchungskommunen definieren das Partnerspektrum für die Zusammenarbeit nicht genau. In den Interviews wurde jedoch klar, dass alle Untersuchungskommunen Schulen, wissenschaftliche Institutionen, Privatunternehmen, Dienstleister, klassische gemeinnützigen Organisationen (*kōeki hōjin*) und Stiftungen zunehmend als potenzielle Kooperationspartner mit einbeziehen und diese Ausweitung als sinnvoll und notwendig erachten.

In der Rhetorik des Paradigmas *kyōdō* steht der Bürger bzw. die Bürgerin in den Verlautbarungen der Kommunen im Mittelpunkt. „BürgerInnen" sind für Kommunen „traditionelle und gleichzeitig neue Partner"[56] mit großem Potenzial. Damit wird einerseits auf das bürgerschaftliche Engagement in den traditionellen Nachbarschaftsvereinigungen angesprochen. So spielen in allen Städten BewohnerInnen in den Nachbarschaften und somit traditionell gewachsene Formen der Zusammenarbeit eine besondere Rolle, die es zu erhalten und zu stärken gälte. Mitaka fördert inzwischen wieder explizit die Zusammenarbeit mit Nachbarschaftsorganisationen und lokalen Händlern über finanzielle Förderprogramme, die denen für Bürgergruppen ähneln (Mitaka-shi 2010c: 2, Mitaka-shi shimin kyōdō sentā 2008: 2). Zum anderen zielen die Kommunen auf „neue" Partner, also Bürger(gruppen) ohne bzw. mit wenigen Kooperationserfahrungen, wobei sich die neuen Formen der Zusammenarbeit gegenwärtig aber größtenteils noch in der Experimentierphase befänden.[57] Angesprochen sind in allen Kommunen BürgerInnen, die sich selbst organisieren, freiwillig engagieren und der Gemeinschaft nützen wollen. Während sie insbesondere auf der Ebene der Politikformulierung, bzw. -beratung als Individuen angesprochen sind, sind bei der Umsetzung von gemeinsamen Kooperationsprojekten zwischen Verwaltung und Bürgern vor allem Bürgergruppen, Verbände und Vereine die anvisierten Partner der Verwaltung. Ihre Anzahl und ihr Aktivitätsniveau konstituieren das zivilgesellschaftliche Potenzial einer Kommune, auf das sie sich bei der Umsetzung des Kooperationsparadigmas stützen kann.

Quantitative Aussagen über das Potenzial sind indessen kaum konkret darstellbar. Unquantifizierbar sind Bürgergruppen ohne Rechtsstatus, die sich informell zusammenschließen und manchmal sogar nur temporär aktiv sind. Diese bleiben im Grunde immer im privaten Raum und werden selten von der Kommune zur Kenntnis genommen. Ausnahmen sind die an den Wohnort gebundenen Nachbarschaftsorganisationen, Frauenvereine, Parents-Teacher-Associations (PTAs) usw., die zwar keinen Rechtsstatus als NPO haben, traditionell aber in einer engen Beziehung zur Kommune stehen und daher zahlenmäßig wie inhaltlich relativ gut von der Kommune erfasst werden. Einzelne Bürgergruppen, die sich aktiv mit der Kon-

---

56 Interview mit Terao Yoshimi, Stadtverwaltung Shinjuku.

57 Interview mit Ōishida Hisamune, Stadtverwaltung Mitaka.

taktpflege zu lokalen sowie überregionalen Netzwerken und/oder mit Öffentlichkeitsarbeit befassen und Aufgaben wie die Aufrechterhaltung der Internetpräsenz, Registrierung bei öffentlichen Institutionen wie NPO-Zentren, Kooperation mit Kommune usw. wahrnehmen, werden ebenso „sichtbar". Darüber hinaus ist jedoch das Gesamtbild von Bürgergruppen ohne Rechtsstatus nur unvollständig zu erfassen, da ihre Gründung und Auflösung nicht dokumentiert werden. Nicht nur die Anzahl dieser Gruppen, sondern auch Inhalt, Dauer sowie Wirksamkeit ihrer Aktivitäten bleiben damit zu einem großen Teil unbekannt. Es ist jedoch davon auszugehen, dass sie unter den unten aufgeführten unterschiedlichen Formen von zivilgesellschaftlichen Organisationen die größte Gruppe stellen (Abbildung 10). NPOs mit Rechtsstatus lassen sich hingegen quantitativ und qualitativ leichter dokumentieren und können durch die offizielle Online-Datenbank des Kabinettsbüros (Naikakufu NPO hōmupēji o.J.) zahlenmäßig gut erfasst werden. Stadtteil- und Anwohnerkonferenzen sind aufgrund ihrer institutionellen Verankerung im Verwaltungssystem weitere sichtbare Akteure der Zivilgesellschaftslandschaft.

Abbildung 10: Akteure der japanischen Zivilgesellschaft

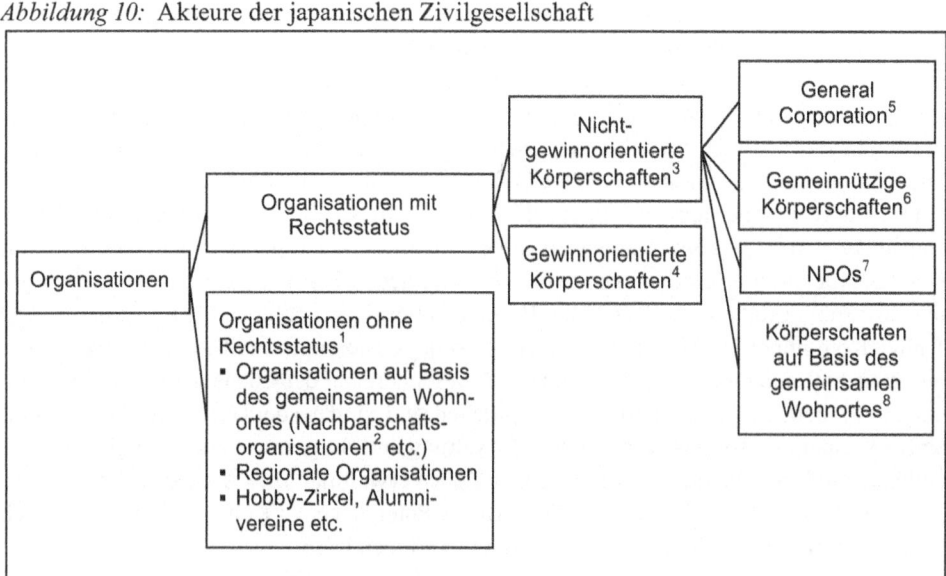

[1] jap. *nin'i dantai,* [2] jap. *jichi kai/ chōnai kai,* [3] jap. *hieiri hōjin,* [4] jap. *eiri hōjin,* [5] jap. *ippan hōjin,* [6] jap. *kōeki hōjin,* [7] jap. *tokutei hieiri katsudō hōjin* (nach dem „Gesetz zur Förderung spezieller Non-Profit-Aktivitäten"/ kurz: NPO-Gesetz), [8] jap. *ninka chien dantai* (Organisationen auf Basis des gemeinsamen Wohnortes, die nach dem Gesetz über lokale Selbstverwaltung *(Chihō jichi hō)* den Status einer rechtlichen Körperschaft erworben haben)
Quelle: Sōmushō 2010

Nachbarschaftsorganisationen

Alle Untersuchungskommunen sehen in den informellen Gruppen und hier vor allem in den Nachbarschaftsvereinen ihre traditionellen und vertrauten Kooperationspartner. Diese Vertrautheit in der Kooperation wurde in jedem Interview positiv hervorgehoben. „Zwischen Kommune und Nachbarschaftsorganisationen besteht eine wunderbare Kommunikation", erklärt Saitō von der Stadtverwaltung Iruma stolz. „Wir [die Verwaltung] bitten die Nachbarschaftsvereine um viel Hilfe. Wir sind sehr dankbar, dass sie immer positiv reagieren."[58] Was Saitō „Hilfe" nennt, sind lokale Aktivitäten der Nachbarschaftsvereine wie z.B. selbständige Katastrophenübungen, Organisation der Müllabfuhr, Patrouillen zum Schutz der öffentlichen Sicherheit, Verteilung der Amtsblätter sowie die Vermittlung zwischen Verwaltung und Einwohnern (Iruma-shi 2005: 3). Diese Aufgaben gelten landesweit als übliche Aufgaben bzw. Aktivitäten der Nachbarschaftsorganisationen. Sie übernehmen im Regelfall wichtige kommunale Dienstleistungen. Zudem fungieren Nachbarschaftsorganisationen als Anlaufstelle für Probleme, Fragen und Interessen der EinwohnerInnen. Sie sind nicht spezialisiert, sondern fühlen sich für alle Fragen, die die Nachbarschaft betreffen zuständig, d.h. sie sind ausschließlich örtlich kleinräumig aktiv.

Tabelle 15: Beteiligungsrate in Nachbarschaftsorganisationen (Haushalte, in %)

Mitaka	Shinjuku	Iruma	Niigata
40,80 % (2006)	55 % (2006)	76,7 % (2004)	97,7 % (2006)

Quelle: Mitaka-shi 2010d: 142f., Shinjuku-ku 2006b, Niigata-shi 2007c, Sayama-shi 2005

Die Beteiligungsrate gibt allerdings nur bedingt Aufschluss über das tatsächliche Engagement der Menschen in Nachbarschaftsorganisationen und kann somit auch nur eingeschränkt als Indiz für ein stabiles, lokales Bürgernetzwerk dienen.[59] In den städtischen Kommunen im Großraum Tōkyō lässt sich eine sinkende Beteiligungsrate beobachten, sodass Nachbarschaftsorganisationen dort ihren Status als stabile Basis für die Zusammenarbeit mit der Kommune zunehmend verlieren. In Niigata betrug sie 2006 hingegen noch nahezu 100 %. Auch wenn keine Aussagen über das reale Engagement möglich sind, so lässt sich doch vermuten, dass es dort höher ausfällt als in den städtischen Kommunen. Im Zuge des Funktionswandels und der -erweiterung von Nachbarschaftsorganisationen – was nicht zuletzt durch das Aufkommen des Paradigmas *kyōdō* bewirkt wurde – haben jedoch inzwischen viele Kommunen Strategien entwickelt, um Nachbarschaftsorganisationen in neue Kooperationsformen einzubinden.

---

58   Interview mit Saitō Mitsuaki, Stadtverwaltung Iruma.

59   Schmidtpott (2009: 209ff.) verweist darauf, dass bereits in den 1970er Jahren Bewohner von Wohnsiedlungen wenig Ambitionen hatten, sich in Organisationsformen ähnlich der traditionellen Nachbarschaftsorganisationen zusammenzuschließen.

Stadtteil- und Anwohnerkonferenzen

Stadtteil- und Anwohnerkonferenzen sind sowohl thematisch als auch geographisch breiter gefächert aktiv als traditionelle Nachbarschaftsorganisationen. Im Regelfall handelt es sich bei ihnen um permanente Bürgergremien, die auf Grundlage von kommunalen Satzungen bzw. Stadtbasisplänen eingerichtet und deren Mitglieder durch öffentliche Ausschreibung aus BewohnerInnen des jeweiligen Bezirkes ausgewählt werden. Dabei fungiert die Kommunalverwaltung als Sekretariat, d.h. übernimmt lediglich verwaltungstechnische Aufgaben.

Obwohl Stadt- und Anwohnerkonferenzen in Bezug auf ihre Aufgabenbereiche viele Überschneidungen mit traditionellen Nachbarschaftsorganisationen haben, unterscheiden sie sich von ihnen insofern, als dass sie als eine bürgerschaftliche Entscheidungsinstanz für den jeweiligen Bezirk abgesicherte Funktionen haben und fester Bestandteil der Governance-Struktur vor Ort sind. In diesem Sinne sind Stadtteil- und Anwohnerkonferenzen nicht nur bürgerschaftliche Partner, die kurz- und langfristige Zusammenarbeit mit der Kommune leisten, sondern gleichzeitig auch eine institutionalisierte Partizipationsform.[60]

NPOs mit und ohne Rechtsstatus

In allen Untersuchungsstädten werden NPOs als Hauptpartner für die Kommune bei kooperativen Projekten genannt. Das „Weißbuch über die Lebensweise des japanischen Volkes 2000" integriert in die Definition neben klassischen gemeinnützigen Gruppierungen auch wirtschaftsnahe Interessengruppen wie Wirtschaftsverbände und Berufsgenossenschaften, Schulen, Krankenhäuser (Naikakufu 2000: 37-38). Im Kontext von lokalen Kooperationsprojekten wird im Regelfall jedoch eine engere Definition verwendet: Danach sind NPOs selbstorganisierte, nicht an Profit orientierte, gemeinnützige Bürgergruppen. In diese Kategorie fallen demnach neben Bürgergruppen mit NPO-Rechtsstatus auch Freiwilligen-Organisationen und andere Bürgergruppen, die zwar keinen Rechtsstatus besitzen, aber die oben genannten Eigenschaften erfüllen.

Gemessen an der Größe der Städte fällt auf, dass die beiden großen Städte Shinjuku und Niigata im Vergleich zu den kleineren Kommunen Mitaka und Iruma eine verhältnismäßig geringe Organisationsdichte aufweisen. Shinjuku hat mit 764 die größte Anzahl an NPOs mit Rechtsstatus. Zudem sind von diesen 185 Gruppen (24,2 %) überpräfektural aktiv, während in den anderen Untersuchungskommunen der Aktionsradius von NPOs mit Rechtsstatus überwiegend auf die jeweilige Präfektur beschränkt bleibt. Der Unterschied lässt sich erklären: Shinjuku ist nicht eine Kommune wie andere. Sie ist vielmehr eines der Verwaltungs- und Geschäftsviertel im Großraum Tokyo schlechthin. Folge ist, dass hier viele zivilgesellschaftliche Organisationen – vor allem auch überregional agierende NPOs – ihren Sitz haben, ohne sich jedoch unbedingt für die Stadt und deren BewohnerInnen zu engagieren. Denn die Mitglieder dieser Organisationen sind nicht zwangsläufig auch AnwohnerInnen, sondern viel häufiger PendlerInnen, ohne eine spezifische Bindung an das Viertel. Zum anderen sind in Shinjuku Single-Haushalte junger Menschen und ausländische EinwohnerInnen weitaus häufiger vertreten als in den anderen Städten. Dies sind genau die BürgerIn-

---

60   Vor diesem Hintergrund erfolgt eine detaillierte Darstellung der Stadtteil- und Anwohnerkonferenzen in dem nach Städten gegliederten Abschnitt 7.3 „Institutionalisierung von Zusammenarbeit".

Tabelle 16: Anzahl der NPOs in den Untersuchungskommunen (Stand August 2011)

	Mitaka	Shinjuku	Iruma	Niigata
Einwohnerzahl*	179.610	317.528	150.653	804.325
NPO mit Rechtsstatus ** (davon überpräfektural aktiv)	73 (8)	764 (185)	30 (1)	220 (4)
NPO ohne Rechtsstatus (nin'i dantai)	Unquantifizierbar			
In NPO- und Bürgerzentren und -plattformen registrierte Gruppen mit und ohne Rechtsstatus ***	144	110	79	99
Verhältnis Einwohner / registrierte Bürgergruppen	1247	2886	1907	8124

Quellen: * Mitaka-shi 2011b, Shinjuku-ku 2011f, Iruma-shi 2011c, Niigata-shi 2011c
          ** Naikakufu NPO hōmupēji o.J.
        *** für Mitaka: Mitaka-shi shimin kyōdō sentā 2011; für Shinjuku: 113 Bürgergruppen über die
             Plattform „Shinjuku kumin katsudō shien saito kira mira" (Shinjuku-ku chiiki bunka-bu chii-
             ki chōsei kakanri-kei) 2011, 34 Bürgergruppen über das Bürgergruppennetzwerk „Shinjuku
             NPO nettowāku kyōgikai", von denen nur 4 nicht bei „Kira mira" registriert sind (Shinjuku-ku
             2011e); für Iruma: Iruma-shi shimin katsudō sentā 2011; für Niigata: Niigata-shi shimin katsudō
             shien sentā 2011b und Niigata-shi shimin seikatsu-bu komyuniti shienka 2011

nen, die sich durchschnittlich weniger engagieren (Zenkoku shakai fukushi kyōgikai 2010).
Shinjuku ist auch in der Hinsicht eine Ausnahme, dass die Zahl der Bürgergruppen ohne
Rechtsstatus, die sich freiwillig beim „Netzwerk von Bürgergruppen" und/ oder der Informationsplattform für Bürgergruppen „Kira mira" registrieren, nicht die Zahl der NPOs mit
Rechtsstatus übersteigt. Die kann als Hinweis auf eine höhere Professionalisierung gesehen
werden, die sich in der eigenständigen Sicherung ihrer Präsenz in der Öffentlichkeit und relativer Unabhängigkeit von den durch die Kommune angebotenen Vermittlungs- und Unterstützungsmöglichkeiten zeigt. Ein weiterer Grund kann die Existenz eines gut etablierten
Netzwerks von Bürgergruppen sein, was sich wiederum mit der Ansiedlung von professionalisierten NPOs im Hauptstadtgebiet erklären lässt.

Im Falle von Niigata lässt sich die geringe Organisationsdichte mit der großen Eingemeindung von 2005 erklären. Die dadurch künstlich gewachsene Bevölkerung ist vor allem
durch die Eingemeindung von Kleinstädten zustande gekommen, in denen zwar traditionelle Nachbarschaftsvereinigungen aktiv sind, die als „modern" eingestuften NPOs jedoch
sehr viel weniger.

Für Mitaka sind 73 NPOs mit Rechtsstatus verzeichnet. Diese Zahl wirkt verhältnismäßig klein: In Shinjuku – im Hinblick auf Einwohnerzahl (nur) doppelt so groß wie Mitaka –
gibt es fast elf Mal mehr NPOs mit Rechtsstatus. Iruma hat nur 30 NPOs mit Rechtsstatus,
Niigata 220. Angesichts der fehlenden Angaben über die Mitgliederzahlen, ist nicht feststellbar, ob es sich nur um eine besonders hohe Organisationsfreudigkeit in Shinjuku handelt,
oder ob sich hinter der hohen Zahl an eingetragenen NPOs auch eine insgesamt hohe Beteiligungsrate verbirgt. Allerdings gibt die Aufstellung der Tätigkeitsfelder in Tabelle 17 An-
haltspunkte für die Interpretation, dass in Shinjuku ein höherer Anteil an Gruppierungen

mit überregionalen Themen und Zielen arbeiten, die typischerweise eher zu einer rechtsförmigen Organisationsform neigen als die insgesamt stark lokal orientierten Gruppen im Bereich der sozialen Dienste (Foljanty-Jost und Aoki 2008: 15).

Tabelle 17: Tätigkeitsfelder und Mitgliedsstruktur der NPOs (Umfragewerte)

		Mitaka	Shinjuku	Iruma	Niigata
Tätigkeitsfelder		Wohlfahrt (35,3 %) Anderes (21,6 %)	Wohlfahrt (15,8 %) Erziehung und Bildung (13,2 %) Umweltschutz (10,5 %) Kunst und Kultur (10,5 %) Anderes (10,5 %)	Wohlfahrt (37,5 %) Umweltschutz (20,8 %) Anderes (12,5 %)	Wohlfahrt (20,0 %) Umweltschutz (16,4 %) Stadterneuerung (12,7 %)
Mitgliederstruktur	Alter	• hoher Anteil von Engagierten älter als 60	• nicht so hoher Anteil von Engagierten älter als 60 wie in den Vergleichskommunen • Anteil engagierter unter 40 Jahre höher als in den Vergleichskommunen	• hoher Anteil von Engagierten älter als 60	• hoher Anteil von Engagierten älter als 60
	Geschlecht	• hoher Frauenanteil	• verhältnismäßig ausgeglichenes Männer-Frauen-Verhältnis	• hoher Frauenanteil	• verhältnismäßig ausgeglichenes Männer-Frauen-Verhältnis
Gruppengröße		• kleine Gruppen	• große Gruppen	• sehr kleine Gruppen	• kleine Gruppen

Quelle: eigene Darstellung; keine Unterscheidung nach Kooperationserfahrung.

Die Tätigkeitsfelder von NPOs ähneln sich in allen Untersuchungskommunen und entsprechen dem nationalen Trend (Naikakufu 2011). Am meisten vertreten ist der Bereich Wohlfahrt, in dem sich durchschnittlich 25 % der Bürgergruppen engagieren. Lediglich in Shinjuku und abgeschwächter in Niigata spielt dieser Bereich keine hervorgehobene Rolle. Während in den zwei größeren Kommunen die Aktivitätsbereiche demnach relativ ausgeglichen sind und damit das bürgerschaftliche Potenzial ausdifferenziert ist, gibt es in den zwei kleineren Kommunen, Mitaka und Iruma, eine deutliche Konzentration auf den Bereich Wohlfahrt.

Diese Engführung bedeutet für die Kommunen, dass sie einerseits auf ein Reservoir an engagierten und erfahrenen BürgerInnen bei Kooperationsprojekten im Bereich der sozialen Dienstleistungen wie Altenpflege, Kinderbetreuung oder Fürsorge zurückgreifen können, für die Gewinnung von BürgerInnen für andere Tätigkeiten jedoch unter Umständen weitere Anstrengungen erforderlich sind.

Auch bei der Altersstruktur der Mitglieder unterscheidet sich Shinjuku von den anderen untersuchten Kommunen. Während der überwiegende Anteil der Bürgergruppen in Niigata, Mitaka und Iruma angibt, die Hauptaltersgruppe der Mitglieder sei älter als 60 Jahre, scheinen die Mitglieder in Shinjuku insgesamt jünger zu sein. 25 % der Gruppen in Shinjuku bestätigen, dass sie „viele Mitglieder haben, die jünger als 40 Jahre sind". Auffällig ist ebenso, dass die Bürgergruppen in Shinjuku und Niigata ein relativ ausgeglichenes Männer-Frauen-Verhältnis haben, bei den NPOs in Mitaka und Iruma der Anteil der Frauen jedoch überwiegt. Insgesamt gleicht die NPO-Struktur der Städte Mitaka und Iruma überwiegend dem nationalen Profil und entspricht dem, was als typisch für die japanische Zivilgesellschaft bezeichnet wird: Vor allem Frauen mittleren Alters sind unmittelbar vor Ort vor allem im Bereich sozialer Dienst- und Hilfeleistungen aktiv. Die Struktur der NPO-Landschaft Shinjukus weicht demgegenüber in mehrfacher Hinsicht ab: Die Gruppen sind weniger lokal gebunden und in Bereichen wie Umweltschutz, Menschenrechte oder Obdachlosenhilfe aktiv, die auch jüngere Menschen sowie Männer ansprechen. Nicht direkte Betroffenheit, sondern im weitesten Sinne gesellschaftspolitisches Interesse ist leitend. Typisch für diese Art von Engagement ist die Gruppe „Moyai", die in Shinjuku befragt wurde. Niigata nimmt eine Zwischenposition ein. Die Stadt hat in den einzelnen Bezirken – wie angesprochen – funktionierende Nachbarschaftsvereinigungen und Bürgervereine, die auch soziale Dienste übernehmen. Vermutlich begünstigt durch eine lange tragische Erfahrung mit industriellen Quecksilbervergiftungen sowie mit dem (erfolgreichen) Kampf der Bevölkerung gegen das geplante Atomkraftwerk in Maki ist daneben aber auch der Anteil von Gruppen im Bereich Umweltschutz hoch.

Zusammenfassend ist die Ausgangssituation der Kommunen bei der Umsetzung der Kooperation mit BürgerInnen bzw. Bürgergruppen im Hinblick auf das vor Ort vorhandene Potenzial an Partnern also unterschiedlich. So fällt die Stadt Mitaka trotz der langen Tradition als bürgernahe Kommune und ihrem Image als „Vorreiterkommune" in Sachen Kooperation, nicht durch eine besonders ausdifferenziertes oder politiknahes zivilgesellschaftliches Profil auf: Die NPOs sind überwiegend wohlfahrtsorientiert, haben ältere Mitglieder, von denen viele Frauen sind usw. Hierin ähnelt Mitaka Iruma. Beide Städte sind vergleichsweise klein und aufgrund ihres Charakters als Trabantenstädte im Großraum Tōkyō sind hier besonders häufig Frauen aktiv, die zugunsten der Familie vor Ort bleiben, während die Männer beruflich bedingt pendeln. In beiden Städten kann damit ein stabiles, aber thematisch stark fokussiertes Potential an möglichen bürgerschaftlichen Partnerinnen erwartet werden. Das Nebeneinander von alt eingesessenen und neu hinzugezogenen BewohnerInnen wird zwar als problematisch wahrgenommen, offen ist jedoch, ob die neu hinzugezogenen sich dem Engagement aufgrund geringer lokaler Bindung eher entziehen oder nur andere Organisationsformen als Nachbarschaftsvereinigungen wählen. Für beide Städte bedeutet die Doppelstruktur von traditionellen Nachbarschaftsvereinigungen und „modernen" NPOs die Notwendigkeit, beide Organisationsformen anzusprechen und zu integrieren. In den beiden Großstädten Niigata und Shinjuku stehen die Stadtverwaltungen einer stärker ausdifferenzierten lokalen Zivilgesellschaft gegenüber, die grundsätzlich für unterschiedlichste Aufgaben angesprochen werden kann, jedoch neben klassischen unterstützenden Funktionen auch auf Problemlagen wie der Obdachlosigkeit reagieren und zum Teil ein kritisches politisches Potenzial bilden.

7.3 Institutionalisierung von Zusammenarbeit

Die Ausgestaltung des Kooperationsparadigmas in der kommunalpolitischen Praxis hat in den Untersuchungskommunen zu einem unterschiedlichen Zeitpunkt mit unterschiedlichen Schwerpunkten eingesetzt; Vorreiter war Mitaka, relativer Nachzügler Iruma. Im Vergleich zu zahlreichen anderen Städten (z.B. Fuji, Zushi oder Nishio) gibt es in den vier Städten keine speziellen Verwaltungsabteilungen, welche sich ausschließlich mit der Zusammenarbeit und Partnerschaft mit BürgerInnen beschäftigen. Nichtsdestoweniger ist *kyōdō* in allen vier Städten fest im Verwaltungsapparat verankert, was auf die Verstetigung des Paradigmas *kyōdō* im Alltagsgeschäft der Kommunen hinweist.

Generell ist ein Institutionalisierungsprozess zu verzeichnen, der sich vor allem auf drei Säulen stützt: Drei der Städte haben sich durch die Verabschiedung einer Satzung zu Kooperation mit den BürgerInnen als neuem Handlungsmodus verpflichtet und auf dieser Grundlage Beteiligungsformen und Verfahren formuliert, die zum einen Verfahrenssicherheit im Kooperationsprozess und Kontinuität gewähren, zum anderen aber auch Gleichberechtigung zwischen Bürger(gruppen) wie auch zwischen BürgerInnen und Verwaltung sowie Transparenz sichern sollen. Die zweite Säule der Institutionalisierung bezieht sich auf die Schaffung der infrastrukturellen Voraussetzungen für Kooperation. Hierzu zählt zum einen die Etablierung eines Kooperationsmanagements als neuen Arbeitsbereich in der Verwaltung sowie die Gründung von Bürgerzentren zur Unterstützung und Vernetzung von Bürgerengagement. Schließlich sind als dritte Säule Mechanismen der Beteiligungsermöglichung feststellbar, die sich auf die Bereitstellung von materiellen und immateriellen Ressourcen wie Förderprogrammen, Informationen und Wissen beziehen.

7.3.1 Mitaka

Mitaka nimmt unter den Untersuchungskommunen insofern eine Sonderstellung ein, als dass die Stadt als Reformkommune sowohl in der kommunalpolitischen Praxis als auch in der einschlägigen Forschung beträchtliche Aufmerksamkeit auf sich gezogen hat (vgl. Satō 2005c, Etō 2004, Ōasa 2005).

Die Stadt hatte bereits Mitte der 1960er Jahre begonnen, die BürgerInnen aktiv im kommunalpolitischen Prozess zu berücksichtigen. In den 1970er Jahren entstand ein System der Partizipation, in dem die Bürger und Bürgerinnen durch Umfragen, Gesprächsforen, Workshops und andere Veranstaltungsarten in die Stadtentwicklungsplanung integriert wurden. Ihre Beteiligung an der Erstellung von Plänen und der Verwaltung von Gemeinschaftseinrichtungen wurde innerhalb kurzer Zeit fest etabliert. Das Image als Reformkommune basiert auf dieser frühzeitigen Einführung von kommunalpolitischen Innovationen, die auf

eine Öffnung der Kommunalverwaltung hin zu mehr Bürgernähe zielten, sowie auf neu-
en Formen der Bürgerbeteiligung an kommunalen Belangen. Partnerschaft als Beziehungs-
form zwischen Bürger und Kommune hat in Mitaka also eine mehr als 30jährige Tradition.

Die einzelnen Reforminitiativen lassen sich differenzieren in Maßnahmen zur Förderung von Engagement durch die Schaffung von infrastrukturellen Maßnahmen sowie Maßnahmen zur Unterstützung und Qualifizierung der BürgerInnen für Beteiligung.

Der Begriff *kyōdō* erscheint erstmals 1998 auf der politischen Agenda der Stadt. Anlass
war der Beginn der Erarbeitung eines Stadtentwicklungsplanes (*kihon keikaku*). An den Beratungen nahmen 375 Bürger und Bürgerinnen in einer selbstständigen Arbeitsgruppe (Mitaka shimin puran 21 kaigi) teil, die in zehn verschiedenen Unterkomitees arbeiteten und die
Ergebnisse ihrer Arbeit in dem 140-seitigen „*Mitaka Shimin Puran 21*" (Bürgergutachten 21
der Stadt Mitaka) zusammenfasste. Im Oktober 2000 übergaben sie dem Oberbürgermeis-
ter ihren Planungsentwurf. Im September 2001 wurden darauf basierend das neue Stadtentwicklungskonzept (*kihon kōsō*) und der „Dritte Basisplan für die Stadt Mitaka" (*Daisanji
kihon keikaku*) im Stadtrat beschlossen. Im November 2001 löste sich die Arbeitsgruppe offiziell auf, nachdem sie ihre Aufgabe erfüllt hatte (Kawano 2003).

Mit der Integration von BürgerInnen in den genannten Planungsprozess als eigenständige Akteure konstituierte die Stadt das erste Partnerschaftsprojekt zwischen der Verwaltung
und der Bürgerschaft. Die Zusammenarbeit erfolgte nach Regeln, die zwischen BürgerInnen
und Verwaltung ausgehandelt worden waren und bis heute einen Modellcharakter für sich
beanspruchen können. Als Prinzipen der Partnerschaft wurden folgende drei Punkte formuliert: Diskussionen und Meinungsaustausch beruhen auf Gleichberechtigung; die Unabhängigkeit des jeweils anderen wird geachtet; zwischen den Beteiligten wird über die erzielten
Fortschritte Austausch vereinbart (Ōsugi 2007: 26). Der Kommunalverwaltung in Mitaka
gelang es im Kontext der Bemühungen um eine bürgernahe Kommunalpolitik mit Fokus auf
Partizipation und Partnerschaft, innerhalb der letzten vier Jahrzehnte gute Rahmenbedingungen für bürgerschaftliches Engagement zu schaffen. Hervorzuheben sind die Gemeindezentren (*komyuniti sentā*), von deren Bedeutung sich der damalige Bürgermeister zu Beginn der
1970er Jahre in Deutschland überzeugte und in Mitaka einführte. Er initiierte in jedem der
sieben Mittelschulbezirke der Stadt die Gründung eines solches Zentrums. Ziel der Zentren
ist es, neben der Stärkung des Gemeinschaftsgefühls, das Engagement der Bürger und Bürgerinnen zu fördern. Die Zentren sollen auch heute noch als Anlaufstellen dienen, in denen
Bürger und Bürgerinnen ihre Anliegen vorbringen, sich informieren oder aber auch selbst
beteiligen können. Die Leitung des jeweiligen Gemeindezentrums übernimmt die Stadtteilkonferenz (*jūmin kyōgikai*) (vgl. Mitaka Inokashira komyuniti sentā o.J.), die bereits in den
1980er und 1990er Jahren als maßgeblicher Akteur an der Stadtgestaltung in Mitaka beteiligt war.[61] Insgesamt gelten die Gemeindezentren als wichtiger Kommunikationsort für Verwaltung und BürgerInnen; sie kommunizieren Probleme und Interesse und unterbreiten der
Verwaltung Verbesserungsvorschläge. Mitglieder der Stadtteilkonferenz sind VertreterInnen
von Nachbarschaftsorganisationen, PTAs und anderen lokalen Bürgergruppen sowie durch

---

61   Ein wesentliches Projekt zwischen 1985 und 1990 war die Erstellung von so genannten „Community Karten"
     (*komyuniti karute*), mit denen die Lebensumwelt im Stadtbezirk dokumentiert und evaluiert wurde. Die
     Ergebnisse waren Grundlage für weitere Stadtplanungsprozesse.

öffentliche Ausschreibungen gewählte Bürger und Bürgerinnen. Während die Stadt das Sekretariat führt, die Räumlichkeiten stellt und die Betriebskosten übernimmt, entscheiden die
Bürger und Bürgerinnen selbst über die Ausgestaltung sowie über die Angebote. Diese reichen
von Wohlfahrtsleistungen, wie etwa die Essensversorgung älterer Menschen, über Umwelt-
schutzaktivitäten bis hin zur Organisation von Festen und anderen Veranstaltungen (Mitaka-shi 2010a: 408). Die Gemeindezentren werden als sehr erfolgreich angesehen (Green und
Roony 1998). Der Gemeinde entstehen keine Personalkosten, gleichzeitig haben die Zentren
den Ruf, trotz ehrenamtlicher Organisation professionell zu arbeiten und ein breites Angebot an Dienstleistungen vorzuhalten. BürgerInnen wissen – so das Argument – oft eher als
Verwaltungsmitarbeiter, woran es in ihrem Bezirk mangelt (Greene und Roony 1998: 225).
Dass die Gemeindezentren Interesse auf sich ziehen, die Menschen ansprechen und Enga-
gement fördern, belegen die hohen Besucherzahlen. Im Jahr 2005 wurden mehr als 600.000
Besuche verzeichnet (Mitaka-shi 2010b: 412).

Eine ähnliche Funktion wie die der Gemeindezentren, jedoch nicht räumlich auf ein Ge-
biet begrenzt, nimmt auch das „Volunteer Center" (*Mitaka borantia sentā*) wahr, das bereits
im Jahre 1980 von der Stadt eingerichtet worden ist. Sein Aufgabenspektrum deckt bis heute
verschiedene Koordinationsfunktionen ab, die auf die Aktivitäten von Freiwilligen ausgerichtet sind und deren Ziel es ist, ein breites Verständnis von Freiwilligenengagement zu fördern.
Als wichtigste Aufgabe sieht das Freiwilligenzentrum die Vermittlung jeglicher Informationen mit Bezug zu Freiwilligentätigkeiten in Mitaka und sogar angrenzenden Kommunen.
Außerdem ist das Zentrum auch vermittelnd tätig. Menschen, die aktiv werden möchten,
werden an die entsprechenden Organisationen und Gruppen weitervermittelt. Aber auch die
Förderung der Zusammenarbeit zwischen den Gruppen hat sich das Zentrum zur Aufgabe
gemacht. Von den MitarbeiterInnen werden Kontakte hergestellt, damit die verschiedenen Institutionen, Gruppen und Schulen Mitakas miteinander in Verbindung treten können. Ebenso werden den engagierten BesucherInnen auch Geräte und andere materielle Ressourcen
leihweise zur Verfügung gestellt. Schließlich führen die Mitarbeiter und Mitarbeiterinnen
des Freiwilligenzentrums auch eigene Untersuchungen zum Thema „freiwilliges Ehrenamt"
durch, indem sie beispielsweise an ehrenamtlicher Arbeit interessierte Menschen befragen,
um entsprechende Aktivitäten zu optimieren (Mitaka borantia sentā o.J.).

Im September 2003 nahm zusätzlich das von der Stadtverwaltung initiierte Bürger-Partnerschaftszentrum (*Mitaka-shi shimin kyōdō sentā*) seine Arbeit auf (Mitaka-shi 2006e: Vorwort). In den ersten drei Jahren wurde das Zentrum noch von der Stadt verwaltet, jedoch
wurde seitens der Stadt frühzeitig eine kontinuierliche Aufgabenübertragung an BürgerInnen, NPOs und andere Bürgergruppen angestrebt. Seit April 2010 wird es ausschließlich von
Bürgern und Bürgerinnen über eine NPO selbstverwaltet. Durch das Zentrum sollen ebenso wie durch das Freiwilligenzentrum bürgerschaftliche Aktivitäten unterstützt werden. In
seiner Funktion als Koordinationsstelle fördert es den Austausch zwischen engagierten Individuen, NPOs und anderen Bürgergruppen. Die Engagierten haben hier die Möglichkeit,
Informationen auszutauschen und ihre Netzwerke auszudehnen. Hierfür sammelt das Zentrum Informationen über die Region und stattfindende Aktivitäten sowie über die Aktivitäten
der verschiedenen Gruppen, die allen Interessierten zur Verfügung gestellt werden. Zudem
werden hier Umfragen und Studien zur Stadtgestaltung durchgeführt, die dann wiederum

der Stadtverwaltung zur Verfügung gestellt werden. Ganz wesentlich für die Bürgergruppen, die meist über wenige Ressourcen verfügen, ist jedoch die Tatsache, dass mit dem Partnerschaftszentrum Räumlichkeiten geschaffen wurden, in denen Treffen und Konferenzen stattfinden und zudem Materialien ausgeliehen werden können (Mitaka-shi shimin kyōdō sentā 2004). Gemessen an der Nutzung des Zentrums durch die BürgerInnen, ist von einem Erfolg zu sprechen: Ähnlich wie die lokalen Gemeindezentren kann auch das Bürger-Partnerschaftszentrum auf hohe Besucherzahlen verweisen. Innerhalb der ersten vier Monate nach Eröffnung wurden 6700 Besucher gezählt (Mitaka-shi 2010b: 406). Im Juni 2006 wurden 140 Gruppen als Nutzer des Zentrums registriert[62] (Mitaka-shi shimin kyōdō sentā 2004b). Die Bereitstellung einer Infrastruktur für Engagement durch die Stadt wird demnach angenommen. Die Zahl der zivilgesellschaftlich Engagierten ist ebenso wie die der *kyōdō*-Projekte in Mitaka stetig gestiegen: Während im Jahr 2000 17.502 Personen das Partnerschafts- und Freiwilligenzentrum nutzten, hat sich die Zahl der aktiven Bürger[63] mit 67.612 bis 2008 mehr als verdoppelt (Mitaka-shi 2008: 140). Insgesamt haben sich im Jahr 2005 36 % der Bevölkerung in irgendeiner Form zivilgesellschaftlich engagiert. Damit liegt Mitaka deutlich über dem japanischen Durchschnitt, der im gleichen Jahr bei 26,2 % lag (Sōmushō 2007b).

Ein weiterer Meilenstein für die Institutionalisierung einer Kooperationsinfrastruktur ist die „Mitaka-Netzwerkuniversität", die 2005 im Rahmen des Partnerschafts-Projektes „Mitaka – Stadt von morgen" als NPO gegründet worden ist. Sie ist Teil der Umsetzung einer partnerschaftlichen Stadtgestaltung mit gezieltem Einsatz moderner Informationstechnologien. Zwar ist sie keine staatlich anerkannte Institution, stellt aber aufgrund der Beteiligung verschiedener Akteure wie BürgerInnen, WissenschaftlerInnen verschiedener Bildungs- und Forschungsinstitutionen, regionaler Wirtschaft und Industrie sowie der Verwaltung eine neuartige Wissensplattform mit einem besonderen Stellenwert dar.[64] In den drei großen Aufgabenbereichen Bildung, Forschung und Vernetzung wird der Netzwerkuniversität eine besondere Bedeutung zugesprochen, weil sie Forschung über neue Kooperationsmodelle zwischen BürgerInnen, Verwaltung und Wirtschaft initiiert, Fortbildungsangebote für Verwaltung und Unternehmen anbietet sowie Untersuchungen zu Stadtplanung und -gestaltung durchführt und damit zu einer Optimierung des Kooperationsmodells sowie der weiteren Institutionalisierung beiträgt. Ōasa (2005: 50) bewertet denn auch dieses Projekt als ein außergewöhnliches Beispiel für die Kooperation zwischen BürgerInnen, Universitäten, Wirtschaft und Verwaltung mit einer großen Bedeutung für die regionale Gesellschaft.

Ein entscheidender Schritt für die Verrechtlichung und damit institutionelle Verstetigung des Partnerschaftsparadigmas in der Stadtpolitik war die Verabschiedung der kommunalen Rahmensatzung (*Mitaka-shi jichi kihon jōrei*) 2006, in der „Partizipation und Partnerschaft" als Grundprinzipien der Stadtverwaltung explizit festgeschrieben werden. Das Partnerschaftsparadigma ist damit 15 Jahre nach seinem erstmaligen Auftreten auf der kommunalpolitischen Agenda zum Leitmotiv der Stadtpolitik geworden (Mitaka-shi 2006b).

---

62 Stand: 07.06.2011

63 registrierte Nutzer des Freiwilligen- und Partnerschaftszentrums

64 Die Universität verfolgt drei wesentliche Ziele: Erstens eine Möglichkeit des Lernens über die universitäre Bildung hinaus; zweitens Förderung der Stadtgestaltung, wobei die Universität den Menschen vor Ort Wissen und Möglichkeiten dafür zur Verfügung stellt und drittens die Anwendung neuer Technik und Systeme und somit die Unterstützung der ansässigen Wirtschaft.

In der Rahmensatzung wurde auch die Einführung des Verfahrens zur Einsicht und Stellungnahme (Public Comment-Verfahren) festgelegt, welches 2006 in Kraft getreten ist und Bürger Mitakas[65] befähigt, ihre Meinungen hinsichtlich wichtiger städtischer Vorhaben gegenüber der Verwaltung zu äußern.

Als zweites Maßnahmenbündel zur Förderung von Partnerschaftsprojekten zwischen der Stadt und den BürgerInnen fallen die Informations- und Qualifizierungsangebote der Stadt auf. Sie reichen von diversen Leitfäden und Broschüren, die sich sowohl an die städtischen als auch an die zivilgesellschaftlichen Akteure richten bis hin zu Workshops und anderen Veranstaltungsformen zur Schaffung von Voraussetzungen für Beteiligung. Informationell ist die „Datensammlung für Diskussionen über Mitaka" (Mitaka-shi 2004a, 2010z) und das „Wörterbuch der Basisbegriffe zu Mitaka" (Mitaka-shi 2004b, 2010i) von Bedeutung, welche die Stadtverwaltung schon im Jahr 2000 anlässlich der Ausarbeitung des Entwurfes für den neuen Masterplan durch die Bürgerkonferenz „*Mitaka shimin puran 21 kaigi*" erstmals den BürgerInnen an die Hand gegeben hatte. Mit diesen Schriften werden die wichtigsten Daten zur Stadtentwicklung – Haushaltspläne eingeschlossen – zur Verfügung gestellt sowie Handlungs- und Beteiligungsmöglichkeiten aufgezeigt. Zudem werden konkret Vorteile kooperativer Partnerschaften mit der Verwaltung, Vorgehensweisen sowie Erfolgsbedingungen dargestellt. Diese Datensammlungen werden seitdem regelmäßig aktualisiert und als Druck- sowie Onlineveröffentlichung nahezu jedem zugänglich gemacht. Ziel ist es, die Bürger und Bürgerinnen als PartnerInnen zu informieren und zu qualifizieren.

Eine ähnliche Funktion hat das ebenfalls im März 2006 erschienene „Handbuch zur Förderung von Partnerschaft" (*kyōdō suishin handobukku*), das als Zielgruppe allerdings nicht die BürgerInnen, sondern die Verwaltungsangestellten hat und über Erfahrungen aus früheren Projekten zu „Partizipation und Partnerschaft" informieren will (Mitaka-shi 2006c: Vorwort). Die Stadt Mitaka (Mitaka-shi 2006c: 2) definiert darin Zusammenarbeit wie folgt:

> „Es gibt verschiedene Auffassungen von *kyōdō*, aber in dem Handbuch wird besonders folgende Definition angewendet: *Kyōdō* bedeutet, dass vielfältige Organisationen und Gruppen sowie die Stadt gemeinsame Zielvorstellungen einer Region bezüglich der Selbstverwaltung haben; sie ihre jeweilige Rollenverteilungen deutlich machen; und während der gemeinsamen, gleichberechtigten Zusammenarbeit ihre Eigenschaften in höchstem Maße entfalten und für die Realisierung gemeinsam hart arbeiten. Darüber hinaus erfolgen auch die Evaluierung und die Verbesserung gemeinsam. Zudem werden die Gruppen, welche mit der Stadt kooperieren und Projekte durchführen ‚Partner' genannt."

Das Handbuch erklärt explizit, was unter Zusammenarbeit zu verstehen ist, warum sie notwendig ist und welche Vorteile sie hat, welche Arten von Zusammenarbeitsformen es gibt, und welche Projekte sich für eine partnerschaftliche Zusammenarbeit eignen. Es liest sich stellenweise wie eine Verhaltensanweisung für Verwaltungsangestellte, um Zusammenarbeit erfolgreich voranzutreiben; so sollen sie die Bedürfnisse der BürgerInnen erfassen, einen Sinn für die Mitmenschen entwickeln, sich mit ihnen unterhalten und eine Vertrauensbeziehung aufbauen (Mitaka-shi 2006c).

Eine weitere Form der Qualifizierungsangebote für und durch Beteiligung ist die Weiterentwicklung des in japanischen Kommunen oft eingesetzten Instruments des Workshops.

---

65 Einwohner der Stadt sowie in der Stadt arbeitende und lernende bzw. studierende Personen gleichermaßen (Mitaka-shi 2006d).

Ausgehend von der Fragestellung, wie „klassische" Probleme der Bürgerpartizipation – wie die Diversität von Meinungen, Bedürfnissen und Interessen der BürgerInnen, geringes Interesse bei weiten Teilen der Bevölkerung an Beteiligung, aber Dominanz organisationsstarker Interessen, fehlende Informiertheit und soziale Selektivität der Beteiligung – überwunden werden können, setzt die Stadtverwaltung Mitakas seit 2006 eine neue Form von Bürgerbeteiligungen ein, die von der in Deutschland praktizierten Planungszelle[66] inspiriert wurde und die Bezeichnung „Stadtplanungsdiskussion" (*Machizukuri disukasshon*) trägt. Neu ist, dass die TeilnehmerInnen über eine Zufallsstichprobe ausgewählt werden, um die so genannte silent majority (*koe naki koe*) einzufangen, die normalerweise nicht am Stadtplanungsprozess teilhat. Mitaka ist einer der ersten Kommunen in Japan, die das Zufallsprinzip bei Bürgerbeteiligung im Rahmen von Stadtpolitik eingeführt haben. Bisher setzte sie das Planungszellenmodell zweimal um: 2006 wurde die öffentliche Sicherheit für Kinder diskutiert, und 2007 war die Revision des Stadtentwicklungsplanes Anlass für den Workshop. Es wurden jeweils zufällig ausgewählte BürgerInnen ab 18 Jahren angeschrieben, von denen 87 (2006) bzw. 73 (2007) die Teilnahme zusagten. Aus diesen Zusagen wurden wiederum durch eine Stichprobe 50 bzw. 60 (2007) ausgewählt, von denen letztlich 52 (2006) bzw. 47 (2007) an der zweitägigen Diskussionsrunde teilnahmen. Nahezu alle TeilnehmerInnen hatten keine Erfahrungen mit Partizipation in der Stadtpolitik. Vor der eigentlichen Diskussion wurde der notwendige Informationsstand der Teilnehmer und Teilnehmerinnen durch Vorträge von ExpertInnen aus Verwaltung, Polizei, Bildungsausschuss und der Presse hergestellt. Die Diskussion selbst fand dann in kleinen Gruppen mit ca. fünf Personen statt, die am Ende ihre Ergebnisse und Vorschläge vorstellten, über die letztlich abgestimmt wird. Das konsensgetragene Ergebnis floss in den Endbericht ein, der der Verwaltung zugestellt wurde und als Handlungsgrundlage bzw. Lösungsstrategie dienen soll. Die Verwaltung verspricht sich von dieser neuen Form der Einbindung der Bevölkerung in die Kommunalpolitik, dass die Unausgewogenheit der TeilnehmerInnen an bisher öffentlich ausgeschriebenen Workshops hinsichtlich ihrer Motivation und ihrer Erfahrungen ausgeglichen wird, und dass sie neue Erfahrungen sammeln und zum Gespräch motiviert werden, da sie sich zumeist nicht kennen und aufgrund dessen keine Rücksicht auf eingespielte zwischenmenschliche Beziehungen wie in der Nachbarschaft nehmen müssen. Sie merkt allerdings auch kritisch an, dass direkt Betroffene durch die Zufallsstichprobe eine zu geringe Chance der Teilnahme haben. Es wird daher ein duales Auswahlsystem bestehend aus öffentlicher Ausschreibung und Zufallsstichprobe diskutiert (Mitaka machizukuri disukasshon 2006 jikkō iinkai 2006: 128ff.).

Im Hinblick auf die Motivation der Verwaltung, institutionell wie auch informationell die Voraussetzungen für ein partnerschaftliches Verhältnis zu den BürgerInnen zu realisieren, finden sich in den Ausführungen von Herrn Ōishida, Verwaltungsangestellter in der Bürgerabteilung der Stadt ähnliche Aussagen wie auch in dem Handbuch. „Bürger und Bürgerin als Partner zu haben, bedeutet in erster Linie eine Bereicherung für die Kommune", lautet seine Bewertung. Gleichzeitig sei sich die Verwaltung durchaus des viel zitierten Problems der ungleichen Ressourcenausstattung für eine gleichberechtigte Kooperation bewusst. Typisch sei zum Beispiel der Mangel an materiellen Ressourcen wie Geld, Räumlich-

---

66   Dienel (2009) gibt eine ausführliche Darstellung der Methode der Planungszelle und ihrer Anwendung; Shinoto (2005) liefert einen knappen Überblick über deren erste Anwendung in Japan.

keiten, technischer Ausstattung usw. auf der Bürgerseite. Er folgert daraus, dass abgesehen von institutionellen Rahmenbedingungen eine „gerechte" Rollenverteilung für eine gleichberechtigte Beziehung unentbehrlich sei. Als Beispiel hierfür nennt er Partnerschaften im Bereich der kommunalen Daseinsfürsorge. Die Bedeutung von Partnerschaft als überlegendes Konzept kommunaler Politik beschreibt Ōishida wie folgt: Da Bürger und Bürgerinnen oft nicht nur AnbieterInnen, sondern gleichzeitig auch AbnehmerInnen der Dienstleistungen seien, seien sie qualifizierter als die Verwaltung, bedarfsgerechte Leistungen zu benennen. Sie würden damit direkt vor Ort zur Verbesserung des Lebensumfeldes beitragen. Somit könnten Leistungen der Kommune durch die aktive Teilnahme von BürgerInnen an deren konkreten Bedürfnisse angepasst und ggf. korrigiert werden. Interessant ist, dass in diesem Zusammenhang die Frage der Kosteneinsparung von ihm nicht angesprochen wird. Effizienzsteigerung kommunaler Leistungen durch Partnerschaften ergibt sich aus seiner Sicht vielmehr aus der qualitativen Verbesserung des Angebots durch Bürgernähe. Problematisch sei bei aller Tragfähigkeit des Konzepts allein, dass die Eigenständigkeit und Unabhängigkeit der BürgerInnen von der Verwaltung noch zu gering sei. Seine Forderung nach Bereitstellung von Erfahrungsräumen für Bürgerbeteiligung ist vor diesen Hintergrund plausibel.

Ungeachtet der seitens Herrn Ōishida geäußerten Schwachpunkte bewegt sich Mitaka in den Augen der Bürgermeisterin mit Beginn des 21. Jahrhunderts auf eine „neue Ebene der Selbstverwaltung" zu, in der BürgerInnen und Verwaltung in gemeinsamer Arbeit eine „Stadtgestaltung in Partnerschaft" (*kyōdō no machizukuri*) vorantreiben und gleichberechtigt ihre jeweiligen Rollen und Pflichten erfüllen (Mitaka-shi 2009b).

„*Kyōdō no machizukuri*" ist heute das neue Motto, das die Kommunalpolitik Mitakas prägt. Damit wird das ehemalige Leitmotiv der Bürgerpartizipation (*sanka*) durch die neue Positionierung der Bürgerinnen und Bürger als gleichberechtigter Partner abgelöst. Das bedeutet gleichzeitig, dass sie nicht mehr allein das Recht auf Beteiligung haben, sondern umgekehrt als Partner auch Pflichten und Aufgaben (Mitaka-shi 2010d: 142). Der Dritte Stadtentwicklungsplan, der mit Bürgerbeteiligung formuliert wurde und bis 2010 gelaufen ist, schreibt dieses ehrgeizige Ziel fest.

Es ist festzuhalten, dass die Entwicklung und Etablierung des Partnerschaftsparadigmas in Mitaka über einen Zeitraum von fast 30 Jahren verlaufen und weitgehend von „oben" durch die politischen Entscheidungsträger initiiert worden ist. Die Stadt hat frühzeitig die entscheidenden Voraussetzungen für eine Kooperation mit den BürgerInnen geschaffen: Durch die Einrichtung von unterschiedlichen Zentren wird die Ressourcenschwäche von Bürgergruppen durch die Bereitstellung von Räumen, Geräten und Kommunikationsmitteln ausgeglichen und Orte der Vernetzung geschaffen. Durch Bereitstellung von Wissen und Daten bietet die Stadt informationelle Voraussetzungen für Beteiligung und zwar nicht nur für die Bürger und Bürgerinnen, sondern auch für die eigene Belegschaft. Das Engagement der Stadt für Bürgernähe, das ihr den Ruf als „Reformkommune" eingebracht hat, ist zweifellos nicht als Folge der Dezentralisierung der späten 1990er Jahre erfolgt. Allerdings ist im Zuge der damit verbundenen neuen politischen Anforderungen das Konzept von Bürgerbeteiligung (*sanka*) im Sinne der Teilhabe der BürgerInnen unter Anleitung und Führung der Kommunalverwaltung zum Konzept *kyōdō* im Sinne einer partnerschaftlichen Beziehung zwischen BürgerInnen und Verwaltung weiterentwickelt worden. Dieses neue Konzept wird in neuen Beteiligungsformen wie den Planungszellen und Stadtteilkonferenzen umgesetzt. In der Systematik von Satō (2005a) ist insofern für die Stadt Mitaka von einem Übergang von einer verwaltungsgelenkten Beteiligung hin zu Kooperation, also von der untersten zu den mittleren Stufe von Bürgerpartizipation zu sprechen.

7.3.2 Shinjuku

Auch die Stadt Shinjuku bemüht sich seit den 1990er Jahren zunehmend um die Realisierung einer bürgernahen Kommunalpolitik, welche auf Partizipation und Engagement seitens der BürgerInnen und Partnerschaft beruht. Kooperation wird erstmals programmatisch 1997 im Stadtentwicklungskonzept, wonach Shinjuku eine Stadt sei, die auf der Partnerschaft zwischen Verwaltung und BürgerInnen beruhe (vgl. Shinjuku-ku 2004c). Der Begriff *kyōdō* erschien auf der politischen Agenda erstmals 2004 im Plan zur Förderung von Kooperation (Shinjuku-ku 2004c) und im Partnerschaftsleitfaden, der sich an Stadtangestellte richtet (Shinjuku-ku 2004b). Eine kurze Definition von *kyōdō* ist diesen Dokumenten nicht zu entnehmen, vielmehr wird ausführlich auf gesellschaftliche Hintergründe, Zielsetzungen und Prinzipien von *kyōdō* eingegangen (Shinjuku-ku 2004a). Letztlich diene *kyōdō* der Lösung lokaler Probleme (Shinjuku-ku 2004d). Die Pläne dienen damit neben der Kommunikation der Notwendigkeit der Partnerschaft zwischen BürgerInnen und Verwaltung vor allem der Klärung von Begrifflichkeiten. Die Strategien der Stadt zur Förderung einer bürgernahen Politik durch *kyōdō* basieren ähnlich wie die Mitakas auf drei institutionellen Pfeilern: Einführung verbindlicher Verfahrensregeln und neuer Formen von Bürgerbeteiligung, Bereitstellung einer Engagementinfrastruktur sowie finanzielle und informationelle Unterstützungsmaßnahmen.

Neben der konventionellen politischen Partizipation wurden in der Stadt Ende der 1990er Jahre eine Vielzahl neuer, mehr oder weniger formalisierter Formen der Bürgerbeteiligung eingeführt, um Verwaltungshandeln transparenter zu gestalten. Zum einen handelte es sich um eine Beschwerdestelle für die Bevölkerung (*Shinjuku-ku kumin no koe iinkai*) gegründet, um Bürgerbeschwerden bezüglich der städtischen Politik und Verwaltung neutral durch ein von der Bürgermeisterin beauftragtes Expertengremium[67] zu bearbeiten. Es handelt sich um Beteiligung bei der Evaluation von Verwaltungshandeln, die in dieser Form auch im Zusammenhang mit der Einführung des Kooperationsparadigmas diskutiert worden ist, und letztlich zunächst lediglich Unzufriedenheit kanalisiert, ohne dass eine substantielle Beteiligung der BürgerInnen bei weiter gehenden Veränderungen des kritisierten Verwaltungshandelns vorgesehen ist. Ziel ist nach Angaben der Stadtverwaltung bei der Institutionalisierung von Beschwerdemanagement, das Vertrauen der Bürger zu stabilisieren und die Responsibilität der Verwaltung zu unterstützen.

Weitergehend ist demgegenüber das so genannte Public-Comment-Verfahren (*paburikku komento*), welches die Stadt Shinjuku im Juli 2002 eingerichtet hat. Sie beschreibt dieses Verfahren der öffentlichen Auslegung von Informationen mit der Möglichkeit der Stellungnahme in einem Zeitraum von zwei Wochen als eine Methode, mit der Bürgerpartizipation „gehaltvoller" gestaltet und Transparenz sowie die Gerechtigkeit von Verwaltungshandeln verbessert werden können. Politische Vorhaben und Verwaltungsvorgänge sollen einfacher

---

67 Das Gremium wird durch die Bürgermeisterin eingesetzt und umfasst drei Mitglieder; zwei Rechtsanwälte und einen Experten des Tokyo Institute for Municipal Research.

dargestellt werden, um nicht zuletzt auf Zusammenarbeit beruhende Entscheidungen und eine auf Informiertheit und Meinungsaustausch basierende Stadtverwaltung vorantreiben zu können. Alle BürgerInnen, die in Shinjuku leben, arbeiten, lernen oder geschäftstätig sind, haben die Möglichkeit, Ihre Meinungen zu äußern. Insofern liegt dieser Form der Teilhabe im Vergleich zu anderen Verfahren nicht mehr das Wohnortprinzip als das entscheidendes Definitionsmerkmal für die Teilhabe zugrunde, zum anderen werden auch kollektive wirtschaftliche und zivilgesellschaftliche Akteure angesprochen (Shinjuku-ku o.J.).

Darüber hinaus wurde in Ergänzung zu dem bereits seit 1970 bestehenden Monitoring-System (*kusei monitā seido*), welches eine Art Workshop ist, bei dem jährlich 50 Leute über eine öffentliche Ausschreibung ausgewählt werden und viermal im Jahr zusammenkommen, um sich über verschiedene Themen wie Gleichberechtigung von Männern und Frauen, Klimaerwärmung, Müll, Partizipation usw. auszutauschen und dann ihre Meinungen an den/ die Bürgermeister/in weiterzuleiten, im Jahre 2004 eine jährliche Bürgerbefragung (*ankēto kusei monitā*) eingeführt, bei der etwa 1000 Personen ebenso viermal jährlich schriftlich befragt werden. Diese Daten werden anschließend veröffentlicht (Shinjuku-ku 2011b). Auch hier handelt es sich weniger um ein Beteiligungsinstrument als vielmehr um ein Verfahren, das der Verwaltung Informationen über die Vorstellungen der BürgerInnen ermöglicht und damit der Verbesserung von Bürgernähe dienen kann. Gleichwohl ist dieses Verfahren ein nicht zu unterschätzender Baustein für eine partnerschaftliche Beziehung zwischen BürgerInnen und Verwaltung, denn Informationen sind eine wichtige Voraussetzung für eine bürgernahe Verwaltung und Kommunalpolitik.

Ferner wurden weniger formalisierte und zum Teil zeitlich beschränkte oder einmalige Formen der Bürgerpartizipation im Politikformulierungsprozess realisiert. So wurde im Jahre 2005 die aus insgesamt 376 BürgerInnen bestehende Bürgerkonferenz (*kumin kaigi*) über eine öffentliche Ausschreibung im Sinne einer neuen Form der Partizipation an kommunalpolitischen Entscheidungen ins Leben gerufen. Ziel der Verwaltung war, im Rahmen der Erstellung des neuen Basisplanes sowie des neuen Stadtplanungskonzeptes so umfassend wie möglich die Meinungen und Vorstellungen der BürgerInnen einfließen zu lassen. Die Bürgerkonferenz arbeitete ein Jahr in sechs thematisch abgegrenzten Untergruppen mit der Unterstützung von WissenschaftlerInnen und Verwaltungsangestellten zusammen. Am Ende wurde der Bürgermeisterin ein Konzept überreicht, welches Grundlage für die Entscheidung über die Aufnahme wichtiger Aspekte in den Basisplan und das städtische Rahmenkonzept des anschließenden Beratungsausschusses war. Diese Form der Bürgerteilhabe war bisher in Shinjuku einzigartig, spiegelt aber durchaus den gegenwärtigen Trend wider, wie Kommunalverwaltungen versuchen, die BürgerInnen in Planungsprozesse kooperativ einzubeziehen.

Angesichts der nahezu zehnjährigen Erfahrungen mit neuen Formen der Bürgerbeteiligung erfolgte die Verabschiedung einer kommunalen Rahmensatzung im Jahr 2010 relativspät. Gleichwohl zeigt die Einbindung von BürgerInnen in den Formulierungsprozess in Form der Durchführung eines Bürgerforums, das der Planungszelle bzw. der *Machizukuri disukasshon* Mitakas ähnelte, dass Bürgerbeteiligung inzwischen auch in substantiellen politischen Fragen, wie der Formulierung einer lokalen Verfassung etabliert ist.[68] Nach

---

68   Ausführliche Informationen zum Prozess der Formulierung der Rahmensatzung bietet die Stadt auf ihrer
      Homepage (Shinjuku-ku 2010b, Shinjuku-ku 2011g).

eingehender Planung und Formulierung einer Vorlage durch BürgervertreterInnen (NPOs, Nachbarschaftsorganisationen, Anwohnerkonferenzen, frei Ausgeschriebene), Stadtverwaltungspersonal, Stadtratsmitglieder und WissenschaftlerInnen, die in verschiedenen Gremien wirkten, wurde nach einer Ausschreibung die Planung und Durchführung des Bürgerforums der NPO Machipotto als „neutraler" Organisation übertragen. Die 57 Teilnehmer wurden über eine zweistufige Zufallsstichprobe ausgewählt und berieten an zwei Tagen mit Hilfestellungen durch die VertreterInnen der NPO und unter Einbeziehung umfangreicher Informationsmaterialien den Entwurf (Machipotto 2010). Das Bürgerforum markiert eine neue Stufe in der Beteiligung, da anders als bei dem Public-Comment-Verfahren, bei Umfragen und Informationsveranstaltungen hierbei Bürger und Bürgerinnen in die Erstellung der politischen Grundlagen der Stadtpolitik eingebunden waren und sich äußern konnten.

Neben den zeitlich sowie inhaltlich begrenzten deliberativen Formen der Bürgerbeteiligung arbeiten seit 2005 kontinuierlich die sich verschiedenen Aufgaben widmenden Stadtteilkonferenzen (*chiku kyōgikai*) in jedem Stadtteil. Mitglieder sind VertreterInnen lokaler Bürgergruppen und durch öffentliche Ausschreibungen gewählte Bürger und Bürgerinnen, für die sich jeder, der im betreffenden Viertel wohnt, arbeitet, studiert oder überhaupt „aktiv ist", bewerben kann; das Wohnortprinzip wird nicht vorausgesetzt. Das Ziel sei, so die Verwaltung, eine Möglichkeit der „Teilhabe an der lokalen Politik" und einen Ort für „Diskussionen über lokale Probleme und Angelegenheiten" zu schaffen. Die Stadt knüpft an die Konferenzen die Erwartung, dass *kyōdō* und letztlich auch bürgerschaftliche Selbstverwaltung gestärkt wird. Laut der Verwaltung sollen Stadtteilkonferenzen ein „Treffpunkt" für die unterschiedlichen lokalen Akteure wie Nachbarschaftsvereine, PTAs, Seniorenclubs, Handelskammern usw. sein, die geographisch sowie thematisch in einem kleineren Bereich tätig sind. Durch die Stadtteilkonferenzen soll aufgrund ihrer übergreifenden Funktion ein komplexes lokales Netzwerk von unterschiedlichen Akteuren entstehen. Sie werden somit zu einem „Ort, wo Meinungen von BürgerInnen gesammelt werden", was ihnen die Funktion als Ansprechpartner für die Verwaltung Shinjukus sichert (Shinjuku-ku 2011h). Im Zuge der Formulierung eines neuen Stadtkonzeptes und -entwicklungsplanes im Jahr 2006 wurden alle Stadtteilkonferenzen mit ihren Lageberichten einbezogen.

Insgesamt ist festzuhalten, dass es sich bei den neuen Beteiligungsformen, die den BürgerInnen Shinjukus die Option eröffnen soll, an verschiedenen Stellen in Struktur als auch Prozess der städtischen Politik einzugreifen und somit an Entscheidungen beteiligt sein zu können, in erster Linie um Instrumente handelt, die der gegenseitigen Information dienen. Eine reale Entscheidungsmacht im Sinne einer partnerschaftlichen Politikformulierung wird diesen Partizipationsformen jedoch nicht zugesprochen (vgl. Satō 2005a). Die Beteiligungsformen sind insofern von der Verwaltung eingeführte Verfahren, die BürgerInnen vor allem durch Informationen einzubeziehen. Die Zugänglichkeit nahezu aller offiziellen Protokolle sowie einzelner Zwischenergebnisse der einzelnen Institutionen und der Dokumente selbst über das Internet sind als Belege für das Interesse der Kommune an Transparenz und Offenlegung von Informationen zu werten, was eine wichtige Basis für Kooperationen darstellt. Es ließe sich also argumentieren, dass durch Information für die Bürger und Bürgerinnen die Voraussetzungen geschaffen werden, Verwaltungshandeln zu verstehen, eine Position zu entwickeln und sich schließlich qualifiziert und substantiell zu beteiligen.

In die gleiche Richtung zielen auch konkrete Programme der Stadt Shinjuku zur finanziellen Förderung und infrastrukturellen Unterstützung von Bürgergruppen; fokussiert wird dabei vor allem auf die Zusammenarbeit zwischen Bürgergruppen und Kommune bei der Erbringung von Leistungen der Daseinsvorsorge. Im Jahre 2004 wurden ein Expertenausschuss als auch ein Fonds zur Förderung von *kyōdō* und zur Unterstützung von NPOs (*Kyōdō suishin kikin – Shinjuku-ku NPO katsudō shikin josei*) gegründet. Der Ausschuss zählt seit 2008 acht Mitglieder[69] und ist der Bürgermeisterin unterstellt. Zu seinen Aufgaben zählen die Beratung und die Erstellung von Kooperationsplänen, Beratung über die Zuwendung von finanzieller Unterstützung für NPOs und die Entscheidung über deren Höhe als auch die Beratung über kooperationsfördernde Maßnahmen. Für die oben genannten Unterstützungsgelder sind nur diejenigen Bürgergruppen qualifiziert, die in der offiziellen NPO-Liste Shinjukus (*Shinjuku-ku NPO katsudō dantai risuto*) registriert sind, also die Gruppen, welche über den Rechtsstatus einer NPO und über ihren Hauptsitz in Shinjuku verfügen. Im Jahre 2009 vergab die Kommune insgesamt 1,45 Mio. Yen (damals ca. 11.000 Euro) an vier NPOs zur Verwendung für Personalkosten, Aufwandsentschädigungen, Druckkosten von Broschüren u.ä. (Shinjuku-ku 2009).

Im Jahre 2006 wurde ein weiterer Baustein bei der Förderung von Kooperationsvorhaben eingeführt, indem ein evaluationsgestütztes System etabliert wurde, bei dem NPOs jährlich selbst eigene Projektinitiativen für Partnerschaften einreichen können (*Kyōdō jigyō teian seido*). Angesichts der bis heute vorherrschenden Praxis, wonach Kooperationsprojekte zwischen BürgerInnen und Verwaltung von der Verwaltung geplant werden, stellt dieses Verfahren einen bedeutenden Schritt zu mehr eigenständiger Bürgerbeteiligung dar, da es die Eigeninitiative der Bürgerseite zulässt. Im Rahmen der Förderrichtlinien werden jedes Jahr zwei bis fünf Projekte durch den Ausschuss ausgewählt und jeweils mit maximal 5 Mio. Yen (ca. 40.000 Euro) finanziell von der Kommune unterstützt. Alle nicht-profitorientierten Bürgergruppen können unabhängig von Rechtsstatus und Sitz ihres Hauptbüros an der öffentlichen Ausschreibung teilnehmen. Voraussetzungen für die Projektbeantragung sind, dass die Gruppe

1. eine Vereinssatzung und ein Mitgliederverzeichnis hat,
2. adäquate Budgetplanung und Abschlussabrechnung vorweist,
3. Verantwortliche der Gruppe und Ansprechpartner des Projekts nennen kann,
4. Projekt- und Rechnungsberichte erstellen kann,
5. nicht für religiöse oder politische Ziele aktiv ist,
6. nicht für/ gegen bestimmte Personen in öffentlichen Ämtern bzw. für KandidatInnen für öffentliches Amt oder eine politische Partei aktiv ist und schließlich
7. nicht zu einer kriminellen Vereinigung gehört.

Im Jahre 2008 wurden laut dem Bericht zum Auswahlverfahren der Kooperationsprojekte fünf Partnerschaftsvorhaben mit insgesamt 21.209.000 Yen (damals ca. 125.000 Euro) unterstützt (Shinjuku-ku 2008a).

Die infrastrukturelle Grundlage für Engagement und Kooperation bildet auch in Shinjuku ein (beitragsbasiertes) Netzwerk von Bürgergruppen (*Shinjuku NPO nettowāku kyōgikai*), das

---

69   Ein wissenschaftlicher Experte/ eine Expertin, zwei Gründungsmitglieder von NPOs, drei Bürgervertrete-
     rInnen, ein/e VertreterIn eines Unternehmens, welcher für CSR verantwortlich ist sowie ein Mitglied des
     städtischen Ratsversammlung für soziale Wohlfahrt (Shinjuku-ku 2011g).

die Verwaltung 2006 ins Leben gerufen hat, um den Informationsaustausch und die Zusammenarbeit zwischen verschiedenen gemeinnützigen Gruppen sowie zivilgesellschaftliches Engagement generell in Shinjuku zu fördern. Im September 2011 umfasste es 35 Organisationen, Ende Februar 2012 bereits 116 Organisationen (Shinjuku-ku 2011d), was angesichts der 740 registrierten NPOs erstaunlich wenig ist, dennoch eine zunehmende Nutzung impliziert. Das Netzwerk richtete eine Homepage zur Unterstützung bürgerschaftlichen Engagements in Shinjuku ein (*Shinjuku kumin katsudō shien saito kira mira netto*), die sich als Informationsplattform für verschiedene Bürgergruppen versteht; Bürgergruppen haben die Möglichkeit sich mit ihren Aktivitäten und Events vorzustellen sowie Aufrufe (z.B. für die Suche neuer Mitglieder, Freiwilliger usw.) zu starten.

Zusammenfassend ist festzustellen, dass Shinjuku im Vergleich zu Mitaka, das ebenfalls in der Präfektur Tōkyō liegt und auf eine lange Tradition der Bürgerbeteiligung zurückblicken kann, inzwischen transparentere Rahmenbedingungen geschaffen hat, um Engagement und Zusammenarbeit zu fördern. Shinjuku ist heute eine der Städte in der Präfektur Tōkyō, die die meisten Förder- und Unterstützungsmaßnahmen für Kooperationsprojekte mit BürgerInnen eingeführt und umgesetzt hat (vgl. Tōkyō-to seikatsu bunka supōtsukyoku 2008).

In beiden Städten liegt die Initiative bei der Verwaltung, in Shinjuku fällt allerdings auf, dass sich durch die Einbeziehung der BürgerInnen auch die Verwaltung zu größerer Transparenz bekennt. Wenngleich in unterschiedlicher Form, nehmen sich in beiden Städten die Verwaltungen trotz ihrer klaren leitenden Rolle nicht aus dem Reformprozess heraus, sondern sind Teil desselben.

7.3.3   Niigata

Im Jahr 2002 wurde die „Richtlinie zur Förderung gemeinwohlorientierter Aktivitäten" veröffentlicht (Niigata-shi 2002). Zivilgesellschaftliches Engagement wurde damit erstmals offizieller Gegenstand öffentlicher Förderpolitik. Sie war eingebettet in den sogenannten „Vierten Generalentwicklungsplan" (*Daiyonji sōgō keikaku*), der auf die Aktivierung von gemeinwohlorientierten Aktivitäten fokussiert und die Bedeutung der Förderung von Zusammenarbeit und Kooperation zwischen Kommune und Bevölkerung für zukünftige Stadtgestaltung hervorhebt. Die Richtlinie wurde im Zusammenhang mit dem Plan von einem Ausschuss entworfen, der sich zwar aus verschiedenen Akteuren wie WissenschaftlerInnen, ExpertInnen, BürgervertreterInnen, Privatunternehmern und Verwaltungsangestellten zusammensetzte, jedoch nicht öffentlich ausgeschrieben wurde. Basierend auf mehreren Anhörungen und Umfragen unter BürgerInnen und Verwaltungsangestellten formulierte der Ausschuss ein Dokument zur Förderung gemeinwohlorientierter Aktivitäten, das konkret folgende Förderstrategien benannte:

1.   Bewusstseinsbildung über gemeinwohlorientierte Aktivitäten,
2.   Ausbildung für TeilnehmerInnen an gemeinwohlorientierten Aktivitäten,
3.   Herstellung günstiger Rahmenbedingungen für Aktivitäten,
4.   Herstellung und Verbesserung eines Förder- und Unterstützungssystems und
5.   Schaffung eines Hilfsnetzes für Katastrophenfälle.

Insgesamt hat die Richtlinie allerdings eher einen programmatischen Charakter, konkrete Umsetzungsschritte bis hin zu monetären Fördermaßnahmen fehlen (Niigata-shi 2002).

Die Zusammenarbeit von BürgerInnen und Verwaltung als neues Ziel der Verwaltung erfuhr in Niigata einen deutlichen Schub im Zusammenhang mit der großen Gemeindefusion (2005) sowie der Erlangung des Status einer staatlich designierten Großstadt (*seirei shitei toshi*) (2007). Zusammenarbeit/ *kyōdō* beruht in Niigata seither ähnlich wie in Shinjuku auf einem umfassenden Set an institutionellen Rahmenbedingungen, unter denen die Umsetzung des Kooperationsparadigmas erfolgt, nämlich Agenden und Leitfäden zur Verfahrenssicherung, städtische Einrichtungen für die Engagement-Infrastruktur sowie nicht zuletzt finanzielle Förderprogramme.

Wie auch in den anderen Städten markierte die Veröffentlichung einer programmatischen Willenserklärung in Form eines sogenannten „Manifests" den Bedeutungszugewinn des Themas „Kooperation". In dem Manifest, das sich primär auf die Gemeindefusion bezog und 2005 erschien, wurde Kooperation als zukunftsweisendes neues Konzept vorgestellt. Im gleichen Jahr gab die Stadt einen Leitfaden für Verwaltungsangestellte heraus, in dem die Bedeutung von Zusammenarbeit ebenso wie zu erwartende Ergebnisse und konkrete Formen der Zusammenarbeit erläutert werden (Niigata-shi 2005a, Niigata-shi 2005b). Der Leitfaden gibt Hinweise auf die erwünschten Einstellungen und Umgangsweisen der Verwaltungsangestellten, die mit Bürgergruppen zusammenarbeiten. Für BürgerInnen wurde ein ähnlich strukturierter „Partnerschaftsleitfaden für Bürger und Bürgerinnen" (Niigata-shi 2007a) zu Beginn des Jahres 2007 veröffentlicht. Im Vergleich zu dem Leitfaden für Verwaltungsangestellte wurde dieses Dokument in Zusammenarbeit von Verwaltung und dem Zentrum zur Unterstützung bürgerschaftlichen Engagements verfasst, wobei sich die Rolle der engagierten Bürger- und NPO-VertreterInnen auf die einer „beratenden Stimme" beschränkte. Beide Leitfäden sind praktisch eine Handlungsanweisung für die Umsetzung von *kyōdō*; sie sind zu weiten Teilen identisch aufgebaut.

2008 wurde die Rahmensatzung zur kommunalen Selbstverwaltung (*Niigata-shi jichi kihon jōrei*) – die sogenannte „Verfassung der Kommune" – verabschiedet. Zu diesem Zeitpunkt war in Mitaka bereits eine ähnliche Satzung drei Jahre in Kraft, Shinjuku folgt 2010. Die Satzung der Stadt Niigata verbindet die zwei Leitideen Förderung der Bürgerselbstverwaltung und Verwaltungsreform mit den drei neuen Grundprinzipien administrativ-politischen Handelns, nämlich Transparenz, Bürgerbeteiligung und Zusammenarbeit und räumt diesen höchste Priorität bei der kommunalen Selbstverwaltung ein. In der Phase der Erstellung des Satzungsentwurfs wurden Bürgerworkshops unterschiedlicher Länge und Bürgerausschüsse gegründet, um die direkte Kommunikation zwischen Verwaltung und BürgerInnen zu ermöglichen. Mit der tatsächlichen Erstellung des Satzungsentwurfs war der so genannte „Bürgerausschuss zur Untersuchung und Bearbeitung der Selbstverwaltungssatzung" (*Jichi kihon jōrei kentō shimin iinkai*) beauftragt.[70] Der Zwischenbericht des Ausschusses diente als Grundlage für das anschließende Public-Comment-Verfahren, d.h. zusätzlich zu einer Einbeziehung von BürgervertreterInnen, die durch eine öffentliche Ausschreibung für den

---

70 Von den 23 Mitgliedern waren fünf Experten/innen bzw. Wissenschaftler/innen, acht Mitglieder des Vorbereitungsausschusses für Bezirkskonferenz und zehn durch eine öffentliche Ausschreibung gewählte Bürger bzw. Bürgerinnen.

Bürgerausschuss gewonnen worden waren, wurde der Entwurf der gesamten Bürgerschaft der Stadt zur Diskussion vorgelegt. Nach einer Rücksprache und einem Meinungsaustausch mit den 2006 gegründeten Bezirkskonferenzen (*ku jichi kyōgikai*) wurde die endgültige Fassung schließlich durch den Stadtrat verabschiedet (Ishizaki 2009).

Mit der Satzung wurde der Institutionalisierungsprozess vorerst abgeschlossen, nachdem bereits seit 1999 verschiedenste Handreichungen und Stadtplanungskonzepte das Ziel einer kooperativen Beziehung zwischen BürgerInnen und Kommune formuliert hatten. Sie wurden von einer schrittweisen Schaffung von verschiedenen Institutionen der Bürgerbeteiligung begleitet.

Die ersten neuen Einrichtungen für Bürger und Bürgerinnen wurden im Zuge der Gemeindefusion im Jahre 2005 eingerichtet: Nach der Gemeindefusion wurde in jeder der neu eingegliederten, ehemaligen Kommunen eine auf zwei Jahre befristeter Anwohnerausschuss (*chiiki shingikai*) eingerichtet, um den „neuen EinwohnerInnen" die Möglichkeit zu geben, Anliegen und Meinungen öffentlich zum Ausdruck zu bringen. Beteiligung hatte hier primär die Funktion der Demonstration von Bürgernähe sowie des Einholens von Informationen für die Verwaltung. Im darauf folgenden Jahr wurde in jedem Schulbezirk eine sogenannte lokale „Community-Konferenz" (*chiiki komyuniti kyōgikai*) gegründet. Mitglieder der Konferenz sind VertreterInnen von Bürgerorganisationen und öffentlichen Ausschüssen, die im jeweiligen Schulbezirk aktiv sind. VertreterInnen von Nachbarschafts-, Senioren-, und Frauenvereinen sowie von themenspezifisch arbeitenden Organisationen (NPOs, PTAs usw.) als auch Sozialfürsorger (*minsei iin*) beteiligen sich an der Konferenz. Inhaltlich befassen sie sich hauptsächlich mit Katastrophenschutz, Erziehungs- und Bildungsangelegenheiten und Problemen der sozialen Wohlfahrt auf der Schulbezirksebene. Sie stehen in enger Verbindung Funktionsweise einer Community-Konferenz in Niigata

Abbildung 11: Funktionsweise einer Community-Konferenz in Niigata

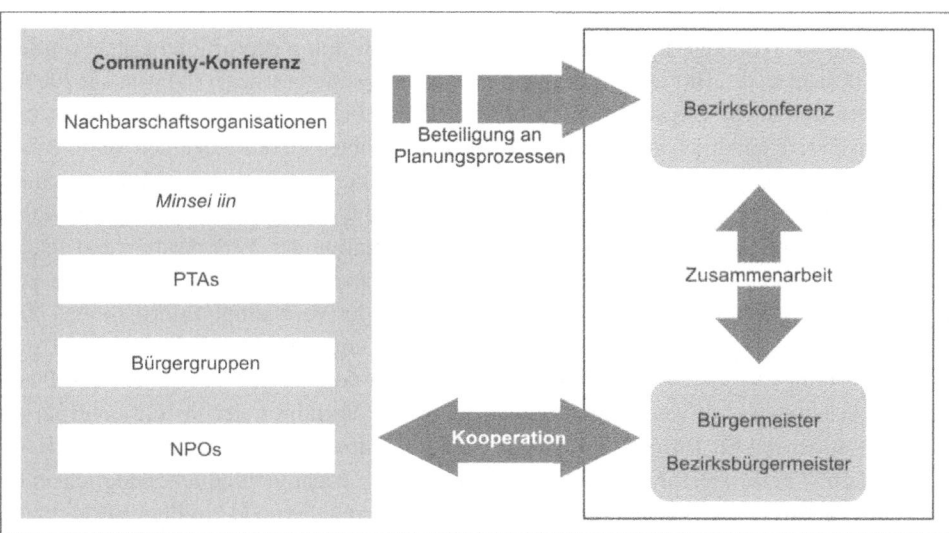

Quelle: nach Niigata-shi 2012

mit den übergeordneten Stadtteilkonferenzen und sind dadurch auf der übergeordneten Beteiligungsebene vernetzt. Die Bezirkskonferenzen sind ebenfalls Ergebnis der Gemeindeform. Sie spielen eine zentrale Rolle für die Umsetzung der Bürgerselbstverwaltung nach dem Lokalsouveränitätsmodell Niigatas als staatlich designierte Großstadt. Die Mitglieder sind VertreterInnen von Community-Konferenzen, NPOs und WissenschaftlerInnen, über öffentliche Ausschreibungen ausgewählte BürgerInnen sowie durch den Bürgermeister empfohlene Fachexperten. Die Mitglieder diskutieren und beraten über unterschiedliche, den Bezirk betreffende Themen, die sowohl von der Bürgerseite als auch von der Verwaltungsseite eingebracht werden können. Die Diskussionsergebnisse werden an den Bürgermeister bzw. entsprechende kommunale Einrichtungen weitergeleitet und müssen von diesen weiter bearbeitet werden. Darüber hinaus ist der Bürgermeister verpflichtet, vor Beschlüssen und Revisionen bestehender Regelungen, welche den Bezirk direkt betreffen, Gespräche mit der Bezirkskonferenz zu führen. Zusammen mit den Community-Konferenzen stellen die Bezirkskonferenzen eine permanente Institution der Bürgerbeteiligung an lokalpolitischen Prozessen dar, die dank der Bearbeitungspflicht auf Seiten der Verwaltung Einfluss nehmen können, obwohl ihr Status formal lediglich der eines beratenden Organs ist.

Daneben werden BürgervertreterInnen zunehmend auch in städtische Evaluationsverfahren eingebunden. Es handelt sich zum einen um zeitlich befristete Verfahren wie im Falle des Ausschusses zur Evaluation öffentlicher Projekte (*Jigyō shiwake gaibu hyōka iinkai*), der im August 2010 tätig war (Niigata-shi 2010b). Von seinen 14 Mitgliedern waren vier über eine öffentliche Ausschreibung ausgewählte BürgerInnen und zwei NPO-VertreterInnen. Ihre Handlungsempfehlungen an die Verwaltung wurden seitens der zuständigen Verwaltungsabteilung zur Erstellung von offiziellen Handlungsrichtlinien für öffentliche Projekte genutzt. Interessanterweise sind Bürger und Bürgerinnen auch in die regelmäßig stattfindende Evaluation von Verwaltungshandeln, wenn auch indirekt, eingebunden. In dem Ausschuss zur Evaluation der Verwaltung (*Gyōsei hyōka iinkai*), dessen drei Mitglieder vom Bürgermeister ernannte Experten im Bereich Verwaltungswesen sind, werden schriftlich eingegangene Bürgerbeschwerden hinsichtlich der Verhalten- und Handlungsweise der Verwaltung geprüft und gegebenenfalls wird der Bericht an den Bürgermeister weitergeleitet und weiter bearbeitet (Niigata-shi 2009b).

Neben den zuvor vorgestellten Formen der Bürgerbeteiligung, bei denen Bürger und Bürgerinnen sich inhaltlich mit kommunalpolitischen Problemen und geplanten Maßnahmen auseinandersetzen und – wenn auch rechtlich unverbindlich – Optionen der Mitbestimmungen haben, bietet Niigata den BürgerInnen eine Reihe von Möglichkeiten der Meinungsäußerung wie das Beispiel des Ausschusses zur Evaluation der Verwaltung zeigt. Diese dienen jedoch nicht ihrem Meinungsaustausch untereinander oder einer gemeinsamen Formulierung politischer Maßnahmen. Vielmehr sollen sie der Verwaltung Informationen über die Akzeptanz geplanter politischer Maßnahmen geben und haben somit die Funktion, ggf. Bürgerpositionen bei der abschließenden Formulierung politischer Maßnahmen und Pläne zu berücksichtigen. Am weitesten verbreitet unter den Verfahren der institutionalisierten Meinungsäußerung für BürgerInnen ist das Public-Comment-Verfahren, welches auch Niigata seit 2007 praktiziert. Andere weniger formalisierte, nicht verbindliche Möglichkeiten der Meinungsäußerung sind z.B. die Stadtplanungs-Gesprächsrunde mit dem Bürgermeister (*Machizukuri tōku – shichō to kataru kai*), der Brief an den Bürgermeister, Gesprächsrunden mit Verwaltungsangestellten oder der „Bewegliche Klassenraum für Stadtpolitik" (*Ugoku shisei kyōshitsu*), der der Bevölkerung die Möglichkeit eröffnet, einen Tag lang Einblick in das Verwaltungsgefüge zu erlangen.

Zusammenfassend ist festzuhalten, dass wie anderswo auch die Bürger und Bürgerinnen sich stets faktisch nur beratend beteiligen, bzw. durch ihre Beteiligung direkt oder indirekt der Verwaltung Rückmeldungen geben können. Eine rechtliche Verbindlichkeit der Beschlüsse bzw. Diskussionsergebnisse, die unter Bürgerbeteiligung zustande gekommen sind, ist nicht gegeben. Die Beteiligung ist in keinem Fall paritätisch, aber aufgrund der überwiegend öffentlich erfolgenden Ausschreibung offen und transparent. Gleichwohl werden damit für die Bürger vielfältige Formen der Meinungsäußerung angeboten, es werden Informationsaustausch, Wissen und Erfahrungen ermöglicht. So erklärt Herr Ōzawa von der Abteilung Politische Planung/ Förderung der Stadtteiladministration und -community, dass die aktuellen Formen der Bürgerpartizipation auch der Verstärkung oder gar Verleihung politischer Fähigkeiten der BürgerInnen dienen, was nach seiner Meinung letztendlich den Aufbau der Bürgerselbstverwaltung in partnerschaftlicher Beziehung zur Kommune ermöglichen soll. Obwohl die Entscheidung grundsätzlich bei der Verwaltung und dem Stadtrat verbleibt, bieten die unterschiedlichen Formen der Beteiligung als Gratiseffekte Transparenz, Informiertheit und Chancen der Netzwerkbildung. Sie werden gestützt durch konkrete Förderprogramme für Kooperationsprojekte zwischen Bürgergruppen und Kommune. So werden gemeinwohlorientierte Aktivitäten, die nach einer öffentlichen Ausschreibung von der Verwaltung ausgewählt worden sind, maximal drei Jahre mit maximal 500 000 Yen pro Jahr (ca. 4.600 Euro) finanziell unterstützt. Bei der Projektauswahl werden Gemeinnützigkeit, Übereinstimmung mit stadtpolitischen Richtlinien, als auch Realisierbarkeit des Projekts geprüft. Nach diesem System werden jedes Jahr fünf bis acht Projekte von Bürgergruppen zur Förderung ausgewählt. Zusätzlich hat die Stadt 2011 ein System eingeführt, welches Bürgergruppen und NPOs die Möglichkeit bietet, eigene Initiativen und Projekte für die Zusammenarbeit mit der Stadt einzureichen (Niigata-shi komyuniti shienka 2011). Diese Methode des Aufbaus von partnerschaftlicher Zusammenarbeit, welche sich an konkreten Bedürfnissen der BürgerInnen durch finanzielle Unterstützung bürgerinitiierter Projekte orientiert, ähnelt dem System Shinjukus und überwindet ansatzweise die Bindung der Kooperation von BürgerInnen und Kommune an die Initiative der Verwaltung.

Kennzeichnend für Niigata ist, dass die Institutionen zur Unterstützung von Zusammenarbeit und zivilgesellschaftlichem Engagement zu einem beachtlichen Teil auf der lokalen Ebene des Wohn- oder Schulbezirks oder des Stadtteils eingerichtet sind. Auffällig ist jedoch, dass im Zuge der Institutionalisierung von Beteiligung keine Vernetzung bzw. Schnittstelle zwischen kleinsten und kleinen Ebene der Beteiligung und der Stadtebene nicht ausreichend bzw. gar nicht existent zu sein scheint. Die Stadtteilkonferenz ist die einzige Beteiligungsebene, deren Beratungsergebnisse an die höhere Verwaltungsebene weitergeleitet werden. Das Fehlen einer vertikalen Verbindung zwischen höherer und niederer Verwaltungs- bzw. Entscheidungsebene erschwert aufgrund langer und hierarchischer Informations- und Entscheidungswege die horizontale Koordination und Kooperation innerhalb der Schulbezirke oder zwischen den acht Stadtteilkonferenzen. Die größte Nähe zum Bürgermeister haben damit die Bezirkskonferenzen. Sie haben direkten Kontakt zu der Leitungsebene der Stadt, jedoch fehlt ihnen ein Koordinationsgremium, so dass horizontale Vernetzung und damit auch Absprachen oder Solidarisierungsprozesse erschwert werden. Diese Fragmentierung ist nicht zuletzt der Dezentralisierung und der Größe der Stadt geschuldet.

7.3.4 Iruma

Iruma kann aufgrund des etwa vor zehn Jahren einsetzenden Institutionalisierungsprozesses von Partizipation im Vergleich zu Mitaka als Nachzügler bezeichnet werden. Gleichwohl hat die Stadt in weniger als zehn Jahren alle Schritte der Institutionalisierung von Kooperation, nämlich Verrechtlichung, Schaffung einer Infrastruktur und von Verfahrensregeln sowie Entwicklung eines Förderprogramms durchlaufen. Mit der gemeinsamen Ausarbeitung des Manifestes „Lebendiges Iruma" durch BürgerInnen und Bürgermeister im Jahre 2001 wurde in einem relativ kurzen Zeitraum die Institutionalisierung von *kyōdō* in Iruma eingeleitet. Basierend auf dem Manifest trat 2004 als Ergebnis der gemeinsamen Bestrebungen von BürgerInnen und Verwaltung, ein System der partnerschaftlichen, auf Zusammenarbeit beruhenden Stadtplanung zu etablieren, die Rahmensatzung Irumas (*Genkina Iruma machizukuri kihon jōrei*) in Kraft. Wie in zahlreichen Satzungen, die in der ersten Dekade der 2000er Jahre verabschiedet wurden, ist auch diese Satzung von der Leitidee einer bürgernahen Stadtpolitik und einer Stärkung von NPO- und Bürgergruppenaktivitäten geprägt. Auf der Grundlage der Satzung wurde 2004 das Zentrum für bürgerschaftliches Engagement (*Shimin katsudō sentā*) sowie ein Jahr später das Bürger-Netzwerk „Aktive Stadt Iruma – Unterstützungsnetzwerk für Stadtgestaltung und -planung" gegründet (Machizukuri sapōto netto genkina Iruma 2005), beides Einrichtungen, die zur Grundlage der Engagementinfrastruktur geworden sind. Beide verfolgen das Ziel, als intermediäre Unterstützungsorganisation Bürgerbeteiligung in Stadtplanungsprozessen zu fördern.

Der Leitfaden für partnerschaftliche Zusammenarbeit (*Kyōdō gaidorain*) wurde schließlich 2008 verabschiedet und damit Verfahrensregeln festgelegt. Dabei orientierte sich die Stadt Iruma an anderen kommunalen Beispielen, ging aber über diese hinaus, indem sie 50 % des 18-köpfigen Planungsausschusses nach öffentlicher Ausschreibung mit Bürgervertretern besetzte. Ähnliche Richtlinien in Mitaka und Shinjuku sowie Niigata wurden demgegenüber ohne direkte Beteiligung von BürgerInnen verfasst. Iruma definiert im Leitfaden „partnerschaftliche Zusammenarbeit" (*kyōdō*) wie folgt: „*Kyōdō* ist eine Form der Zusammenarbeit, bei der sich BürgerInnen und Verwaltung der Lösung von öffentlichen Problemen zuwenden, gemeinsame Ziele verfolgen und gegenseitig Standpunkte und Besonderheiten einbringen. Das Ziel der Kooperation liegt in der Erschaffung eines Umfeldes, in der lokale Probleme weitaus effizienter und effektiver gelöst werden können, wenn Bürgergruppen und die Verwaltung als Träger einer ‚neuen Öffentlichkeit' zusammenarbeiten." (Iruma-shi 2008a: 4).

Seit 2005 arbeitet die Stadtverwaltung mit NPOs und Bürgergruppen in offiziell als *kyōdō* bezeichneten Projekten zusammen. Die Anzahl der jährlichen Projekte nimmt seit 2005 stetig zu; während es im ersten Jahr noch 10 waren, sind 2011 schon 38 Projekte zu verzeichnen, wobei nur neun neue, alle anderen Fortschreibungen bestehender Projekte sind. Die Mehrzahl der Projekte wird als Kooperation (*kyōryoku*) bzw. als gemeinsame Veranstaltung (*kyōsai*) mit klarer Rollenverteilung beider Akteure ausgewiesen. Inhalt, Aufgaben der Akteure sowie Finanzierungsformen und -summen sind öffentlich einsehbar, damit wird eine der Grundvoraussetzungen des *kyōdō*-Konzeptes, nämlich Transparenz, erfüllt (Iruma-shi 2011a). Zusätzlich startet Iruma neuerdings öffentliche Ausschreibungen für Partnerschaftsprojekte, also genau das Verfahren, das auch in den anderen Städten praktiziert wird und den BürgerInnen die Chance einräumt, selbst Kooperationsprojekte vorzuschlagen.

Iruma hat als „Nachzügler" im Vergleich zu den anderen Städten spät begonnen, „Partnerschaft" auf die kommunalpolitische Agenda zu nehmen. Die Einführung neuer Beteiligungsformen erfolgte jedoch so umfänglich und schnell, dass heute zwischen dem „Vorreiter" Mitaka und Iruma kaum noch Unterschiede bestehen.

Alle vier Städte haben die Bedingungen für die Umsetzung von Kooperation mit den BürgerInnen soweit festgeschrieben, dass Partnerschaft mehr als nur Rhetorik ist.

8. Partnerschaften in der Praxis

8.1 Mitaka: ungleiche Partner mit langer Tradition

Mitaka zehrt bis heute von seinem Ruf als bürgernahe Kommune mit langer Tradition. Kaum eine andere Stadt hat sowohl in der kommunalpolitischen Praxis als auch in der einschlägigen Forschung als Reformkommune so viel Aufmerksamkeit auf sich gezogen (vgl. Satō 2005a, b, c, Etō 2004, Ōasa 2005). Bis 2006 wurde die Stadt bereits vier Mal in der „Studie zum Innovationsgrad der Verwaltung" (*Gyōsei kakushindo chōsa*) zur Stadt mit der innovativsten Verwaltung gekürt (Nikkei Gurōkaru 2006). Gleichwohl konnte gezeigt werden, dass heute zumindest im Hinblick auf die Institutionalisierung von Kooperation mit den Bürgern und Bürgerinnen kaum noch Unterschiede zu den Städten bestehen, die vergleichsweise spät begonnen haben, sich diesem Thema zu widmen. Eine Vorreiterrolle unter den Untersuchungsstädten besteht heute nur noch im Hinblick auf die Umsetzung partizipativer Innovationen wie der Planungszelle sowie im Hinblick auf die Modifizierung des Top-Down-Ansatzes bei der Initiierung von Partnerschaftsprojekten durch Anerkennung des Initiativrechts durch die Bürger und Bürgerinnen. Dennoch dürfte Mitaka im Hinblick auf die Umsetzung des Partnerschaftsansatzes von seiner Tradition profitieren: die Stadt kann sich auf ein großes Reservoir an engagierten BürgerInnen stützen, wenn gleich – wie angesprochen – eine relativ ausgeprägte Engführung des Engagements auf den Bereich der sozialen Dienstleistungen durch Frauen besteht. Die lange Tradition mit partnerschaftlicher Zusammenarbeit dürfte sich auch positiv auf die Bereitschaft und Fähigkeit der Verwaltung, den Paradigmenwechsel mit zutragen, auswirken, da mit Bürgerbeteiligung langjährige Erfahrungen vorliegen.

Von den insgesamt 58 Bürgergruppen, die sich an der Befragung beteiligt haben, lässt sich zunächst ein Bild rekonstruieren, das aus der japanischen Zivilgesellschaftsforschung bekannt ist: Von den 18 Tätigkeitsschwerpunkten stellt der Bereich Soziale Dienste mit über einem Drittel die größte Gruppe dar. Alle anderen Tätigkeitsbereiche – darunter auch die politiknahen, wie etwa Stadterneuerung oder Umweltpolitik – sind mit deutlich weniger als einem Zehntel vertreten. Die Mitglieder sind mehrheitlich Frauen über, die 60 Jahre alt sind; nach Einschätzungen unserer Ansprechpartner bezüglich der Mitgliederstruktur der eigenen Organisation, sind kaum Menschen unter 40 Jahren oder AusländerInnen beteiligt. Nur wenige Mitglieder der Gruppen sind berufstätig. Nahezu drei Viertel der Gruppen verzeichnen weniger als 100 Mitglieder, allein ein reichliches Drittel hat weniger als 25 Mitglieder. Schließt man die Fördermitglieder aus der Betrachtung aus und fokussiert nur auf die *aktiven* Mitglieder, so steigt der Anteil der Gruppen mit weniger als 25 Mitgliedern noch einmal auf knapp die Hälfte. Insgesamt verfügen 29 von 57 Gruppen weder über fest angestelltes noch in Teilzeit arbeitendes Personal: Mehr als zwei Drittel (40 von 57) verfügt über gar kein festangestelltes Personal. Nahezu zwei Drittel der Organisationen können bei ihrer

Arbeit zudem auch nicht auf Teilzeitangestellte zurückgreifen. Je ein Fünftel aller befragten Gruppen verfügt über ein bis fünf Festangestellte (12 von 57 Gruppen) bzw. ein bis fünf
Teilzeitkräfte (11 von 57). Zudem geben nahezu drei Fünftel (33 von 57) an, nicht durch Ehrenamtliche unterstützt zu werden, nur sieben aller Gruppen können auf maximal fünf Freiwillige zurückgreifen.

Tabelle 18: Personalausstattung der befragten Bürgergruppen in Mitaka (N = 57)

Anzahl der beschäf- tigten Personen	Festangestellte (%)	Teilzeitkräfte (%)	Personal gesamt (%)
keine	70,2	64,9	50,9
1-5	21,1	19,3	17,5
6-10	5,3	7,0	17,5
11-50	3,5	8,8	14,0

Quelle: eigene Darstellung

Für den Großteil der befragten Gruppen gilt demnach, dass sie sehr kleine Gruppen sind,
die sich nur auf geringe eigene Ressourcen und wenig Unterstützung von Freiwilligen stützen können. Die Erwartung, dass die lange Tradition einer bürgernahen Politik sich auch
in einer starken zivilgesellschaftlichen Organisationsstruktur niederschlägt, lässt sich demnach nicht bestätigen.

　　Trotz der Vorreiterposition, die Mitaka bei der Bürgerbeteiligung und im Bereich Partnerschaft für sich beansprucht, ist der Anteil der partnerschaftserfahrenen NPOs interessanterweise im Vergleich zu den anderen Untersuchungskommunen ebenfalls nicht herausragend.
Etwa drei Fünftel der befragten Bürgergruppen haben Erfahrungen mit Partnerschaftsprojekten und zwar vor allem im Bereich soziale Dienste. Nach Aussagen von Herrn Ōishida
von der Stadtverwaltung werden seitens der Verwaltung keine spezifischen Bürgergruppen
für Partnerschaftsprojekte präferiert. „Alle im Partnerschaftszentrum registrierten Gruppen
sind Partner der Stadt" (Interview mit Ōishida 2007). Mehr als die Hälfte der registrierten
Gruppen hat tatsächlich bereits Kooperationserfahrung gemacht und von diesen empfinden
zwei Drittel (18 von 33) die Beziehung zur Kommune als gleichberechtigt (vgl. Tabelle 19).
Dies ist insofern bemerkenswert, als dass die begrenzten materiellen Ressourcen im Hinblick auf Geld und Personal zwar als problematisch wahrgenommen werden, jedoch in der
subjektiven Wahrnehmung zu keiner Schräglage in der Beziehung zur Verwaltung führt.

　　Wie VertreterInnen von Bürgerorganisationen und Angestellte der Stadtverwaltung
bisherige konkrete Kooperationsprojekte und das Paradigma Partnerschaft/ *kyōdō* an sich
bewerten, soll im Folgenden mittels der Ergebnisse der Umfragen und der Gespräche mit
VertreterInnen von vier Bürgergruppen geklärt werden.

Tabelle 19: Kooperationserfahrung mit der Verwaltung und Gleichberechtigung der Kooperation

	Mitaka	Shinjuku	Niigata	Iruma
Kooperationserfahrung	63,5%	59,6%	66,1%	80,0%
Gleichberechtigte Kooperation mit der Verwaltung[71]	62,1%	42,3%	57,9%	45,0%

Quelle: eigene Darstellung

Fallbeispiel im Bereich Soziale Dienste: NPO Mitaka tasukeai wākāzu komorebi (NPO der sich gegenseitig Helfenden „Licht, das durch die Baumkronen fällt")

Frau Fukushima Sachiko ist Leiterin der PR-Abteilung der Wohlfahrts-NPO „*Mitaka tasukeai wākāzu komorebi*", die hauptsächlich soziale Dienstleistungen für alte und behinderte Menschen anbietet. Ihr Ziel ist es, diesen ein weitestgehend selbständiges Leben zu ermöglichen. Frau Fukushima war bis 2007 Vorsitzende der 1993 gegründeten Organisation, die im Jahre 2000 den Rechtsstatus einer NPO erhielt. Die NPO hat ca. 40 Mitglieder, von denen alle mit einer Ausnahme Frauen im Alter von etwa 50 Jahren sind. Zum Zeitpunkt der Befragung konnte die NPO auf zwei Partnerschaftsprojekte zurückblicken. Das erste Projekt „Förderung des selbständigen Lebens alter Menschen" wurde von der NPO allein geplant und von Frau Fukushima selbst dem damals zuständigen Abteilungchef der Stadtverwaltung mit der Bitte um Unterstützungsgelder vorgestellt. Die Verwaltung lehnte dies jedoch zunächst mit der Begründung ab, dass die Verwaltung nur Projekte unterstützen könne, von deren Notwendigkeit alle BürgerInnen überzeugt seien. Daneben stellte sich auch der fehlende Rechtsstatus der Gruppe als hinderlich heraus, da die Stadt grundsätzlich eine vertragliche Regelung mit juristischen Personen anstrebte. Dennoch entstand nach Aussagen von Frau Fukushima ein langfristiger, vertrauensbasierter Kontakt zur Verwaltung. Nach erfolgter Eintragung als gemeinnützige NPO erhielt die Gruppe 2000 erstmals einen Auftrag von der Abteilung für Gesundheit und Wohlfahrt. Das zweite Partnerschaftsprojekt – „Telefonberatung zum Thema Altenpflege" – startete im gleichen Jahr und war ebenfalls ein Outsourcing-Projekt im Auftrag der Stadtverwaltung.

Fallbeispiel im Kinderbereich: Bürgergruppe Yū kizzu kurabu (Yū[72] Kidsclub)

Herr Katō Masaki ist Vorsitzender des im Jahre 2004 gegründeten „Yū Kidsclub", einer kleinen NPO ohne Rechtsstatus in Mitaka, die sich im weiten Feld der sozial engagierten Gruppen für Kinderbetreuung und -erziehung einsetzt. Die Gruppe versteht sich als Beratungs- und Begegnungsstelle für Eltern sowie als Kommunikations- und Spielstätte für Kinder ab dem schulpflichtigen Alter. Herr Katō war zehn Jahre in der Stadtverwaltung der Stadt Musashino als Koordinator für Freiwillige im Rat für soziale Wohlfahrt (*Shakai fukushi kyōgikai*) angestellt. Noch während seiner Tätigkeit als Verwaltungsbeamter gründete er die Gruppe

---

71 Nur Bürgergruppen mit Kooperationserfahrung.

72 *Yū* ist die chinesische Lesung des Kanji 遊 und bedeutet spielen bzw. sich vergnügen.

„Yū Kidsclub". Daher betrachtet er sich selbst „nicht als typischen NPO-Bürger". Heute ist er beruflich als Berater (Facilitator) für NPOs tätig. Seit 2004 organisiert er für die Gruppe einmal jährlich in Form eines Outsourcing-Projektes mit der Stadtverwaltung ein Ausbildungsangebot für ehrenamtliche Helfer für Kinderbetreuung in Form von Workshops und Kursen, die von erfahrenen Mitgliedern der NPO durchgeführt werden. Die Teilnahme ist nicht nur freiwilligen Mitarbeitern des „Yū Kidsclubs" selbst vorbehalten, sondern auch für Mitglieder anderer lokaler NPOs im Bereich der Kinderpflege möglich. Dadurch wird die Gemeinnützigkeit des Projektes gewährt, gleichzeitig aber auch dem Vernetzungsgedanken Rechnung getragen.

Fallbeispiel im Bereich Stadtgestaltung: Mitaka seinen kaigisho (JCI Mitaka)

Herr Yoshida Sumio war zum Zeitpunkt des Interviews stellvertretender Vorsitzender der Junior Chamber International (JCI) Mitaka (*Mitaka seinen kaigisho*), der lokalen Vertretung der international agierenden Vereinigung für junge Führungskräfte und Unternehmer (JCI). Die Gruppe JCI Mitaka setzte sich während der aktuellen Debatten über Dezentralisierung und lokale Selbstverwaltung frühzeitig für eine Ausweitung von neuen Formen politischer Partizipation neben bestehenden Methoden der repräsentativen Demokratie ein. Herr Yoshida und die Organisation JCI Mitaka waren maßgeblich an der Initiierung und Vorbereitung des ersten Bürgerforums nach Vorbild der deutschen Planungszelle (*Mitaka machizukuri disukasshon*) beteiligt. Zudem ist er Gründer des NPO „Citizens' Discussion Promotion Network" (*Shimin tōgikai suishin nettowāku*), das sich für mehr Partizipation der BürgerInnen in der lokalen Kommunalpolitik mittels deliberativer Verfahren einsetzt (vgl. CDPN o.J.). Insofern ist Herr Yoshida als ein Vertreter der wenigen Gruppen zu bezeichnen, die sich explizit politisch engagieren und deren Partnerschaftsprojekt mit der Verwaltung entsprechend in der Planungsphase politischer Initiativen angesiedelt ist.

Fallbeispiel im Umweltbereich: Inokashira kōen kansatsu kai (Bürgergruppe zur Beobachtung der Natur im Inokashira Park)

Tanaka Toshiaki ist Vorsitzender der kleinen, im Umwelt- und Naturschutz aktiven Gruppe *Inokashira kōen kansatsukai* in Mitaka, die sich 2005 gegründet hat und bis heute ohne Rechtsstatus arbeitet. Sie hat acht Mitglieder, die alle etwa 50 Jahre alt sind, sowie daneben locker assoziierte Mitglieder mittleren Alters und Familien mit Kindern. Ursprüngliches Ziel der Gründungsmitglieder war, durch wöchentliche Spaziergänge durch die große Parkanlage, die Schönheit und Vielfalt der Natur zu erkunden und diese auch anderen Interessierten zu vermitteln. Etwa ein Jahr nach Beginn ihrer Aktivitäten nahmen sie zur Kenntnis, dass sich die Natur im Park infolge von Umwelteinflüssen zunehmend änderte. Diese Veränderung des Ökosystems war für die Gruppe Anlass, den Kontakt mit der Kommune aufzunehmen, um mit der Verwaltung nach Wegen zu suchen, die BürgerInnen über die negativen Umwelteinflüsse zu informieren, sie zu sensibilisieren und nicht zuletzt den Umweltschutz zu fördern. Die NPO war bisher in zwei Partnerschaftsprojekten mit der Verwaltung eingebunden, die beide auf Initiativen der NPO zurückgehen. Das erste Projekt war eine Kampagne zur Einschränkung der Fütterung der wilden Tiere im Park, um deren artgerechtes Leben in der Natur zu fördern. Das zweite Projekt widmete sich der Umsiedlung nicht einheimischer

Tierarten aus dem Inokashira-Teich, mit dem Ziel, das ursprüngliche ökologische Gleichgewicht des Biotops wieder herzustellen.

8.1.1 Verständnis von Partnerschaft

Die befragten NPO-Vertreter definieren *kyōdō* als „gleichberechtigte Beziehung", bei der sich „NPO wie Verwaltung gegenseitig ergänzen und voneinander profitieren, … wobei die Verwaltung einen für bürgerschaftliches Engagement unentbehrlichen Partner darstellt" (Interview mit Fukushima 2008). Herr Katō vom Yū Kidsclub betont:

> „Ich denke, dass *kyōdō* ein sehr weiter Begriff ist. Partnerschaft, die ich fordere, bedeutet, dass es einen Vorteil für die NPO als auch für die Kommune geben muss. Kurzum, wenn es keinen Vorteil für beide Seiten gibt, ist es im Grunde genommen keine Partnerschaft. Die Arbeitsverteilung für beide Seiten muss sich auf dem Level von 50:50 bewegen. Sollten beide Seiten Zugeständnisse machen, ist es in Ordnung, aber das Nachgeben – zu wessen Gunsten auch immer – sollte nicht einseitig sein. Unterstützung zu fordern ist meiner Meinung nach keine Partnerschaft. Nimmt man privatwirtschaftliche Unternehmen als Beispiel, ist das leicht verständlich: Geschäftliche Kooperationsabkommen sind meiner Meinung nach nicht *kyōdō*. Wenn es zu einseitigen Unterstützungen kommt, kann man auch nicht mehr von Partnerschaft sprechen. Normalerweise wird das wohl durchaus als Partnerschaft bezeichnet, aber ich persönlich sehe das nicht so."

Katōs Sicht entspricht zwar dem offiziellen Verständnis von *kyōdō* beispielsweise der des Ministeriums für öffentliche Verwaltung, Inneres, Post und Telekommunikation sowie des Partnerschaftshandbuches der Stadt Mitaka. Allerdings hebt er auffallend stark die win-win-Konstellation als zwingende Voraussetzung für das Funktionieren von Partnerschaften hervor. Unter den Sprechern der befragten Gruppen sieht lediglich Herr Tanaka als Vorsitzender der Umweltgruppe die Bedeutung von Partnerschaft besonders im Hinblick auf Anlass und Zuständigkeiten differenzierter und auch kritischer. Seiner Meinung nach entsteht Partnerschaft im Kontext von Verwaltungsdefiziten, d.h. nach seiner Auffassung ist die Verwaltung nicht in der Lage, ihre eigentlichen Aufgaben wahrzunehmen bzw. kommunale Probleme zu lösen. Partnerschaft sei deshalb ein Instrument, um eine unfähige Stadtverwaltung durch BürgerInnen zu unterstützen. Herr Tanaka geht damit vom Versagen der Kommune aus, öffentliche Aufgaben zu regeln und Probleme adäquat zu lösen. BürgerInnen würden nach seiner Erfahrung in kooperativen Beziehungen verwaltungsspezifische Schwächen durch NPO-spezifische Stärken wie Flexibilität, schnelle Mobilisierung der Arbeitskräfte usw. nicht nur ergänzen, sondern auch ersetzen. Die Unterstützung der Stadtverwaltung erfolge dabei in den verschieden Phasen vom Agenda-Setting bis zur Durchführung. Herr Tanaka betrachtet das neue Handlungspostulat Partnerschaft demnach nicht als positives Angebot an NPOs und gemeinnützige Gruppen, sondern durchaus selbstbewusst als zwingend erforderlich, um die Handlungsfähigkeit der Kommune zu wahren.

Herr Ōishida stimmt aus der Sicht der Verwaltung dem Argument der Verwaltungsschwäche und der Versorgungslücke prinzipiell zu, formuliert aber positiver: Kooperation sei für die Kommune kein Mittel für den Ersatz kommunaler Leistungen, sondern eher eine Ergänzung dieser. Die Rolle der Verwaltung bestehe nach Ōishida hauptsächlich in der des Vermittlers und Koordinators zwischen verschiedenen Akteurs- und Bürgergruppen, die für das Gemeinwohl zusammenarbeiten. Die Aufgaben der Verwaltung liegen laut Ōishida neben der finanziellen Unterstützung vorrangig in der Bereitstellung von Räumlichkeiten und technischer Ausstattung sowie in der Stärkung und Verbesserung der NPO-Kapazitäten. Aus der Sicht der Verwaltung handelt es sich bei Partnerschaften demnach eher um gemeinsame Aktivitäten von zivilgesellschaftlichen Akteuren, die von der Verwaltung „ermöglicht" werden.

8.1.2 Motivation und Beweggründe

Die Ermöglichung von Engagement durch Nutzung der gut funktionierenden Öffentlichkeitsarbeit der Verwaltung, konkrete Unterstützung wie die Bereitstellung von Räumlichkeiten und finanziellen Ressourcen, nennen die beiden Mitglieder von Wohlfahrtsinitiativen, Herr Katō und Frau Fukushima, als wichtigste Gründe für eine Partnerschaft mit der Verwaltung. Partnerschaftsprojekte mit der Verwaltung stärken aus ihrer Sicht die Vertrauenswürdigkeit der NPOs und sichern ihnen einen höheren Bekanntheitsgrad, was letztlich Voraussetzung dafür sei, dass die Bevölkerung die Leistungserbringung durch NPOs akzeptiert. Das Ziel, Dienstleistungen nicht durch Einrichtungen der Stadt, sondern durch eine NPO erbringen zu lassen, könne dadurch leichter erreicht werden, so Herr Katō. Nach seinen Aussagen übernimmt die Verwaltung in Partnerschaftsprojekten die Rolle eines Koordinators zwischen NPOs und LeistungsempfängerInnen. Die gemeinnützigen Organisationen würden dadurch in der Regel automatisch das Vertrauen der EmpfängerInnen erlangen – unabhängig davon, ob sie denn wirklich immer vertrauenswürdig seien.

Diese Aussagen legen nahe, dass die Mehrheit der NPOs sich von der Kooperation mit der Verwaltung Vorteile für ihre zukünftige Arbeit erhofft. Diese liegen dabei sowohl im materiellen Zugewinn als auch in immateriellen Vorteilen, wie Bekanntheitszuwachs, Akzeptanz und Anerkennung. Hierin liegt allerdings nicht allein die Antriebskraft, sich auf Kooperationsprojekte mit der Verwaltung einzulassen. Für die Umweltgruppe von Herrn Tanaka und die Stadtgestaltungsgruppe von Herrn Yoshida sind es sehr grundlegende Überlegungen zu Fragen des Engagements und der Partizipation, die sie motivieren. Herrn Yoshidas Handeln liegt der Gedanke zugrunde, Partizipationsoptionen zu fördern, um insgesamt eine bessere Wahlbeteiligung bei Kommunalwahlen zu erzielen und letztlich demokratische Potenziale zu fördern. Herrn Tanakas Engagement und das seiner Gruppe bestimmt sich durch die Motivation, das Problembewusstsein der Stadtverwaltung zu sensibilisieren und zu erweitern und diese somit auch zu Problemlösungen anzuregen. Diese aufklärerische Haltung ist typisch für Gruppen, die der Verwaltung eher kritisch gegenüber stehen und zum Teil komplementäre Ziele verfolgen oder Leistungen anbieten.

8.1.3 Ressourcen: Unterstützung und Vernetzung

Von den befragten Gruppen, die bereits über Kooperationserfahrungen mit der Verwaltung verfügen, liegen im Hinblick auf die Qualität der Kooperationsbeziehungen insgesamt recht widersprüchliche Aussagen vor. Grundsätzlich werden die Vernetzungen zwischen den befragten Bürgergruppen und der Verwaltung als gut beschrieben. Drei Viertel (22 von 29) der Befragten geben persönliche Beziehungen zu den Stadträten und nahezu zwei Drittel (19 von 29) zu Abteilungsleitern der Stadtverwaltung an. Die Verwaltung wird gleichzeitig als wichtigste Unterstützerin (10 von 32) und Informationsquelle (11 von 30) genannt. Daneben werden Verbindungen zu WissenschaftlerInnen, anderen zivilgesellschaftlichen Gruppen oder Nachbarschaftsvereinigungen angegeben. Insbesondere zu den LeiterInnen der Nachbarschaftsvereinigungen unterhalten fast die Hälfte (13 von 29) der Befragten persönliche Beziehungen. Jedoch geben nur 2 von 32 an, von diesen aktiv unterstützt zu werden. Hieraus lässt sich erkennen, dass durchaus Austausch zwischen Bürgergruppen als neuere Formen zivilgesellschaftlichen Engagements und den traditionellen Nachbarschaftsorganisationen besteht, beide Organisationsformen jedoch eher nebeneinander agieren, ohne sich systematisch zu vernetzen. Dies scheint jedoch nur teilweise mit der Dichotomie aus „traditioneller" und „moderner" Organisationsform erklärbar zu sein, denn auch die Vernetzung zwischen den „modernen" zivilgesellschaftlichen Gruppen scheint nicht sehr stark: nur 4 von 32 gaben vielfältige Unterstützung durch und Zuarbeit von anderen Bürgergruppen und NPOs an. Allerdings erachtete die Mehrheit der Befragten eine Ausweitung der Zusammenarbeit mit anderen Gruppen als Voraussetzung für eine erfolgreiche Kooperation in der Zukunft für wichtig. Jedoch gab interessanterweise keine der Gruppen auf die Frage nach Wünschen zur Verbesserung von zukünftigen Kooperationen explizit den Wunsch nach einer stärkeren Vernetzung ihrer Gruppe mit anderen Gruppen an. Weitaus wichtiger scheint den Gruppen die Stärkung ihrer Ressourcen, die immerhin von der Hälfte (11 von 21) genannt wird. Ihre geringe personelle Ausstattung – knapp die Hälfte (14 von 31) verfügt über gar kein Personal und nur zwei der Gruppen haben 1-5 Mitarbeiter angestellt – und die geringe Anzahl der aktiven Mitglieder, die bei den meisten Gruppen zwischen 1 und 25 liegt, legen die hohe Priorität der Ressourcenausstattung nahe. Konkret verbirgt sich hinter dem Wunsch nach einer besseren Ausstattung mit Ressourcen jedoch nicht die Verbesserung der Einnahmen, wie man aufgrund der bekannten geringen finanziellen Ressourcen von japanischen NPOs vermuten könnte, vielmehr stehen immaterielle Aspekte wie das Gewinnen von neuen, aktiven, jungen Mitgliedern für die eigene Organisation im Vordergrund. Aber auch Wünsche wie die Bereitstellung von Räumlichkeiten und eine Verbesserung der technischen Ausstattung werden genannt. Im Interesse der programmatisch vorgesehenen Balance zwischen Verwaltung und NPOs ist die Frage der Ressourcenausstattung der Gruppen in der Tat zentral und von essentieller Bedeutung für die Bürgergruppen. Eine mangelnde personelle Ausstattung bedeutet, dass die Kapazitäten zur Einwerbung von Spenden, Durchführung von Kampagnen zur Gewinnung neuer Mitglieder, aber auch Mitgliederbeiträge eng begrenzt sind. Auch andere Probleme wie z.B. die geringe Vernetzung und Unterstützung der Gruppen untereinander können damit erklärt werden. Ressourcenmangel korrespondiert mit dem Zuschnitt der Kooperationsprojekte: Bei den vergangenen Kooperationen handelte es sich vor allem um die Beteiligung an Veranstaltungen der Verwaltung (7 von 31) und um die Übernahme ausgelagerter kommunaler Dienstleistungen, also Outsourcing (5 von 31), die bescheiden eine Aufbesserung der finanziellen Lage ermöglichte. Beteiligung an der Stadtpolitik (2 von 31) oder an Planungsprozessen (2 von 31) spielen gegenüber reinem Outsourcing ((5 von 31) eine untergeordnete Rolle. Dieses Ergebnis steht im Gegensatz zu den von den Bürgergruppen genannten Zielen. Denn immerhin sieben von 31 der Befragten mit Partnerschaft hatten das Ziel, an kommunalen Beschlussfassungen teilzunehmen. Gleichwohl sieht fast die Hälfte der Gruppen (15 von 32) das wichtigste Ziel von Kooperation in der Umsetzung politischer Entscheidungen, so dass die große Bedeutung von Outsourcing-Projekten und verwaltungsgeleiteten Veranstaltungen durchaus konsistent ist, ohne dass allerdings der finanzielle Zugewinn im Mittelpunkt steht.

8.1.4 Politischer Einfluss durch Partnerschaften

Ausgehend von der These, dass auch Ergebnisse und Erfahrungen nicht-politisch motivierten Engagements, in diesem Falle (soziale) Leistungen der Daseinsvorsorge, einerseits die Herausbildung eines Politikbewusstseins begünstigen und andererseits langfristig Einfluss auf die Ausgestaltung von neuen Partizipations- und Partnerschaftsangeboten sowie -regeln im engeren Sinne und von kommunaler Politik im weiteren Sinne haben (z.B. Lösch 2007), wurden die VertreterInnen der kooperierenden NPOs nach ihrer Bewertung der Kooperationsprojekte befragt. Als Ergebnis ist festzuhalten, dass aus der Erfahrung aller die Kooperation mit der Verwaltung in der Praxis keinen direkten Einfluss auf die Ausgestaltung der kommunalen Politik vor Ort ausübt. Langfristig gesehen bestehe jedoch durchaus die Möglichkeit über Partnerschaftsprojekte die Verwaltung aufzuklären, deren Bewusstsein zu ändern und Einfluss auf Stadt- oder Präfekturalpolitik auszuüben. Der Verwaltungsangestellte Ōishida meint, dass es durchaus möglich sei, mittels *kyōdō* immer mehr Befugnisse und direkte Entscheidungsrechte auf BürgerInnen zu übertragen. Die beiden Mitglieder der Gruppen, welche sich in den Bereichen Wohlfahrt und Kinder engagieren, setzen für dieses Wandlungspotenzial allerdings voraus, dass zwischen Stadtverwaltung und NPOs aktive, kontinuierliche Beziehungen bestehen bleiben bzw. sich Netzwerke herausbilden (Interview mit Fukushima 2008; Katō 2008). Partnerschaften zwischen Verwaltung und NPOs würden sich nicht direkt auf die Förderung von Bürgerselbstverwaltung im demokratietheoretischen Sinne auswirken, aber die Umsetzung von Partnerschaften läutete eine neue „Stadtkultur" ein, die auf einem gegenseitigen Verständnis von BürgerInnen und Verwaltung beruhe, welches wiederum stetig durch vielfältige Bemühungen (Umfragen, Hearing) der Stadtverwaltung vorangetrieben werde (Interview mit Katō 2008; Tanaka 2008).

8.1.5 Rollenverteilung: Gleichberechtigung?

Das Ungleichgewicht zwischen Zielsetzungen, die mit Kooperationen verfolgt werden, und realer Kooperation spiegelt sich teilweise auch in der Rollenverteilung der Partnerschaftsprojekte wider. Sogenannte Outsourcing-Projekte werden erfahrungsgemäß mehrheitlich von der Verwaltung geplant und lediglich zu deren kostengünstiger Umsetzung an NPOs vergeben (Imase 2007). Selbst wenn die Rollenverteilung der Kooperationsprojekte von den Interviewpartnern überwiegend als gleichberechtigt beschrieben wird, zeigt sich doch auch hier die Tendenz eines verwaltungsbestimmten Planungsprozesses. So legt z.B. die Verwaltung den thematischen Rahmen für das jährliche Kooperationsprojekt „Aus- und Weiterbildungskurse für ehrenamtliche HelferInnen in der Kinderbetreuung" mit dem *Yū Kidsclub* fest. Darüber hinaus war sie für die projektbezogene Öffentlichkeitsarbeit und die Bereitstellung von Räumlichkeiten zuständig. Die NPO selbst war laut Aussagen Herrn Katōs für die inhaltliche Planung der konkreten Kurse und deren Durchführung, die Koordination der Arbeits- und Lehrkräfte sowie die Erstellung der Kursmaterialien verantwortlich.

Frau Fukushima, die PR-Leiterin der NPO *Mitaka tasukeai wākāzu komorebi*, die sich für die Daseinsvorsorge von alten Menschen engagiert, bejahte hingegen die Frage, ob die Verwaltung ausreichend an den beiden Projekten beteiligt war. Planung wie Durchführung lagen in den Händen der NPO. Die Verwaltung finanzierte zu einem Großteil die Sachkosten – die Personalkosten sogar vollständig; sie kümmerte sich um die PR rund um die Projekte und stellte Räumlichkeiten zur Verfügung. Obwohl auch diese Partnerschaften als ausgelagerte soziale Dienstleistungen zu beschreiben sind, war in diesem Fall allein die Bürgergruppe für die Planung zuständig. Dies lässt sich wohl vor allem durch den langjährigen persönlichen Kontakt von Frau Fukushima und der Gruppe zur städtischen Verwaltung erklären. In der fünfjährigen Beziehung zur Verwaltung, die mit der ersten Bitte um Unterstützungsgelder im Jahr 1995 begann, konnte die Gruppe ihrer Ansicht nach durch ihre Aktivitäten überzeugen und zunehmend Vertrauen seitens der Stadtverwaltung gewinnen. Der Rechtsstatus, den die Bürgergruppe im Jahr 2000 erlangte, hat die Beziehungen stabilisiert und vermittelt eine gewisse Sicherheit für Vertragsbeziehungen.

Für Herrn Tanaka, der gegenüber der Verwaltung als Vorsitzender einer Umwelt-NPO, die sich für die Revitalisierung des Parkteiches im Inokashira-Park und den Schutz der im Park lebenden Tiere einsetzt, stellt sich die Antwort auf die Frage nach der Rollenverteilung im Rahmen der zwei abgeschlossenen Partnerschaftsprojekte komplexer dar:

> „Die Rollenverteilung ist bereits durch Struktur und Verfahren der Verwaltung vordefiniert. So erlaubt zum Beispiel der Jahreshaushalt der Verwaltung nicht, flexibel auf aktuelle Probleme zu reagieren. Eine eigenständige Problemlokalisierung ist für die Verwaltung nicht leicht. Die Verwaltung geht nicht von sich aus nach außen, um neue Probleme zu finden. Außerdem muss die Verwaltung die Bevölkerung davon überzeugen, dass die finanzielle Unterstützung für eine bestimmte Bürgergruppe das Gemeinwohl fördert.“

Unabhängig davon, ob die Kooperationen als Outsourcing oder anderen Formen der Zusammenarbeit in der Phase der Umsetzung von politischen Entscheidungen stattfanden, bewerten alle befragten NPO-VertreterInnen die abgeschlossenen Kooperationsprojekte rückblickend mit Einschränkungen insgesamt doch persönlich als positive Erfahrungen, die sie auch zukünftig mit der Verwaltung wiederholen bzw. fortsetzen möchten. Nichtsdestotrotz wird das Verhältnis zur Stadtverwaltung insgesamt kritisch betrachtet. Wichtige, von allen Gruppen genannte Problempunkte sind die Kommunikation mit sowie Struktur und Einstellung innerhalb der Verwaltung, obwohl gerade im Falle Mitakas angesichts der langen Erfahrungen mit Bürgerbeteiligung wenig Probleme zu erwarten gewesen wären. Laut Herrn Katō, Vorsitzender des Yū Kidsclubs, sind das Partnerschaftszentrum der Stadt und die zuständige Abteilung in der Stadtverwaltung zwar sehr kooperativ und entgegenkommend, aber:

> „In Bezug auf die Frage, ob die Verwaltung insgesamt ausreichend kooperiert, denke ich, dass sie dies nicht tut. Betrachtet man die Verwaltung als Ganzes, kann ich nicht überzeugt sagen, dass sie eine kooperative Haltung zeigt. [...] Die Kommunikation mit der Stadtverwaltung läuft aber im Vergleich zu der mit der Stadt Musashino[73] gut.“

Viele Kooperationen zwischen NPOs und Verwaltung basieren auf guten persönlichen Beziehungen zur Verwaltung, manchmal ist die Beziehung zu einer einzelnen Person ausschlaggebend. Aussagen von Frau Fukushima von der Wohlfahrtsgruppe und Herrn Tanaka von der Gruppe zum Schutz des Inokashira-Parks belegen dies. Herr Tanaka äußert explizit, dass der Erfolg einer Partnerschaft zumeist von einem einzelnen Stadtangestellten abhängig sei, der Ansprechpartner und Vermittler ist. Allein dieser Kontakt entscheide darüber, ob die NPO eine gute Beziehung zur Verwaltung aufbauen kann und das Projekt letztlich erfolgreich ist:

---

73   Der *Yū Kidsclub* führte auch Kooperationsprojekte mit der Nachbarstadt Musashino durch.

> „Wir übernahmen anfangs die Initiative und [...] wir nutzten Gelegenheiten wie Symposien, um den Leiter der Parkverwaltung anzusprechen. In ihm haben wir einen für einen Verwaltungsmenschen sehr aktiven Menschen gefunden. Weil er unserem Anliegen Gehör schenkte, haben wir bei jeder sich uns bietenden Gelegenheit das Gespräch gesucht. Normalerweise ist der Zugang zu Stadtbeamten nämlich nicht so leicht."

Gleichzeitig verweist Herr Tanaka im Interview implizit auf die fehlenden institutionalisierten Verfahren der Kommunikation zwischen Verwaltung und Bürgervertretern. Frau Fukushima deutet ebenfalls ausdrücklich auf die Bedeutsamkeit eines dauerhaften Kontaktes zur Verwaltung hin; ein verständnisvoller Ansprechpartner bzw. eine verständnisvolle Ansprechpartnerin in der Stadtverwaltung sei entscheidend für die Zusammenarbeit. Vor diesem Hintergrund sieht Frau Fukushima das Rotationssystem in der Verwaltung kritisch: Durch den routinemäßigen Postenwechsel kann die Basis für Kooperation, nämlich das *gemeinsame* Verständnis, *gemeinsame* Informationen und das Vertrauen *beider* Seiten verschwinden. Andererseits, so Frau Fukushima, kann ein Personalwechsel auch für die NPO selbst positiv sein, denn mit ihm bietet sich die Chance auf Selbstreflexion:

> „Sicherlich haben wir auch Schwachstellen. Wenn die Umgebung immer bloß herzlich und freundlich ist, übersieht man seine eigenen Schwachstellen. Daher ist es besser, personelle Veränderungen in der Verwaltung als Chance für sich selbst zu reflektieren."

Zudem wird von den NPO-VertreterInnen die vertikale Verwaltungsstruktur und damit verbundenes Ressortdenken als problematisch für eine optimale Umsetzung von Partnerschaft eingeschätzt. Herr Yoshida von der Gruppe Junior Chamber International (JCI) Mitaka meint diesbezüglich:

> „Die vertikale Verwaltungsstruktur ist ein Problem. Die Verwaltungsabteilungen arbeiten jeweils mit NPOs in einem bestimmten Aktivitätsbereich zusammen, aber sie arbeiten nicht horizontal zusammen. Die Zahl der NPOs, die versuchen, sich horizontal zu vernetzen, nimmt aber zu."

Auch Herr Katō vom *Yū Kidsclub* beschreibt im Zusammenhang mit der Schilderung negativer Erfahrungen mit der Stadt Musashino, wo seine Gruppe ebenfalls aktiv ist, dass die Verwaltung streng vertikal nach Ressorts strukturiert ist, und jede Abteilung ihre so genannte „Haus-NPO" hat, die sie massiv pflegt und unterstützt.

> „Die Kommune unterstützt NPOs, die sie groß gezogen hat und über die sie schützend ihre Hände hält, aber im Hinblick auf die Unterstützung von NPOs, die selbständig auf die Beine gekommen sind, ist Musashino [im Vergleich zu Mitaka] eine sehr rückständige Kommune. Im Vergleich zu den etablierten Gruppen herrschte gegenüber der Gruppe, die ich gründen wollte und deren Mitglieder vorrangig Studenten waren, von Anfang an eine Stimmung, die sich mit dem Sprichwort ,Der herausschauende Nagel wird eingeschlagen' beschreiben lässt."[74]

Herr Katō verweist kritisch darauf, dass sich die Verwaltung auf das Expertenwissen der NPO verlassen und nicht versuchen würde, sich selbst Fachwissen anzueignen. Der Synergieeffekt, der aus der Partnerschaft zwischen BürgerInnen und Kommune erwartet werden würde, würde so verpuffen:

---

74 Das Sprichwort findet immer dann Anwendung, wenn der Umgang der Mehrheitsgesellschaft mit abweichendem Verhalten oder Denken beschrieben werden soll.

„Das größte Problem besteht darin, dass der Rat für soziale Wohlfahrt, der eigentlich die Führung in der ganzen Kooperation übernehmen sollte, die Inhalte unserer Kurse überhaupt nicht verstanden hat. Ich denke, dass es selbst innerhalb der Verwaltung die Einsicht gab, nicht ausreichend Expertise zu haben, weswegen das Projekt aufgeschoben wurde. Bis dahin kann ich das nachvollziehen, aber der Wohlfahrtsrat zeigte nicht einmal eine Bereitschaft zum Lernen, er eignete sich kein Wissen und keine Kenntnisse an. Ich habe den Eindruck, dass er die aus der Partnerschaft hervorgehenden Vorteile überhaupt nicht richtig nutzen kann."

Vor diesem Hintergrund fordert er zukünftig eine ernsthafte Auseinandersetzung der Verwaltung mit den Vorteilen und Problemen, die sich aus Partnerschaftsprojekten ergeben. Die Probleme des engen Ressortdenkens seien lediglich ein Beispiel für die Nichtnutzung von Lehren für die Planung und Umsetzung zukünftiger Partnerschaftsprojekte zwischen Verwaltung und BürgerInnen. Dennoch spiegelt sich hierin auch die in der Literatur oft kritisierte Haltung der Verwaltung wider, wonach unter dem Deckmantel *kyōdō* für die Verwaltung kostengünstig Dienstleistungen an NPOs ausgelagert werden können, ohne Verwaltungshandeln selbst zu verändern. Hierauf richtet sich auch die Kritik von Herrn Tanaka und Herrn Yoshida. Beide beklagen bürokratische Unbeweglichkeiten. Die Beispiele bestätigen die Studie von Imase (2007), wonach die Verwaltung bei Outsourcing-Projekten die planende und prüfende Instanz bleibt, die von den Leistungen der NPOs zwar profitiert, aber keine Gleichberechtigung zulässt. In diesem Kontext reiht sich Frau Fukushimas Wunsch nach Evaluationsmaßnahmen von *kyōdō*-Projekten durch Dritte zu Verbesserung von *kyōdō* ein. In diesem Zusammenhang ist zu betonen, dass Partnerschaftsprojekte in der Evaluationsphase, also die gemeinsame, gleichberechtigte Bewertung von abgeschlossenen Partnerschaften durch Verwaltung und BürgerInnen gegenwärtig noch selten vorkommen, aber von den Bürgergruppen gefordert werden, um das Partnerschaftspostulat weiterzuentwickeln (vgl. Matsui 2011: 60f).

8.1.6   *Verbesserung von Partnerschaft: Wünsche und Kritik*

Festzuhalten ist demnach insgesamt eine Diskrepanz zwischen tatsächlicher Zusammenarbeit von Kommune und BürgerInnen und dem postulierten Paradigma Partnerschaft, welches auf Gleichberechtigung der Akteure in allen Phasen des politischen Prozesses – von der Planung bis zur Umsetzung – beruht. Normativ wird eine gleichberechtigte Partnerschaft auf allen Seiten begrüßt und mehr als die Hälfte den BürgervertreterInnen sehen die Gleichberechtigung durchaus eingelöst. Ungleiche Ressourcenverfügbarkeit bedeutet nicht zwangsläufig das Gefühl der Unterordnung. Allein der regelmäßige Kontakt zur Verwaltung ist bedeutsam. Die Bürgerseite orientiert sich stark an der Verwaltung, die Hälfte der Befragten gibt an, dass eine stärkere Unterstützung seitens der Verwaltung eine Voraussetzung für den Erfolg von Kooperationen ist. Keine der Gruppen gab den Wunsch nach Netzwerkbildung und nach mehr Anerkennung der zivilgesellschaftlichen Organisationen an. Für zukünftige Partnerschaften wünschen sich die Befragten vielmehr ein besseres Verständnis von Partnerschaft als auch ein besseres gegenseitiges Verständnis der jeweiligen Partner. Partnerschaft ist von der Verwaltung initiiert, die Bürgerseite bezieht sich konsequenterweise auf die Verwaltung als Kommunikationspartner, Förderer, Auftraggeber. Jenseits der subjektiven Wahrnehmung der befragten NPO-Mitglieder ist die Gleichberechtigung in dieser Konstellation zwangsläufig eingeschränkt.

Der Verwaltungsangestellte Herr Ōishida weist in diesem Zusammenhang darauf hin, dass Partnerschaft nicht ohne eine reife Zivilgesellschaft – also engagierte BürgerInnen, welche über ein Problembewusstsein, die Fähigkeit der Selbstorganisation sowie über Lösungsansätze für die Probleme verfügen – möglich sei. „Der Partnerschafts-Gedanke ist heute wie früher nicht ausreichend im Bewusstsein der Bevölkerung verankert" (Interview mit Ōishida Hisamune 2007). Er wünscht sich von den Bürgergruppen für die Verbesserung von Partnerschaften hauptsächlich mehr Eigenständigkeit. Aber auch die Bürgergruppen selbst scheinen sich nicht nur der seitens der Verwaltung geäußerten Kritik bzw. Verbesserungswünsche bewusst zu sein, vielmehr sind es gleichzeitig auch ihre Wünsche und Herausforderungen an sich selbst. Frau Fukushima wünscht sich die Stabilisierung der eigenen Gruppe durch eine Professionalisierung der einzelnen Mitglieder; die Einführung privatwirtschaftlicher Elemente und die Entwicklung betrieblicher Fähigkeiten fallen ihr zuerst ein, als nach der Verbesserung von Partnerschaft gefragt wird. Darüber hinaus ist sie sich bewusst, dass die Verwaltung die unzureichende finanzielle Selbständigkeit, die Umsetzung auf ausschließlich ehrenamtlicher Basis und die Altersstruktur als veränderungswürdig betrachtet.

Dagegen schreibt Herr Tanaka, Vorsitzender der Umweltgruppe, der Entwicklung eines Problembewusstseins auf der Bürgerseite die oberste Priorität zu. Seiner Meinung nach müssen die BürgerInnen stärker selbständig agieren und aktiv die Verwaltung ansprechen. Überlegungen, wie man die Verwaltung aktivieren und zur Durchführung neuer Partnerschaftsprojekte bewegen kann, stehen für ihn an erster Stelle der Wünsche für die weitere Kooperation. Vor diesem Hintergrund bezeichnet er das Sammeln und Aufbereiten von Informationen und Daten, die auf öffentliche Probleme hinweisen, als wichtigste Aufgabe der Verwaltung. Herr Katō vom *Yū Kidsclub* schlägt aufgrund seiner Partnerschaftserfahrungen vor, dass NPOs versuchen sollten, ihre Kenntnisse und Expertise einfach und verständlich zu formulieren. Ähnlich wie Herr Tanaka fordert auch er mehr Bewusstsein von den BürgerInnen, ihm geht es jedoch hauptsächlich um die Anerkennung und Akzeptanz von NPOs und anderen gemeinnützig engagierten Bürgergruppen:

> „In Japan kennen zwar viele Leute bis zu einem gewissen Grad Bürgerbewegungen, NPOs oder NGOs, aber letztlich denken sie, dass diese Gruppen nicht vertrauenswürdig sind. Dafür gibt es zwei Gründe. Die Aktivitäten von NPOs oder NGOs werden einfach häufig zu sehr mit politischen Aktivitäten assoziiert. Außerdem ist die Qualität der Leistungen dieser Gruppen oft niedrig. Dies hat wiederum damit zu tun, dass sie aus kleinen, ehrenamtlichen Gruppen hervorgegangen sind."

Vor diesem Hintergrund wünscht sich Herr Katō eine Professionalisierung der Bürgergruppen, die sich vor allem in einer Steigerung der Leistungsfähigkeit zeigen sollte. Billige, aber „schlechte" Dienstleistungen sollten zukünftig nicht mehr von NPOs angeboten werden. NPOs müssten angemessen mit den von ihnen aufgegriffenen Problemen umgehen und ein gewisses Niveau ihrer Dienstleistungen für die Bevölkerung garantieren.

> „Solange wie wir [NPOs] nicht die Fähigkeit besitzen, Probleme selbständig zu lösen, sollten wir gegenüber der Verwaltung kein Partnerschaftsanliegen äußern. Dies würde eine einseitige Forderung nach Unterstützung sein, aber keine Partnerschaft."

Herr Yoshida schätzt insgesamt das politische Niveau der BürgerInnen von Mitaka als durchaus hoch ein, wünscht sich jedoch eine weitere Erhöhung des Bewusstseins in Sachen Partizipation, aber auch mehr leicht zugängliche Informationen.

Die hier angeführten (selbst)kritischen Aussagen der vier interviewten NPO-VertreterInnen bestätigen das Bild von ressourcenschwachen, mitgliederarmen Bürgergruppen, welches sich bereits in den Ergebnissen der Fragebögen abgezeichnet hat. Allerdings könnte die Ressourcenschwäche in materieller bzw. finanzieller Hinsicht durchaus durch enge Beziehungen zu Stadträten, Abteilungsleitern der Stadtverwaltung, aber auch WissenschaftlerInnen kompensiert werden, da dadurch Zugänge zu Expertise und unterschiedlichsten Informationen gegeben sind. Unter diesen von allen angesprochenen möglichen Kontakten bleibt die wichtigste Informationsquelle aber aus Sicht der NPO-VertreterInnen die Verwaltung.

Auch eine Kompensation eigener Schwäche durch Unterstützung durch andere kommunale Akteure findet kaum statt; nur eine von 32 Gruppen gab im Fragebogen den Stadtrat als Institution an, die Zuarbeit und Unterstützung leiste, lediglich 4 von 32 der Gruppen arbeiten mit anderen NPOs und Bürgergruppen zusammen. Nicht nur als Informationsquelle, sondern auch als Quelle für Zuarbeit und Unterstützung bleibt wiederum die Verwaltung selbst wichtigster Kooperationspartner (10 von 32). Somit ergibt sich folgendes Bild: Auch die immateriellen Ressourcen wie Kommunikation, gegenseitige Unterstützung und Informationen, die die geringen materiellen Ressourcen der Bürgerseite in einem gewissen Umfang kompensieren könnten, ließen sich zwar aktivieren, faktisch werden sie bei der Umsetzung von Partnerschaftsprojekten jedoch kaum genutzt. Im Hinblick auf Ressourcen sind die Voraussetzungen für eine gleichberechtigte Kooperation demnach eher nur begrenzt vorhanden.

Zusammenfassend lässt die Auswertung der Kooperationspraxen in Mitaka folgende Aussagen zu: Das Partnerschaftsprinzip ist in Mitaka sowohl historisch als auch aktuell institutionell fest verankert. Die eingangs formulierte Erwartung, dass die Verwaltung in Mitaka vor diesem Hintergrund eine große Offenheit gegenüber einer stärkeren Einbindung der BürgerInnen in kommunale Aufgaben besitzt, bestätigt sich nur begrenzt. Einerseits ist der Grad an Institutionalisierung von Kooperation hoch. Wie im vorigen Kapitel dargelegt wurde, findet Kooperation im Rahmen ausdifferenzierter Regelungen und in Form innovativer Projekte wie der Einrichtung einer Planungszelle statt, die dem Image der Stadt als Vorreiter für bürgernahe, partizipatorische Kommunalpolitik gerecht werden. Gleichwohl strukturiert ein Großteil dieser institutionellen Rahmenbedingungen Partnerschaftsbeziehungen nicht direkt, vielmehr dienen sie als Informationen oder normative Handlungsgrundlagen sowie als Plattformen. Trotz der langen Tradition von Bürgerbeteiligung werden in Mitaka interessanterweise Förderrichtlinien und -instrumente wie Unterstützungsgelder und Verfahren zur Auswahl von Kooperationsprojekten nicht öffentlich bekanntgemacht. Die Aussage des Verwaltungsangestellten Herrn Ōishida, dass es keine einsehbaren Listen zu vergangenen Partnerschaftsprojekten gebe und grundsätzlich alle in Mitaka agierenden Bürgergruppen, Freiwilligenvereine, Nachbarschaftsorganisationen, aber auch Unternehmen und Berufsgenossenschaften potenzielle Partner der Stadt seien, deutet vor diesem Hintergrund eher auf informelle Aushandlungen von Partnerschaften hin. Insofern bestätigt sich die Annahme, dass in kleineren Kommunen aufgrund der Bekanntheit und Vernetzung der Verwaltung und der Bürgergruppen miteinander eher informelle Kooperationsmuster zu erwarten sind. Der

Rechtsstatus einer Gruppe spielt nicht grundsätzlich eine Rolle, sondern nur dann, wenn vertragsförmige Beziehungen beispielsweise bei Outsourcing-Projekten angestrebt werden. Auch Nachbarschaftsorganisationen und lose Freiwilligengruppen werden als Partner einbezogen. Trotz langer Erfahrungen mit Bürgerbeteiligung, ihrer offensichtlichen Akzeptanz seitens der Verwaltung und einem partizipationsfreundlichen Stadtrat bleibt die Zusammenarbeit mit Problemen behaftet: Die programmatisch mit dem Partnerschaftsparadigma formulierte gleichberechtigte Beziehung zwischen Verwaltung und BürgerInnen ist nur bedingt realisiert. Das Potenzial der Bürgerseite ist weniger stark, als man angesichts der langen Partizipationskultur in der Stadt hätte erwarten können. TrägerInnen sind wie anderswo mehrheitlich Frauen mittleren bis höheren Alters, die Ressourcenausstattung ist knapp. Ungleichheit in der Beziehung zwischen Verwaltung und Bürgergruppen ist vor allem angesichts des Mangels an Humanressourcen – seien es Angestellte oder Mitglieder – unvermeidlich. Sie hat weitreichende Folgen: die knappe Ressourcenausstattung der NPOs erklärt ihre starke Orientierung an der Verwaltung. Sie sind abhängig von der Verwaltung im Hinblick auf Informationen, Sach- und Fördermittel. Sach- und Fördermittel sind jedoch in allen Bereichen einer realen Leistungserbringung leichter zu akquirieren als in Projekten, die sich der Planung und Vorbereitung der Projekte selbst oder gar von Entscheidungsvorlagen für den Stadtrat wie zum Beispiel im Bereich der Stadtgestaltung und Stadtplanung widmen. Dieser Bereich ist folglich weitaus weniger häufig Gegenstand von Kooperation als konkrete soziale Vorhaben. Dies erklärt aber auch, warum die kooperationserfahrenen Bürger und Bürgerinnen ihren Einfluss auf die Stadtpolitik als gering einschätzen. Gleichwohl halten sie die Kooperation als Engagementform für wichtig, um perspektivisch eine neue Stadtkultur zu entwickeln.

Die Bürgergruppen und ihre VertreterInnen sind sich ihrer eigenen Schwächen durchaus bewusst. Allerdings verweisen alle auch auf Defizite auf Seiten der Verwaltung wie z.B. mangelnde Koordination, geringe Problemlösungskapazität und geringe Kreativität. Für sie ist Verbesserungsbedarf bei beiden Partnern gegeben. Hingegen sieht die Verwaltung die Schwachstellen, aber auch Entwicklungspotenziale allein auf der Bürgerseite; verwaltungsinterne Möglichkeiten, die letztlich ein größeres Verständnis für die Situation der Bürgergruppen bewirken könnten, werden nicht reflektiert. Partnerschaft in Mitaka bleibt somit trotz ihres guten Rufs als Reformkommune vor allem Unterstützung der Bürgerseite bei kommunalen Aufgaben und weitgehend abhängig von informellen persönlichen Beziehungen zwischen Bürgergruppen und der Verwaltung. Partnerschaft ist zum gegenwärtigen Zeitpunkt noch kein gemeinsames Reformprojekt von Bürgern und Verwaltung.

8.2 Shinjuku: kompetitive Partnerschaften auf dem Weg zur Professionalisierung

Die Umsetzung des Paradigmas *kyōdō* sei in Shinjuku vor allem auf die finanzielle Situation der Kommune zurückzuführen und werde seit 2004 praktiziert, so der Angestellte der Stadtverwaltung, Herr Terao. Seither hat die Verwaltung der Stadt in vielfältiger Form Partnerschaften gefördert.

Von den 47 Bürgergruppen, die an der Befragung teilgenommen haben, sind die meisten im Bereich der sozialen Dienste aktiv. Dies ist für die japanische Zivilgesellschaft zwar typisch – knapp 60 % aller Gruppen im Landesdurchschnitt arbeiten in diesem Bereich. In Shinjuku sind allerdings daneben die Bereiche „Erziehung/ Bildung", „Umweltschutz" sowie „Kunst und Kultur" fast ebenso häufig vertreten. Auch die Tätigkeitsfelder „Kinder" und „Stadterneuerung" folgen dicht dahinter. Insofern ist das Aktivitätsspektrum im zivilgesellschaftlichen Engagement breit gestreut und alle Bereiche – auch die politiknahen – relativ gleichmäßig vertreten.

Bezüglich der Organisationsstruktur der Bürgergruppen lassen sich zwei Typen ausmachen: Die Hälfte aller Gruppen sind NPOs mit einem Rechtsstatus, etwas mehr als ein Drittel sind Bürgergruppen ohne Rechtsstatus bzw. lockere Freiwilligengruppen. Nach Einschätzungen der Befragten bezüglich der Mitgliederstruktur der eigenen Organisation ergibt sich ein weniger homogenes Bild als in Mitaka: Zwei Fünftel gaben an, dass die Mitglieder mehrheitlich Frauen sind, rund ein Viertel, dass ihre Gruppen eher wenig weibliche Mitglieder hätten. Zur Altersstruktur der Mitglieder sagt knapp ein Drittel, dass viele der Mitglieder 60 Jahre und älter sind, ebenfalls ein knappes Drittel, wenige Mitglieder im Alter von über 60 Jahren zu haben. Alle Gruppen verzeichnen jedoch wenig junge und wenig ausländische Mitglieder. Die Hälfte der Gruppen hat weniger als 100 Fördermitglieder bzw. aktive Mitglieder; fünf der Gruppen haben unter 25 Mitgliedern und acht verfügen über 26-50 Mitglieder. Betrachtet man hingegen nur die aktiven Mitglieder, so ist der Anteil der Gruppen mit 1-25 Mitgliedern am höchsten (etwa ein Drittel). Immerhin können 15 der Gruppen auf eine relativ große Zahl registrierter individueller Mitglieder (101-500) blicken, allerdings geben dann nur noch vier dieser Gruppen an, dass diese Mitglieder auch aktiv sind. Insgesamt ist also die Spannbreite der Bürgergruppen breiter als in Mitaka, typische kleine, mitgliederarme Gruppen mit vor allem älteren weiblichen Aktivisten stehen größere Organisationen – in der Regel mit Rechtsstatus – gegenüber, die von Männern wie Frauen im mittleren Alter getragen werden.

Es ist vor allem dieser Typ Organisation, der personell besser ausgestattet ist, was für eine bessere Ressourcenausstattung der Gruppen im Vergleich zu den anderen Untersuchungskommunen spricht. Im Gegensatz zu Mitaka verfügt nur etwa ein Fünftel der befragten Gruppen in Shinjuku weder über voll- noch teilzeitarbeitendes Personal. Hingegen beschäftigt immerhin die Hälfte (24 von 47) aller antwortenden Gruppen ein bis fünf Festangestellte, was auf eine bessere Ausstattung mit finanziellen Ressourcen hindeutet. Allerdings ist dabei zu berücksichtigen, dass in Shinjuku – anders als in den anderen Kommunen – unter anderem zwei Stiftungen und eine Körperschaft der sozialen Dienste (*shakai fukushi hōjin*) als große, gut ausgestattete und verwaltungsnahe zivilgesellschaftliche Organisationen[75] an der Umfrage teilgenommen haben. In der Unterstützung durch Ehrenamtliche unterscheiden sich die Gruppen Shinjukus dagegen nicht wesentlich von denen Mitakas: Die Hälfte (24 von 47) der Organisationen gibt an, nicht durch Ehrenamtliche unterstützt zu werden.

---

75 Einen zusammenfassenden Überblick zu den verschiedenen zivilgesellschaftlichen Organisationen und ihren Gründungsbestimmungen geben Amemiya (1998) und Yamamoto (1999).

Tabelle 20: Personalausstattung aller befragten Bürgergruppen (in %)

Anzahl der beschäftigten Personen	Festangestellte (%)		Teilzeitkräfte (%)		Ehrenamtliche (%)	
	Shinjuku	Mitaka	Shinjuku	Mitaka	Shinjuku	Mitaka
Keine	31,9	70,2	34,0	64,9	51,1	57,9
1-5	51,1	21,1	44,7	19,3	14,9	12,3
6-10	10,6	5,3	14,9	7,0	6,4	8,8
11-50	4,3	3,5	6,4	8,8	21,3	15,8
51-100	2,1	0	0	0	4,3	5,3
>100	0	0	0	0	2,1	,0

Quelle: eigene Darstellung

Tabelle 21: Personal der Bürgergruppen in Shinjuku und Mitaka (Vollzeit- und Teilzeitbeschäftigte) (in %)

	Shinjuku	Mitaka
keine	21,3	50,9
1-5	31,9	17,5
6-10	23,4	17,5
11-50	21,3	14,0
51-100	2,1	0

Quelle: eigene Darstellung

Im Vergleich zu Mitaka gilt demnach für einen großen Teil der befragten Gruppen (zwei Fünftel), dass sie nur zwischen ein bis 50 aktive individuelle Mitglieder haben[76], aber über eine bessere personelle Ausstattung verfügen. Dass weitaus mehr der befragten Organisationen über einen NPO-Rechtsstatus als in Mitaka – in Shinjuku die Hälfte, in Mitaka nur ein Fünftel – verfügen, ist sicherlich auch ein Indiz für die besseren personellen Ressourcen, da gewisse personelle und organisatorische Voraussetzungen für die Gründung einer NPO erfüllt sein müssen. Anders als in Mitaka ist die Streuung der Aktivitätsbereiche, in denen Partnerschaften zustande gekommen sind, breit. Neben Kooperationsprojekten im Wohlfahrtsbereich, die die Mehrzahl ausmachen, wurde auch in Bereichen wie Umweltschutz, lokale Sicherheit, Stadterneuerung zusammengearbeitet.

---

76   In Mitaka haben 71,1 % der Gruppen 1-50 aktive Einzelmitglieder.

Fallbeispiel im Wohlfahrtsbereich: NPO Shinjuku Moyai[77]

Herr Inaba Tsuyoshi ist Vize-Vorsitzender der NPO *Shinjuku Moyai*, die im Jahr 2001 gegründet wurde und sich im Bereich Wohlfahrt engagiert. Die NPO bietet vielfältige Hilfe für Obdachlose und Menschen an, die von ihrem Einkommen nicht leben können, sogenannte working poor. Hierzu zählt praktische Unterstützung beim Neustart in ein Leben mit festem Wohnsitz, wie z.B. Begleitung bei Behördengängen, Beratungsgespräche, Aufzeigen von weiteren Unterstützungsmöglichkeiten; in Problemfällen hat sie in der Vergangenheit in Einzelfällen Mediationsaufgaben übernommen, wenn Probleme bei der Wohnungsvermittlung für Obdachlose auftraten. Daneben unterstützt sie verschiedene Angebote für den Aufbau und die Pflege sozialer Kontakte (Teestube, Informationsabende usw.), um soziale Isolation der Betroffenen nach deren Neustart vermeiden bzw. überwinden zu helfen. Hierzu nutzt sie z.B. das Café, das sie seit 2008 mit eigener Kaffeerösterei für fair gehandelten Kaffee betreibt. Ziel des Cafés ist, Obdachlosen einen Raum zu schaffen, wo sie sich mit anderen Menschen treffen und unterhalten können. Die NPO ist augenscheinlich gut organisiert, ihre ungewöhnlich gut strukturierte Homepage wird regelmäßig aktualisiert, über die Organisationsstruktur, das interne Entscheidungssystem sowie aktuelle Aktivitäten wird gut verständlich informiert. Dies verweist auf intellektuelle und materielle Ressourcen und einen gewissen Grad an Professionalisierung, wie er bei japanischen NPOs durchaus nicht der Regelfall ist. Vielmehr ist eine suboptimale Internetpräsenz japanischer NPOs eher als die Regel zu bezeichnen (Canstein 2007).

Die Gruppe arbeitet mit der Stadt Shinjuku bzw. angegliederter Organisationen bei einem Schulungsangebot für die Verwaltung zusammen. In diesem Rahmen unterstützt die NPO die jährlich unter der Schirmherrschaft des städtischen Bildungsausschusses stattfindende Schulung zum Thema Menschenrechte, die sich an Lehrer und Lehrerinnen richtet. Bislang einmalig unterstützte sie auch ähnliche Fortbildungsangebote des Bildungsausschusses der Stadt Kita, welche ebenfalls in der Präfektur Tōkyō liegt. Darüber hinaus arbeitet *Shinjuku Moyai* in konkreten Einzelfällen als Mediator im Rahmen der Wohnungsvermittlung an Obdachlose bei der Lösung von Problemen mit den Nachbarn u.ä. mit. Zudem unterstützte die Gruppe die Stiftung Tokyo Association of Certified Social Workers beratend im Rahmen eines Outsourcing-Projekts mit der Kommune, welches die Einrichtung und die Unterhaltung einer Beratungsstelle für Obdachlose zum Inhalt hat.

Fallbeispiel Umweltbereich: NPO Neko dasuke (Hilfe für Katzen)

Frau Kudō Kumiko ist Vorsitzende der NPO „Hilfe für Katzen", die im Jahre 1997 gegründet wurde und 1999 den Rechtsstatus einer NPO erlangte. Die Gruppe sieht ihren Schwerpunkt in dem Engagement für herrenlose Katzen in der Stadt als einen Beitrag zur Verbesserung der städtischen Lebensumwelt. Die NPO umfasst etwa 680 Mitglieder, von denen sich etwa zehn Personen um das Alltagsgeschäft im Büro und weitere zehn Personen direkt vor Ort um Katzen kümmern. Das Durchschnittsalter der Gruppe liegt bei ca. 40 Jahren.

Der Ausgang für die Kooperation zwischen Kommune und NPO war die Auseinandersetzung zwischen der Stadt und einzelnen Aktivisten hinsichtlich des Schutzes streunender

---

77   Das Wort *moyai* bedeutet „Tau, mit dem ein Schiff an Land befestigt wird".

Katzen in der Stadt. Die Aktivisten arbeiteten zum damaligen Zeitpunkt individuell und unter Einsatz privater finanzieller Mittel für tierärztliche Behandlungen sowie für Sterilisation und Kastration. In Reaktion auf die Untätigkeit der Stadt, wandte sich die NPO an die Stadtverwaltung und bot das Gespräch über mögliche Lösungsansätze im Rahmen der bestehenden Gesetze an. Die NPO bot Informationen und Fachkenntnis über Tierschutz und motivierte die Behörden zur Aufstellung eines Modellplans für den Umgang mit dem Problem. Dieser „Modellplan für ein Zusammenleben mit herrenlosen Katzen"[78] wurde 1998 von der Präfektur Tōkyō veröffentlicht. Über die endgültige Umsetzung des Plans sollten die einzelnen Kommunen entscheiden, wobei die finanzielle Unterstützung seitens der Präfektur auf drei Jahre nach Veröffentlichung des Plans beschränkt war. Im Jahre 2000 hatte die Kommune immer noch keine konkrete Position zur Umsetzung des Planes bezogen. Die NPO befürchtete letztlich die Aushöhlung des Plans und schlug die Durchführung des Plans in Form eines Kooperationsprojekts vor. Trotz massiver Finanzprobleme akzeptierte die Verwaltung diesen Vorschlag. 2001 entschied die Verwaltung Shinjukus letztlich, dem Modellplan zu folgen und machte damit den Weg zu diesem Partnerschaftsprojekt frei.

Fallbeispiel Stadtgestaltung: Yotsuya jūmin kyōgikai (Stadtteilkonferenz Yotsuya)

Herr Ōtomo Toshirō war zum Zeitpunkt des Interviews Vize-Vorsitzender der Stadtteilkonferenz des Stadtteils Yotsuya in Shinjuku, die im Oktober 2005 gegründet wurde. Personen, die in Yotsuya wohnen, arbeiten oder studieren sind grundsätzlich berechtigt, an der Stadtteilkonferenz teilzunehmen. Die insgesamt 43 Mitglieder der Stadtteilkonferenz stammen aus Nachbarschaftsorganisationen, lokalen Bürgergruppen wie PTAs, NPOs, Frauenvereinigungen usw., sind ehrenamtliche Sozialfürsorger (*minsei iin*) sowie BürgervertreterInnen, die über eine öffentliche Ausschreibung ausgewählt wurden. Es handelt sich nach Aussagen von Herrn Ōtomo vor allem um ältere BürgerInnen, die sich einbringen. Interessanterweise ist eine Mitgliedschaft der Privatwirtschaft nicht möglich. Dies widerspricht in gewisser Weise der Idee lokaler Partnerschaften, die Kooperation als gemeinsame Ausgabe aller Akteure im lokalen Raum versteht. Die Stadtteilkonferenz unterteilt sich in fünf Untergruppen, die sich mit verschiedenen Themen befassen (Stadtplanung/ Stadtdesign, Kinder und ältere Leute, Begrünung, Revitalisierung der lokalen Gemeinschaft und öffentliche Sicherheit auf lokaler Ebene).

Aus Sicht von Herrn Ōtomo ist allein die Existenz und die Leitung der Stadtteilkonferenz durch BürgerInnen bereits ein Partnerschaftsprojekt von BürgerInnen und Verwaltung. Daneben liefen zum Zeitpunkt des Interviews zwei weitere Kooperationsprojekte. Eines setzte sich den Schutz von Kindern im Stadtviertel zum Ziel. Grund dafür war die Zunahme von Überfällen und Missbrauch, denen Kinder zum Opfer fielen. Das Projekt wurde gemeinsam mit einer lokalen Bürgerinitiative, die sich für die Sicherheit von Kindern und Jugendlichen einsetzt, entwickelt. Die Mitglieder der Stadtteilkonferenz begrüßten entlang der Schulwege morgens in eigens gekennzeichneten T-Shirts die Schulkinder des Bezirks, um sich so als vertraute AnsprechpartnerInnen der Kinder vorzustellen, die auch in Notfällen für Unterstützung bereitständen. Gleichzeitig bauten sie ein Kommunikationsnetz mit der Verwal-

---

78   An der Ausarbeitung dieser Richtlinien war die Gruppe „Hilfe für Katzen" beratend tätig und hatte einen maßgeblichen Einfluss auf die Formulierung einzelner Punkte.

tung auf, um im Notfall schnell Maßnahmen einleiten zu können. Das zweite Projekt hatte das Ziel, entsprechend eines Beschlusses des Stadtrats bei der Lösung des Problems von widerrechtlich geparkten Fahrrädern an den Bahnhöfen mitzuwirken. Die Stadtteilkonferenz entwickelte in diesem Zusammenhang die Kampagne „Lasst uns zum Bahnhof laufen" und warb dafür, indem ihre Mitglieder an die am Straßenrand geparkten und damit den Fußweg versperrenden Fahrräder Aufkleber zur Kampagne befestigten.

Fallbeispiel im Bereich Kinder: Shinjuku purēpāku kyōgikai (Bürgerausschuss „Spielplätze in Shinjuku")

Frau Shinohara Irie ist die Sprecherin des inzwischen der Verwaltung angegliederten Bürgerausschusses „Spielplätze in Shinjuku", welcher auf eine Initiative von BürgerInnen zurückgeht. Im Jahre 1998 gründeten vor allem Mütter im Bezirk Toyama eine kleine Spielgruppe, um Kindern die Möglichkeit zu geben, gemeinsam im Freien zu spielen. Sie trafen sich mit ihren Kindern einmal pro Woche im Toyama-Park, der zu Shinjuku gehört. Zunächst hatte die Gruppe wenig Kontakt zur Verwaltung. Im Jahre 2002 kontaktierte sie dann allerdings das erste Mal die Verwaltung Shinjukus, um Fördermittel zu erhalten. Zu diesem Zeitpunkt entwarf die Stadtverwaltung gerade den „Plan zur Unterstützung der Ausbildung und Erziehung der nächsten Generation" (*Jisedai shien ikusei keikaku*) (Shinjuku-ku 2002). In diesem Zusammenhang entwickelte sie Interesse an den Aktivitäten der Gruppe und unterbreitete den Vorschlag, die Gruppe als Einrichtung städtische Institution umzustrukturieren und ihre Aktivitäten im Rahmen der Umsetzung des Förderungsplans in die Angebote der Stadtverwaltung für die Bürger und Bürgerinnen zu integrieren, um damit die Ideen und Aktivitäten der Gruppe für ganz Shinjuku zu nutzen. Die Gruppe fand den Vorschlag attraktiv. Sie betrachtete ihn als Chance, ihre Aktivitäten auszubauen. So kam die Zusammenarbeit zustande, etwa ab 2003 begann die Stadtverwaltung von Shinjuku dann, der Gruppe auch finanzielle Unterstützung (*joseikin*) anzubieten und sie bei der Einwerbung von Spenden durch Empfehlungsschreiben zu unterstützen. Auf der Grundlage eines Konzepts, das die Gruppe erstellte und das detailliert Vorschläge zu Finanzierung und personeller Ausstattung enthielt, wurde im Jahre 2006 schließlich der an die Verwaltung angegliederte Ausschuss „Spielplätze für Shinjuku" gegründet. Neben der ursprünglichen Initiativgruppe beteiligte die Stadt weitere Gruppen mit ähnlicher Mission, die zu diesem Zeitpunkt bereits in einem horizontalen Netzwerk kooperierten, an der neuen Institution. Damit sollte nach Aussagen von Frau Shinohara Transparenz und Gleichbehandlung zwischen den Gruppen gewährleistet und Akzeptanz geschaffen werden. Mit der Einrichtung des Ausschusses begann die Partnerschaft zwischen Verwaltung und BürgerInnen offiziell. Seitdem werden seine Aktivitäten wie das Einrichten von Spielplätzen in öffentlichen Parkanlagen teilweise unterstützt. Durch die Fördermittel konnten die Aktivitäten ausgeweitet werden, und die Anerkennung durch den Stadtrat sei gestiegen, so Frau Shinohara.

8.2.1   Struktur der Partnerschaften

In Shinjuku gestaltet sich die Struktur der Kooperationsbeziehungen anders als in Mitaka, da fast zwei Drittel der NPOs mit Kooperationserfahrung über einen Rechtsstatus verfügten. Dabei sind neben klassischen bürgerschaftlichen Non-Profits auch Körperschaften des öffentlichen Rechts und Stiftungen vertreten.

Tabelle 22: Status der Organisationen mit Kooperationserfahrung (in %)

	Shinjuku	Mitaka
Nachbarschaftsorganisationen	0	9,4
Freiwilligengruppe	7,1	31,3
Bürgergruppe ohne Rechtsstatus	28,6	31,3
NPO mit Rechtsstatus	50,0	15,6
Körperschaft des öffentlichen Rechts	0	0
Körperschaft der sozialen Dienste	3,6	0
Rechtsfähige Stiftung	7,1	0
Sonstiges	3,6	12,5
Total	100,0	100,0

Quelle: eigene Darstellung

Der Unterschied ist zu einem gewissen Teil mit der Förderpolitik der Kommune erklärbar. Shinjuku präferiert zwar nicht ausschließlich NPOs mit Rechtsstatus, sondern hat seine Förderinstrumente auch gegenüber Freiwilligengruppen (*borantia dantai*) ohne Rechtsstatus und Bürgerinitiativen geöffnet, wendet sich aber anders als Mitaka nicht an die traditionellen in den Nachbarschaften aktiven Gruppen (Shinjuku-ku 2004b: 4). Angesichts der geringeren lokalen Bindung der Engagierten, die häufig pendeln, wird damit offenbar der sinkenden Bedeutung von nachbarschaftsgebundenen Gruppen Rechnung getragen. In der Partnerstruktur zeigt sich zudem als zweite Besonderheit, dass Shinjuku als Standort zahlreicher Organisationen und Stiftungen auch diese anspricht, wogegen in Mitaka zwar alle zivilgesellschaftlichen Organisationen als Partner einbezogen werden, große Stiftungen oder gemeinnützige Verbände aber keine Rolle spielen.

Shinjuku praktiziert gegenwärtig bei der Umsetzung von Partnerschaftsprojekten zwei Verfahren: Ausschließlich für NPOs mit Rechtsstatus und Hauptsitz in Shinjuku, die sich zuvor bei der Kommunalverwaltung registriert haben, steht ein Fonds bereit, aus dem die Organisationen Mittel für Kooperationsprojekte beantragen können. Darüber hinaus wird im Rahmen eines öffentlichen Ausschreibungsverfahrens von Kooperationsprojekten unabhängig vom Rechtsstatus allen Bürgergruppen die Möglichkeit eröffnet, sich mit einem Initiativprojekt für eine Förderung zu bewerben. Gefördert werden Projekte von Bürgergruppen über eine Laufzeit von einem Jahr mit einem relativ hohen Budget. Die Vergabe der Mittel erfolgt kompetitiv, d.h. die Kommune generiert ihre Partner im offenen Wettbewerb, um so Professionalität, Effizienz, Originalität sowie Innovation zu sichern.

Dieses Verfahren führt dazu, dass de facto von 31 Antragstellern, die positiv vorbegutachtet und zur Präsentation eingeladen wurden, nur zwei Organisationen ohne Rechtsstatus waren. Letztlich wurde lediglich ein Projekt durch eine Freiwilligengruppe ohne Rechtsstatus durchgeführt (vgl. Tabelle 23).

Tabelle 23: Anzahl, der über das offene Ausschreibungs- und Beantragungssystem ausgewählten Partnerschaftsprojekte und Rechtsstatus der ausführenden Bürgergruppen in Shinjuku

Jahr	Projekt-Anträge	Bei der Präsentation vorgestellte Projekte	Rechtsstatus		Ausgewählt	Rechtsstatus	
			mit	ohne		mit	ohne
2007	30	10	9	1	5 Projekte	4*	1
2008	17	6	6	0	2 Projekte	2**	0
2009	23	11	10	1	5 Projekte	5***	0
2010	14	6	6	0	3 Projekte	3****	0

*	6 NPOs (1 Projekt wurde von 3 NPOs gemeinsam durchgeführt) und 1 Stiftung
**	2 NPOs
***	4 NPOs und 1 Stiftung
****	3 NPOs

Quelle: Shinjuku-ku 2010a

Faktisch werden also NPOs mit Rechtsstatus präferiert. Zu vermuten ist, dass diese Organisationen insgesamt bei der Verwaltung ein höheres Vertrauen genießen, da sie im Zusammenhang mit der Beantragung einer Eintragung als registrierte NPO bereits umfangreich im Hinblick auf ihre Personal- und Finanzstruktur verwaltungsseitig geprüft und anerkannt wurden. Und tatsächlich räumt Herr Terao im Interview ein, dass es wegen des verwaltungstechnischen Aufwandes und des Personalmangels manchmal unmöglich sei, einzelne Antrag stellende Gruppen inhaltlich und strukturell eingehend zu prüfen. Dies gelte sowohl für die Projektbewilligung als auch für die Evaluation von Kooperationsprojekten im Allgemeinen. Er deutet damit indirekt an, dass sich der Rechtsstatus einer NPO durchaus günstig auswirkt, weil er als „Qualitätsmerkmal" gelte und die Verwaltung bei der Auswahl und Organisation von Partnerschaftsprojekten entlaste.

8.2.2   Verständnis von Partnerschaft

Die Stadt Shinjuku gibt im Gegensatz zu den anderen Kommunen keine klare Definition von Partnerschaft. Vielmehr werden vor allem in dem Plan zur Förderung von Kooperation (Shinjuku-ku 2004a) und dem Partnerschaftsleitfaden (Shinjuku-ku 2004b) ausführlich die gesellschaftlichen Hintergründe, Grundprinzipien und Ziele umfassend formuliert. Im Interview betont Herr Terao, dass es durchaus verschiedene Formen und Inhalte von Partnerschaft gäbe. Insbesondere sei die Partizipation der BürgerInnen bei Planungsprozessen und somit die politische Komponente von Kooperationsprojekten von großer Bedeutung, da diese Form von Zusammenarbeit notwendig für den Legitimierung und den Fortbestand der Verwaltung sei. Auch könne man Outsourcing durchaus als eine Form von Kooperation betrachten. Entscheidend sei die Formulierung des Vertrages.

Dass sich die partnerschaftserfahrenen Bürgergruppen ausführlich mit dem Konzept *kyōdō* und dessen Bedeutung für die Interaktion mit der Verwaltung auseinandersetzen, zeigen die Interviewaussagen der von uns befragten NPO-Vertreter. Diese beziehen sich in ihrem Verständnis von Partnerschaft auf etablierte Definitionen aus der Wissenschaft bzw. der Verwaltung, setzten gleichwohl aufgrund ihrer praktischen Erfahrungen hier mit ihrer Kritik an. So betont Frau Kudō, die Vorsitzende der NPO „Hilfe für Katzen", z.B., dass allein die Zusammenarbeit zwischen Verwaltung und NPOs noch keine Partnerschaft sei:

> „Die Verwaltung unterliegt einem Irrtum. Sie fasst Partnerschaft/ *kyōdō* als Beziehung zwischen Freiwilligen und der Verwaltung auf und spricht von der so genannten Partnerschaft zwischen dem öffentlichen und dem privaten Sektor [*kan-min-kyōdō*]. Diese von der Verwaltung angesprochene Partnerschaft bezieht sich also auf zwei Akteure. [...] Richtige Partnerschaft bedeutet hingegen die Involvierung von drei Akteuren, nämlich der Verwaltung, lokaler Bürgerorganisationen bzw. Nachbarschaftsvereinigungen und den NGOs/ NPOs."

Frau Kudō differenziert also die Bürgerseite in traditionelle nachbarschaftsnahe Gruppen und NPOs/ NGOs. Sie richtet damit den Blick auf die zahlreichen kleinen Gruppierungen, die ohne Rechtsstatus arbeiten, aber unter den Förderbedingungen der Stadt kaum berücksichtigt werden. Sie geht so weit zu sagen, dass die ausschließlich auf Fördermitteln für NPOs basierende Beziehung zwischen Verwaltung und Freiwilligen nach ihrem Verständnis keine Partnerschaft/ *kyōdō* sei.

Herr Inaba von der Gruppe *Shinjuku Moyai*, die sich für Obdachlose engagiert, betrachtet das Partnerschaftsparadigma ähnlich kritisch wie Herr Tanaka von der Umweltgruppe in Mitaka. Vor dem Hintergrund, dass sich hinter *kyōdō* oft Outsourcing-Projekte der Verwaltung verbergen, die der Verwaltung bei Auslagerung von Dienstleistungen an NPOs Kostenersparnis und gleichzeitig auch eine gewisses Maß an Imageverbesserung bringen, formuliert Herr Inaba kritisch, dass *kyōdō* nicht dazu dienen sollte, soziale Leistungen, die eigentlich von der Verwaltung angeboten werden sollten, auf Bürgergruppen abzuwälzen und die Leistungen dann der Verwaltung zu Gute zu schreiben. Er reagiert damit auf Erfahrungen mit der Verwaltung, die der Verwaltungsangestellte Terao im Interview bestätigt. Demnach seien die Beweggründe von *kyōdō* nicht nur in einer programmatischen Beteiligung von BürgerInnen als neue Akteure in lokalen Governance-Strukturen zu sehen, sondern eben auch durchaus in der finanziellen Lage der Kommune und den damit verbundenen negativen Konsequenzen für die Leistungserbringung der Verwaltung in Zeiten zunehmenden Personalmangels. Aus Sicht von Herrn Inaba ist dies jedoch genau das Problem: Er kritisiert, dass *kyōdō* nur der Kompensation von Verwaltungsversagen diene, wobei die Bürgergruppen als „soziale Ressource" genutzt werden, ohne ihnen ausreichend Anreize oder Vorteile zu bieten. Den Hintergrund für diese kritische Haltung bilden seine langjährigen negativen Kooperationsaktivitäten und -erfahrungen und die der gesamten NPO *Moyai* mit der Verwaltung. Im Gegensatz dazu betont Frau Shinohara, deren Gruppe sich für den Kinderschutz engagiert, dass gerade im Aufdecken von Problemen sowie in der Erstellung von Aktionsplänen durch die BürgerInnen selbst und die Unterstützung dieser durch die Verwaltung die Bedeutung von Partnerschaft/ *kyōdō* liege.

Die Sichtweise auf Partnerschaft unterscheidet sich demnach je nach Position der Bürgergruppen zur Verwaltung. Gruppen, die an sozialen Brennpunkten, wie der Obdachlosenhilfe, aktiv sind, stehen zwangsläufig angesichts ihrer ständigen Konfrontation mit sozialer Polarisierung und mangelnder Sozialstaatlichkeit häufiger in kritischer Distanz zur Verwaltung. Das gilt für Shinjuku ebenso wie für Mitaka. Diese Gruppen stehen auch dem Partnerschaftsparadigma skeptischer gegenüber als Gruppen, die sich für Kinder oder alte Menschen engagieren.

8.2.3   Motivation und Beweggründe

Die unterschiedlichen Grundeinstellungen zur Verwaltung spiegeln sich auch in den Motivationen und Gründen für das Eingehen von Partnerschaften wider. Frau Shinohara nannte im Interview vor allem zwei Gründe für das Kooperieren mit der Stadt. Einerseits ging es der Gruppe um die Beseitigung des Mangels an Spielplätzen für Kinder, andererseits um den Aufbau eines Netzwerkes aus verschiedenen Bürgergruppen. Für beides sei die Kooperation mit der Verwaltung wichtig. Die Motivation für die NPO „Hilfe für Katzen" sieht ihre Vertreterin Frau Kudō in dem „Abbau von konfrontativen Beziehungen zwischen einzelnen zivilgesellschaftlichen Aktivisten und der Verwaltung" und in dem damit verbundenen Aufbau „neuer produktiver Beziehungen" (Interview mit Kudō 2008). Die Motivation beider Frauen, mit der Stadt eine Partnerschaft einzugehen, ist vor allem mit dem Wunsch nach einer Bündelung von Ressourcen verschiedener zivilgesellschaftlichen Gruppen mithilfe der Vernetzung von Bürgergruppen verknüpft. Für Herrn Ōtomo, den Vorsitzenden der Stadtteilkonferenz Yotsuyas rührt die Motivation für Kooperation aus der Schwächung traditioneller Nachbarschaftsorganisationen her. Mit dem Funktionsverlust der Nachbarschaftsvereinigungen sei der Wunsch nach Gründung einer lockeren Organisation, die aber trotzdem auf dem Wohnort als definierendes Element beruht, lauter geworden. Mit ihr sollten auch die Bürger und Bürgerinnen „eingefangen" werden, die bisher nicht in die traditionellen, lokalen Bindungen, wie sie über die Nachbarschaftsorganisationen und Organisationen der Geschäftsleute gewachsen sind, integriert waren. Der beim Interview anwesende Verwaltungsangestellte stimmt dem zu:

> „Warum hat die Verwaltung diese Stadtteilkonferenz gegründet, obwohl es doch schon Nachbarschaftsvereinigungen gibt? Hmm... ja, Nachbarschaftsvereinigungen bleiben nach wie vor die größte an den Wohnort gebundene Organisationsform, aber die Verwaltung konnte nicht ignorieren, dass auch viele andere Gruppen mit ihren eigenen Zielsetzungen aktiv sind. Die Idee der Verwaltung war, dass diese Gruppen vielleicht für die Lösung der lokalen Probleme bzw. für die Aufrechterhaltung der lokalen Lebendigkeit zusammenarbeiten könnten. So haben wir die BürgerInnen gebeten, mit uns [der Verwaltung] zusammen die Stadtteilkonferenz zu gründen."

Herr Inaba und seine NPO *Shinjuku Moyai* vermeiden aus den oben angesprochenen Gründen die Partnerschaftsrhetorik, wenn sie mit der Verwaltung kooperieren. Die Gruppe versucht vor allem, zwischen den BürgerInnen ein horizontales Netzwerk aufzubauen, um effektiv und direkt zu arbeiten. Aber um ihre Mission zu realisieren, nämlich Obdachlosen helfend zur Seite zu stehen, müsse sie – so Herr Inaba – in einigen Fällen dennoch mit der Verwaltung zusammenarbeiten, denn es gäbe Dinge, die nur die Verwaltung könne. Vor diesem Hintergrund sei das Ziel der Gruppe, der Verwaltung eine realistische Rolle aufzuzeigen und sie zum Handeln zu bewegen, so Herr Inaba. Es ist zu vermuten, dass kritische Bürgergruppen wie *Shinjuku Moyai* oder auch die Umweltschutzgruppe in Mitaka sich zwar teilweise an sogenannten Partnerschaftsprojekten beteiligen, die nicht dem Idealtyp von *kyōdō* entsprechen, sondern faktisch Outsourcing-Vorhaben sind, hierin aber letztlich eine Möglichkeit der Veränderung der Verwaltung sehen.

8.2.4 Qualität der Kooperationsbeziehungen

Insgesamt ergeben die Bewertungen von Kooperationsvorhaben in Shinjuku, dass gute Vernetzungen zwischen den befragten Bürgergruppen und der Verwaltung bestehen. Zwei Drittel (15 von 24) der Bürgergruppen mit Kooperationserfahrung geben persönliche Beziehungen zu den Stadträten und etwas mehr als zwei Drittel (16 von 24) zu Abteilungsleitern der Stadtverwaltung an. Die Verwaltung wird gleichzeitig als wichtigster Unterstützer (8 von 28) und als zweitwichtigster Informant (5 von 27) genannt. Während die Informationsquellen der kooperationserfahrenen Bürgergruppen in Mitaka sich über Stadträten und Verwaltung, andere Bürgergruppen sowie unspezifizierte Informanten relativ ausgewogen verteilen, beziehen in Shinjuku die meisten Gruppen ihre Informationen aus anderen Quellen als Verwaltung, Bürgergruppen, Stadträten oder Nachbarschaftsorganisationen. Dies spricht für diversifizierte persönlichen Beziehungen und Informationsnetzwerke der befragten NPOs. Interessant sind vor allem die Beziehungen zu Nachbarschaftsorganisationen; während nur eine der Bürgergruppen ohne Kooperationserfahrung persönliche Beziehungen zu den Leitern der Nachbarschaftsvereinigungen unterhält, hat fast die Hälfte der kooperationserfahrenen Bürgergruppen in Shinjuku (11 von 24) Kontakt. Allerdings geben nur 2 der 28 dieser Gruppen an, von den Nachbarschaftsorganisationen aktiv unterstützt zu werden. Wie in Mitaka besteht demnach Austausch zwischen Bürgergruppen und Nachbarschaftsorganisationen, beide Organisationsformen bestehen jedoch eher nebeneinander, ohne sich systematisch zu vernetzen und Synergieeffekte zu nutzen. Die Kooperation mit anderen „modernen" zivilgesellschaftlichen Gruppen ist hingegen etwas intensiver; 6 von 28 bejahten eine Unterstützung und Zuarbeit durch andere Bürgergruppen und NPOs. Ähnlich wie in Mitaka belegen diese Zahlen damit die in der Literatur oft beschriebene Dichotomie von „traditionellen" (Nachbarschaftsorganisationen) und „modernen" (NPOs) Organisationsformen (Pekkanen 2006) in japanischen Kommunen, aber auch die schwach ausgeprägte Zusammenarbeit von NPOs untereinander.

Auf die Voraussetzungen für eine erfolgreiche Partnerschaft mit der Stadtverwaltung angesprochen, geben zwei Drittel an, dass gegenseitiges Verständnis der Kooperationspartner, gefolgt von einer stärkeren Unterstützung durch die Verwaltung (16 von 28), die wichtigste Voraussetzung für eine wirkliche partnerschaftliche Beziehung sei. Immerhin knapp die Hälfte der befragten Gruppen (13 von 28) nannte daneben eine Ausweitung der Zusammenarbeit mit anderen Gruppen als Voraussetzung. Trotz der Diskrepanz zwischen der Bedeutungszuschreibung von Vernetzung zwischen Bürgergruppen als Voraussetzung für eine erfolgreiche Kooperation und der faktisch geringen Zusammenarbeit mit anderen Bürgergruppen, gab nur eine der Gruppen auf die Frage nach Wünschen zur Verbesserung von zukünftigen Kooperationen explizit den Wunsch nach einer stärkeren Vernetzung an. Während in Mitaka im Kontext der Verbesserung von *kyōdō* mit der Verwaltung der Wunsch nach einer besseren Ressourcenausstattung im Vordergrund steht, überwiegen in Shinjuku vor allem Wünsche nach Gleichberechtigung der Kooperationsbeziehung, mehr gesellschaftlicher Anerkennung zivilgesellschaftlicher Organisationen und ihrer Leistungen sowie mehr gegenseitigem Verständnis. Die Bedeutung immaterieller Aspekte von Partnerschaft mit der Verwaltung in Shinjuku überrascht insofern nicht, weil die involvierten NPOs über eine bessere personelle Ausstattung als in Mitaka verfügen.

Die relative personelle Stärke der kooperationserfahrenen Organisationen in Shinjuku geht mit einem höheren Anteil von Gruppen mit Rechtsstatus einher. Die Erlangung des Rechtsstatus erfordert wie bereits angesprochen eine gewisse Professionalisierung und Kontinuität, um die mit ihm verbundenen Auflagen wie Rechenschaftspflicht, angestelltes Personal und Mindestkapital zu erfüllen (Foljanty und Aoki 2008). Dennoch haben reine Outsourcing-Projekte eine weitaus geringere Bedeutung als in Mitaka; nur eine Gruppe gab an, dass es sich um Outsourcing handelte. In der praktischen Kooperation beruht die große Bedeutung von gemeinsamen Projekten im Bereich der Stadtgestaltung nach Aussagen der Mitglieder darauf, dass Beteiligung mehr als allein ein Einsparprogramm ist. Kinderbetreuung und Kinderschutz sind ebenso wie Hilfsmaßnahmen für Randgruppen verknüpft mit der Erwartung einer Beteiligung an Planungs- und Entscheidungsprozessen. Dies zeigen die von den Bürgergruppen genannten Ziele. Die zweitgrößte Gruppe der Befragten (11 von 20) verbindet mit Partnerschaft das Ziel, an kommunalen politischen Entscheidungen teilzunehmen. Gleichwohl sieht auch in Shinjuku die Mehrheit der Gruppen (14 von 20) das wichtigste Ziel von Kooperation in der Umsetzung politischer Entscheidungen. Je ein knappes Drittel gibt als Ziel an, dass die Erhöhung der Einnahmen ihrer Gruppe bzw. die Selbstverwirklichung der Mitglieder das wichtigste Kooperationsziel sei.

Die Kooperationen der von uns befragten Bürgergruppen in Shinjuku erscheinen demnach stärker politisch motiviert zu sein als die Mitakas. Die Interviews verstärken dieses Bild; die Kooperationen der vier befragten Bürgergruppen waren bzw. sind maßgeblich im Bereich der Planung kommunalpolitischer Maßnahmen angesiedelt. Während Herr Terao aus Sicht der Stadtverwaltung Partnerschaft/ *kyōdō* eine Bürgerautonomie fördernde Funktion zuspricht, bewerten die befragten NPO-Vertreter ihre *kyōdō*-Projekte im Hinblick auf die Entwicklung von Bürgerautonomie folgendermaßen: Frau Kudō von der NPO „Hilfe für Katzen" bestätigt einen maßgeblichen Einfluss der NPO auf die Ausgestaltung der städtischen Politik, aber auch der gesamten Präfektur Tōkyō. Ihre NPO hat laut Aussagen Frau Kudōs bereits in der Vergangenheit an der Formulierung von 20 präfekturalen und somit auch Kommunalpolitik bestimmenden Plänen mitgewirkt. Darüber hinaus sei infolge der Aktivitäten der NPO auch das Interesse des Umweltministeriums geweckt worden. Langfristig fördere *kyōdō* – so das Fazit von Frau Kudō – die Bürgerautonomie.

Die SprecherInnen der beiden verwaltungsintegrierten Bürgerorganisationen, Frau Shinohara (Bürgerausschuss „Spielplätze in Shinjuku") und Herr Ōtomo (Stadtteilkonferenz Yotsuya), verstehen Bürgerautonomie hingegen im Sinne einer allumfassenden Qualifizierung der Bürger und Bürgerinnen, die nicht ausschließlich auf die politische Beteiligung fokussiert, sondern vor allem auf die Entwicklung von bürgerschaftlichem Engagement abzielt, das eigenmotivierte und -initiierte soziale Leistungen hervorbringt, denen wiederum eine integrative Funktion zugesprochen wird. Durch *kyōdō* erhielten die Bürger und Bürgerinnen die Möglichkeit, ihre eigenen Ideen in die Praxis umzusetzen, so Frau Shinohara. „Die Entwicklung einer Gemeinschaft liegt schließlich in den Händen der BürgerInnen", meint Herr Ōtomo. Lediglich Herr Inaba von der Obdachlosenhilfe *Moyai* äußert sich pessimistisch: „In der Form, wie die Verwaltung derzeit Partnerschaft praktiziert, bringt sie nur Kostenreduzierung für die Verwaltung". Deshalb sieht er gegenwärtig auch keine Tendenz zur Entwicklung von Bürgerautonomie über den Partnerschaftsmechanismus.

8.2.5 Rollenverteilung zwischen Verwaltung und BürgerInnen

Beteiligung der BürgerInnen an der Planung der Ausgestaltung und Umsetzung von Partnerschaften scheint allerdings nicht zwangsläufig mit einer Kooperation mit der Stadtverwaltung „auf Augenhöhe" einherzugehen. Zumindest legen dies die Antworten der Bürger und Bürgerinnen mit Kooperationserfahrung nahe. Sie bewerten weitaus seltener als die VertreterInnen der befragten Gruppen in Mitaka ihre Beziehung zur Verwaltung als gleichberechtigt. Berücksichtigt werden muss hier, dass die ehrliche Aussage der Stadtverwaltung, wonach Partnerschaft auch Einspareffekte bringen soll, jeglichen „naiven" Einschätzungen der Zusammenarbeit seitens der Bürger den Boden entzieht. Die Grundhaltung ist vor diesem Hintergrund anders als in Mitaka, wo aufgrund der langen Partizipationstradition die Vertrauensbasis zur Stadtverwaltung offenbar stärker ist, kritischer. Frau Kudō von der Gruppe „Hilfe für Katzen" bestätigt zwar für das vergangene Partnerschaftsprojekt ihrer Tierschutz-Gruppe, bei dem es um die gemeinsame Umsetzung der Richtlinien für den Umgang mit streunenden Katzen der Präfektur Tōkyō ging, eine gute Rollenverteilung zwischen Verwaltung und BürgerInnen: „Shinjuku ist ein gutes Beispiel für eine Stadt, in der die Arbeitsteilung zwischen Kommune, BürgerInnen und NPOs gut funktioniert". Dennoch gibt sie zu bedenken, dass die Verwaltung dazu neige, Outsourcing-Verträge mit NPOs unter dem Label „Partnerschaftsprojekt" zu schließen. Ähnlich äußert sich auch Herr Inaba von der Obdachlosenhilfe:

> „Bürgergruppen, die mit Outsourcing-Projekten *Partnerschaft praktizieren,* sind, um es genau zu sagen, arm dran. […] In unzähligen NPOs verläuft die Kooperationsbeziehung mit der Verwaltung in der Form, dass diese einen Teil ihres Programms an NPOs auslagert. Im Falle einer Auslagerung entscheidet die Verwaltung über das gesamte Vorgehen, die Beziehung wird zu einer Zulieferer-Beziehung, in der die NPO fast keine freien Entscheidungen treffen kann."

Die Kooperation der Gruppe „Spielplätze in Shinjuku" mit der Verwaltung fand hingegen als Leistungserbringung der Gruppe mit finanzieller Unterstützung durch die Kommune statt. Frau Shinohara bestätigt, dass die Verwaltung allein über die projektbezogenen Finanzen entscheiden kann. Sie betont, dass die Gruppe aber in der Gestaltung und Durchführung der Parkspielplätze absolut frei gewesen sei. Die Verwaltung hätte die Genehmigung zur Nutzung des Parks gegeben, die Öffentlichkeitsarbeit übernommen und Räumlichkeiten zur Verfügung gestellt. Zu der zuständigen Abteilung gäbe es eine auf wechselseitigem Verständnis beruhende, gute Beziehung mit einem gleichberechtigten Meinungsaustausch, so Frau Shinohara. Die Einschätzungen zeigen, wie oberflächlich ähnliche Formen der Partnerschaft bei Outsourcing-Projekten doch in der Praxis von den Beteiligten erfahren werden. Diese Unterschiede variieren nach persönlichen Erwartungen, den konkreten Bedingungen der Kooperation, aber auch nach dem Problem, für das sich eine Bürgergruppe engagiert und dem Stellenwert, den die Verwaltung der Lösung des Problems zuschreibt. Hinzu kommen Faktoren wie die persönliche Beziehung der Gruppenmitglieder zu den AnsprechpartnerInnen in der Stadt, Erfahrungsaustausch mit anderen Bürgergruppen usw.

Außer Herr Inaba bewerten die befragten NPO-Vertreter die abgeschlossenen Kooperationsprojekte rückblickend allerdings dennoch positiv und gewinnbringend. Sie würden in der Zukunft wieder Partnerschaften mit der Verwaltung eingehen wollen. Zum Beispiel meint Frau Shinohara, dass durch das Partnerschaftsprojekt die Aktivitäten der Gruppe ausgeweitet werden konnten und somit die gesellschaftliche Anerkennung des Bürgerausschusses, aber gleichzeitig auch die zu bewältigende Arbeitsmenge gestiegen sei. Zudem könnten die Aktivitäten der Gruppe im Sinne eines Pilotprojektes ein gutes Beispiel dafür sein, wie andere Kommunen ähnliche Probleme durch Kooperation lösen könnten. Frau Shinohara misst dem *kyōdō*-Projekt vor allem eine aufklärende Funktion bei. Sie erhofft sich von der Zusammenarbeit mit der Verwaltung einen nachhaltigen Bewusstseinswandel und mehr Initiativen zivilgesellschaftlichen Engagements seitens der Bürger und Bürgerinnen. Sogar der kritische Herr Inaba, der im Zusammenhang mit der Obdachlosenhilfe Partnerschaft eigentlich ablehnt, gibt zu, dass eine Änderung des gesellschaftlichen Bewusstseins sowie der Verwaltung spürbar sei. Aufgrund der Aktivitäten seiner Gruppe konnte mit Unterstützung in der japanischen Anwaltsvereinigung (*Nihon bengoshi renmei*) sogar erreicht werden, dass die Kommune ihren Plan zur Kürzung der Sozialhilfe vorerst auf Eis gelegt habe.

8.2.6   Kritik und Verbesserungswünsche

Das Verhältnis der interviewten NPOs zur Stadtverwaltung wird von den Interviewpartnern überwiegend als gut beschrieben. Die Kommunikation verlaufe gut, neben den ein bis zwei Treffen im Monat fand die Kommunikation zusätzlich per E-Mail statt, so Frau Kudō.

Wie einzelne Aussagen zeigen, wünschen sich die NPOs von der Verwaltung trotz der guten Kommunikation während der Projekte allerdings grundsätzlich ein besseres Verständnis ihrer Aktivitäten, aber auch der Partnerschaftsidee im Allgemeinen. Zudem wünschen sich die Bürger und Bürgerinnen neben einem besseren Verständnis der zuständigen Abteilung in der Verwaltung auch eine, den konkreten Aktivitäten der NPO angepasste, outputorientierte Zusammenarbeit mit anderen Abteilungen der Stadtverwaltung. Laut Frau Kudō sei der Anerkennungsgrad anders als in der zuständigen Abteilung (Abteilung für Kinder und Familie) in der Verwaltung insgesamt nicht so hoch, obwohl die Abteilung versuche, in anderen Abteilungen der Verwaltung Verständnis zu gewinnen und zu fördern. Abgesehen von den wenigen Verwaltungsangestellten, die die Gruppe persönlich kennen gelernt haben, sei der Verwaltung der Sinn von Partnerschaft und die damit verbundenen Handlungsweisen noch nicht vertraut, sie versuche vielmehr, die Bürger und Bürgerinnen als billige Arbeitskraft zu nutzen.

Frau Shinohara kritisiert das fehlende Bewusstsein der Verwaltung aus einer anderen Perspektive: Shinjuku hätte nach ihren Worten im Jahr 2004 einen Fünfjahresplan aufgestellt, mit dem Ziel, möglichst viele neue Spielplätze in Parks einzurichten. Pläne wie diese würden aus ihrer Sicht aber die Kreativität von Partnerschaft unterlaufen, da sie zur Gefährdung der Spontanität und Autonomie der engagierten BürgerInnen führen würden. „Die Einrichtung solcher Spielplätze ist nicht einfach. Wenn es die Spontaneität, dass wir uns gemeinsam einbringen und jede auf ihre Weise mitwirkt, nicht gäbe, dann brauchten wir das hier nicht mehr machen. [...]." Es sei zwar erfreulich, dass die Kommune plane, bürgerschaftliches Engagement dauerhaft zu ermöglichen, gleichzeitig sei der Plan aber einseitig von der Verwaltung erstellt worden – so die Kritik von Frau Shinohara. Dieses vorschnelle und einseitige Handeln belaste nach ihren Worten die NPO und das Partnerschaftsverhältnis.

Diese Äußerungen passen durchaus zu der Bewertung des aktuellen Stands von Partnerschaften durch Herrn Terao, wenngleich er vor allem strukturell argumentiert. Er sieht die interne Verwaltungsstruktur als Hauptproblem für eine optimale Durchführung von *kyōdō*. Das Problem sei, dass nur eine ressortbezogene Zuordnung von Zuständigkeiten vorgesehen sei, aber für Querschnittsaufgaben keine Struktur existiere. Neben der Veränderung der internen Organisation und Strukturierung der Verantwortlichkeiten innerhalb der Verwaltung wünscht sich Herr Terao für die Verbesserung von *kyōdō*-Projekten zwischen Bürgern und Verwaltung vor allem auch eine stärkere Vernetzung der NPOs untereinander über die jeweiligen Tätigkeitsbereiche hinaus.

Dies entspricht dem Wunsch einiger NPO-VertreterInnen, in Zukunft stärker auch andere zivilgesellschaftlichen Gruppierungen einzubinden. Frau Kudō wünscht sich z.B. umfassendere Anerkennung und Interesse von allen Bürgern und Bürgerinnen, aber auch tatsächliches Engagement, damit die Lasten, die im Rahmen von Partnerschaften den NPOs aufgetragen werden, gleichmäßiger verteilt werden könnten. Sie weist wie Herr Ōtomo, aber auch wie der Verwaltungsangestellte Herr Terao, in diesem Zusammenhang auf die wichtige Rolle von Nachbarschaftsorganisationen bei der weiteren Entwicklung der Partnerschaft zwischen BürgerInnen und Verwaltung hin. Um den Erfolg von *kyōdō*-Projekten und auch die Legitimität der einzelnen zivilgesellschaftlichen Akteure in den neuen Governance-Strukturen zu sichern, müssten vor allem sie einbezogen werden. Frau Kudō äußert sich diesbezüglich wie folgt:

> „Beschwerden von Bürgern und Bürgerinnen vor Ort werden immer erst an den Vorsitzenden bzw. die Vorsitzende der Nachbarschaftsvereinigung geleitet, egal ob es um Ärger mit Katzen oder mit dem Müll geht. Nachbarschaftsorganisationen sind nun einmal die einzigen umfassenden Organisationen vor Ort. [...] Aus diesem Grunde müssen Nachbarschaftsorganisationen mit einbezogen werden. Wir NPOs, die mit der Verwaltung kooperieren, müssen ihnen Informationen geben wie z.B. ‚Wir führen diese Aktivitäten durch, wir tun dies gemeinsam mit der Verwaltung, bitte erkennen Sie dies an und kooperieren Sie!'"

Zusammenfassend ist festzustellen, dass Partnerschaft mit den BürgerInnen bereits seit 2002 fester Bestandteil der kommunalen Verwaltung und Politik Shinjukus ist. Partnerschaft ist auch hier ein „von oben" initiiertes Programm, für das die Verwaltung entsprechend die Infrastruktur bereitstellt, gleichwohl durch das Angebot an die Bevölkerung, selbst Kooperationsprojekte zu konzipieren und zu beantragen, auch Initiativen „von unten" zulässt. Die institutionellen Rahmenbedingungen decken ein breites Spektrum von finanziellen Förderprogrammen, Unterstützungsplattformen und Bürgerzentren sowie Richtlinien zur Förderung zivilgesellschaftlichen Engagements ab. Im Vergleich zu Mitaka sind die Partnerschaftsregeln und -mechanismen jedoch weitaus transparenter: Jeder bzw. jede kann mittels online einsehbarer Dokumente und Protokolle entsprechende Verfahren, Gremienarbeit und Ergebnisse nachvollziehen. Die Transparenz der Verfahren schafft Objektivität und schafft gleiche Zugangsberechtigungen zu Kooperationen mit der Verwaltung. Gleichzeitig sei sich laut Herrn Terao die Kommunalverwaltung durchaus bewusst, dass mit der Institutionalisierung gewisse Akteure und Zielsetzungen favorisiert werden und die Entwicklung zivilgesellschaftlicher Akteure damit sowohl behindert und als auch gefördert wird. Die Stadt präferiert in der Tat für Partnerschaften Bürgergruppen mit Rechtsstatus und fördert bewusst den Wettbewerb unter den Bürgergruppen durch das mehrstufige Bewerbungsverfahren, um am Ende leistungsfähige Partner auswählen zu können. Dies ist angesichts der Orientierung an Einsparpotenzialen durch Bürgerarbeit konsistent, führt aber u.U. zu einer Differenzierung von zivilgesellschaftlichen Akteuren in professionalisierte Partner mit mehr Ressourcen, mehr Personal und mehr Expertise einerseits und kleine Initiativen vor Ort, für die dies alles weniger gilt andererseits.

Insgesamt bestätigen die Ergebnisse eine enge Zusammenarbeit zwischen BürgerInnen und Verwaltung in einem breit gestreuten Feld von Projekten. Zwar wird auch in Shinjuku aus der Sicht der beteiligten NPOs das Postulat der gleichberechtigten Partnerschaft nur begrenzt eingelöst, gleichwohl herrscht eine positive Bewertung der gemachten Kooperationserfahrungen vor. Das gilt auch für die der Stadtverwaltung besonders kritisch gegenüberstehenden NPOs. Anders als in Mitaka geht es weniger um die Verbesserung der Ressourcenausstattung. Motiv für Engagement ist eher Unfähigkeit und mangelndes Problembewusstsein der Verwaltung. Entsprechend häufig wird von den kooperationserfahrenen Bürgergruppen formuliert, dass sie politisch bzw. administrativ etwas bewegen wollen.

8.3   Niigata: Nebeneinander von lokalen Partnerschaften und Outsourcing von Großstadtproblemen

Die Stadt Niigata begann praktisch erst Anfang der 2000er Jahre mit Institutionalisierung von Partnerschaften zwischen Verwaltung und BürgerInnen. Allerdings habe Niigata, wie der amtierende Bürgermeister Shinoda Akira in dem „Manifest zur Gemeindefusion Niigata" eine „lange Tradition mit autonomen und engagierten Bürgern und Bürgerinnen" betont, deren Ursprung man bis in die Edo-Zeit (1603–1868) zurückverfolgt werden könne (Niigata-shi 2004: 15). Shinoda nennt als Beispiel die so genannten „Niigata-Unruhen" (*Niigata meiwa sōdō*) im Jahr 1768. Damals erhoben sich die unter den schweren Lebensbedingungen leidenden StadtbewohnerInnen und setzten tatsächlich – wenn auch nur für zwei Monate – eine Bürgerselbstverwaltung durch. Während dieser zwei Monate gründeten sie eine Bürgerversammlung, deren Mitglieder aus allen Stadtteilen delegiert wurden. Diese Bürgerversammlung setzte sich vor allem mit der Existenzsicherung auseinander: Öffentliche Sicherheit, Armenpflege, Preissenkung für Lebensmittel, Zinssenkung bei den Pfandhäusern u.a. waren zentrale Anliegen. Alle Entscheidungen wurden in Diskussionen und gemeinsamen Beratungen unter normalen Stadtbewohnern (*chōnin*) getroffen, was im damaligen Feudalsystem unter normalen Umständen eigentlich undenkbar gewesen war (Hisaka 2007: 20). Die führenden Persönlichkeiten der Bewegung wurden „Menschen der Gerechtigkeit in der Meiwa-Ära" (*meiwa gijin*) genannt. Heute wird darauf auf der Homepage der Stadt Bezug genommen, indem davon gesprochen wird, dass es gelte, den „Geist der Meiwa-Protagonisten zu wahren" (Niigata-shi 2011d). Die Ereignisse der damaligen Zeit werden von der Stadt gerne als Beweis für das traditionell verwurzelte bürgerschaftliche Engagement in Niigata genannt und in der gegenwärtigen Debatte über Partnerschaft und Bürgerselbstverwaltung als Instrument der Identitätsbildung genutzt. Der Bürgermeister sieht in einer Zeit, in der immer mehr Bürger und Bürgerinnen immer mehr Mitspracherechte wahrnehmen und eigene Entscheidungen treffen wollten und mit ihrem Handeln nicht zuletzt ihre Selbstverwirklichung verfolgen, in Partnerschaften eine Methode zur Erhöhung der Selbstzufriedenheit der Bevölkerung von Niigata (Niigata-shi 2004: 1-2, 15).

Partnerschaft ist für die Stadt Niigata einerseits normativ besetzt ein Instrument zur Verwirklichung von Bürgerselbstverwaltung. Andererseits wird das Wort *Partnerschaft* zur Beschreibung neuer Formen von Verwaltungshandeln verwendet. Der Bürgermeister betrachtet programmatisch Partnerschaft angesichts der kommunalen Finanzkrise auch als Einsparstrategie zur Sicherung der öffentlichen Dienstleistungen. Partnerschaften in Niigata sollten deshalb – so der Bürgermeister – vor allem im Rahmen von Outsourcing kommunaler Dienstleistungen umgesetzt werden, wobei Privatunternehmen sowie traditionelle und neue Bürgerorganisationen vollständig oder teilweise die Rolle des Anbieters öffentlicher Dienstleistungen übernähmen (Niigata-shi 2004: 8-9). Daneben wären Einsparmaßnahmen der Verwaltung durch Personalabbau sowie Beschränkung der Dienstleistungsangebote auf „das Wesentliche" weitere Strategien.

Fallbeispiel im Wohlfahrt-Bereich: NPO Ettō tomo no kai (Freunde der Obdachlosen)

Herr Tanaka Yūichi ist engagiertes Mitglied der Wohlfahrts-NPO *Ettō tomo no kai*, die sich für den Schutz von und die Absicherung für Obdachlose in Niigata einsetzt. Die NPO wurde 1998 gegründet, um den Obdachlosen eine Unterstützung besonders während der Winterzeit anzubieten. Die NPO hat ca. 40 reguläre Mitglieder und ca. 150 freiwillige Unterstützer, die gelegentlich bzw. themenspezifisch engagiert sind.

Nach Herrn Tanakas Angaben sind Obdachlose erst seit 1998 in Niigata allmählich sichtbar geworden. Als die Zahl der Obdachlosen vor Ort stetig stieg, begann die NPO, sich für ein größeres Problembewusstsein hinsichtlich der Obdachlosigkeit in Niigata einzusetzen. Der erste richtige Austausch zwischen der NPO und der Kommune fand im Jahr 2001 statt, als die Stadtverwaltung die Zwangsräumung des Bahnhofs als Aufenthaltsort der Obdachlosen im Vorfeld der Fußballweltmeisterschaft entschied. „Die Kommune hat die Präsenz der Obdachlosen im Bahnhof problematisiert, weil die internationale Presse anlässlich der WM-Spiele mit der Bahn eintreffen sollte", vermutet Herr Tanaka. „Wir haben mit der Kommune verhandelt, dass die Obdachlosen wenigstens ihr Gepäck auf dem Parkplatz des Bahnhofs während der WM-Vorrunden aufbewahren durften", so Herr Tanaka weiter.

Das Problembewusstsein seitens der NPO schärfte sich erneut, als ca. 10 % der Obdachlosen während des Winters 2001 auf der Straße starben. Die NPO initiierte mehrere Gespräche mit der Kommunalverwaltung sowie mit dem Bürgermeister. Als Ergebnis wurde ein Zufluchtsort für Obdachlose ab 2002 für die Wintermonate (von Januar bis März) eingerichtet. In jenem Jahr erlangte die NPO auch ihren Rechtsstatus. Auf Vorschlag der Kommune übernahm die NPO von diesem Zeitpunkt an die Aufrechterhaltung und den Unterhalt des Zufluchtsortes. Dies gilt als Beginn der „offiziellen" Kooperation zwischen der NPO und der Kommune. Allerdings gestaltet sich die Rollenverteilung zwischen beiden Akteuren aus der Sicht von Herrn Tanaka ziemlich unbalanciert: Die NPO kümmert sich um den gesamten Betrieb der Einrichtung. Die Kommune unterstützt dieses Projekt jedoch lediglich mit Hilfsgeldern, die gerade für die Miete reichen. Damit übernimmt die Kommune anders als bei Outsourcing-Projekten im Rahmen der Partnerschaft keine Verantwortung als Vertragspartner.

Im Jahr 2008 erhielt die NPO eine Anfrage von der Stadtverwaltung, die Öffnungszeitraum des Zufluchtsortes bis zum Ende des G7-Gipfeltreffens in Niigata zu verlängern. „Wieder handelte die Kommune nicht im Sinne des Menschenwohls, sondern im eigenen Interesse, um gegenüber der internationalen Presse ihr Gesicht als ‚ordentliche Stadt' zu wahren. Wir haben der Kommune mitgeteilt, dass wir die Öffnungsperiode des Zufluchtsortes verlängern würden, allerdings nur unter der Bedingung, dass er dann ganzjährig geöffnet werden und die Kommune die Miete für das ganze Jahr finanzieren müsse", so erinnert sich Herr Tanaka an die Gespräche mit der Kommune. Schließlich akzeptierten die Stadtverwaltung und der Stadtrat diesen Vorschlag zur ganzjährigen Öffnung des Zufluchtsortes. Gleichzeitig begann die NPO, die Funktion des Zufluchtsortes zu erweitern, so dass er auch als Ort der Resozialisierung für solche Obdachlose dient, die sich wieder in das gesellschaftliche Leben eingliedern wollen.

Diese Kooperationsgeschichte zwischen *Ettō tomo no kai* und der Stadt ist Ursache für eine insgesamt distanzierte Haltung von Herrn Tanaka gegenüber der Stadt. Er weist darauf hin, dass die NPO mit der Kommune zwar für das gemeinsame Ziel, die Zufluchtseinrichtung aufrechtzuerhalten, kooperiert, beide dabei aber ganz unterschiedliche Motive haben: Die NPO sei am Menschenwohl orientiert, wogegen es der Kommune um ihr Image gehe. Tanaka betont, dass es aus seiner Sicht eigentlich Aufgabe der Stadt sei, aus Gründen der Verantwortung für die EinwohnerInnen der Stadt für solche Einrichtungen Sorge zu tragen. Er zeigt zwar Verständnis dafür, dass die schwierige Finanzlage der Kommune zu einem „halbherzigen" Engagement für das Projekt führe, aber der Eindruck, dass die Kommune die Gemeinwohlorientierung der NPO ausnutze, bleibt für ihn trotzdem bestehen. „Wir werden auf jeden Fall den Zufluchtsort weiter betreiben, solange die Notwendigkeit existiert", betont er.

Machizukuri-NPO: Exekutivausschuss für das Jubiläum der Bandai-Brücke

Herr Suzuki Toshiyuki ist Vorsitzender des Exekutivausschusses für das Jubiläum der Bandai-Brücke, die als Wahrzeichen der Stadt im Zentrum den Shinano-Fluss überspannt. Herr Suzuki ist außerdem Verwaltungsdirektor des Exekutivausschusses zur Förderung des Cafés *Bandai-bashi sansetto kafe*[79] und beteiligt sich an mehreren anderen Bürgergruppen als aktives Mitglied.

Der Exekutivausschuss ist streng genommen keine Bürgergruppe, sondern eine Organisation innerhalb der Verwaltung. Aber Herr Suzuki betont, dass die Gründung des Ausschusses im Wesentlichen auf einer Bürgerinitiative beruht. Der Ausschuss entstand nämlich

---

79   Das Café *„Bandai-bashi sansetto kafe"* wurde zwischen dem 7. Juni und dem 27. Juli 2008 im Rahmen einer Kampagne zur Revitalisierung der Stadt Niigata (*Nihon-kai yūhi kyanpēn*) eingerichtet. Das Café sowie die gesamte Kampagne wurden hauptsächlich in Partnerschaften mit Stadt Niigata durch ehrenamtliche Bürger betrieben sowie von NPOs und Privatunternehmen in Niigata unterstützt (Nihon-kai yūhi kyanpēn 2012).

in der Folge eines von der Stadtverwaltung veranstalteten Workshops, bei dem Bürger und Bürgerinnen die Idee für ein Stadtfest zur Unterstützung der Bewerbung der Stadt um die Anerkennung der Bandai-Brücke als nationales Kulturgut vorgestellt hatten.[80] Die Mitglieder des Ausschusses sind Organisationen wie NPOs und Privatunternehmen und außerdem viele Freiwillige, die sich ehrenamtlich für die Durchführung des Festes engagieren.

Ziel des Ausschusses ist die Revitalisierung der Stadt Niigata. „Die Bewohner von Niigata selbst hielten ihre Stadt irrtümlich für mittelmäßig und nicht besonders attraktiv", erzählt Suzuki. Er selbst wollte aber nach seinen Worten die StadtbewohnerInnen darauf aufmerksam machen, dass „der beste Fluss Japans" im Zentrum von Niigata verläuft und zwar mit einer „wunderschönen Brücke, die so viele schlimme Naturkatastrophen – Erdbeben und Tsunamis – überstanden hat". Er wünscht sich, dass die Bevölkerung „wieder Stolz auf ihre Heimatstadt ist". Um dies zu fördern, veranstaltete der Ausschuss 2003 das erste Fest für die Brücke in Kooperation mit der Stadtverwaltung.

In der Kooperation übernimmt die Kommune die Funktionen eines Sekretariats und „respektiert die Initiative und das Engagement der Bürger und Bürgerinnen für das Projekt", so Herr Suzuki. Das Fest wird zum großen Teil über den Stadthaushalt finanziert und von ehrenamtlichen Arbeitskräften durchgeführt. Der Gewinn des Verkaufs der offiziellen Fest-T-Shirts ergänzt das Budget.

Herr Suzuki bewertet die Zusammenarbeit zwischen den BürgerInnen im Ausschuss und der Kommune als „glücklich gelungen". Der Erfolg basiert nach seiner Ansicht darauf, dass beide Kooperationspartner gemeinsam die Überzeugung teilen, dass die Revitalisierung der Kommune die wichtigste Aufgabe für die Zukunft der Stadt sei.

Kinder-NPO: Hotto Hausu Sasaguchi (wörtlich: „Warmes Haus Sasaguchi"/ Offene Schule für Kinder und Erwachsene)

„Wir wollen ein Begegnungsort für SchülerInnen und die Lehrenden, aber auch für Eltern und die BewohnerInnen des Schulbezirks sein", so beginnt Frau Kobayashi ihren Bericht über die Aktivitäten der Initiative „Warmes Haus" in der Sasaguchi Grundschule in Niigata. Die Initiative geht auf die Stadtverwaltung zurück, die mit dem damaligen Rektor, dem Vorsitzenden des Verbandes der Nachbarschaftsorganisationen, SozialhelferInnen, PTAs usw. 1998 erstmals Kontakt aufnahm. Anlass waren zunehmende Probleme im Kinder- und Jugendbereich wie Schikane in der Schule, Verlust der Bindungen an die Klasse, Schulverweigerung usw., die im Stadtteil Sasaguchi besonders ausgeprägt auftraten. Es kam eine Gesprächsrunde zustande, die sich mehr oder weniger regelmäßig und eher auf informeller Ebene traf. Die Beteiligten sahen die Lösung der o.g. Probleme schließlich in der Förderung von sozialen Erfahrungen der Kinder, der Einbindung aller Generationen in die Arbeit der Schule und den Aufbau eines sozialen Netzwerks im Schulbezirk. 2001 bot die Kommune erstmals finanzielle Unterstützung für die Aufbereitung des Themas an, der sich dann Verwaltungsbeamte und ehrenamtlich engagierte Bürger und Bürgerinnen annahmen. Gleichzeitig entwarf die Kommunalverwaltung mit dem lokalen Bildungsausschuss und AnwohnerInnen konkrete Pläne. „Es ist sehr wichtig, dass die Menschen schon in der Planungs- und Vorbereitungsphase des Projekts involviert werden. Damit ihre Motivation und ihr Engagement

---

80   2004 wurde die Brücke als nationales Kulturgut anerkannt.

für die eigentliche Durchführung des Projekts nachhaltig bleiben, müssen sie das Bewusstsein haben, sich selbst für das Projekt entschieden zu haben und es selbst gestalten zu können", so Herr Hirohashi, der seinerzeit als zuständiger Verwaltungsangestellte die Initiative mit ins Leben gerufen hatte.

Es dauerte drei Jahre Vorbereitungszeit, bis die sogenannte „Offene Schule" namens *Hotto Hausu Sasaguchi* 2002 eröffnet wurde. Die Offene Schule ist als Ort der Begegnung und des Aufbaus sozialer Kontakte für Schulkinder und Erwachsene der Nachbarschaft konzipiert. Sie ist in die Community-Konferenz (*chiiki komyuniti kyōgikai*) des Schulbezirks integriert und damit Teil des lokalen Netzwerks für Bürgerbelange. Sie wurde im Grundschulgebäude im Schulbezirk Sasaguchi eingerichtet und ist von Montag bis Samstag für alle EinwohnerInnen zugänglich. Ca. 36 Freiwillige (darunter nur ein Mann) zwischen ca. 45-48 Jahren betreuen die Einrichtung abwechselnd und schichtweise. Es handelt sich dabei meistens um die Mütter von Kindern, die im Schulalter sind oder waren. Die Initiative erhält von der Stadt Sachmittel sowie Aufwandsentschädigungen für die Freiwilligen.

Monatlich findet eine Vollversammlung statt, in der alle Koordinatoren und Mitglieder des Führungsausschusses konkrete Pläne für das nächste Fiskaljahr entwickeln. „Wünschenswert wäre, dass auch das Lehrerkollegium dabei wäre", so Frau Kobayashi „da aber die Versammlung meistens abends – außerhalb der Arbeitszeit – stattfindet, ist es für manche Lehrer bzw. Lehrerinnen schwierig, zu kommen". Die Schule wählt allerdings immer aus dem Kollegium einen Ansprechpartner bzw. eine Ansprechpartnerin für die NPO aus. Auch der bei dem Gespräch ebenfalls anwesende Rektor verweist auf die Notwendigkeit, die Lehrer und Lehrerinnen fest in die Arbeit der NPO einzubinden, denn „Engagement und Gutmütigkeit seitens unserer LehrerInnen reichen für eine stabile, nachhaltige Beziehung zwischen der Schule und der Bevölkerung nicht aus". Er würde sich von zusätzlichen Maßnahmen, wie der Gewährung zusätzlicher Urlaubstage oder der Vergütung der Stunden für Engagement, eine stärkere Beteiligung der Lehrer und Lehrerinnen versprechen. Als wichtigstes strukturelles Problem sieht er allerdings deren Rotation, die in der Regel alle drei Jahre stattfände und die Identifikation mit der Schule behindere.

Frau Kobayashi bewertet das Projekt der Offenen Schule zum Zeitpunkt des Interviews positiv: 70 % der Ziele seien erreicht worden. Vor allem sei der Aufbau sozialer Beziehungen zwischen Kindern und Erwachsenen auf einem guten Weg. Sie weist auf den positiven „Nebeneffekt" hin, dass die Offene Schule auch dazu beitrage, die neu hinzugezogenen Bürger und Bürgerinnen, besonders junge Mütter, in die lokale Gesellschaft einzugliedern. „Lokale zwischenmenschliche Netzwerke können auch bei der Lösung von Problemen mit der Kindererziehung gut funktionieren. In einem Schulbezirk leben viele verschiedene Leute mit unterschiedlichen Berufen, die sich dafür einsetzen können", erzählt Frau Kobayashi. In diesem Kontext weist sie gleichzeitig auf das Problem hin, dass der Informationsaustausch über bestimmte Kinder und mögliche Vernachlässigungen oder andere Probleme häufig aus gesetzlichen Gründen be- oder gar verhindert werde. „Aus Gründen des Datenschutzes dürfen uns z.B. die Lehrer und Lehrerinnen nicht viel über ein Kind, das wahrscheinlich Probleme hat, erzählen, auch wenn es zu uns kommt, um Zuflucht zu suchen."

Umwelt-NPO: Eco-Net Toyosaka (Öko-Netzwerk Toyosaka)

Herr Kasahara ist Vorsitzender der NPO „Eco-Net Toyosaka", die im Jahre 1998 gegründet wurde und sich für vielfältige lokale Umweltschutzprogramme einsetzt. Neben Herrn Kasahara waren beim Interview auch Herr Yoneda als ehemaliger Vorsitzender und Herr Honma als reguläres Mitglied anwesend. Die NPO hat 26 Einzelmitglieder und vier Mitgliedsorganisationen. Das Durchschnittsalter der Mitglieder liegt bei ca. 50 Jahren. Die NPO erlangte 2005 den Rechtsstatus.

„Eco-Net Toyosaka" veranstaltet seit 2002 jedes Jahr ein „Umweltschutz-Festival" in Kooperation mit der Bezirksverwaltung Toyosaka in der Stadt Niigata. Das Ziel des Festivals ist es, Menschen über Umweltschutz und Recycling aufzuklären. Die Kooperationsform besteht offiziell in einer „gemeinsamen Veranstaltung" (*kyōsai*), wobei die Kommune sich nicht an der Planung beteiligt. Herr Kasahara erinnert sich, wie das Kooperationsprojekt mehr oder weniger per Zufall in Gang gekommen ist: „Jedes Jahr stellt die Kommune ein Umweltbudget auf. Als der von der Kommune geplante Vortrag über Umweltschutz abgesagt wurde, hat die Kommune nach Möglichkeiten gesucht, das Geld für irgendein Umwelt-Projekt auszugeben, um die Gelder des laufenden Fiskaljahres vollständig auszuschöpfen. Als die Kommune von unserem Umwelt-Festival, das damals unmittelbar bevorstand, hörte, hat sie uns Unterstützung angeboten". Herr Kasahara fügt hinzu, dass „die Kommune uns versprochen hat, sich nicht in die inhaltliche Planung des Festivals einzumischen." Sowohl Herr Kasahara als auch Herr Yoneda kritisieren allerdings, dass die Kommune inflexibel und unmotiviert sei: „Der Kommune fehlt Abenteuergeist – Innovation, Erfindung, Experiment usw. sind nicht ihre Stärke. Gut ist sie in Kontinuität, Routinefragen und so.". Auch nachdem die Stadt Toyosaka eingemeindet worden war, setzte die NPO ihre Kooperation – nun mit der Bezirksverwaltung Toyosaka – fort. Herr Kasahara denkt, dass dies auch wegen der „Vorliebe von Toyosaka für Kontinuität", geklappt hat.

Wie bereits angedeutet wurde, ist die Rolle der Kommune als Kooperationspartner ziemlich begrenzt. Neben finanzieller Hilfe (ca. 65 % der gesamten Kosten) bietet die Kommune für das Festival Räumlichkeiten, Material für die Erstellung von Informationsbroschüren und die kostenlose Benutzung der Drucker an. Der Grund dafür, dass die Kommune an der Planung des Festivals nicht teilnimmt, liege nach Herrn Yonedas Aussagen an ersten Konflikten zwischen den BürgerInnen und der Kommune, die sich aus den grundverschiedenen Einstellungen ergaben: „Um Konflikte zu vermeiden, hat sich die Kommune zurückgezogen. So sehe ich das." Dies bedeute in seinen Augen jedoch nicht, dass die Kooperation zwischen den beiden Akteuren „gestört" oder „nicht-funktionierend" sei. „Ich bin sicher, dass wir einen guten Kontakt zueinander haben und uns gegenseitig ergänzen und helfen", beteuert Herr Yoneda. „Zur Bezirksverwaltung gehen wir oft, ohne Termine gemacht zu haben, was fast immer klappt. Sie sind sehr zugänglich."

Herr Yoneda erwähnt gleichzeitig, dass die Bürger und Bürgerinnen nicht daran gewöhnt seien, selbst Initiative zu ergreifen. Fehlendes Selbstbewusstsein und Wissen über die eigenen „Rechte und Pflichten" würden sie dazu bringen, die Kommunalverwaltung immer noch als „Obrigkeit" zu betrachten und sich selbst als passive Empfänger öffentlicher Leistungen. „Obwohl die Bevölkerung in Toyosaka im Vergleich zu Nachbarkommunen viel mehr Engagement bewiesen hat, sind wir trotzdem noch nicht ganz reif für echte Partnerschaft", so lautet einstimmig die Einschätzung der Interviewten.

8.3.1   Struktur der Partnerschaften

Von den insgesamt 59 Bürgergruppen, die sich an der Befragung beteiligt haben, sind rund 20 % im Bereich Wohlfahrt aktiv. Der Bereich Umweltschutz folgt mit 16,4 %. Die Personalausstattung ist – wie generell bei japanischen zivilgesellschaftlichen Gruppen zu beobachten – nicht als gut zu bezeichnen, wobei sich diese negative Konnotation im Verhältnis zur Mitgliederzahl relativiert.

Tabelle 24: Personalausstattung der befragten Bürgergruppen von Niigata (N=59)

Anzahl der beschäftigten Personen	Festangestellte (%)	Teilzeitkräfte (%)
Keine	28,6	15,6
1-5	61,9	57,8
6-10	4,8	15,6
11-50	4,8	8,9
51-100	0,0	2,2

Quelle: eigene Darstellung

Auch ergibt sich nach den Einschätzungen der ausfüllenden Personen bezüglich der Mitgliederstruktur ein Bild, das von anderen Gruppen bekannt ist: Sie klagen über wenig Mitglieder und bezeichnen sich als „kleine Gruppe". Die Mitglieder sind mehrheitlich Frauen. Ein hoher Anteil der aktiven Mitglieder ist über 50 Jahre alt. Alle Gruppen verfügen über wenig jugendliche und ausländische Mitglieder. Somit entspricht die NPO-Struktur in Niigata dem typischen Profil der japanischen Zivilgesellschaft.

Zwei Drittel der befragten Bürgergruppen gaben an, schon einmal mit der Verwaltung ein Kooperationsprojekt durchgeführt zu haben (Tabelle 25).

Tabelle 25: Kooperationserfahrung mit der Verwaltung und Gleichberechtigung der Kooperation

	Shinjuku	Mitaka	Niigata	Iruma
Kooperationserfahrung	59,6 %	63,5 %	66,1 %	80,0 %
Gleichberechtigung mit der Verwaltung besteht[81]	42,3 %	62,1 %	57,9 %	45,0 %

Quelle: eigene Darstellung

Fast drei Viertel sind als gemeinnützige Non-Profit-Organisationen registriert. Einen derart hohen Anteil hat nur noch Iruma mit vier Fünfteln. Der Grund ist unklar, da in der Regel Vereine und Bürgerinitiativen eher deutliche Vorbehalte gegenüber einer offiziellen Registration haben. Ein möglicher Grund könnte sein, dass NPOs in Niigata trotz ihrer wenigen Angestellten in der Lage sind, notwendige – und von vielen interviewten Bürgergruppen als „sehr kompliziert" bezeichnete – Antragsverfahren zur Erlangung eines Rechtsstatus zu durchlaufen, u.U. mit Hilfestellung von außen. Es könnte allerdings auch ein Hinweis darauf sein, dass sich unter den Bürgergruppen herumgesprochen hat, dass der Rechtsstatus zu einer privilegierten Position im Kontakt mit der Verwaltung führt.

Interessanterweise nennt im Fragebogen nur eine von 39 partnerschaftserfahrenen NPOs die „Erlangung eines Rechtsstatus" als Voraussetzung für eine erfolgreiche Kooperation. In den Interviews mit NPO-Vertretern, die Kooperationserfahrung mit der Stadt haben, wird dem allerdings widersprochen. Herr Yoneda von Eco-Net Toyosaka:

> „Der Rechtsstatus funktioniert wie ein Nachweis, dass die NPO eine betrieblich vertrauenswerte und beständige Organisation ist. Daher kann der Rechtsstatus nützlich für den Abschluss einer Partnerschaft sein, weil die Kommune grundsätzlich professionalisierte Partner sucht. Ob allerdings eine gleichberechtigte Beziehung zur Kommune aufgebaut werden kann oder nicht, hängt maßgeblich von anderen Aspekten ab; Fachkenntnisse, innovative Ideen sowie Verhandlungsstrategien der NPO sind viel wichtiger."

Andererseits ist festzustellen, dass Niigata im 2005 veröffentlichten „Handbuch zur Förderung von Partnerschaft für Verwaltungsangestellte" NPOs als wichtige Kooperationspartner der Kommune nennt und dabei zunächst keine Unterscheidung der Bürgergruppen nach dem Rechtsstatus vornimmt. Beispielsweise können sich auf Ausschreibungen für finanzielle Unterstützung nach dem 2004 eingeführten „System zur finanziellen Unterstützung gemeinwohlorientierter Aktivitäten" (*Niigata-shi shimin kōeki katsudō shien hojokin*), Bürgergruppen unabhängig von ihrem Rechtsstatus beteiligen (Niigata-shi 2005b).

Tabelle 26: System zur finanziellen Unterstützung gemeinwohlorientierter Aktivitäten der Bürger

Jahr	Ausgewählte Gruppen	Rechtsstatus	
		Mit*	Ohne
2005	14	10	4
2006	10	8	2
2007	5	4	1
2008	5	4	1
2009	8	4	4

* Darunter sind auch Bürgergruppen, die als Ausschuss (*iinkai*) in die Kommunalverwaltung integriert sind.

Quelle: Niigata-shi 2010c

Es fällt auf, dass tatsächlich auch Bürgergruppen ohne Rechtsstatus regelmäßig als Empfänger von Projektmitteln ausgewählt werden. 2009 erhielten 8 Gruppen Unterstützung, davon 4 ohne Rechtsstatus. Formal werden eingetragene NPOs als Partner demnach weniger privilegiert, als erwartet. Dies ist programmatisch in den Vergaberichtlinien für öffentliche Finanzzuweisungen festgehalten, in denen es heißt, dass insbesondere „Anfänger mit ihrem Startprojekt unterstützt und gefördert werden" sollen (Niigata-shi 2006b). Es ist jedoch zu vermuten, dass sich der Unterschied in dem Fördervolumen und dem Charakter des Kooperationsprojekts zeigen.

8.3.2 Kooperationsziele

Fast alle der befragten NPOs mit Kooperationserfahrung (37 von 39) geben an, dass sie einen „Beitrag für die Region" leisten wollen. Danach folgen unter den Angaben von Zielen mit zwei Dritteln „Partizipation bei der Umsetzung von kommunalpolitischen Vorhaben" (26 von 39) und „Partizipation an kommunalpolitischen Entscheidungen" (18 von 39). Die „Erhöhung der Einnahmen" nimmt den vierten Platz unter den Zielen mit knapp einem Drittel (11 von 39) ein.

Der Wunsch, „einen Beitrag für die Region zu leisten" ist auch in den anderen untersuchten Städten das wichtigste Ziel für BürgerInnen, sich auf Kooperationsprojekte mit der Verwaltung einzulassen. „Wenn die Menschen in Niigata noch häufiger die Möglichkeit hätten, mitzubestimmen und mitzugestalten, würden sie wahrscheinlich ihre Heimatliebe zurückgewinnen", vermutet Herr Suzuki von der NPO zur Durchführung eines Festes für die Bandai-Brücke. „Besonders junge Leute sind nicht durch ein Gefühl der Zugehörigkeit mit der Stadt verbunden. Viele halten die Stadt für unattraktiv. Mit dieser Entfremdung kann man zwar leben, aber das Lebensumfeld und die Lebensumwelt in der Stadt werden sich so niemals verbessern. Man sollte sich von Ereignissen in der eigenen Stadt angesprochen fühlen und wissen, dass man auch etwas zur Gestaltung der Stadt beitragen kann."

Die hohe Bedeutung, die die befragten NPO-VertreterInnen der „Partizipation an kommunalpolitischen Entscheidungen" sowie der „Partizipation bei der Umsetzung von kommunalpolitischer Vorhaben" als Ziel von Partnerschaft beimessen, widerspricht der häufig vertretenen Annahme, dass Bürgergruppen in Japan überwiegend politikfern aktiv sind. In Niigata korrespondiert das Interesse an kommunalpolitischer Beteiligung mit der Botschaft der Stadtverwaltung und des Bürgermeisters, Partnerschaft in Niigata sei (auch) ein Mittel für die Weiterentwicklung der Bürgerselbstverwaltung. Herr Tanaka von der Obdachlosenhilfe bewertet besonders die „Mitbestimmungs- und Einflussmöglichkeiten" als wichtiges Instrument, um sicherzustellen, dass NPOs nicht zu kostengünstigen „Hilfsorganen" der Verwaltung werden. Wie bereits erwähnt, hat Herr Tanaka die Hoffnung, durch Zusammenarbeit mit der Kommune, Aufklärungsarbeit zu leisten und sie letztendlich in ihren politischen Entscheidungen zu verändern. Obwohl er die Ausweitung institutionalisierter Partizipationsmöglichkeiten an der Kommunalpolitik für weitaus wichtiger als Kooperationsprojekte erachte, würden sie durchaus den Zugang zu Kommunalpolitik erleichtern, meint Herr Tanaka.

Interessant ist, dass trotz der immer wieder angesprochenen schlechten finanziellen und personellen Ausstattung der Initiativen, die Stärkung der Ressourcen der eigenen Organisation ein eher nachgeordnetes Ziel ist. Abgesehen von der sich für Obdachlose engagierenden

Gruppe *Ettō Tomo no Kai*, sprechen auch im Interview die Bürgervertreter ihre schwierige finanzielle Lage nicht als größtes Problem bei der Realisierung von Kooperationsprojekten an. Die Gruppe zur Unterstützung der Obdachlosen sieht ihre kontinuierliche Arbeit für Obdachlose eigentlich als Aufgabe des Staates an und kritisiert entsprechend die knappe Finanzierung des Projekts durch die Kommune als „unrichtig". Für alle anderen Gruppen ist die Gemeinwohlorientierung sowie das Partizipationsbestreben zentrales Ziel.

Zwar nennen mehr als die Hälfte (21 von 39) der NPOs eine „stärkere Unterstützung durch die Verwaltung" als „Voraussetzung für eine erfolgreiche Kooperation", was jedoch vermutlich nicht zwingend „finanzielle Hilfe" bedeutet. Die hier gemeinte „Unterstützung" zielt in Anbetracht des Ergebnisses, dass „gegenseitiges Verständnis" von fast drei Viertel der NPOs (27 von 39) als Voraussetzung für erfolgreiche Kooperation genannt wird, wohl auf den Inhalt der Kooperationsbeziehungen; es geht den Bürgerpartnern um die Arbeitsatmosphäre oder ein Gefühl von Anerkennung. Die Aussagen der NPO-VertreterInnen stützen diese Interpretation. Auf jeden Fall sind sich alle interviewten NPO-VertreterInnen darin einig, dass ihnen gute und persönliche Kontakte zu Verwaltungsangestellten viele Vorteile bringen. Der Satz „Wir kennen uns gut." ist eine typische Antwort auf die Frage, wie sich die Beziehung zwischen der NPO und der Kommune gestaltet. Diese Antwort vereint verschiedene Nuancen und transportiert, wie sich in den Interviews zeigte, mehrere Botschaften. „Wir sind strategisch auf gutem Wege." (Frau Kudō) oder „Wir sind als Partner öffentlich anerkannt." (Herr Suzuki) und „Unsere Fähigkeit, unser Engagement und Verantwortungsbewusstsein werden von der Kommune erkannt und anerkannt." (Herr Ōyama) waren weitere Aussagen zur Beschreibung der Beziehung. Sogar die Obdachlosengruppe, die die Kooperationsbeziehung mit der Stadt kritisch sieht, erzählt, dass die Kontaktpflege ein höchst effektiver Weg zur erfolgreichen Kooperation ist: „Dadurch gewinnt man einen gewissen Einblick in das Gefüge der öffentlichen Verwaltung. Außerdem konnten wir einzelne Verwaltungsangestellte über das Obdachlosenproblem aufklären", erzählt Herr Tanaka.

Die Vertreter der Stadtverwaltung hingegen betonen immer wieder, dass die Krise der öffentlichen Finanzen der Grund dafür sei, Kooperationen mit BürgerInnen einzugehen.

8.3.3 Partnerschaft: Ideal und Wirklichkeit

Die Stadt Niigata gibt in zwei handlungsweisenden Dokumenten, dem Partnerschaftsleitfaden für Verwaltungsangestellte (Niigata-shi 2005b: 5) und dem Partnerschaftsleitfaden für BürgerInnen 2006 (Niigata-shi 2007d: 5), eine klare Definition von „*kyōdō*":

> „*Kyōdō* heißt, dass Bürgergruppen wie Freiwilligengruppen und NPOs sowie die Verwaltung Sichtweisen und besondere Handlungsbedingungen des jeweils anderen anerkennen und durch gemeinsame Zielstellung und Zusammenarbeit in einer gleichberechtigten Beziehung die Lösung gemeinsamer Probleme angehen."

Die Kommune betont die Notwendigkeit der Kontinuität von Partnerschaften, die nur durch organisatorisch stabile Gruppen gewährleistet werden könne. Bürger- und Anwohnerkonferenzen, die eng an die Verwaltung angebunden und deren Mitglieder zumeist Repräsentanten verschiedener Organisationen sind, werden daher ebenso als Partner in Betracht gezogen, wie lokale Nachbarschaftsgruppen und eingetragene Vereine. Sie sollen – so die Leitfäden –

mit der Stadtverwaltung organisatorisch und kontinuierlich an Projekten arbeiten und mittels deliberativer Verfahren „kollektive Entscheidungen" treffen.

Wie schätzen nun NPOs ihre tatsächliche Zusammenarbeit mit der Kommune im Vergleich zu dem offiziell von der Stadt formulierten Partnerschaftskonzept ein?

Die befragten NPO-VertreterInnen üben aufgrund ihrer Erfahrungen Kritik an dem Konzept von Partnerschaft, wie es in den Dokumenten der Stadt definiert wird, wenngleich sie in normativen Aspekten des Konzepts durchaus übereinstimmen. In Bezug auf Gleichberechtigung in der Partnerschaft bestätigen 22 von 39 der NPOs mit Kooperationserfahrungen, dass ihre Beziehung zur Kommunalverwaltung gleichberechtigt sei, wogegen ein knappes Drittel (12 von 39) aussagt, dass eine Gleichberechtigung in den Kooperationsbeziehungen „nicht sehr zu spüren" sei. Rund ein Zehntel (4 von 39) gibt an, dass keine gleichberechtigte Beziehung mit der Kommunalverwaltung bestehe.

Zufrieden sind die NPOs, die konfliktfrei Verwaltungsarbeit unterstützen und selbst unterstützt werden. Das gilt für Herrn Suzuki von der Stadtgestaltungsgruppe ebenso wie für Frau Kobayashi von der Offenen Schule in Sasaguchi. Herr Kasahara von der Umweltgruppe *Eco-Net Toyosaka* sieht das Problem bei der Herstellung einer gleichberechtigten Beziehung zwischen BürgerInnen und Verwaltung häufig darin, dass die Bürger und Bürgerinnen sich selbst zu wenig als gleichberechtigte Partner wahrnehmen würden: „Wenn sie selbst mit der Idee nicht klar kommen, selbstständig und eigenverantwortlich mit der Kommune zu kooperieren, verwandelt sich Partnerschaft sehr schnell in ein ‚Bittgesuch' an die Kommune, die dann als Obrigkeit über der Bevölkerung steht und sich um sie kümmern soll." Herr Kasahara behauptet, dass die Bürger und Bürgerinnen ihre eigene Verantwortung als Partner erst dann akzeptieren würden, wenn sie sich die Idee der „Bürgerselbstverwaltung" aneigneten. „Nur so können wir die Verwaltung aufklären oder auch zum Aufbau einer gleichberechtigten Partnerschaft inspirieren." Herr Yoneda von der Umweltgruppe *Eco-Net Toyosaka* verweist allerdings darauf, dass Gleichberechtigung auch ohne gleiche finanzielle Ressourcen beider Partner erreicht werden könne:

> „NPOs und Kommunalverwaltung sind zwei unterschiedliche Organisationen mit unterschiedlichen Kompetenzen. Auch wenn BürgerInnen nicht genauso viele finanzielle Ressourcen für das Projekt aufbringen können wie die Stadtverwaltung, können sie doch andere Eigenschaften wie praxisbezogene Erfahrungen, innovative und flexible Ideen usw. anbieten."

Herr Tanaka von der Obdachlosenhilfe weist zwar auf das egozentrische Verhalten der Kommunalverwaltung hin, was er als Zeichen für eine nicht gleichberechtigte Beziehung zwischen der Kommune und den Bürgern verstanden wissen will. Gleichzeitig betont auch er, dass Bürger und Bürgerinnen sich als „autonome Handelnde" selbstbewusst mit dem Problem auseinandersetzen müssen, um in der Zukunft die Gleichberechtigung zu erlangen.

Die Diskussion über das gemeinsame Ziel als zweites wichtiges Merkmal von Partnerschaften war bei Herrn Suzuki der Stadtgestaltungsgruppe sehr schnell erledigt. In seinen Augen teilen Gruppe und Stadtverwaltung sowohl das Bewusstsein, dass gegen die Entfremdung der Bewohner von ihrer Heimatstadt angegangen werden müsse, als auch das Ziel des Projekts: „Unser gemeinsames Ziel, etwas gegen den Verlust von Heimatgefühl unter den Bewohnern der Stadt zu tun, war der Startpunkt unseres Kooperationsprojekts. Anders hätte es nicht anlaufen können".

Bei den Gesprächen mit den Vertretern der Gruppe „Jubiläum für die Bandai-Brücke" und „Offene Schule Sasaguchi", Herrn Suzuki und Frau Kobayashi, waren jeweils von beiden eingeladene Vertreter der Verwaltung zugegen. Herr Suzuki sieht darin einen Beleg dafür, dass „sie mit uns intensiv zusammen arbeitet. Sie spielt eine zentrale Rolle für unser Projekt, die nur von ihr übernommen werden kann. Um ihren Vertretern einen Überblick über das Projekt zu bieten, muss ich sie dabei haben." Seine große Nähe zur Verwaltung und Vertrautheit mit den Verwaltungsvertretern demonstrierte er, indem er während des Interviews mehrmals auf die anwesenden Verwaltungsangestellten mit der Bemerkung verwies, dass die Verwaltungsangestellten viel besser antworten könnten. Frau Kobayashi von der Offenen Schule Sasaguchi betonte ebenso, dass es komisch wäre, wenn Herr Hirohashi als Initiator seitens der Verwaltung nicht beim Interview anwesend wäre – Herr Hirohashi sei schließlich die einzige Person aus der Verwaltung, der das Projekt wirklich vertraut wäre. Das „gemeinsame Ziel" wurde von ihr bei weitem nicht so enthusiastisch dargestellt wie von Herrn Suzuki, aber auch sie versicherte, dass Verwaltung und Freiwillige vor Ort gleiche Ziele mit dem Projekt der Offenen Schule verfolgten, nämlich eine bessere soziale Integration von Kindern und Eltern im lokalen Umfeld. Die beiden Bürgergruppen sind stolz auf ihre gute Kommunikation mit der Verwaltung.

Ganz anders äußerte sich Herr Tanaka, dessen Obdachlosenhilfe auf eine konfrontative Geschichte mit der Kommune zurückblickt und Kooperation deshalb allgemein mit einer gewissen Skepsis bewertet. Herr Tanaka erzählt, dass es für die NPO unheimlich schwierig gewesen sei, überhaupt einen Ansprechpartner in der Kommunalverwaltung zu finden. „Nachdem wir einen Ansprechpartner ausfindig gemacht hatten, war es für uns schwierig, mit ihm in Kontakt zu treten." Inzwischen gibt es immer mehr Kommunikationsmöglichkeiten, „obwohl sie niemals ausreichend sein können". Herr Tanaka findet es schwierig, von einem „gemeinsamen Ziel" der Partnerschaft zu sprechen, da er sein Projekt (teilweise) als Ergebnis der unterlassenen Pflichterfüllung der Kommune betrachtet. „Im Grunde hoffen die Stadtverwaltung und wir, dass kein Obdachloser mehr auf der Straße zu sehen ist. Während wir aber das Problem mittels der Unterstützung zur Wiedereingliederung der Obdachlosen lösen wollten, neigte die Kommune immer zu vorübergehenden Einzelaktionen, um das Gesicht der Stadt zu wahren." Der Ausgangspunkt des Projekts war in Herrn Tanakas Augen also nicht das „gemeinsame Ziel" sondern eine „Notsituation", die die Kommune ohne ehrenamtliche HelferInnen aus der NPO nicht bewältigen konnte. Für Herrn Yoneda von der Umweltgruppe *Eco-Net Toyosaka* haben sich die gemeinsamen Ziele seiner Gruppe und der Verwaltung trotz der Einbindung von Toyosaka in die Stadt Niigata als neuer Bezirk nicht verändert. Allerdings sieht er als problematische Folge der Gebietsfusion die nun größere Distanz seiner kleinen, lokalen NPO zur Stadtverwaltung:

„Normalerweise gibt es trotzdem kein Problem – direkt arbeiten wir nur mit der Bezirksverwaltung zusammen, mit der wir schon immer zusammen gearbeitet haben, aber wenn ich zur Stadtverwaltung von Niigata gehen muss, bin ich sofort verloren. Ich kenne keinen Menschen da und kein Mensch kennt mich. Dann werde ich sofort mit dem wohl bekannten, klassischen Problem des Verwaltungswesens konfrontiert – die oberste Behörde der Stadt leidet an Unflexibilität. Sie kann differenzierte Nachfragen der Bevölkerung nicht beantworten, weil es davon zu viele gibt oder wie auch immer… Als Ergebnis verhält sich das Amt unbeweglich. …Hingegen ist das Leben der Bürger und Bürgerinnen dynamisch und voll von Änderungen. Dementsprechend sind Partnerschaftsprojekte, die direkt mit dem Leben der Bürger zu tun haben, sehr oft und zu Recht Veränderungen ausgesetzt. Eine derart starre und bürokratische Behörde kann da keine große Hilfe sein."

Zusammenfassend ist festzuhalten, dass Niigata durch eine klare und transparente Institutionalisierung der Rahmenbedingungen für Partnerschaften aktiven Bürgern und Bürgerinnen günstige Bedingungen für Kooperation bietet. Bürgerschaftliches Engagement wird als wichtiger Bestandteil der Stadt- und Stadtteilpolitik betrachtet und hat nach der großen Gemeindefusion an Bedeutung gewonnen. Das dezentrale Verwaltungsmodell für Stadtteile bzw. Bezirke bietet neue Möglichkeiten der Partizipation an der Stadtteilpolitik und vermeidet gleichzeitig Entfremdungsprozesse als Folge der neuen Größe der Stadt und größeren Entfernung zum zentralen Rathaus. Adressat der Stadt sind bei den Kooperationsangeboten alle zivilgesellschaftlichen Akteure. Anders als beispielsweise in Shinjuku haben auch Bürgergruppen ohne Rechtsstatus sowie kleine lokale Bürgergruppen inklusive konventioneller Bürgernetzwerke wie Nachbarschaftsorganisationen, PTAs usw. Zugang zu unterschiedlichsten Förderangeboten, die öffentlich ausgeschrieben und damit für alle zugänglich sind. Das dezentralisierte Stadtteilverwaltungsmodell ermöglicht den Fortbestand der Zusammenarbeit zwischen aktiven Bürgergruppen in den neu fusionierten Gebieten mit ihren ehemaligen Partnern in der Verwaltung. Kooperationsprojekte erhalten hier als Gratiseffekt eine integrationsfördernde Bedeutung für die neu hinzugekommen Stadtteile.

Demgegenüber stellt sich – wie schon in Shinjuku zu beobachten – Partnerschaft offenbar für die Gruppen weitaus problematischer dar, die für ihre Projekte die Zusammenarbeit mit der zentralen Stadtverwaltung brauchen. Sie klagen über Distanz und Probleme, informelle Kontakte aufzubauen. Besonders kritisch dem Partnerschaftspostulat gegenüber steht auch in Niigata die Bürgergruppe, die sich überlokal in der gesamten Stadt für Obdachlose und damit für eine Randgruppe engagiert. Sie klagt über mangelndes Problembewusstsein, mangelnde Flexibilität und mangelnde Unterstützung seitens der Verwaltung und kritisiert deren Untätigkeit in einem Bereich, der zu den elementaren Pflichtaufgaben der Verwaltung gehöre.

Partnerschaften in Niigata fallen insofern in zwei Gruppen auseinander: Zum einen finden in lokal gebundenen, in Nachbarschaften integrierten Kontexten alltagsbezogene Kooperationen statt, mit einer hohen Nähe zur Verwaltung und insgesamt Zufriedenheit über die Beziehung. Dieser Typ ist eher typisch für kleinere Städte wie Mitaka und basiert auf informellen Netzwerken, Kleinräumigkeit und Engagement für die Qualität der eigenen Lebensumwelt. Andererseits bestehen wie in Shinjuku großstadtspezifische Problemlagen wie Obdachlosigkeit, in denen die Stadt nicht initiativ wird, sondern Betreuungs- und Integrationsaufgaben einer NPO überlässt. Typisch ist hier ein grundsätzlich distanzierteres, häufig auch spannungsreiches Verhältnis, da hier der Verstoß gegen die postulierte Gleichberechtigung beider Partner offenkundig ist und der Verdacht, hier würden kommunale Pflichtaufgaben kostengünstig an engagierte NPOs „abgeschoben" werden, letztlich von der Verwaltung nicht entkräftet werden kann.

8.4 Iruma: Kooperation im Spannungsfeld neuer Institutionen und traditioneller Beziehungsmuster

Die Ergebnisse der Befragung, an der sich 31 Bürgergruppen beteiligt haben, zeigt ein bekanntes Bild: Der Bereich soziale Dienste stellt mit einem reichlichen Drittel die größte Gruppe von allen NPO-Tätigkeitsschwerpunkten. Die zweitgrößte Gruppe (ein Fünftel) ist im Bereich Umweltschutz aktiv. Der hohe Anteil von über 60jährigen und weiblichen Mitgliedern entspricht dem allgemein bekannten Bild genauso wie der geringe Anteil an AusländerInnen. In Hinsicht auf die personellen Ressourcen sind die Gruppen mehrheitlich klein: Mehr als die Hälfte der Gruppen haben weniger als 25 Mitglieder. Drei Viertel der Gruppen haben keine Festangestellten, nahezu genauso viele auch keine Teilzeitkräfte. Wenn man zusätzlich berücksichtigt, dass knapp die Hälfte der Gruppen keine Unterstützung durch Freiwillige erhält, wird deutlich, dass es sich bei den potenziellen Partnern der Verwaltung in Iruma überwiegend um kleine Gruppen mit nur kargen personellen Ressourcen handelt.

Tabelle 27: Personalausstattung aller befragten Bürgergruppen in Iruma

Anzahl der Personen	Festangestellte (%)	Teilzeitkräfte (%)	Ehrenamtliche (%)
Keine	74,2	71,0	48,4
1-5	16,1	25,8	12,9
6-10	6,5	0,0	16,1
11-50	3,2	3,2	16,1
51-100	0,0	0,0	6,5

Quelle: eigene Darstellung

Vor diesem Hintergrund ist es nahe liegend, dass die Bürgergruppen in Iruma überwiegend keinen Rechtsstatus haben. Der Rechtsstatus ist jedoch von entscheidender Bedeutung, weil die Kommune, wie sich in den Interviews herausstellte, keine Outsourcing-Verträge mit Gruppen ohne Rechtsstatus schließt. Grund dafür sind wieder einmal mehr die mit einem Rechtsstatus verbundenen Sicherheiten. Kooperationen zwischen der Kommune und NPOs ohne Rechtsstatus geraten – wie Herr Ōyama der registrierten Umweltgruppe vermerkt – leichter in die Gefahr, die Gleichberechtigungsklausel zu verletzen. „Viele Bürgergruppen ohne Rechtsstatus, die eigentlich gleiche Tätigkeiten wie wir ausüben, wenn auch in geringerem Umfang, haben keinen Vertrag. Sie finanzieren sich ausschließlich über teilweise unregelmäßig eingehende Fördermittel und Spenden von lokalen Privatunternehmen sowie Mitgliederbeiträgen, was die Durchführbarkeit eines Projektes jederzeit gefährden kann. Für die Kommune arbeiten sie gratis. Dies ist weder eine gute Basis für langfristige Kooperationen noch für das bloße Fortbestehen der Gruppen", so Ōyama weiter. Mit einem Rechtsstatus verbessern NPOs die Chance erheblich, einen Outsourcing-Vertrag mit der Kommune zu schließen, was in seinen Augen eine wichtige Voraussetzung für eine gleichberechtigte Partnerschaft ist:

„Die Unterzeichnung eines Outsourcing-Vertrags signalisiert, dass die Kommune eine NPO als professionelle, kompetente Organisation anerkennt. Die Wohlfahrts-NPO *Ai-Ai*, die keinen Rechtsstatus besitzt, hat ähnliche Erfahrungen gemacht, wie die Sprecherin Frau Morimoto bestätigt. Mit der Gesetzesänderung, nach der nur Organisationen mit Rechtsstatus und einem Vertrag mit der Kommune entgeltliche Dienstleistungen anbieten dürfen, geriet *Ai-Ai* ohne Rechtsstatus automatisch in Schwierigkeiten:

> „Wir selbst ohne Rechtsstatus können keinen Vertrag mit der Kommune schließen. Andererseits ist es sehr schwierig, unsere Aktivitäten komplett ehrenamtlich zu erbringen. Als Lösung teilte sich die Gruppe in zwei Gruppen; ca. die Hälfte der aktiven Mitglieder wurde formell zum Rat für Soziale Wohlfahrt Irumas ‚entsendet‘, der wiederum mit der Kommune einen Outsourcing-Vertrag als Dienstleister schloss. Die entsandte Hälfte arbeitete als bezahlte Aushilfe für den Wohlfahrtsrat. Die restliche Hälfte blieb bei *Ai-Ai* und bot kostenlose Dienstleistungen an. Im Endeffekt blieben die Dienstleistungen an sich erhalten, aber *Ai-Ai* verlor damit praktisch eine Finanzquelle und musste als Konsequenz ihre Arbeitskräfte verringern. Wenn wir hundertprozentig ehrenamtlich gearbeitet hätten, hätten wir das Dienstleitungsvolumen, welches die Kommune von uns erwartet, nicht erledigen können. Die Koordination zwischen der Gruppe und dem Rat für Soziale Wohlfahrt Irumas funktionierte zwar letztendlich gut, obwohl einige finanzielle und personelle Probleme für die Gruppe selbst nicht zu vermeiden waren", so blickt Frau Morimoto zurück.

Überraschend ist angesichts der Privilegierung der eingetragenen NPO der hohe Anteil von Bürgergruppen mit Kooperationserfahrungen. Vier Fünftel aller Gruppen haben bereits Erfahrungen der Zusammenarbeit mit der Verwaltung gemacht. Damit liegt der Anteil unter den Untersuchungskommunen in Iruma am höchsten. Dies weist darauf hin, dass faktisch auch ohne Rechtsstatus Kooperationen zustande kommen, dann aber eben als freiwilliges Ehrenamt. Unter diesen Bedingungen ist es dann nicht erstaunlich dass der Anteil an kooperationserfahrenen Bürgergruppen zwar am höchsten, die Bewertung der Partnerschaften als gleichberechtigt jedoch am niedrigsten ist.

Fallbeispiel im Kinderbereich: Internationaler Austausch für Jugendliche

Herr Saitō Fukutarō ist Vize-Vorsitzender der Bürgergruppe *Iruma Kokusai kōryū-kyōkai* (Vereinigung für den internationalen Austausch in Iruma). In der Gruppe sind neben 475 individuellen Mitgliedern auch 16 Privatunternehmen sowie 53 lokale Bürgergruppen als Mitglieder registriert. Ca. 65 % der Mitglieder sind Frauen. Das Durchschnittsalter der Mitgliedschaft liegt zwischen 50 und 60 Jahren.

Die Gruppe wurde 1990 als *Shimai toshi kōryū iinkai* (Komitee für den Austausch mit Partnerstädten) als unabhängige Bürgerorganisation mit dem Ziel gegründet, Austausch zwischen der Bevölkerung von Iruma und der Partnerstadt Fenghua in China zu fördern. Da aufgrund der schwierigen diplomatischen Beziehungen und der damit verbundenen bürokratischen Hürden im Kontakt zu China viel Organisierungsarbeit anfiel, stand die Gruppe von Beginn an in engem Austausch mit der Verwaltung. Später wurde die Gruppe in *Iruma kokusai kōryū kyōkai* (Vereinigung für den internationalen Austausch in Iruma) umbenannt. Gleichzeitig übernahm die Abteilung für Selbstverwaltung und Kultur in der Stadtverwaltung das Sekretariat der Vereinigung. Seitdem arbeitet der Verein mit der Kommune in unterschiedlichen Arbeitsphasen, vor allem aber in bei der Planung ihrer Vorhaben eng zusammen. Jährlich werden Projekte vom Verein sowie von der Kommune vorgeschlagen, wobei der Vorstand, der ausschließlich mit BürgerInnen besetzt ist, die endgültige

Entscheidung trifft. Zur Umsetzung der Projekte beantragt die Verwaltung beim Stadtrat Finanzmittel, die ca. 90 % des Gesamtbudgets des Vereins ausmachen. Wird dem Antrag durch den Stadtrat zugestimmt, können die Partnerschaftsprojekte begonnen werden. Die Finanzierung durch öffentliche Fördermittel ist allerdings daran gekoppelt, dass die Arbeit als Ehrenamt geleistet wird.

Im Interview stellte Saitō die Einladung des Jugendchores der Partnerstadt Wolfrats-hausen als repräsentatives Beispiel für internationale Zusammenarbeit in der Kommune vor. Das Konzert wurde seitens der Kommune als „öffentliche, eintrittsfreie Veranstaltung" konzipiert. Die Rollenverteilung zwischen Verein und Kommune sah vor, dass die Kom-mune Pläne für das Chorkonzert ausarbeitete und die Aufenthaltskosten der Chorgruppe, die gesamte Koordination sowie die Öffentlichkeitsarbeit übernahm. Währenddessen or-ganisierte die Bürgergruppe Aufenthalt und Unterkunft in Gastfamilien für 45 Kinder und 5 Erwachsene der Chorgruppe aus Wolfratshausen. Die Bürgergruppe bot darüber hinaus einen Dolmetsch- und Übersetzungsservice an. Arbeiten vor Ort wie Vorbereitung, Emp-fang und Aufräumen der Konzerthalle wurden ebenso von Mitgliedern der Bürgergruppe ehrenamtlich erbracht.

Fallbeispiel im Wohlfahrtbereich: Begleitservice für Sehbehinderte

Frau Morimoto Fumie ist Sprecherin der kleinen Wohlfahrts-NPO *Ai-Ai*. Die NPO wurde 1997 gegründet und hat 18 Mitglieder, deren Durchschnittsalter zwischen 55 und 60 Jahren liegt. Die Gruppe hat keinen Rechtsstatus, da sie „zu schwach, zu alt und zu ressourcenarm" sei, wie Frau Morimoto erklärt. Ihrer Meinung nach sei der Aufwand für die Beantragung des Rechtsstatus und dessen Aufrechterhaltung für die Gruppe zu groß. Hauptanliegen der Gruppe *Ai-Ai* ist ein Begleitservice für Blinde und Sehbehinderte, vor allem bei Arzt- und Krankenhausbesuchen.

Die Partnerschaft zwischen *Ai-Ai* und der Kommune besteht seit dem Jahr 2000. Die Form der Zusammenarbeit erfuhr infolge der Gesetzesreformen im Wohlfahrtsbereich auf nationaler Ebene in den letzten 10 Jahren mehrmals massive Modifizierungen. Die Koope-ration startete zunächst im Rahmen des „städtischen Begleitservices für Sehbehinderte", den Iruma 2000 etablierte. Auf der Suche nach einem geeigneten Dienstleistungsanbieter wandte sich die Kommune an die Gruppe *Ai-Ai*, die damals bereits aufgrund ihrer langjähri-gen Tätigkeit das Vertrauen vieler Blinder und Sehbehinderter gewonnen hatte. In der Folge schloss die Gruppe einen Outsourcing-Vertrag mit der Kommune ab und bot die Dienst-leistung günstiger als privatwirtschaftliche Anbieter an. Doch im Jahr 2003 verlor *Ai-Ai* im Zuge der Einführung des finanziellen Unterstützungssystems für Behinderte *(shōgaisha shien seido)* den Status eines Dienstleistungsanbieter, weil nach den neuen Richtlinien nur Anbieter mit einem Rechtsstatus ihre Leistung vergütet anbieten dürfen. Ungeachtet des-sen war aber die Stadtverwaltung an der Fortsetzung dieser Kooperation interessiert. So gründete die Verwaltung die neue „Abteilung für Transporthilfe" innerhalb des Rates für Soziale Wohlfahrt. *Ai-Ai* unterstützt seither diese Abteilung, indem sie gegen Entgelt ihre Unterstützung anbietet und gleichzeitig ihren eigenen Begleitservice gänzlich auf ehren-amtlicher Basis fortsetzt.

„Die Gesetzesänderung von 2003 hat die Entwicklung ehrenamtlichen Bürgerengagements im Wohlfahrtsbereich zurückgedrängt. Viele kleine Bürgergruppen, die nicht genug personelle und/ oder finanzielle Ressourcen für die Erlangung des Rechtsstatus aufweisen, mussten die Entscheidung treffen, ob sie sich in
andere Gruppen mit Rechtsstatus integrieren, um die Zusammenarbeit mit der Kommune fortzusetzen, oder
ob sie ihre Aktivitäten komplett ehrenamtlich durchführen. Als Folge mussten viele Gruppen ihre Aktivitäten verkleinern oder gänzlich damit aufhören."

Mit der Reform des Pflegeversicherungsgesetzes (2005) und dem Gesetz zur Förderung eines
selbständigen Leben für Behinderte (2006) sah sich *Ai-Ai* gezwungen, einen maßgeblichen
Teil der Aktivitäten, die sie in Kooperation mit dem Rat für Soziale Wohlfahrt auf Entgelt-
basis leisteten, nur noch im freiwilligen Ehrenamt zu realisieren.

*Fallbeispiel im Umweltbereich: NPO für den Schutz des Waldes auf dem Kaji-Hügel (Kaji
kyūryō sanrin kanri grūpu)*

Herr Ōyama Hiroshi, Herr Shimizu Tokuzō und Herr Yamanishi Motonao sind Vorstandsmitglieder der Umwelt-NPO *Kaji kyūryō sanrin kanri grūpu*. Die NPO wurde 2003 gegründet
und erlangte 2004 den Rechtsstatus. Anliegen der NPO ist es, die Wälder im Kaji-Hügelge-
biet bei Iruma zu pflegen und zu schützen. Die NPO hat 208 individuelle Mitglieder und 65
Fördermitglieder, zumeist Privatunternehmen, von denen wiederum allerdings ca. nur ein
Zehntel wirklich Arbeitskraft anbieten. Im Unterschied zur Mehrheit der befragten Gruppen sind 90 % der Mitglieder männlich. Das durchschnittliche Alter der Mitglieder liegt zwischen 68 bis 70 Jahren. „Wir sind alle Rentner mit viel Freizeit", lächelt Herr Ōyama, „aber
wir haben viel zu tun. Ein Berufstätiger könnte bei uns zeitlich nie mithalten". Die Gruppe
beteiligt sich an Aufforstungsarbeiten und der Pflege des Waldes, was angesichts der körper-
lichen Belastungen für ihn auch erklärt, warum sich fast nur Männer engagieren.

Das Hügelgebiet, das bis in die 1970er Jahren zur kommerziellen Nutzung abgeholzt
wurde, wird von der Kommune nach und nach zurückgekauft und in Kooperation mit der
NPO schrittweise aufgeforstet und gepflegt. In diesem Outsourcing-Projekt ist die NPO ca.
80 Tage pro Jahr als Auftragnehmer der Kommune aktiv. Engagierte NPO-Mitglieder erhalten pro Stunde eine für harte Körperarbeit niedrige Aufwandsentschädigung von 500 Yen
(ca. 4 Euro). Die NPO zeigt jedoch Verständnis für die niedrige Aufwandsentschädigung
angesichts der Finanzkrise des kommunalen Haushaltes.[81] In Herrn Ōyamas Augen trete die
NPO auf diese Weise der Verwaltung als vertrauensvolle, professionelle Gruppe entgegen und
nicht als Bittsteller: „Nicht nur Fachkenntnisse, sondern auch die Organisationsfähigkeit der
Gruppe gehören zum professionellen Auftreten. Alle Werkzeuge einschließlich des Arbeits-
wagens besorgen wir uns selbst." Hingegen hilft die Kommune der Gruppe, Informationen

---

81   Iruma nennt im 2005 veröffentlichten „Plan zur langfristigen Verwaltungsreform" die Hauptfaktoren, welche
die finanzielle Situation verschärfen (würden): die allgemeine Finanzkrise auf Staats- und Präfekturebene,
die sogenannte „Trinitätsreform" einschließlich der Einstellung der Subventionssteuer und der Reduzierung
der staatlichen Hilfsgelder für Iruma, das Sinken der Geburtsrate und die Überalterung der Gesellschaft
sowie die Dezentralisierung. Iruma schätzt, dass der Finanzmangel jährlich ein bis zwei Milliarden Yen
betragen würde, was die Aufrechterhaltung der bisherigen öffentlichen Dienstleistungen schwierig gestalten
würde. Der Verwaltungsreformplan enthält neben der Reform der angegliederten Organisationen (*gaikaku
dantai*) die Förderung der Outsourcing-Projekte, die Umstrukturierung der Organisationsgefüge inklusive
Personalabbau, die Herstellung einer soliden Finanzierung (*zaisei kenzen-ka*) sowie die „Förderung der
Kooperation mit NPOs als neue Dienstleister" (vgl. Iruma-shi 2010).

über die von Privatunternehmen angebotenen Fördermöglichkeiten für NPOs zu erlangen, denn für die NPO ist es laut Herrn Ōyama „[...] nicht einfach, passende Förderprogramme zu finden. Die Verfahren sind zudem kompliziert. In diesem Punkt hilft die Kommune uns als professioneller Sachbearbeiter". Diese Aussage spiegelt deutlich die Folgen einseitiger Ressourcenverteilung wider: Die Kommune finanziert selbst nicht auskömmlich, unterstützt aber die Antragstellung bei Dritten.

8.4.1 Informalität als „Schmieröl" für institutionelle Partnerschaftsstrukturen

Die institutionellen Rahmenbedingungen für Kooperationen zwischen zivilgesellschaftlichen Organisationen und Verwaltungen sind, wie zuvor erwähnt, trotz der Position Irumas als „Nachzügler" nicht unbedingt schlecht. „Ich gebe zu, dass wir viel Zeit gebraucht haben, verschiedene Ideen zu Partnerschaft in die Praxis umzusetzen. Aber wir sind auf gutem Wege dahin", so Herr Saitō Mitsuaki von der Kommunalverwaltung Iruma. Saitō sieht in Iruma viel Potenzial für partnerschaftliche Zusammenarbeit zwischen BürgerInnen und Kommune, da die Kommunikation zwischen ihnen – besonders zwischen den Nachbarschaftsorganisationen und der Kommune – in seinen Augen „immer noch sehr gut und funktionsfähig" sei.

> „Das große Problem ist das Fehlen einer Kooperationstradition. Unwissenheit und fehlendes Bewusstsein sowohl auf der Bürgerseite als auch auf der Seite der Kommunalverwaltung sind gegenwärtig die Hauptgründe für die schwache Verankerung des Paradigmas Partnerschaft. Viele BürgerInnen wissen nicht, wie ein Partnerschaftsprojekt konkret aussehen soll und welche Vorteile sich durch Partnerschaft für die Entwicklung der Kommune ergeben können. Ich denke, dass ein großer Teil der EinwohnerInnen in Iruma auch nicht viele Kenntnisse über NPOs besitzen. Ähnliches ist leider auch innerhalb der Kommunalverwaltung zu beobachten", so Herr Saitō.

Für Herrn Saitō ist das Fehlen der Partnerschaftstradition jedoch durch umfassende Informationspolitik, Schulungen und praktische Präsentationen „anfangs vielleicht nur langsam, später aber immer schneller" zu kompensieren.

Kennzeichnend für Iruma ist, dass nicht-institutionalisierte, informelle Bedingungen sowohl von der Verwaltungsseite als auch von der Bürgerseite bewusst in die Handlungslogik von Partnerschaften integriert werden. Während der Kooperation gewonnene persönliche Bekanntschaften mit Verwaltungsangestellten fungieren als „Schmieröl" und „sparen uns lange Verständigungsprozesse", so die Sicht Herrn Ōyamas von der Umweltgruppe. Ebenso sind gesellschaftliche und berufliche Rollen sowie Positionen der Mitglieder ein wichtiges Element der Kooperationsbeziehungen. Zum Beispiel erklärt Herr Saitō von der Bürgergruppe für internationalen Austausch, dass das relativ hohe Alter der NPO-Mitglieder bei der Kooperation mit der Verwaltung vorteilhaft für seine NPO wirke, da dadurch eine gewisse Achtung vor dem Alter durch die meist jüngeren Verwaltungsangestellten gewährleistet sei.

Zur Strategie der Steigerung von Effektivität und Effizienz der Kooperationsprojekte gehören auch die gute Beziehung und Kommunikation zu bzw. mit Nachbarschaftsorganisationen. Die Einbeziehung von Nachbarschaftsvereinigungen in Kooperationsprojekte wird sowohl von Bürgergruppen als auch von der Kommune als Erfolgselement angesehen, wobei die Einbeziehung nicht Kooperation, sondern eher Akzeptanz der Zielsetzung und Umsetzung des Projekts seitens der Nachbarschaftsvereinigungen bedeutet. Herr Saitō von der Kommunalverwaltung verweist im Interview auf die „noch relativ gut erhaltenen" traditionellen Einwohnernetzwerke, die zur kooperativen Beziehung zwischen Kommune und BürgerInnen viel beitrügen. Nachbarschaftsorganisationen nähmen der Kommunalverwaltung nämlich nicht nur viel Routinearbeit wie die Verteilung des Amtsblatts oder die Aufsicht der Müllsammelstellen ab, sondern sie spielten in seinen Augen auch eine Vermittlerrolle zwischen der Kommune und den AnwohnerInnen. „Daraus entstehen viele wertvolle Begegnungen zwischen Kommune und BürgerInnen, die für unsere Kooperation wichtig sind", so Herr Saitō weiter.

Laut der Umfrage unterhalten nahezu drei Viertel der befragten Bürgergruppen Kontakte zu Vorsitzenden von Nachbarschaftsorganisationen. In Shinjuku beträgt dieser Anteil beispielweise nur knapp ein Drittel. Andererseits wird aber nur ein Fünftel der befragten Gruppen in Iruma „zu einem gewissen Maß" von Nachbarschaftsorganisationen unterstützt. Keine der kooperationserfahrenen Gruppen gab an, dass sie von Nachbarschaftsvereinigungen aktiv unterstützt wird. Wie auch in den anderen Untersuchungsstädten besteht zwischen NPOs und den traditionellen Nachbarschaftsvereinigungen auch hier eine Distanz, wobei zumindest die Sprecherin der Gruppe *Ai-Ai* (Wohlfahrt) das Problem sieht, dass für den Erfolg der Kooperation eine vertrauensvolle Zusammenarbeit auch mit den Nachbarschaftsvereinigungen sinnvoll wäre.

8.4.2 Einstellungen der BürgerInnen gegenüber Kooperationsprojekten

Die interviewten NPO-VertreterInnen stimmen darin überein, dass Fokus der Zusammenarbeit zwischen der Kommunalverwaltung und BürgerInnen die Erreichung eines gemeinsamen Ziels sei. Dabei legen sie auf „Freiwilligkeit" auf der Bürgerseite zentralen Wert. Darüber hinaus äußert Herr Saitō von der Bürgergruppe für internationalen Austausch, dass „die Initiative von der Bürgerseite kommen sollte". Doch in Wirklichkeit seien Partnerschaftsprojekte seines Vereins überwiegend von der Kommune initiiert, gesteht Herr Saitō. „Idealerweise sollte das Verfahren umgekehrt sein." Frau Morimoto von der Gruppe *Ai-Ai* betrachtet Kooperation als „ein Instrument, mit dem auch solche Bürger und Bürgerinnen aktiv werden, die früher passive Empfänger von kommunalen Dienstleistungen waren".

Dass durch Partnerschaften die Angebote an die Bevölkerung verbessert werden, bejahen alle Interviewpartner. Die Projekte ließen sich aus unterschiedlichen Gründen ohne Partnerschaft zwischen den beiden Akteuren nicht oder nur begrenzt realisieren. Alle Interviewten erklärten, dass zum Beispiel finanzielle Engpässe der Kommunalverwaltung durch günstige bzw. ehrenamtliche Arbeitskraft der Bürger und Bürgerinnen minimiert bzw. abgebaut werden würden. Herr Ōyama von der Umweltgruppe betont, dass die Stadt ohne „das Partnerschaftsprojekt mit uns niemals die Ergebnisse erreicht hätte, die wir jetzt haben. Es kann sein, dass das Projekt zwar hätte realisiert werden können, aber sicher nur in einem viel kleineren Ausmaß als gegenwärtig". Herr Saitō von der Gruppe für internationalen Austausch sieht die Lage ähnlich: „Die Einladung des Jugendchores aus Deutschland und das eintrittsfreie Chorkonzert wären ohne ehrenamtliches Engagement der Bürger und Bürgerinnen sicher nicht möglich gewesen."

Grundlage der Projekte ist die entgeltfreie Bürgerarbeit und in der Tat geben nur 4 von 24 der kooperationserfahrenen NPOs an, dass die „Erhöhung der Einnahmen" ein Kooperationsziel sei. Das Selbstbild, billige Arbeitskraft für die Kommune zu sein, ist zwar stark präsent und wird mit Offenheit kommuniziert, allerdings immer verknüpft mit einem beträchtlichen Verständnis für die schwierige Finanzlage der Kommune. Herr Ōyama von der Umweltgruppe bezeichnet das Verhältnis zwischen seiner NPO und der Kommune als „zwei Räder eines Wagens" – „jedes Rad ist wichtig, wenn eines fehlen würde, könnte die Karre – also, unser Projekt – nicht mehr weiter rollen." Dabei betont er, dass die Kommune nicht dafür zuständig sei, die Finanzlage seines Vereins zu verbessern. Die Rolle der Verwaltung sollte seiner Ansicht nach in einem professionellen, verwaltungstechnischen Projektmanagement und der Finanzierung des Kaufes der Wälder bestehen. Auch Herr Saitō von der Gruppe, die den internationalen Austausch fördert, teilt diese Sicht. Wegen des offiziellen, fast diplomatischen Charakters seines Projekts sei die Kommune als Verwaltungsinstitution und Entscheider unentbehrlich. Die engagierten BürgerInnen würden sich um die Organisation der praktischen Projektumsetzung wie z.B. Betreuung durch Gastfamilien oder Dolmetschen kümmern. In Saitōs Augen ist diese Rollenverteilung adäquat, wobei das tendenziell jährlich sinkende Budget für Partnerschaftsprojekte schon Anlass zur Besorgnis gäbe.

Eine differenziertere Einstellung zur „richtigen Rollenverteilung" besitzt Frau Morimoto von der Gruppe *Ai-Ai* (Wohlfahrt). Ihrer Meinung nach füllen Partnerschaften eine unvermeidliche Dienstleistungslücke der Kommune. Diese Lücke sei laut Frau Morimoto nicht die Folge von unterlassenen Leistungen oder Versagen der Kommunalverwaltung, vielmehr sei sie eine Folge der vielfältigen Bedürfnisse und der beschränkten Kapazitäten der Kommune und somit unvermeidbar. Gleichzeitig weist sie darauf hin, dass es „andere Kommunen gibt, die mit Dienstleistungen für Blinde und Sehbehinderte durchaus geschickter umgehen", weshalb sie sich immer wieder die Frage stelle, ob die aktuellen „Dienstleistungslücken" wirklich unvermeidlich seien. Trotz allem zweifelt sie nicht daran, dass es „natürlich und selbstverständlich ist, dass die Kommunalverwaltung nicht perfekt ist", und dass „es immer schwieriger wird, auf zunehmend ausdifferenzierte Bedürfnisse der Menschen rechtzeitig und adäquat zu reagieren." Sie geht davon aus, dass das Spektrum der öffentlichen Leistungsangebote von der Kommune immer mehr oder weniger von ehrenamtlichen Arbeitskräften abhängig sein wird. Wie bereits erwähnt, ist es dabei für sie wichtig, dass BürgerInnen ihre Partnerschaft mit der Kommune bewusst initiieren und umsetzen.

8.4.3 Voraussetzungen für eine erfolgreiche Kooperation

Die Erwartungen im Hinblick auf eine effektive und effiziente Durchführung der Partnerschaftsprojekte sind bei den Mitgliedern der NPOs verständlicherweise groß. Gleichwohl geben die Umfragen Hinweise darauf, was an Voraussetzungen gegeben sein müsste, um tatsächlich erfolgreich zu sein. Drei Viertel (16 von 24) der Bürgergruppen nennen die „Erhöhung der Mitgliederzahl" als Voraussetzung für eine erfolgreiche Kooperation. Im Vergleich zu den anderen Untersuchungskommunen ist dieser Anteil auffällig hoch, gleichwohl nicht erstaunlich, da wie angesprochen die Gruppen fast ausschließlich klein und ressourcenarm sind. Zusätzlich dazu, dass eine größere Mitgliederzahl sich positiv auf das Aktivitätsniveau und das Aufkommen an Mitgliederbeiträgen auswirken würde, betont Herr Ōyama von der Umweltgruppe, dass „die Stabilisierung der Organisation durch mehr Mitglieder das Fortbestehen der Organisation sichert und damit zur Vertrauensbildung beim Kooperationspartner beiträgt. Die Kommune muss sicher gehen können, dass die Bürger und Bürgerinnen auch bereit sind, sich langfristig mit dem Projekt zu befassen, da die Probleme, mit denen wir uns mit unserem Projekt widmen, nur langfristig zu lösen ist. Wir möchten ein langfristiger Partner sein und diese Einstellung tut der Kooperation sicher gut."

Tabelle 28: Voraussetzungen für eine erfolgreiche Kooperation (%) (Mehrfachantworten)

	Shinjuku	Mitaka	Niigata	Iruma
Erhöhung der Mitgliederzahlen	46,4	57,6	55,3	76,2
Gegenseitiges Verständnis der Kooperationspartner	64,3	75,8	71,1	57,1
Ausweitung der Netzwerke von Bürgergruppen	46,4	60,6	47,4	42,9
Stärkere Unterstützung durch die Verwaltung	57,1	55,3	55,3	33,3
Erhöhung der Einnahmen	46,4	12,1	39,5	9,5
Erlangung eines Rechtsstatus	0	6,1	2,6	4,8

Quelle: eigene Darstellung

Interessant ist, dass eine direkte Erhöhung der Einnahmen, eine nachgeordnete Rolle spielt. Ebenso sieht nur eine der 24 kooperationserfahrenen Gruppen die Erlangung eines Rechtsstatus als Voraussetzung für Erfolg, obwohl ein beiderseitiges, informelles Einverständnis existiert, wonach eine Bürgergruppe ohne Rechtsstatus nur in seltenen Fällen einen vergüteten Vertrag (z.B. Outsourcing) mit der Kommune schließen kann. Als wichtigste Voraussetzungen für eine gelungene Kooperationen sehen die Gruppen vielmehr die Verbesserung der eigenen Position als Partner, sei es durch mehr Mitglieder, sei es durch mehr Vernetzung. Sie befinden sich offenbar noch in der Phase des Aufbaus von Kapazitäten als Partner. Die Erwartungen an die Verwaltung sind demgegenüber gegenwärtig nicht Kernanliegen.

In den Interviews wurden vor allem Missverständnisse bzw. erfolglose Verständigungsversuche in Bezug auf die Gemeinwohlorientierung beider Akteure in vergangenen oder laufenden Partnerschaftsprojekten häufig als Schwachpunkte der Kooperationen formuliert. Herr Saitō erinnerte sich in diesem Kontext an eine Diskussion über die Eintrittskosten für das Jugendchorkonzert als Beispiel für verwaltungstypisches Verhalten, das die Bevölkerung nicht sofort nachvollziehen könne: Da das Konzert im Rahmen einer öffentlichen Veranstaltung ohne Eintritt stattfinden sollte, war die Möglichkeit von Anfang an ausgeschlossen, Aufenthaltskosten der Chorgruppe aus Deutschland über die Eintrittsgelder zu finanzieren. „Das wurde uns einfach so mitgeteilt, aber für uns engagierte Bürger und Bürgerinnen bedeutete das noch viel mehr (ehrenamtliche) Arbeit", so Saitō. Um die Auffassung von Gemeinnützigkeit seitens der Kommune auch gut den BürgerInnen zu kommunizieren, muss laut der Interviews ein gegenseitiger Verständigungsprozess eingeleitet werden: „Wenn Bürger und Bürgerinnen wissen, dass die Kommune sie zu verstehen versucht, werden sie auch zu Kompromissen bereit sein. Partnerschaftliche Zusammenarbeit bedeutet, unterschiedliche Eigenschaften und Charakteristika der Partner nicht zu eliminieren, sondern sie nutzbringend zu kombinieren" (Herr Saitō). Frau Morimoto von der Wohlfahrtsgruppe *Ai-Ai* sieht als weiteres Problem, dass Verständnisprobleme oft im Vorurteil innerhalb der Bevölkerung, aber auch auf Seiten der Verwaltung begründet liegen, wonach „neue Bürgergruppen wie NPOs, im Unterschied zu alten Bürgergruppen wie Nachbarschaftsorganisationen, bei ihren Aktivitäten nicht besonders auf das Gemeinwohl achten, sondern viel zu stark ihr eigenes Interesse in den Vordergrund stellen". Um diese „zu Unrecht ausgeübte Kritik" zu widerlegen, müssten NPOs bewusst ihre Einstellung gegenüber dem Gemeinwohl deutlich machen. Sie sieht den noch immer niedrigen Grad an Interesse an und Anerkennung von Partnerschaften in der Bevölkerung als essenzielles Problem für Entwicklung von mehr Kooperationsprojekten.

Die bisherig vorgestellten Daten deuten insgesamt an, dass immaterielle Bedingungen wie z.B. zwischenmenschliche Beziehungen, gegenseitiges Verständnis und Anerkennung als wichtige Voraussetzung für eine gute Kooperation betrachtet werden. Im Vergleich zu den anderen Städten fällt die Kritik an der Verwaltung nicht ins Gewicht. Die Bürger und Bürgerinnen verstehen sich als solidarische HelferInnen der Verwaltung.

8.4.4 Ziele und Motivationen

Unserer Umfrageergebnisse zufolge nennen 19 von 24 der befragten NPO-VertreterInnen mit Kooperationserfahrung den „Beitrag für die Region" als Motivation dafür, mit der Kommune zusammenzuarbeiten. Als zweitwichtigstes Motiv wird „Partizipation bei der Durchführung von kommunalen Aufgaben" genannt. „Partizipation bei Beschluss politischer Maßnahmen der Kommune" folgt hingegen erst nach der Selbstverwirklichung der Mitglieder (vgl. Tabelle 29).

Tabelle 29: Wichtigste Kooperationsziele (in %)

	Shinjuku	Mitaka	Niigata	Iruma
Beitrag für Region	85,7	96,9	94,9	79,2
Selbstverwirklichung der Mitglieder	21,4	37,5	25,6	33,3
Partizipation bei der Durchführung kommunaler Aufgaben	50,0	46,9	66,7	54,2
Partizipation bei Beschluss politischer Maßnahmen der Kommune	39,3	21,9	46,2	25,0
Erhöhung der Einnahmen	21,4	12,5	28,2	16,7

Quelle: eigene Darstellung

Auch die interviewten NPO-VertreterInnen messen dem „Beitrag für die Region" eine hohe Bedeutung zu. Sie wollen mit ihren Aktivitäten zusammen mit der Kommune einen Beitrag zu einer besseren Lebensumwelt leisten. Frau Morimoto von der Wohlfahrtsgruppe *Ai-*

Ai weist darauf hin, dass die Aktivitäten ihres Vereins „früher ganz im öffentlichen Bereich lagen, der die Bürger und Bürgerinnen nicht betraf bzw. nicht interessierte." Sie weist zwar darauf hin, dass die Übernahme der Betreuung von Sehbehinderten zwar ursprünglich nicht unter dem Label des „Partnerschaftsideals" stattgefunden habe, wie gerne propagiert wird, sondern infolge der schweren Finanzkrise und Arbeitsüberlastung der Kommune: „Aber wenn wir beide letztendlich für ein gemeinsames Ziel arbeiten können, ist das dann irgendwie nicht mehr wichtig", erklärt sie. „Wichtig ist, dass wir heute als Partner der Kommune im öffentlichen Bereich agieren können. Das ist der Bereich, in dem wir aktiv sein möchten." Herr Saitō von der Gruppe für internationalen Austausch in Iruma weist ebenso auf den gemeinnützigen Charakter seines Vereins hin.

Als zweitgrößtes Motiv für Kooperation nennen immerhin mehr als die Hälfte (54,2 %) der NPOs die „Partizipation bei der Durchführung kommunaler Aufgaben." Demgegenüber ist die Beteiligung an kommunalpolitischen Entscheidungen nur für ein Viertel der Bürgergruppen Ziel bei Kooperationen (vgl. Tabelle 29). Die Diskrepanz zwischen dem Wunsch, an der Durchführung und dem Beschluss von kommunalpolitischen Maßnahmen teilzuhaben, und der Realität ist einerseits naheliegend, da Partizipation an politischen Entscheidungsprozessen in der Regel individuell erfolgt und NPOs nicht Adressat sind. Gleichzeitig lässt sie sich aber auch mit einem vorsichtigen Antwortverhalten der NPOs bzw. ihrer VertreterInnen erklären, denen bewusst ist, dass sie als NPO nicht politisch aktiv sein dürfen. Dies zeigte sich auch in den Interviews: Die interviewten NPO-VertreterInnen antworteten auf die Frage, ob sie bei Kooperationen gewisse Erwartungen hinsichtlich politischer Verbesserung hätten, dass sie nicht politisch agierten, sondern sich für das Gemeinwohl engagierten. Im Verlauf der Interviews zeigte sich, dass die Trennung von „politisch aktiv sein" und „parteipolitisch aktiv sein" seitens der NPO-VertreterInnen allerdings nicht klar vollzogen wird. Befragte äußerten, dass das Wort „politisch" einen störenden, egozentrischen Beigeschmack hätte. Auch das NPO-Gesetz, das den NPOs mit Rechtsstatus verbietet, „primär" politisch aktiv zu sein, verstärkt diese Wahrnehmung. Der niedrige Anteil der Gruppen, die Partizipation am politischen Entscheidungsprozess als Ziel angaben, besagt demnach nicht unbedingt, dass der Großteil der NPOs in Iruma nicht an der Teilhabe der gemeinsamen Planung und Entscheidung von Projekten interessiert ist. Auch wenn ihr Engagement nicht direkt als „politische Teilnahme" bezeichnet werden kann, sehen alle befragten NPO-Vertreter langfristig durchaus die Möglichkeit, durch ihre Partnerschaftsprojekte mit der Kommune Einfluss auf die Stadtpolitik auszuüben, indem sie die Kommune informieren, inspirieren und letztendlich aufklären.

Herr Ōyama von der Umweltgruppe ist sich sicher, dass sein Verein „beträchtlichen Einfluss auf die Einstellung der Kommunalverwaltung" ausgeübt hat. Er erinnert sich, dass ein Verwaltungsangestellter „nicht einmal wusste, was NPO eigentlich bedeutet", als er im Jahr 2004 erstmals Kontakt zur Kommune suchte. „Deswegen bestand unsere erste Aufgabe darin, unsere Leistungsfähigkeit zu beweisen und die Verwaltung zur Partnerschaft zu ermutigen." Alle befragten NPO-VertreterInnen teilen die Meinung, dass die Kommunalverwaltung bei unterschiedlichen Projekten heute nicht nur mit dem Engagement, sondern auch mit der Leistungsfähigkeit der BürgerInnen rechnet. Herr Saitō formuliert dieses Phänomen wie folgt: „BürgerInnen erweitern die Reichweite der öffentlichen Leistungen".

Frau Morimoto von der Gruppe *Ai-Ai* verweist kritischer auch auf die „negative" Einflussnahme der Bürgergruppen auf das Verhalten der Kommune. In ihren Augen bestehe die Gefahr, dass bürgerschaftliches Engagement Prozesse der Verwaltungsreform verlangsamen könnte. Als die grundlegenden Gesetzesänderungen im Bereich der sozialen Versorgung von Sehbehinderten Änderungen bzw. eine Neustrukturierung der Partnerschaft zwischen Kommunalverwaltung und Bürgerinnen erforderlich machten, haben „einige Kommunen Verwaltungsreformen vorgenommen, damit die Gesetzesänderungen den engagierten BürgerInnen nicht komplett zur Last fallen", so Frau Morimoto. Ihrer Meinung nach wählte Iruma dabei jedoch einen anderen Weg; „Bürger und Bürgerinnen mussten hier mehr schultern, um die durch die Gesetzesänderungen entstandenen Schwierigkeiten zu überwinden." Sie warnt davor, dass Flexibilität und Mobilisierungskapazität, die im Gegensatz zur unflexiblen Verwaltungsbürokratie als Vorteil der NPOs gelten, auch den Negativeffekt haben könnten, dass die Verwaltung selbst nichts mehr tut.

Zusammenfassend lässt die Auswertung der Kooperationserfahrungen in Iruma folgende vorläufige Aussagen zu: Iruma als selbst bekennender „Nachzügler" befindet sich im raschen Institutionalisierungsprozess, wobei Diskussionen über die Institutionalisierung der Rahmenbedingungen für Kooperation (noch) nicht im Vordergrund stehen. Einige für konventionelle Partnerschaften zwischen Kommune und „traditionellen" Bürgergruppen (z.B. Nachbarschaftsorganisationen) wichtige, informelle Elemente wie die persönliche Bekanntschaft zwischen den Akteuren, der gesellschaftliche Status von Akteuren, das Senioritätsprinzip u.a. werden auch auf das neue Paradigma Partnerschaft übergetragen. Mit anderen Worten: Während die Stadt bei der Institutionalisierung dem Trend in anderen Kommunen folgt, legt sie bei der Umsetzung und in der Ausgestaltung der Beziehungen zu den BürgerInnen weiterhin Wert auf eingespielte informelle Verfahren. Dies entspricht der geringen Größe der Stadt und dem sehr begrenzten Potenzial an möglichen kooperierenden Bürgergruppen, was das Kooperationsfeld sehr überschaubar gestaltet mit einem relativ kleinen, beschränkten Kreis von Menschen, die sich persönlich gut kennen.

Das Nebeneinander von neuen Institutionen und traditionellen Netzwerken erklärt auch die für Iruma auffallend solidarische Haltung der beteiligten BürgerInnen gegenüber der Stadtverwaltung. Sie gehen gelassen mit ihrem Image als „billige Arbeitskräfte" für die Kommune um, ohne sich Illusionen hinzugeben. Herr Ōyama kommentiert diesbezüglich: „Für die Kommune ist es der wichtigste Vorteil bei einer Kooperation, dass wir kostengünstig arbeiten". Auf die Frage, ob das bürgerliche Engagement auch einen inhaltlichen Vorteil für die Verwaltung einbringen könnte, lautet seine Antwort: „Ja, natürlich…, aber das wird nicht von entscheidender Bedeutung sein. Wenn die Verwaltung genug Budget hätte, würde sie private Dienstleister einstellen. Das wäre für die Verwaltung zwar kostenaufwendiger aber in vielen anderen Hinsichten viel einfacher."

Ressourcenmangel, Gleichberechtigungsdefizit und geringe Fördermöglichkeiten führen indessen kaum zu Klagen über die Verwaltung. Vielmehr werden sie durch andere Aspekte wie Motivation, Selbstverwirklichungswünsche, informelle Aushandlungsmöglichkeiten u.a. relativiert. Die Gruppen sehen sich selbst als entwicklungsbedürftig, um diese immateriellen Ziele zu erreichen. Hierzu wollen sie mit der Verwaltung kooperieren, sie orientieren sich an der Verwaltung, weniger an anderen Organisationen der Zivilgesellschaft.

9. Partnerschaften im Vergleich

Die empirische Untersuchung könnte im Hinblick auf die eingangs gestellte Frage nach dem Potenzial von Partnerschaften zwischen Verwaltung und BürgerInnen für die lokale Demokratie desillusionieren. Die Motivation und Erwartung der Verwaltungsvertreter ist in allen Städten eindeutig: Es geht im Zeichen von Finanzkrisen vor allem darum, Einsparpotenziale zu realisieren und die Legitimität kommunalen Handelns bei den BürgerInnen zu erhöhen. Durch dieses handfeste Interesse gerät das Partnerschaftsparadigma indessen nicht in die Gefahr, zu reiner Symbolik zu verkommen. Die Städte sind vielmehr seit mehr als zehn Jahren unterschiedliche Schritte der Realisierung gegangen, die jedoch alle das gleiche Ziel verfolgen: die Ermöglichung von Partnerschaft. In allen Fällen hat es sich folgerichtig um Top-down Prozesse gehandelt. Die Verwaltung organisiert die Rahmenbedingungen für Partnerschaft, sie bietet den BürgerInnen Qualifizierungs- und Informationsmöglichkeiten und Beteiligung durch die Schaffung von Gremien und Verfahren der Partizipation, den Aufbau einer Infrastruktur zur Ermöglichung von Zusammenarbeit und Unterstützung durch Förderprogramme. Konzeptionell wird das Partnerschaftsparadigma damit auf jede Form der Bürgerbeteiligung, sei es individuell in Beratungs- und Planungsausschüssen, sei es kollektiv in praktischen Projekten der lokalen Leistungserbringung, bezogen. In jedem Fall ist die Rolle der Bürgerseite die der Beraterin bzw. der Mitgestalterin, die Entscheidung verbleibt bei der Verwaltung bzw. beim Stadtrat.

Die einzelnen Maßnahmenpakete sind in allen Städten ähnlich und spiegeln weder spezifische örtliche Problemlagen, noch Unterschiede in den politischen Mehrheiten, noch den unterschiedlichen Zeitpunkt der Einführung des Partnerschaftskonzepts wider. So haben relative Nachzügler wie z. B. Iruma schnell die institutionellen Grundlagen gelegt, da sie bereits auf Erfahrungen anderer Kommunen zurückgreifen und in ihre Konzipierung von Partnerschaft integrieren konnten. Im Vergleich zu anderen Kommunen setzte z.B. Shinjuku 2004 bereits 9 von 15 und 2006 zwei Drittel der aus anderen Kommunen bekannten Fördermaßnahmen für Partnerschaften wie offenen Informationszugang für BürgerInnen, Evaluationsverfahren, Beratungsgremien, finanzielle Förderprogramme usw. um (vgl. Tōkyō-to seikatsu bunka supōtsukyoku tomin seikatsubu kanri hōjinka 2006). Mitaka als Vorreiter und Iruma als Nachzügler haben heute nahezu den gleichen Stand im Hinblick auf die Institutionalisierung eines komplexen Kooperationssystems (vgl. Tabelle 30), beide sind im Hinblick auf die finanzielle Unterstützung der Kooperationsprojekte jedoch zurückhaltend, d.h. machen die Finanzierungsmodi nicht transparent (Mitaka) bzw. unterstützen nicht direkt, sondern vermitteln bei der Antragstellung bei anderen privatwirtschaftlichen Geldgebern (Iruma). Feststellbar ist lediglich, dass die beiden Großstädte Niigata und Shinjuku eine höhere Ausdifferenzierung ihrer Beteiligungsangebote aufweisen, was allerdings auch schlicht die Größe der Städte widerspiegelt. So ist Bürgerbeteiligung sowohl auf Stadtteil- als auch auf gesamtstädtischer Ebene vorgesehen. Insgesamt aber fallen die Unterschiede zwischen den vier Städten deutlich geringer aus, als erwartet.

Tabelle 30: Institutionalisierung von *kyōdō* in den Untersuchungskommunen
(Stand Juni 2012)

		Mitaka	Shinjuku	Iruma	Niigata
Informationsbereitstellung	Online	+	+	+	+
	Stadtmagazin/ Gedruckte Informationen	+	+	+	+
	Beratungsstelle für BürgerInnen/ NPOs	+	Δ	*1	-
Verschriftlichte Grundlagen	Rechtsgültige Rahmensatzungen bzw. Selbstverwaltungs- oder Partizipationssatzungen	+	+	+	+
	Stadtentwicklungspläne und -konzepte	+	+	+	+
	Richtlinien und Handbücher, Leitfäden zu Partnerschaft	+	+	+	+
Physische und virtuelle Infrastruktur	Unterstützungszentren mit Homepage	+	-	+	+
	ausschließlich virtuelle Plattformen		+	-	+
Antragsverfahren, Ausschreibung von Partnerschaftsprojekten	Projektvorschläge seitens der Verwaltung	*2	-	+	+
	Vorschlagssystem für Initiativen seitens Bürgergruppen	*3	*	-	+
Möglichkeiten individueller Bürgerbeteiligung	z.B. Ausschüsse, Stadtteil-, Anwohnerkonferenzen	+	+	+	+
System finanzieller Förderung	Subventionen, projektgebundene Unterstützungsgelder	+	+	-	+
Bewertungssystem	Evaluation von Projekten	Δ	+	-	+
	Umfragen und Public Comment	+	+	+	+
	Beschwerdemanagement	+	+	+	+

-     nicht vorhanden
+   vorhanden
Δ   in Untersuchung/ Planung
*1   über das Zentrum für bürgerschaftliches Engagement
*2, *3   kein System vorhanden, einzelne Projekte werden aber unterstützt

Quelle: eigene Zusammenstellung; Tōkyō-to seikatsu bunka supōtsukyoku tomin seikatsubu kanri hōjinka 2009

Generell ist festzustellen, dass Partnerschaften in einem vergleichbaren institutionellen Rahmen stattfinden, sie sind dadurch verstetigter Bestandteil von Kommunalpolitik geworden.

9.1 Partnerschaftsparadigma: Anspruch und Wirklichkeit von Gleichberechtigung

Alle vier Städte beziehen sich in ihrem Verständnis von Partnerschaft auf die eingeführten Definitionen beispielsweise des Kabinettsbüros, d.h. sie beschreiben Partnerschaft als gleichberechtigtes Zusammenarbeiten verschiedener lokaler Akteure zur Durchsetzung gemeinsamer Ziele. Dabei wird zwischen Zusammenarbeit in Planungsprozessen, in der kommunalpolitischen Leistungserbringung oder in der Evaluation von Verwaltungshandeln nicht unterschieden. Faktisch steht jedoch die Kooperation zwischen Bürgergruppen und der Verwaltung in der Umsetzung kommunaler Aufgaben im Mittelpunkt, da hier unmittelbar Kosteneinsparungen erwartet werden können. Dies ist im Hinblick auf das Einsparinteresse konsistent, es entspricht aber auch dem Bedürfnis der Bürgergruppen. Nach dem Wunsch, einen Beitrag für ihre Stadt zu leisten, ist die Beteiligung an der gemeinsamen Umsetzung kommunaler Aufgaben das in allen vier Städten von den Gruppen am häufigsten genannte Ziel der Zusammenarbeit mit der Verwaltung. Das Versprechen der Verwaltung, dass Kooperation gleichberechtigt erfolgen soll, beugt programmatisch der Kritik vor, bei dem Partnerschaftsparadigma handele es sich um einen schlichten Einsparmechanismus. Gleichwohl ist angesichts der stark verwaltungsgeleiteten Einführung der institutionellen Rahmenbedingungen im Hinblick auf die Einlösung des Versprechens Skepsis angesagt. Umso mehr erstaunt, dass über alle vier Städte hinweg etwas mehr als die Hälfte der Bürgergruppen mit Kooperationserfahrung ihre Beziehung zur Verwaltung als gleichberechtigt bezeichnet.

Tabelle 31: Einschätzung der Gleichberechtigung in der Kooperation aus Sicht der Bürgergruppen

	Shinjuku	Mitaka	Niigata	Iruma
Gleichberechtigung gegeben	42,3% (N=11)	62,1% (N=18)	57,9% (N=22)	45,0% (N=9)

Quelle: eigene Darstellung

Relativ hoch liegt die diesbezügliche Zufriedenheit in Mitaka und Niigata, relativ niedrig in Shinjuku und Iruma. Bedeutsam für die subjektiv empfundene Gleichberechtigung scheint die persönliche Nähe zur Verwaltung zu sein. In Mitaka spielt nach Aussagen der Vertreterin einer kooperierenden Wohlfahrts-NPO die grundsätzlich harmonisch und gut eingespielte Beziehung der Gruppen zur Verwaltung eine entscheidende Rolle. Ähnliches ergaben auch die Aussagen der NPO-VertreterInnen in lokal begrenzten Projekten in Niigata. Auch sie beziehen sich auf die gute, persönliche Beziehung zur Verwaltung. In Iruma wird ebenfalls die Nähe positiv gesehen, die fehlende Gleichberechtigung wird wenig emotional auf die eigene

Schwäche zurückgeführt, so dass Kritik unterbleibt. Lediglich in Shinjuku spielt die persönliche Nähe zur Verwaltung keine ausgeprägte Rolle. Hier wünscht sich ein Drittel der Befragten, dass in Zukunft mehr Gleichberechtigung erreicht wird, in Mitaka sind es dagegen 14,3 %, in Niigata sogar nur 8,6 %. Das heißt, sie nehmen die wahrgenommene Ungleichheit als gegeben hin, ohne dass sie besonderen Veränderungsdruck sehen. Das Ausbleiben von Gleichberechtigung tangiert bei allen beteiligten Bürgergruppen nicht die Bereitschaft, sich auch weiterhin mit der Verwaltung in gemeinsamen Projekten zu engagieren. Grund ist im Falle von kleinen Gruppen wie in Iruma, dass sie für sich die Chance sehen, durch Fortführung der Kooperation sich selbst zu qualifizieren und ihre Beziehung zur Verwaltung auf Dauer zu stärken. Diese Sicht wird umgekehrt auch von der Verwaltung vertreten. Bei Gruppen, die stadtweit agieren und relativ professionalisiert sind, wie die Obdachlosenhilfen in Shinjuku und Niigata, ist Motiv für die Fortführung vor allem der Wunsch, Einfluss auf die Verwaltung zu nehmen und zu Veränderungen beizutragen.

Gleichwohl zeigen sich bei der Frage nach den Voraussetzungen für eine Verbesserung der Partnerschaftsbeziehungen identische Druckpunkte in allen Kommunen, nämlich Ressourcenschwäche und zu wenig Verständnis seitens der Verwaltung (vgl. Tabelle 32).

Tabelle 32: Wünsche und Voraussetzungen für eine erfolgreiche Kooperation

	Shinjuku (N=28)	Mitaka (N=33)	Niigata (N=39)	Iruma (N=24)
Voraussetzungen für eine erfolgreiche Kooperation*	• gegenseitiges Verständnis der Kooperationspartner (64,3 %)	• gegenseitiges Verständnis der Kooperationspartner (75,8 %)	• gegenseitiges Verständnis der Kooperationspartner (71,1 %)	• gegenseitiges Verständnis der Kooperationspartner (57,1 %) → einzige Kommune, in der das gegenseitige Verständnis nicht häufigste Antwort war!
	• stärkere Unterstützung durch Verwaltung (57,1 %)	• Ausweitung der Netzwerke von Bürgergruppen (60,6 %)	• Stärkere Unterstützung durch Verwaltung (55,3 %)	• Erhöhung der Mitgliederzahlen (76,2 %)
		• stärkere Unterstützung durch Verwaltung (51,5 %)	• Erhöhung der Mitgliederzahlen (55,3 %)	• stärkere Unterstützung durch Verwaltung (33,3 %)
		• Erhöhung der Mitgliederzahlen (57,6 %)		

	Shinjuku (N=28)	Mitaka (N=33)	Niigata (N=39)	Iruma (N=24)
Wünsche zur Verbesserung der Kooperation	• Verbesserung von Ressourcen (30,0 %)	• Verbesserung von Ressourcen (52,4 %)	• Verbesserung von Ressourcen (31,4 %)	• Verbesserung von Ressourcen (23,1 %)
	• Reform des Systems (30,0 %)	• besseres Verständnis von Kooperation (23,8 %)	• mehr gegenseitiges Verständnis (28,6 %)	• Reform des Systems (14,3 %)
	• mehr Gleichberechtigung (30,0 %)	• mehr gegenseitiges Verständnis (19,0 %)	• besseres Verständnis von Kooperation (25,7 %)	• bessere Anerkennung zivilgesellschaftlicher Organisationen (23,1 %)
	• mehr gegenseitiges Verständnis (20,0 %)	• Reform des Systems (14,3 %)	• Reform des Systems (14,3 %)	• mehr Gleichberechtigung (23,1 %)
	• bessere Anerkennung zivilgesellschaftlicher Organisationen (20,0 %)	• mehr Gleichberechtigung (14,3 %)		• Reform des Systems (15,4 %)
		• mehr Transparenz von Informationen (14,3 %)		

Mehrfachantwort, Prozente beziehen sich auf alle Antworten
* nur die Gruppen mit Kooperationserfahrung betrachtet
Quelle: eigene Darstellung

9.2   Auswahl der Partner

Partnerschaft als Projekt der Verwaltungen impliziert, dass diese die Auswahlkriterien für die Bürgerseite definieren, um ihrem zentralen Interesse, über Kooperationen mit Bürgergruppen Kosten zu sparen, gerecht zu werden. Zwei Anforderungen sind maßgeblich: Unter den unterschiedlichen Organisationsformen bürgerschaftlichen Engagements müssen die Gruppen erreicht werden, die in der Lage sind, zu kooperieren. Umgekehrt müssen aktive Bürgergruppen existieren, für die eine Kooperation attraktiv ist. Je vielfältiger diese sind, umso breiter sind die Einsatzmöglichkeiten für kooperative Projekte.

Die Ausgangslage der vier Städte unterscheidet sich beträchtlich: In allen Städten bieten sich als Partner NPOs mit und ohne Rechtsstatus, mehr oder weniger an die Verwaltung angegliederte Bürgergremien sowie Nachbarschaftsorganisationen an. Ihre Zahl ist in den beiden Großstädten absolut naturgemäß am höchsten, die höchste Organisationsdichte besteht allerdings in Mitaka und Iruma, also in den Kleinstädten. Die Gruppen allerdings sind mit Ausnahme von Shinjuku überwiegend mitgliederarm.

In Shinjuku und Niigata, also im großstädtischen Raum steht der Verwaltung ein ausdifferenziertes Feld an zivilgesellschaftlichen Akteuren gegenüber. Die Gruppen sind in einem breit gestreuten thematischen Feld aktiv, das Durchschnittsalter liegt zwischen etwa 40 und 60 Jahren und sowohl Männer wie auch Frauen sind aktiv.

In den beiden Kleinstädten ist demgegenüber die typische Struktur der lokalen Zivilgesellschaft in Japan erkennbar: Die potenziellen Partner sind vor allem kleine Gruppen im Bereich der Unterstützung sozialer Dienstleistungen. Das soziale Tätigkeitsfeld korrespondiert mit einer ausgeprägten Dominanz von Frauen jenseits der Kindererziehungsphase als Partnerinnen der Verwaltung.

Die Kommunen reagieren auf dieses unterschiedlich strukturierte Potenzial mit angepassten Strategien: Zunächst ist festzustellen, dass der Rechtsstatus bei der Auswahl von Bürgergruppen in allen Untersuchungskommunen überwiegend in der Anfangsphase der Kooperation eine gewisse Rolle spielt. Nach Aussagen der Vertreter der Verwaltungen ist mit der Registrierung als NPO die Erwartung an Stabilität, Professionalität und Legitimität verbunden, da die Beantragung ein gewisses Maß an personeller Ausstattung und organisatorische Fähigkeiten[82] erfordert und die Zulassung Garant für Gemeinnützigkeit ist. Insofern ist der Rechtsstatus bei der Auswahl von Kooperationspartnern für die Kommune oft ein wichtiges Kriterium bzw. manchmal sogar zwingende Voraussetzung für eine Partnerschaft, zumal zeitlicher, personeller und finanzieller Ressourcenmangel es der Verwaltung häufig unmöglich machen, jeden potenziellen Partnerschaftskandidaten anhand eines konkreten Fragenkatalogs sorgfältig zu prüfen. Entsprechend lässt sich in allen Untersuchungskommunen eine gewisse Bevorzugung von Gruppen mit Rechtsstatus als Partner beobachten. Die Präferenz für den Rechtsstatus wird jedoch meistens nicht offiziell formuliert.[83] Sie lässt sich eher indirekt anhand konkreter Fälle beobachten und ist den Verwaltungsangestellten sowie BürgerInnen auf informeller Ebene bekannt. In den Interviews mit den Verwaltungsangestellten wurde in allen Untersuchungskommunen betont, dass das starke Bewusstsein für das Gemeinwohl als Eigenschaft ihres Kooperationspartners sehr wichtig ist, da die Projekte der Kommunalverwaltung ausschließlich durch das Gemeinwohl legitimiert sein können. Der Rechtsstatus suggeriert Zuverlässigkeit und Seriosität.

---

82   Folgende handlungslogische und personelle Anforderungen an NPOs bestehen im Zuge der Erlangung des Rechtsstatus einer NPO (vgl. Naikakufu (o.J.):
  • Hauptaktivitäten in einem oder mehreren der vom NPO-Gesetz bestimmten Bereiche
  • Keine Profit-Orientierung
  • Vergütung von höchstens einem Drittel der Vorstandsmitglieder
  • Religiöse und politische Aktivitäten dürfen nicht Hauptziel sein
  • Keinerlei Beziehung zu kriminellen Vereinigungen (*bōryokudan*)
  • Mindestens eine Generalversammlung im Jahr
  • Mindestens 10 Mitglieder, die über Stimmrecht in der Generalversammlung verfügen (*shain*)
  • Mindestens drei Vorstandsmitglieder (*riji*)
  • Mindestens ein Rechnungsprüfer (*kanji*)
  • Keine Bestimmung für Grundkapital

83   Shinjuku stellt hier eine Ausnahme dar (vgl. S. 146).

Trotz der generellen Bedeutung des Rechtsstatus zeigen die Fallbeispiele, dass faktisch alle Gruppen für Partnerschaften ausgewählt werden können. Lediglich in Shinjuku wird dezidiert auf den Rechtsstatus Wert gelegt. In den anderen drei Städten verfolgt die Verwaltung demgegenüber das Ziel, möglichst alle kooperationsbereiten Gruppen zu erreichen. Damit reagieren sie ganz offensichtlich auf die zu geringe Zahl von Bürgergruppen mit Rechtsstatus. So verfügen in den beiden Kleinstädten Mitaka und Iruma mehr Bürgergruppen ohne Rechtsstatus über Partnerschaftserfahrungen mit der Kommune als mit Rechtsstatus (vgl. Tabelle 33).

Tabelle 33: Anzahl der NPOs ohne Rechtsstatus unter den Bürgergruppen mit Kooperationserfahrung

Mitaka	Shinjuku	Iruma	Niigata
60,6%	35,7%	79,2%	28,2%
(20 von 33)	(10 von 28)	(19 von 24)	(11 von 39)

Quelle: eigene Darstellung

Die Offenheit gegenüber Gruppen ohne Rechtsstatus gilt allerdings für Nachbarschaftsvereinigungen nur begrenzt. In den beiden Städten im ländlichen Raum – Niigata und Iruma – werden diese ebenso wie NPOs als Partner sowohl von BürgerInnen als auch von der Kommune anerkannt. Unsere Daten zeigen, dass die Ansicht, wonach sehr wohl Aufgaben existieren, die *ausschließlich* von Nachbarschaftsorganisationen zufriedenstellend erledigt werden können, und dass Nachbarschaftsorganisationen an sich nicht durch NPOs ersetzbar sind, nicht nur von der Verwaltungsseite sondern auch von NPOs in ländlichen Kommunen weitaus stärker als in den metropolitanen Vergleichskommunen vertreten wird. Die positiven Eigenschaften der Nachbarschaftsorganisationen wie z.B. organisatorische Stabilität, Mobilisierungsvermögen sowie ein hohes Potenzial als Anlaufstelle für Bürger und Bürgerinnen mit ihren Meinungen und Anliegen werden im Hinblick auf den Aufbau von Partnerschaften in den Vordergrund gerückt.

Besonders in Niigata sind die Nachbarschaftsorganisationen als fester Bestandteil der lokalen Gesellschaft in die neu institutionalisierten Partnerschaftsstrukturen eingegliedert, wenngleich vor allem bei der Durchführung sozialer Projekte erster Ansprechpartner immer NPOs sind. Auch in Iruma ist laut der Interviews mit dem Verwaltungspersonal sowie mit den NPO-VertreterInnen die Anerkennung der Kompetenzen von Nachbarschaftsorganisationen hoch. Beide Städte reagieren damit auf die nach wie vor hohe Beteiligung der Bevölkerung an Nachbarschaftsvereinigungen und fördern ausdrücklich traditionelle Kooperationsstrukturen und beziehen traditionelle Akteure in Partnerschaften ein.

Anders als Iruma und Niigata öffnen sich Mitaka und Shinjuku kaum gegenüber den Nachbarschaftsvereinigungen als Partner. Diese werden zwar auch dort grundsätzlich von allen InterviewpartnerInnen als wichtige Akteure genannt. Gleichwohl kritisieren gerade die NPO-VertreterInnen in Mitaka und Shinjuku die schwindende Funktionalität und Performanz der Nachbarschaftsvereinigungen sowie Probleme wie Exklusivität und Verschlossenheit, Inflexibilität sowie hierarchische Verhaltensmuster. Sie streben mit den Nachbarschaftsvereinigungen weder den Aufbau eines Netzwerkes noch Erfahrungs- und Informationsaustausch an. Die Kritik, die auch von der Verwaltung geteilt wird, führt dazu, dass in beiden Städten Nachbarschaftsorganisationen zwar Unterstützung erhalten, jedoch weniger als NPOs, Freiwilligengruppen und Stadtteilkonferenzen, so dass das Bestreben seitens der Kommunen, Nachbarschaftsorganisationen als Kooperationspartner zu stärken, offensichtlich gering ist. Wunschpartner der Verwaltung sind in beiden Städten – wie sie es nennen – „moderne" Bürgergruppen, die nach den Prinzipien der Freiwilligkeit, Gemeinnützigkeit und Inklusivität funktionieren. Gleichwohl sieht anders als Shinjuku Mitaka in den Nachbarschaftsorganisationen zumindest ein Potenzial der Zukunft. Mitaka beruft sich unter dem Schlagwort „*kyōdō*" seit dem Jahr 2007 wieder auf diese traditionellen Akteure und versucht, durch öffentlich ausgeschriebene Projektwettbewerbe und finanzielle Förderung[84] den Aufbau eines Netzwerkes zwischen verschiedenen Bürgergruppen anzuregen und empfiehlt den Nachbarschaftsorganisationen ausdrücklich, Projekte idealerweise in Zusammenarbeit mit lokal ansässigen NPOs zu konzipieren. In Shinjuku ist hingegen ein ähnlicher Integrationsversuch noch nicht sichtbar, wobei die Kommune eine Erhöhung der Beteiligung und des aktiven Engagements in Nachbarschaftsorganisationen als Stabilitätsfaktor der lokalen Gemeinschaft durchaus willkommen heißt.

Die Erwartung der Verwaltungen, dass durch Integration der Nachbarschaftsvereinigungen Synergieeffekte entstehen, ist offenbar im städtischen Raum gegenwärtig noch begrenzt.

Die Partner sind also unterschiedlich: In den beiden Großstädten werden laut unserer Erhebung bevorzugt Bürgergruppen mit Rechtsstatus ausgewählt. Sie sind damit als Vertragspartner für Outsourcing-Projekte qualifiziert und können durch Kooperation leichter Mittel akquirieren. Im Hinblick auf zukünftige Projekte sind sie damit in einer privilegierten Position gegenüber den Gruppen ohne Rechtsstatus. Informelle Kontakte zwischen Verwaltung und BürgerInnen sind auch in diesen Städten vorhanden, doch sowohl von der Verwaltungsseite als auch von der Bürgerseite wird die Wichtigkeit der informellen Kontakte für das Zustandekommen von Partnerschaften nicht betont. Rechtsstatus und die damit verbundene Professionalisierung und Vertrauenswürdigkeit der Organisation machen die Gruppen offensichtlich unabhängiger von der Verwaltung, auch wenn eine Gleichberechtigung nicht in allen Fällen gesehen wird. Die Gruppen sind zumindest selbstbewusste Partner. Sie beziehen sich nicht allein auf die Verwaltung und sehen ihre Rolle darin, Verwaltungshandeln zu verbessern.

In den beiden Kleinstädten werden demgegenüber die geringen zivilgesellschaftlichen Potenziale durch eine Offenheit gegenüber allen zivilgesellschaftlichen Gruppen kompensiert. Informelle und persönliche Kommunikation zwischen Bürgerinnen und Bürgern und der Verwaltung spielen in Mitaka und Iruma eine ebenso wichtige Rolle wie der Rechtsstatus. Aber auch in Niigata werden die persönlichen Kontakte zu Verwaltungsangestellten vor

---

84   Die von der Stadtverwaltung initiierten Unterstützungsprojekte für engagierte Bezirke (*Ganbaru chiiki ōen purojekuto*) sollen zur Reaktivierung der Bezirke beitragen. Ausgewählte Projekte werden von der Kommune in einer Höhe von bis zu zwei Dritteln des Gesamtbudgets unterstützt. 2010 wurden 11 Nachbarschaftsorganisationen im Rahmen dieses Programms gefördert (Mitaka-shi seikatsu kankyōbu komyuniti bunkaka 2010).

allem von kleinen Gruppen in den Stadtteilen als wichtig angesehen, um Vertrauen zu gewinnen, sich als Partner zu präsentieren und die Verwaltung von ihrer Kompetenz zu überzeugen. Dadurch erhalten auch ressourcenarme, weniger professionalisierte Gruppen Zugang zu Partnerschaftsprojekten mit der Kommune. Gleichzeitig wirkt die Dominanz informeller Beziehung beim Aufbau von Kooperationsbeziehungen exklusiv, d.h. lange und bewährte persönliche Beziehungen haben zwangsläufig immer Priorität. Für neue Gruppen dürfte der Zugang schwierig sein. Problematisch ist auch, dass die informellen Beziehungen zwar bereits eingeführten Gruppen Rechte und Interessen (*kitoku ken'eki*) sichern, sie aber andererseits anfällig gegenüber dem Rotationsprinzips in der Verwaltung macht, die etwa alle drei Jahre zu einem Austausch der Ansprechpartner in der Verwaltung führt.

9.3 Kooperationsfelder im Vergleich

Unabhängig von der Größe der Stadt, ihrer Beteiligungstradition und ihren institutionellen Rahmenbedingungen ergibt die vergleichende Betrachtung aller untersuchten Partnerschaften über die Untersuchungsstädte hinweg zwei Grundmuster von Partnerschaften:

Der erste Typ von Partnerschaften umfasst überwiegend die Erbringung von Dienstleistungen durch Bürgergruppen. Hierzu gehören Initiativen für die Verbesserung des sozialen Umfelds, für die Ausgestaltung von Kinderspielplätzen, die Betreuung von Sehbehinderten u.ä. Die Projekte bieten ergänzende oder zusätzliche Leistungen, die die BürgerInnen für die Kommune anbieten und dafür Gegenleistungen erhalten, die in der Regel antragsgebunden und bei reinen Outsourcing-Projekten vertraglich geregelt sind. Dieser Typ von Partnerschaft zeichnet sich durch die bloße Leistungsbereitstellung von Bürgergruppen aus, eine Einbeziehung in die Planung der Leistungen bzw. Kooperationsprojekte ist im Regelfall nicht vorgesehen. Bürgergruppen treten hier als „Subunternehmer" der Verwaltung mit wenig Entscheidungsfreiheit auf. Dieser Typ von Kooperation, der von Oyama (2003) als „collaborative vendor model"[85] genannt wird, ist quantitativ in allen vier Städten vorherrschend und vor allem im Bereich der sozialen Dienstleistungen anzutreffen. In diesem Bereich sind nochmals zwei unterschiedliche Formen der Kooperation zu unterscheiden: Neben professionalisierten zivilgesellschaftlichen Anbietern kommunaler Dienstleistungen, die in der Regel einen Rechtsstatus haben und dauerhaft auf vertraglich geregelter Ebene mit der Stadt kooperieren, arbeiten zahllose kleine Gruppen, die auf Grundlage informeller Beziehungen mit der Verwaltung Projekte durchführen und hierfür durchaus auch Zugang zu Fördermitteln erhalten. Die Bedeutung dieses Typs von Partnerschaft korrespondiert mit dem Profil der Bürgergruppen, die vor allem in den beiden Kleinstädten Mitaka und Iruma überwiegend im sozialen Bereich aktiv sind sowie mit der Expertise der Gruppen, die getragen von Frauen häufig unentgeltlich soziale Unterstützungsarbeit leisten. 74 % der engagierten Bürger über alle Städte hinweg sind Frauen, die überwiegend nicht erwerbstätig sind. Diese Gruppen orientieren sich eng an der Verwaltung. Anerkennung und eine gute direkte Beziehung

---

85 Ursprünglich wurde dieser Begriff für die Beschreibung von Beziehungen zwischen Verwaltung Organisationen des Dritten Sektors von Gidron u.a. (1992) im Rahmen des international vergleichenden „Dritter Sektor"-Projektes der Johns-Hopkins-Universität (heute: Center for Civil Society Studies) eingeführt.

zur Verwaltung ist ihnen wichtiger als Gleichberechtigung und finanzielle Forderungen an die Stadt, wenngleich sie beides als Problem sehr wohl benennen.

Der zweite Typ von Partnerschaft ist demgegenüber dadurch gekennzeichnet, dass die Bürgerorganisationen einen umfangreicheren Ermessensspielraum haben und an der Planung, Durchführung und Evaluation gleichermaßen teilnehmen können. Oyama (2003) spricht hier in Anlehnung an Gidron u.a. (1992) vom „collaborative partnership model". BürgerInnen sind bei diesen Partnerschaften nicht nur „verlängerter Arm" der Kommunalverwaltung, sondern selbst Teil kommunalpolitischer Entscheidungsprozesse. Typisch sind Kooperationsprojekte im Bereich Stadtplanung bzw. Stadtgestaltung und Umweltschutz. Quantitativ spielen diese Projekte nur in Shinjuku und Niigata eine Rolle, was die breitere Ausdifferenzierung der lokalen Zivilgesellschaft im großstädtischen Raum widerspiegelt. In der Umfrage gaben die Umwelt- und Stadtplanungsgruppen nach dem Wunsch, einen Beitrag für die Region zu leisten, als Ziel ihrer Partnerschaft mit der Kommune sowohl die Beteiligung an der Entscheidung von politischen Maßnahmen (Umwelt: 25 %, Stadtplanung 21,7 %). als auch die Beteiligung an deren Umsetzung (Umwelt: 30,5 %, Stadtplanung 30,4 %) an (vgl. Tabelle 34).

Anders als die Gruppen im Wohlfahrtsbereich verfolgen die Gruppen im Stadtplanungsbereich und im Umweltschutz mit Kooperationen auch politische Ziele. In der Stadtplanung überwiegt die Beteiligung an Prozessen der Planung von Partnerschaftsprojekten und kommunalpolitischen Maßnahmen, also in der Phase des politischen Prozesses, in dem eine direkte Zusammenarbeit mit der Kommunalverwaltung im Rahmen politischer Entscheidungsprozesse stattfindet. Im Politikfeld Umwelt sind demgegenüber beide Partnerschaftstypen zu beobachten. Die Fallbeispiele zeigen, dass hier sowohl seitens der Bürgergruppen Dienstleistungen für die Kommune erbracht werden wie z.B. das Reinigen von Parkanlagen oder das Sammeln recyclingfähiger Materialien, aber auch Vorhaben in Initiative der BürgerInnen geplant und realisiert werden. In beiden Politikfeldern arbeiten die Bürgergruppen mit verschiedenen zivilgesellschaftlichen Akteuren wie z.B. anderen Bürgergruppen, Nachbarschaftsorganisationen, Freiwilligengruppen, aber auch Wissenschaftlern und Stadträten zusammen und werden von diesen unterstützt, wogegen die Wohlfahrtsgruppen hauptsächlich Unterstützung seitens der Verwaltung erfahren, von anderen Bürgergruppen oder Nachbarschaftsvereinigungen jedoch kaum. Anders als die Gruppen im Wohlfahrtsbereich verfolgen die NPOs in den Bereichen Stadtplanung und Umwelt also ihr Ziel als Teil eines heterogenen lokalen Netzwerks, zu dem die Verwaltung gehört, jedoch keine exklusive Position einnimmt. Bei ihren aktiven Mitgliedern handelt es sich mehrheitlich um Männer im erwerbstätigen Alter. Im Bereich der Stadtplanung sind 77,7 % der Aktivisten berufstätig. Im Umweltschutzbereich gibt knapp die Hälfte an, berufstätig zu sein, rund 40 % sind Rentner, Hausfrauen und Erwerbslose.

Die Partnerschaften variieren demnach in den unterschiedlichen Politikfeldern sowohl im Hinblick auf die Ziele der beteiligten Bürgergruppen, die Nähe zur Verwaltung bzw. die Einbindung in lokale Netzwerke sowie Art und Weise der Kooperation. Die Unterschiede zeigen sich auch in der Bewertung der beteiligten Bürgergruppen: Während im Durchschnitt aller Partnerschaften etwas über die Hälfte der Gruppen das Postulat der Gleichberechtigung erfüllt sieht, liegt der Anteil in den Politikfeldern Stadtplanung (66,7 %) und Umwelt (73,3 %) deutlich höher, wogegen sich nur 40 % der kooperationserfahrenen Bürgergruppen im Wohlfahrtsbereich als gleichberechtigt wahrnehmen. Wie die Interviews belegen, steht dahinter die Einsicht der Gruppen im Wohlfahrtsbereich, dass sie von der Verwaltung als billige Dienstleister gesehen und genutzt werden. Gute Beziehungen und Fördermittel führen demnach nicht zwangsläufig zu dem Gefühl von Gleichberechtigung, sondern im Gegenteil: Für die ressourcenschwachen Bürgerinnen und Bürger ist der Wunsch nach mehr Finanzierung mit dem Wunsch verbunden, sich weiter zu qualifizieren, wogegen sich die Aktivisten in den Bereichen Umweltschutz und Stadtplanung durch die in der Regel vertraglich festgeschriebenen Beziehungen eher als „echte" Partner sehen.

Keine Unterschiede bestehen demgegenüber im Hinblick auf die Motivation der beteiligten Bürger und Bürgerinnen: Wie die Befragungen zeigen, liegt die Motivation des Engagements über alle Politikfelder hinweg in erster Linie darin, einen gesellschaftlichen Beitrag für die Region zu leisten. An zweiter Stelle folgt der Wunsch, sich an den Aufgaben der Kommune zu beteiligen. Erst an dritter Stelle treten Unterschiede in den Motivationen auf. Während die Wohlfahrtsgruppen Selbstverwirklichung ihrer Mitglieder und Erhöhung der Einnahmen als weitere Ziele nennen, spielen diese beiden für die Stadtplanungs- und Umweltgruppen eine nachgeordnete Rolle.

Tabelle 34: Ziele der Partnerschaft – Ranking (nach Politikfeld) (in %, alle Städte)

	Wohlfahrt	Umwelt	Stadtplanung
Beitrag für die Region	34,3	30,5	39,1
Selbstverwirklichung der Mitglieder	17,1	8,3	4,3
Beteiligung an der Durchführung kommunaler Aufgaben	22,8	30,5	30,4
Teilnahme an politischen Planungen und Entscheidungen	11,4	25,0	21,7
Erhöhung der Einnahmen	11,4	2,7	0
Anderes	2,8	2,7	4,3

Quelle: eigene Darstellung

Ebenfalls lässt sich die Beziehung zwischen Bürgergruppen und Verwaltung nicht entlang der Differenz zwischen den Politikfeldern erklären. Eine kooperative, positive Beziehung besteht vor allem dort, wo eine hohe Dichte zu den Ansprechpartnern praktiziert wird. Dies ist vor allem bei den kleinen Gruppen im Wohlfahrtsbereich der Fall, aber auch bei den Umweltgruppen. So finden es alle Umwelt-NPOs sinnvoll, mit der Verwaltung partnerschaftliche Beziehungen zu pflegen, um eine bessere Lebensumwelt zu schaffen. Statt der herkömmlichen konfrontativen bzw. hierarchischen Beziehung sollten nach Aussagen dieser Gruppen BürgerInnen und Verwaltung als zwei gleichberechtigte Partner an Problemen der Stadt arbeiten, um so die Effizienz von Verwaltungshandeln zu erhöhen. Diese Haltung scheint vor allem bei den Projekten vorzuherrschen, die unmittelbar auf der Stadtteilebene angesiedelt sind. Je weiträumiger das Tätigkeitsfeld ist, je weniger es mit der persönlichen Lebensqualität der Aktivisten zu tun hat, umso kritischer ist das Verhältnis zur Verwaltung. Dies gilt exemplarisch für die beiden Obdachlosenhilfegruppen in Shinjuku und Niigata.

Zwischenfazit

Konzeptionell und institutionell lassen sich kaum Unterschiede zwischen den vier Kommunen feststellen. Unterschiede aufgrund von Partizipationstradition und Zeitpunkt der Einführung neuer Beteiligungsformen haben sich in den vergangenen 10 Jahren angeglichen.

Im Vergleich der vier untersuchten Kommunen sind in den beiden Großstädten Shinjuku und Niigata gegenwärtig die Bedingungen für eine Einlösung einer neuen Partnerschaftskultur zwischen BürgerInnen und Kommune am günstigsten: Partnerschaft findet dort in einem breiten, ausdifferenzierten zivilgesellschaftlichen Umfeld statt und steht auf der Grundlage transparenter Verfahren weitestgehend allen interessierten Bürgergruppen offen. Die Einbindung der BürgerInnen erfolgt nicht nur in Outsourcing-Projekten, sondern auch in entscheidungsnahen politischen Planungsprozessen. Gleichwohl ist das Übergewicht an Outsourcing-Projekten, bzw. Projekten mit Hilfs- und Unterstützungsfunktion für die Verwaltung nicht zu übersehen. Partnerschaften fördern damit faktisch bereits professionalisierte Bürgergruppen und bieten gleichzeitig durch offene und transparente Verfahren auch bislang nicht kooperierenden Gruppen Profilierungschancen.

Hingegen agieren die beiden Kleinstädte mit einem begrenzten, zivilgesellschaftlichen Reservoir, wenngleich sich zumindest im Hinblick auf die Akzeptanz von Beteiligung die Partizipationstradition von Mitaka positiv auswirken dürfte. Die Verwaltungen begegnen dem hohen Anteil an kleinen Bürgergruppen ohne Rechtsstatus und Ressourcen mit grundsätzlich inklusiven Beteiligungsangeboten; prinzipiell können alle mitmachen. Dem gegenüber stehen jedoch vor allem in Iruma, aber auch zum Teil in Mitaka intransparente Verfahren, welche andererseits durch persönliche Beziehungen und informelle Verfahren kompensiert werden. Dadurch werden bereits aktive Gruppen an die Verwaltung gebunden. Sie fühlen sich trotz aller realen Abhängigkeit von der Verwaltung bestätigt und anerkannt. Allerdings ist die Ausweitung des Engagements auf bislang nicht mit der Verwaltung kooperierende Gruppen problematisch, weil informelle Verfahren bei gleichzeitig ausbleibender oder nur unzureichender Institutionalisierung von Verfahrensrichtlinien bekannte Bürgergruppen favorisieren. Neuen, unbekannten Akteuren wird der Zugang erschwert; die auf den ersten Blick inklusiven Beteiligungs- und Kooperationsangebote scheinen auf den zweiten Blick relativ exklusiv.

10. Perspektiven einer partizipativen lokalen Governance

Das Bild von den BürgerInnen, die vor Ort in den Kommunen selbst die Verantwortung für die Zukunft der Dörfer und Städte, in denen sie leben, übernehmen, war die Vision der Demokratischen Partei im Wahlkampf 2009 (Shushō kantei 2009).

Was als neues Verhältnis von BürgerInnen und Kommunen gefordert wurde, war schon 2009 nicht mehr wirklich neu. Vielmehr hatten, wie hier gezeigt werden konnte, institutionelle Veränderungen im Verhältnis von BürgerInnen und Kommune vielerorts bereits 15 Jahre vorher eingesetzt. Neu war 2009 der dezidiert politische Wille, die Menschen vor Ort in die Kommunalpolitik einzubeziehen. Die politische Rhetorik veränderte sich zugunsten der BürgerInnen. Das Schlagwort zur Beschreibung der neuen Beziehung zwischen ihnen und der Kommune lautet seither *kyōdō* – Partnerschaft. Es ist normativ ein anspruchsvolles Konzept, das BürgerInnen als gleichberechtigten Partner der Verwaltung positioniert und sie in die Pflicht nimmt, zusammen mit dieser Verantwortung in der Gemeinde zu übernehmen.

Die vorliegende Untersuchung hat gezeigt, dass es nicht bei Wahlkampfparolen geblieben ist: In der kommunalpolitischen Praxis ist seit mehr als einer Dekade ein Institutionalisierungsprozess zu beobachten, der neue direkte und indirekte Formen der Bürgerbeteiligung umfasst und insgesamt auf mehr Bürgernähe von Verwaltungshandeln abzielt. Die Antriebskraft ist primär nicht die Förderung lokaler Demokratie oder gar die in der Verfassung garantierte Bürgerselbstverwaltung. Motiv ist vielmehr, durch die Nutzung kostengünstiger Bürgerarbeit kommunale Leistungen trotz Finanzkrise aufrecht zu erhalten. Es geht um Einsparungen durch Integration von Bürgergruppen in Projekte der kommunalen Leistungserbringung.

In der Umsetzung ist die Bandbreite zwischen den Kommunen, wie nachgewiesen werden konnte, nach wie vor hoch, wenngleich von gegenseitigen Lern- bzw. Diffusionsprozessen ausgegangen werden kann. Unterschiede in der Form der Kooperation sowie in der Auswahl der Partner lassen sich vor allem im Zusammenhang mit dem zivilgesellschaftlichen Potenzial erklären und kaum mit politischen Mehrheiten in den Stadträten oder mit Partizipationstradition. Für die kleinen Städte wurde festgestellt, dass eine relativ kleine lokale Zivilgesellschaft zunächst mit einem inklusiven Zugang der Verwaltung einhergeht, d.h. alle Formen von Bürgergruppen unabhängig von ihrem Rechtsstatus werden als Partner in den Blick genommen. Gleichzeitig ist der informelle Umgang, der auf persönlichen Beziehungen zwischen den Bürgeraktivisten und den Fachressorts der Verwaltung basiert, neuen, der Verwaltung unbekannten Gruppen gegenüber exklusiv. Partnerschaft findet vor allem im Bereich der Unterstützung sozialer Dienstleistungen statt, also in dem Bereich, in dem die Mehrzahl der lokalen Gruppen aktiv ist. Das soziale Tätigkeitsfeld korrespondiert mit einer ausgeprägten Dominanz von Frauen als Partnerinnen der Verwaltung.

Im großstädtischen Raum steht demgegenüber der Verwaltung ein ausdifferenziertes Feld an zivilgesellschaftlichen Akteuren gegenüber, sowohl im Hinblick auf den Rechtsstatus als auch im Hinblick auf die Tätigkeitsfelder. In diesem weiten Feld von potenziellen Partnern spielt als ein Diskriminierungsmerkmal der Rechtsstatus eine große Rolle, d.h. Bürgergruppen, die sich als NPO mit Rechtsstatus haben eintragen lassen, werden als Partner präferiert. Partnerschaft findet in einem stabilen, transparent und klar strukturierten Umfeld statt, mit einem höheren Grad an Professionalisierung und mit Fördermitteln untersetzt.

Durch die Partnerwahl strukturieren die Kommunen die lokale Zivilgesellschaftslandschaft, indem sie Professionalisierungsprozesse in Richtung auf einen Dritten Sektor für NPOs mit Rechtsstatus ermöglichen, gemeinnützige NPOs jenseits der Nachbarschaften bevorzugen und gleichzeitig aber teilweise mittels gezielter Beteiligungsangebote die „Modernisierung" der traditionellen Nachbarschaftsvereinigungen betreiben.

In diesen unterschiedlichen Konstellationen finden Partnerschaften unterschiedlichen Typs statt. Wir haben differenziert zwischen politiknaher Kooperation, die Einfluss auf kommunalpolitische Entscheidungen nimmt sowie Kooperation in der Umsetzung oder Ergänzung von kommunalen Aufgaben. Politiknahe Partnerschaften finden vor allem im Bereich der Stadtgestaltung statt, aber auch in Problembereichen, in denen BürgerInnen komplementär zur Verwaltung aktiv werden wie der Obdachlosenhilfe. BürgerInnen, die in diesen Bereichen engagiert sind, haben bereits zu Beginn der Partnerschaft Expertise, fühlen sich in ihrem Engagement wichtig und als ebenbürtiger Partner der Verwaltung gegenüber, auch wenn sie die Partnerschaft selbst als nicht gleichberechtigt betrachten. Es handelt sich typischerweise um BürgerInnen, die selbstbewusst und kritisch der Verwaltung gegenüber stehen und sich für politische Veränderungen einsetzen. Es ist dieser Typ von Kooperation, der im engen Sinne als demokratiefördernd in den Blick genommen wurde.

Gleichwohl zeigt die empirische Untersuchung, dass dieser Typ eher außerhalb des Mainstreams der lokalen Partnerschaften steht. Die Mehrheit aller Partnerschaften ist zweifellos geprägt von einem grundsätzlich affirmativen und kooperativen Verhältnis der Bürgerinnen und Bürger zur Verwaltung und ist begrenzt auf die Kooperation in Projekten gemeinsamer Leistungserbringung für die Gemeinde. Vorherrschendes Tätigkeitsfeld ist der Bereich der sozialen Dienstleistungen im weitesten Sinne.

Mit der Dominanz dieses Typs von Partnerschaft insbesondere in Verbindung mit Outsourcing schillert gleichzeitig die Bewertung des Partnerschaftsparadigmas für das Wandlungspotenzial von Kommunalpolitik hin zu mehr Bürgernähe, denn Partnerschaft im Bereich der sozialen Dienste hat einen besonders ausgeprägt Doppelcharakter: Sie ist ein Instrument der Einsparung von Kosten für die Verwaltung, gleichzeitig aber auch ein Angebot vor allem an BürgerInnen, sich selbst im öffentlichen Raum zu profilieren. Die Untersuchung zeigt, dass sich die BürgerInnen dieser Doppelfunktion durchaus bewusst sind. Sie sehen die Gefahr der finanziellen Ausbeutung durch die Verwaltung, aber auch die Chance, sich langfristig durch die Zusammenarbeit mit der Verwaltung für öffentliches Handeln und als Partner zu qualifizieren. Sie lassen sich darauf ein, von der Verwaltung als Einsparpotenzial eingesetzt zu werden, um ihre Ziele durchzusetzen. Diese sind ganz unterschiedlich, schließen aber überwiegend explizit politische Ziele aus. Vielmehr reichen sie von der persönlichen Selbstverwirklichung, über den persönlichen Beitrag zur Lebensqualität in ihrer Stadt bis hin zur Erziehung der Verwaltung zu mehr Bürgernähe. Auch die Verwaltung formuliert interessanterweise „pädagogische" Ziele: Sie hält die BürgerInnen für nicht „reif", um wahre gleichberechtigte Partnerschaften einzugehen. Sie versteht sich als „Entwicklungshelfer" für die lokale Zivilgesellschaft. Das Kooperationsangebot soll diese unter Anleitung der Verwaltung aktivieren und Bürgerbeteiligung fördern.

BürgerInnen und Verwaltung bewegen sich also aufeinander zu: Beide wollen einen Wandel des Verhältnisses, sie wollen ihn zusammen mit dem anderen vorantreiben und wollen als Voraussetzung für ein Gelingen den jeweiligen Partner verändern.

Welche Aussagen lassen diese Befunde für die eingangs formulierte Leitfrage nach dem Wandlungspotenzial von Kommunalpolitik hin zu mehr lokaler Demokratie durch Partnerschaft zu?

Erstens ist festzuhalten, dass ohne Zweifel eine Vielfalt neuer Formen von Möglichkeiten der Beteiligung von und Partnerschaft mit BürgerInnen institutionalisiert wurde und heute praktiziert wird. Allerdings gilt bislang, dass die Verwaltung Initiator ist. Insofern ist nach der Partizipationsleiter von Arnstein nicht mehr als von der Realisierung der ersten Schritte hin zu einer Partizipationsgesellschaft zu sprechen; Bürgerselbstverwaltung – *jūmin jichi* – wird zwar als normatives Ziel formuliert. Die Realität sieht anders aus.

Eine Reihe von Argumenten spricht dafür, dass jedoch bereits diese gegenwärtige Stufe partizipativer Kommunalpolitik mehr Bürgernähe und mehr lokale Demokratie zulässt: Verwaltungen und BürgerInnen sehen Veränderungsbedarf für kommunales Handeln und sind zu Kooperation motiviert. Es sind Institutionen der Kooperation zustande gekommen, die Stabilität aufweisen und mit vielfältigen materiellen und immateriellen Förderinstrumenten untersetzt sind. Transparenz und Offenheit im Zugang zu Beteiligung sind für die BürgerInnen ebenfalls – wenn auch in unterschiedlichem Umfang – gegeben.

Allerdings – und dies sind die problematischen Anteile an der aktuellen Praxis – wurde auch deutlich, dass die Bürger und Bürgerinnen bei allem Engagement im Vergleich zur Verwaltung ressourcenschwache Partner sind. Sie befinden sich in einem problematischen negativen Kreislauf aus wenigen Aktivisten, geringen Einnahmen, geringen Profilierungschancen und geringer Professionalisierung. Eine Gleichstellung mit der Verwaltung im Sinne der in der Literatur und von den Stadtverwaltungen postulierten „gleichberechtigten Partnerschaft" ist unter diesen Bedingungen illusionär. Hinzu kommen strukturelle Hemmnisse wie das starre Ressortdenken der Verwaltung und die geringe politische Professionalität der Stadträte. Eine Fortsetzung kommunaler Reformprozesse ist erforderlich, um dem Postulat Partnerschaft mehr Chancen zu geben.

Die Perspektiven sind offen: Partnerschaft findet unter systematisch ungleichen Bedingungen statt. Dennoch hat ein Umdenken eingesetzt: Für die Verwaltung versinnbildlicht das Partnerschaftsparadigma ein neues Verständnis von den Bürgerinnen und Bürgern als MitgestalterInnen von kommunalen Belangen.

Für die Bürgerinnen und Bürger ist das Partnerschaftsangebot ein Instrument, sich selbst als aktives Mitglied der Gemeinde zu entdecken. Die Untersuchung hat deutlich gemacht, dass alle Formen der Kooperation mit der Verwaltung Lernprozesse initiieren. Kooperation und Partnerschaft schaffen Erfahrungsräume, von denen vor allem Frauen profitieren. Partnerschaft bedeutet einen Zugewinn an Erfahrungen und Kompetenzen, sie produziert Anerkennung für bürgerschaftliches Engagement.

Partnerschaft zwischen Kommunen und BürgerInnen hat somit ein doppeltes Gesicht: Sie dient als Verständigungsfolie für kommunalpolitische Reformprozesse hin zu partizipativer lokaler Governance und als Referenzpunkt für zivilgesellschaftliches Selbstverständnis.

Literaturverzeichnis

Abe, Hitoshi; Shindō, Muneyuki (1997), *Gaisetsu: Nihon no chihō jichi* [Überblick: Kommunale Selbstverwaltung in Japan], Tōkyō: Toyko Daigaku Shuppan kai.

Amemiya, Takako (1998), „The Nonprofit Sector: Legal Background", in: Yamamoto, Tadashi (Hg.), *The Nonprofit Sector in Japan*, Johns Hopkins Nonprofit Series, 7, Manchester: Manchester University Press, S. 59-98.

Anheier, Helmut K.; Freise, Matthias; Themudo, Nuno (2006), „Entwicklungslinien der internationalen Zivilgesellschaft", in: Birkhölzer, Karl; Klein, Ansgar; Priller, Eckhard; Zimmer, Anette (Hg.), *Dritter Sektor / Drittes System. Theorie, Funktionswandel und zivilgesellschaftliche Perspektiven*, Wiesbaden: VS Verlag für Sozialwissenschaften, S. 17-38.

Arnstein, Sherry R. (1969), „A Ladder of Citizen Participation", in: *Journal of the American Institute of Planners*, 35 (4), S. 216-224.

Asago-shi (2009), *Asago-shi jichi kihon jōrei* [Rahmensatzung der Kommune Asago], http://www.city.asago.hyogo.jp/reiki/reiki_honbun/ar16611111.html (20.03.2011).

Benz, Arthur (2004), „Einleitung: Governance. Modebegriff oder nützliches sozialwissenschaftliches Konzept?", in: Benz, Arthur (Hg.), *Governance. Regieren in komplexen Regelsystemen*, Wiesbaden: VS Verlag für Sozialwissenschaft, S. 11-28.

Bestor, Victoria L. (2002), „Toward a Cultural Biography of Civil Society in Japan", in: Goodman, Roger (Hg.), *Family and Social Policy in Japan: Anthropological Approaches*, Cambridge: Cambridge University Press, S. 29-53.

Bogumil, Jörg; Holtkamp, Lars; Schwarz, Gudrun (2003), *Das Reformmodell Bürgerkommune – Leistungen – Grenzen – Perspektiven*, Schriftenreihe Modernisierung des öffentlichen Sektors, Bd. 22, Berlin: Edition Sigma.

Brucksch, Susanne (2007), „Paradigmenwechsel? Eine empirische Betrachtung transsektoraler Zusammenarbeit zwischen zivilen Umweltorganisationen und Großunternehmen in Japan", in: Pohl, Manfred; Wieczorek, Iris (Hg.), *Japan 2007. Politik, Wirtschaft und Gesellschaft*, Berlin: VSJF, S. 243-264.

Canstein, Julia (2007), *Die Rolle des Internets für die Stärkung der japanischen Zivilgesellschaft*, Schriftenreihe Zivilgesellschaft und lokale Demokratie Nr. 3., Halle: Martin-Luther-Universität, Institut für Politikwissenschaften und Japanologie.

CDPN (o.J.), *Shimin tōgikai suishin nettowāku* [Citizens' Discussion Promotion Network], http://cdpn.jp/ (20.03.2012).

Chihō jichi kyōkai (1991), *Kōmin kyōdō shisutemu ni kansuru Chōsa Kenkyū Hōkokusho* [Ergebnisbericht der Studie zu Systemen von Bürger-Zusammenarbeit], Chihō jichi kyōkai.

Chihō kōfuzei seido kenkyūkai (Hg.) (2009), *Chihō kōfuzei no aramashi* [Überblick über den kommunalen Finanzausgleich], Tōkyō: Zaidan hōjin chihō zaimu kyōkai.

Chihō roku dantai (2006), Chihō jichi kiki toppa ni kansuru ketsugi [Resolution zur Überwingung der Krise in der Lokalen Selbstverwaltung] auf der offiziellen Webseite von *Zenkoku chiji kai* [National Governors' Association] http://www.nga.gr.jp/news/20060531_003.pdf (Letzter Zugriff: 25.5.2012).

CLAIR; COSLOG; GRIPS (2010), *Jichi kankei no shuyōna tōkei shiryō no eiyaku* [Statistics on Local Governance], http://www.clair.or.jp/j/forum/honyaku/hikaku/pdf/H21_toukei.pdf (07.08.2011).

Collin, Sven-Olof; Vagnoni, Emidia (2002), „The Governance of Voluntary Work in the Public Sector: Institutional Differences and Invariant Traits", in: *Journal of Management and Governance*, Vol. 6, Nr. 4, S. 323-341.

Consumer Affairs Agency; Government of Japan (2005), *Tokutei hi-eiri katsudō hōjin o meguru jōkyō* [Die aktuelle Situation der nicht-profitorientierten Körperschaften], http://www.cā.go.jp/seikatsu/shingikai/kikaku/20th/051116shiryo4.pdf (21.07.2010).

Dienel, Peter (2009), *Demokratisch, praktisch, gut: Merkmale, Wirkungen und Perspektiven der Planungszelle*, Bonn: Dietz, 2009.

Ejiri, Kyōko (2006), „Jigyō itaku kara kangaeru gyōsei to no pātonāshippu" [Partnerschaft mit der Verwaltung aus der Perspektive des Outsourcing], in: Tōkyō borantia shimin katsudō sentā (Hg.), *Tōkyō borantia shi-*

min katsudō sentā kenkyū nenpō 2006: NPO to gyōsei no pātonāshippu wa naritatsu ka!? Kyōdō o katachi ni suru „Jigyō kyōdō keiyaku' o kangaeru [TVAC Jahresbericht 2006: Sind Partnerschaften zwischen Verwaltung und NPOs erfolgreich? Gedanken zur vertraglichen Regelung von Partnerschaften], Tōkyō: Tōkyō Borantia shimin katsudō sentā, S. 13-28.

Eldridge, Robert D. (1997), „The 1996 Okinawa Referendum on U.S. Base Reductions: One Question, Several Answers", in: *Asian Survey 37*, Nr. 10, S. 879 -904.

Etō, Toshiaki (1998), „Jūmin sanka no jōken seibi toshite no toshinai bunken – Nakano-ku no chiiki sentā to jūku kyōgikai o tegakari ni" [Innerstädtische Dezentralisierung als Partizipationsbedingungen – Bürgerzentrum und -konferenz in Nakano], in: *Yamanashi gakuin daigaku hōgaku ronshū – Yamanashigakuin Law Review*, Nr. 39, S. 121-154.

Etō, Toshiaki (2003), „Rōkaru gabanansu ni okeru seiji to gyōsei – Nihon no chihō seifu kaikaku wo chūshin ni" [Politik und Verwaltung in der Local Governance – eine Betrachtung der Reform der japanischen Lokalregierung], in: *Yamanashi gakuin daigaku hōgaku ronshū*, Nr. 49, S. 351-381.

Etō, Toshiaki (2004), *Kyōdō-gata gikai no kōsō* [Structure of a Partnership-Style Assembly], Tōkyō: Shinzansha shuppan.

Foljanty-Jost, Gesine (1988), *Kommunale Umweltpolitik in Japan*, Hamburg: Institut für Asienkunde.

Foljanty-Jost, Gesine (2006), „Dezentralisierung als Herausforderung lokaler Demokratie?", in: Blechinger-Talcott, Verena; Frantz, Christiane; Thompson, Mark (Hg.), *Politik in Japan – System, Reformprozesse und Außenpolitik im internationalen Vergleich*, Frankfurt a. Main: Campus, S. 63-81.

Foljanty-Jost, Gesine; Aoki, Mai (2008), „Zehn Jahre NPO Gesetz in Japan – Diversifizierung des Dritten Sektors durch Recht", in: Wieczorek, Iris (Hg.), *Japan 2008, Politik, Wirtschaft und Gesellschaft*, Berlin: VSJF, S. 43-68.

Furumaya, Tadao (1997), *Ura-Nihon: Kindai Nihon o toinaosu* [Kehrseite Japans: Evaluierung Japans zu moderner Zeit], Tōkyō: Iwanami shoten.

Geißel, Brigitte (2004), „Sozialkapital im demokratischen Prozess. Theorieangebote und empirische Befunde", in: Klein, Ansgar; Geißel, Brigitte; Kern, Kristine; Berger, Maria (Hg.), *Zivilgesellschaft und Sozialkapital. Herausforderungen politischer und sozialer Integration*, Wiesbaden: Verlag für Sozialwissenschaften, S. 103-109.

Geißel, Brigitte (2007), „Zur (Un-)Möglichkeit von Local Governance mit Zivilgesellschaft: Konzepte und empirische Befunde" in: Schwalb, Lilian; Walk, Heike (Hg.), *Local Governance. Mehr Transparenz und Bürgernähe*, Wiesbaden: Verlag für Sozialwissenschaften, S. 23-38.

Genkina Iruma zukuri shimin jinkai (2001), *Genkina Iruma zukuri jitsugen ni mukete – Watashi-tachi no teigen* [Für die Schaffung eines vitalen Iruma – Unser Bürgergutachten], http://www.city.iruma.saitama.jp/ genki/genki0103shi.pdf (07.09.2011).

Greene, Bill; Rooney, Mary (1998), „Mitaka, Japan", in: Pröhl, Marga (Hg.), *Die lernende Organisation: Vertrauensbildung in der Kommunalverwaltung; internationale Recherche und Fallbeispiel*, Gütersloh: Bertelsmann Stiftung, S. 217-230, http://www.bertelsmann-stiftung.de/bst/de/media/xcms_bst_dms_15757_ 15758_2. pdf (11.04.2010).

Hachiōji-shi (2004), *Heisei 16nendo genki fōramu kiroku shū: Mina de kizuku atarashii kōkyō – Hirogeyō kyōdō sodateyō chiikiryoku* [Protokoll des Genki Forums 2004: Eine neue von allen geschaffene Öffentlichkeit – Mehr Partnerschaft, mehr regionale Autorität], http://www.city.hachioji.tokyo.jp/dbps_data/_material_/localhost/soshiki/kochokohoshitsu/fourm-16.pdf (07.06.2011).

Harada, Hidetoshi (2004), „Chihō bunken no jiku" [Axis of Decentralization], in: Muramatsu, Michio; Inatsugu, Hiroaki (Hg.), *Hōkatsu-teki chihō jichi gabanansu kaikaku* [Comprehensive Reform of Local Governance], Tōkyō: Tōyō keizai shinpōsha, S. 37-57.

Harada, Naohiko (2005), *Chihō jichi no hō to shikumi* [Gesetze und Struktur der lokalen Selbstverwaltung], Tōkyō: Gakuyō shobō.

Hasegawa, Kōichi (2002), „The Organization and Activation of the Civil Sector – Rapid Development during the Lost Decade", in: *Social Science Japan*, April 2002, S. 5-7.

Hatta, Manabu (2008), „Shōshi kōrei shakai no fukushi seisaku – Chihō bunken to rōkaru gabanansu" [Sozialpolitik einer vergreisenden Gesellschaft – Lokale Gewaltenteilung und Local Governance], in: Yamamoto, Hiraku (Hg.), *Rōkaru gabamento to rōkaru gabanansu* [Local Government and Local Governance], Tōkyō: Hōsei daigaku shuppankyoku, S. 145-161.

Hayashi, Ken'ichi (2005), „Arata na naibu gyōseki hyōka shisutemu no arikata ni tsuite no kentō – Sankagata hyōka no kakuritsu ni mukete" [Examination about the function of a new internal performance measurement system], in: Takasaki keizai daigaku chiiki seisaku gakkai (Hg.), *Chiiki seisaku kenkyū*, Vol.7, Nr. 3 (2005), S. 17-31, http://www1.tcue.ac.jp/home1/c-gakkai/kikanshi/ronbun7-3/hayashi.pdf (15.06.2011).

Heberer, Thomas; Derichs, Claudia (Hg.) (2008 [1. Aufl. 2003]), *Einführung in die politischen Systeme Ostasiens*, Wiesbaden: Verlag für Sozialwissenschaften.

Hidaka Akio (2004), *Chiiki no meta gabanansu to kiso jichitai no shimei: Jichi kihon jōrei – Machizukuri kihon jōrei no yomikata* [Regionale Meta-Governance und die Aufgaben der Selbstverwaltungskörperschaften – Lesarten für kommunale Rahmensatzungen bzw. Rahmensatzungen zur Stadtgestaltung], Tōkyō: Imaijin shuppan.

Hiramatsu, Hideto (2011): *Bürger und shimin im Spiegelbild der Armut. Armenwesen und Armenfürsorge in den Städten Köln und Osaka im* Vergleich, unveröffentlichte Dissertation, Tag der Disputation: 24.10.2011.

Hiroshima-shi (o.J.), Offizielle Homepage der Stadt Hiroshima, www.city.hiroshima.lg.jp/ (07.06.2011).

Hisaka, Masashi (2007), *Niigata taru kinuta – Meiwa gijin kuden* [Niigata taru kinuta – Mündliche Überlieferung von Menschen der Gerechtigkeit in Meiwa-Ära], Tōkyō: Shōgakukan.

Hitachi AG (2005), *Tōkyō-to Mitaka-shi kyōdō-shugi dai 1kai* [Erste grundlegende Prinzipien der Kooperation für die Kommune Mitaka], http://www.hitachi.co.jp/Div/jkk/jichitai/interview/staff/staff010/001.html (09.09.2011).

Hitomi, Takeshi; Tsujiyama, Takanobu (2002). *Kyōdōgata no seido zukuri to seisaku keisei*, Tōkyō: Gyōsei.

Holtkamp, Lars; Bogumil, Jörg (2007), „Bürgerkommune und Local Governance", in: Schwab, Lilian; Walk, Heike (Hg.), *Local Governance – mehr Transparenz und Bürgernähe?*, Wiesbaden: Verlag für Sozialwissenschaften, S. 231-251.

Hōmushō (2010), *Heisei 21nenmatsu genzai ni okeru gaikokujin tōrokusha tōkei ni tsuite* [Statistik zu registrierten Ausländern am Jahresende 2009] http://www.moj.go.jp/nyuukokukanri/kouhou/nyuukokukanri 04_00005. html (06.08.2011).

Horie, Fukashi (1996), „Intergovernmental Relations in Japan: Historical and Legal Patterns of Power Distribution Between Central and Local Governments", in: Jun, Jong S.; Wright, Deil S. (Hg.), *Globalization & Decentralization. Institutional Contexts, Policy Issues and Intergovernmental Relations in Japan and the United States,* Washington D.C.: Georgetown University Press, S. 48-67.

Hüstebeck, Momoyo (2009), „Administrative und fiskalische Dezentralisierung in Japan – Instrumente zur Stärkung der japanischen kommunalen Selbstveraltung", in: Foljanty-Jost, Gesine (Hg.), *Kommunalreform in Deutschland und Japan: Ökonomisierung und Demokratisierung in vergleichender Perspektive*, Wiesbaden: VS Verlag für Sozialwissenschaften, S. 31-58.

Ichikawa, Torahiko (2006), „Atarashii jūmin sankaku no gihō to seisaku kettei" [Neue Formen der Bürgerpartizipation und politische Entscheidungsfindung], in: Tamano, Kazushi; Sanbonmatsu, Masayuki (Hg.), *Chiiki shakai no seisaku to gabanansu* [Regional Policy and Local Governance], Tōkyō: Tōshindō, S. 215-228.

Ichikawa-shi (o. J.), *Kyōdō jigyō teian seido furōzu* [Das Antragssystem für Partnerschaftsprojekte], http://www.genki365.com/ichikawa/ichikawa_volunteer/ data/kyodou28.pdf (10.06.2011).

Ihori, Toshihiro (2009), „Political Decentralization and Fiscal Reconstruction in Japan", in: Ichimura, Shinichi; Bahl, Roy (Hg.), *Decentralization Policies in Asian Development*, Singapore: World Scientific, S. 55-84.

Imada, Makoto (2003), „The Voluntary Response to the Hanshin Awaji Earthquake", in: Osborne, Stephen P. (Hg.), *The Voluntary and Non-profit Sector in Japan – The Challenge of Change*, London: Routledge-Curzon, S. 40-50.

Imai, Akira (2003), „Shimin sanka no ronten" [Diskussionspunkte der Bürgerbeteiligung], in: *Chihō jichi shokuin kenshū* [Fortbildung für kommunales Verwaltungspersonal], Sondernummer 74, Tōkyō: Maruzen, S. 8-25.

Imai Akira (2004), *Chihō jichi seido wa kō natte iru* [Die zukünftige Entwicklung des Systems der kommunalen Selbstverwaltung], Tōkyō: Gakuyō shobō.

Imase, Masashi (2007), *NPO to gyōsei no ‚kyōdō keiyakusho' no kaihatsu fukyū ni muketa ankēto* [Umfrage zur Verbreitung und Entwicklung von Kooperationsverträgen zwischen Verwaltung und NPOs], Osaka: Shimin katsudō Information Center.

Iruma-shi (2000), *Genkina Iruma-zukuri: Shimin kara no iken, teian no matome ni atatte* [Für ein aktives Iruma: Bürgermeinungen – Eine Zusammenschau von Umfrageergebnissen im Zuge der Formulierung des Planes], http://www.city.iruma.saitama.jp/genki/genkiiken2.htm (01.04.2010).

Iruma-shi (2005a), *Kōhō Iruma* [Information Iruma], No. 935, 01.03.2005, http://www.city.iruma.saitama.jp/ dbps_ data/_material_/localhost/100kikaku/200kouhou/koho/h17/koho050315.pdf

Iruma-shi (2005b), *Iruma shigikai dayori, No. 131* [Rundbrief des Stadtrates Nr. 131], http://www.city.iruma.saitama.jp/gikai/dbps_data/_material_/gikai/dayori/gikai130.pdf (20.09.2011).

Iruma-shi (2005c), „Iruma-shi to Sayama-shi no gappei ni kansuru shimin no ishi kakunin no tame no ankēto. Kaihyō shūkei sokuhō" [Bürgerumfrage bezüglich der Gemeindefusion von Iruma und Sayama. Eilmeldung der Ergebnisse]. http://www.city.iruma.saitama.jp/info/gappei_kaihyo.htm (01.02.2010)

Iruma-shi (2008a), *Irumashi kyōdō gaidorain – Kyōdō de tomo ni susumeru machizukuri* [Kooperationsleitfaden der Kommune Iruma – Beschleunigung von machizukuri durch Kooperation], http://www.city.iruma. saitama.jp/dbps_data/_material_/localhost/260shimin/100jichi/kyoudou.gaidorain.pdf (25.08.2011).

Iruma-shi (2008b), *Zaisei jōkyō ichiranhyō – Iruma-shi* [Übersicht zur Finanzlage der Kommune Iruma], http://www.city.iruma.saitama.jp/dbps_data/_material_/localhost/100kikaku/400zaisei/zaiseijoukyou_ itiranhyo/H20zaiseijoukyou.pdf (10.03.2010).

Iruma-shi (2009), *Jōjū-chi ni yoru jūgyō, tsūgaku shi-ku-chō-son betsu 15-sai ijō shūgyōsha-sū oyobi tsūgakusha-sū* [Anzahl der über 15jährigen Erwerbstätigen und Schüler in den Kommunen (basierend auf dem Wohnsitz)], http://www.city.iruma.saitama.jp/dbps_data/_material_/localhost/100kikaku/300kikaku/tokei/ tokeisyo19/ Excel/kokuseityousa3-10.xls (09.09.2011).

Iruma-shi (2010), *Iruma-shi gyōsei kaikaku chōki puran – Akarui shōrai wo sasaeru gyōsei keiei ni mukete* [Langfristiger Plan zur Verwaltungsreform in Iruma – Hin zu einem Stadtmanagement für eine strahlende Zukunft], http://www.city.iruma.saitama.jp/sougoushinkou/gyoseikaikaku/gyoukaku.html (20.08.2010).

Iruma-shi (2011a), *Iruma-shi no kyōdō jigyō* [Kooperationsprojekte der Stadt Iruma], http://www.city.iruma. saitama.jp/kyodo_jigyo/kyoudou_jigyou.html (06.07.2011).

Iruma-shi (2011b), *Kaiha-betsu giin meibo* [Stadträte nach Fraktionen], http://www.city.iruma.saitama.jp/ gikai/ giin/005013.html (21.09.2011).

Iruma-shi (2011c), *Chiku-betsu jinkō tōkei* [Bevölkerungsstatistik nach Stadtbezirken], http://www.city.iruma. saitama.jp/toukei/jinko/9656/tikuh10478.html (28.03.2011).

Iruma-shi (o.J.), *Iruma no aramashi* [Überblick zu Iruma], http://www.city.iruma.saitama.jp/introduction/ introduction01.html (08.12.2009).

Iruma-shi shimin katsudō sentā (2011), Shimin katsudō sentā tōroku dantai ichiran [Überblick der im Zentrum für bürgerschaftliches Engagement Iruma registrierten Bürgergruppen], http://iruma-skc.seesaa.net/ article/20022383.html (18.08.2011).

Ishizaki, Seiya (2009), „Niigata-shi ni okeru kujichi kyōgikai no kinō" [Funktionen der Bezirkskonferenzen in Niigata], in: *Hōsei riron*, Vol. 42, Nr. 1, http://dspace.lib.niigata-u.ac.jp:8080/dspace/bitstream/10191/ 12584/1/42%281%29_1-20.pdf (09.08.2011).

Itō, Shūichirō (2002), *Jichitai seisaku katei no dōtai* [Die Dynamik des kommunalen Policy-Prozesses], Tōkyō: Keiō gijuku daigaku shuppankai.

Japan Press Network (2009), *Seifu, kuni no ‚gimutsuke' minaoshi e chihō bunken suishin keikaku wo kettei* [Die Verpflichtung von Regierung und Staat, Pläne zur Förderung der Dezentralisierung zu überdenken], http:// www.47news.jp/CN/2009 12 /CN2009121501000173.html (24.01.2010).

Jichitai gikai kaikaku fōramu (2007), „Naze kawaranai? Jichitai gikai – Dēta de miru gikai seido no genjō" [Warum ändert sich nichts? Gemeinderat – Die Situation des Ratssystems anhand von Daten], in: Ders. (Hg.), *Kaenakya! Gikai – „Tōron no hiroba" e no apurōchi* [Es muss sich was ändern! Kommunalversammlung – Ansätze zum „Diskussionsforum"], Tokyo: Seikatsusha, S. 27-38.

Jichitai gikai kaikaku fōramu (2011), *Zenkoku gikai kihon jōrei seitei jōkyō* [Überblick über die Verabschiedung und Umsetzung von Ratssammlungen in Japan], http://www.gikai-kaikaku.net/gikaikihonjourei-list.html.

Jōrei Web (o. J.), *Jōrei Web – Jichitai jōrei rinku-shū* [Satzungs-Web – Eine Linksammlung kommunaler Satzungen], http://www.jourei.net/ (18.06.2011).

Kambara, Masaru (2008), *Jichi. Gikai kihon jōrei-ron – Jichitai un'ei no sentan wo hiraku* [Theorie der Rahmensatzungen zu kommunaler Selbstverwaltung und Gemeinderäten], Tōkyō: Kōjin no tomosha.

Kanaya, Nobuko (2004), „Dai 8 shō: Shakai fukushi no NPO" [Kapitel 8: Wohlfahrtsstaatliche NPOs], in: Yamauchi, Naoto (Hg.), *NPO Hakusho 2004 – The Japanese Nonprofit Almanac*, Osaka School of International Public Policy (OSIPP), Center for Nonprofit Research and Information, http://www.osipp.osaka-u.ac.jp/npo-center/NPO2004.pdf , S. 43-52 (14.08.2010).

Kashiwazaki-shi (2003), *Kashiwazaki-shi shimin sanka no machizukuri kihon jōrei* [Rahmensatzung zur partizipativen Stadtgestaltung der Kommune Kashiwazaki], http://www.city.kashiwazaki.niigata.jp/html/ dlw_reiki/41590101000600000000/41590101000600000000/41590101000600000000.html (07.06.2011).

Kataoka, Mika (2004), „Todōfuken ni okeru NPM-gata gyōsei kaikaku" [NPM-style administrative reforms in prefectures], in: Muramatsu, Michio; Inatsugu, Hiroaki (Hg.), *Hōkatsu-teki chihō jichi gabanansu kaikaku* [Comprehensive Reform of Local Governance], Tōkyō: Tōyō keizai shinpōsha, S. 134-152.

Kawagoe-shi (2006), *Daisanji Kawagoe-shi sōgō keikaku* [Dritter Rahmenplan der Kommune Kawagoe], http://www.city.kawagoe.saitama.jp/www/contents/ 115510149503/files/00all.pdf (06.06.2011).

Kawano, Yasuyuki (2003), *Mitaka shimin puran 21 kaigi: Kyōdōgata shimin sanka no kokoromi* [Bürgergutachten 21: Der Versuch einer partnerschaftlichen Bürgerpartizipation], In: *Hōritsu bunka*, Nr. 2, S. 32-33, http://www.lec-jp.com/h-bunka/contents/2003_2/index.html (04.06.2012).

Kawasaki-shi (2004), *Kawasaki-shi jichi kihon jōrei* [Rahmensatzung zur Selbstverwaltung der Stadt Kawasaki], http://www.city.kawasaki.jp/20/20bunken/home/site/jichi/houkoku/houkoku.htm (23.11.2011).

Kawasaki-shi (2008), *Kawasaki-shi jūmin tōhyō jōrei* [Satzung zum Referendum der Kommune Kawasaki], http://www.city.kawasaki.jp/16/16simin/home/juumin touhyou/pdf/01jyourei.pdf (06.06.2011).

Keidanren (2007), *Dōshūsei no dōnyū ni muketa dai ichiji teigen* [Der erste Vorschlag zur Einführung des Föderalstaatensystem], http://www.keidanren.or.jp/japanese/policy/2007/025.pdf.

Keizai sangyō kenkyūjo (2007), *2006-nen chihō jichitai ankēto kekka hōkoku* [Bericht über die Ergebnisse einer Umfrage unter Kommunen], www.rieti.go.jp/jp/projects/npo/2006/1-1.pdf, (08.07.2008).

Keizai sangyōshō (2006), *Iruma, Saitama,* http://www.machigenki.jp/index2.php?option=com_docman&task=doc_view&gid=249&Itemid=120 (01.04.2010).

Kisa, Shigeo; Igarashi, Takanobu; Hobo, Takehiko (Hg.) (2003), *Bunken no hikari, shūken no kage: Zoku, chihō bunken no honryū e* [Licht der Dezentralisierung, Schatten der Zentralisierung: Fortführung, Dezentralisierung in den Mainstream], Tōkyō: Nihon hyōronsha.

Kokumin jūmin tōhyō wo ikasu kai (2005), *Jūmin tōhyō sezuni gappei shita jichitai kara 2* [Eingemeindung ohne Volksabstimmung: Nachrichten aus den Kommunen 2] http://www.geocities.co.jp/WallStreet/ 1412/rd/news70.html#no2 (07.06.2011).

Kokuritsu kokkai toshokan (2007), *Chihō bunken* [Dezentralisierung], http://warp.ndl.go.jp/info:ndljp/pid/ 283520/ www.soumu.go.jp/indexb4.html (21.04.2011).

Kōkyō seisaku kenkyūjo (2013), *Zenkoku no jichi kihon jōrei ichiran* [Liste der japanischen kommunalen Rahmensatzungen], http://www16.plala.or.jp/koukyou-seisaku/policy3.html (01.02.2013).

Kōkyō seisaku kenkyūjo (2012), *Zenkoku no jichi kihon jōrei ichiran* [Liste der japanischen kommunalen Rahmensatzungen], http://www16.plala.or.jp/koukyou-seisaku/policy3.html (20.03.2012).

Komae-shi (2003), *Shimin sanka to shimin kyōdō no suishin ni kansuru kihon jōrei* [Rahmensatzung der Kommune Komae bezüglich der Förderung der Partizipation von und der Kooperation mit den Bürgern], http://www.city.komae.tokyo.jp/index.cfm /36.4181.266.pdf (27.07.2010).

Kōsei rōdōshō (2003), *Hōmuresu no jiritsu no shien-tō ni kansuru kihon Hōshin* [Basisrichtlinien zur Förderung des Aufbaus eines selbständigen Lebens für Obdachlose], http://www.mhlw.go.jp/bunya/seikatsuhogo/homeless08/pdf/data.pdf (07.09.2011).

Krauss, Ellis S.; Simcock, Bradford L. (1980), „Citizens' Movements: The Growth and Impact of Environmental Protest in Japan", in: Steiner, Kurt; Krauss, Ellis S.; Flanagan, Scott C. (Hg.), *Political Opposition and Local Politics in Japan: Electoral Trends, Citizens' Movements, and Progressive Administration,* Princeton: Princeton University Press, S. 187-227.

Kropp, Sabine (2007), „Modernisierung des Staates in Deutschland: Konturen einer endlosen Debatte", in: *Politische Vierteljahresschrift (PVS),* 45(2007), Nr. 3, S. 416-439.

Kuriyama-chō (2006), *Kuriyama-chō gikai kihon jōrei* [Rahmensatzung des Stadtrats der Gemeinde Kuriyama], http://www.town.kuriyama.hokkaido.jp/gikai/activity/ordinance/index.html (23.02.2012).

Ladner, Andreas; Bühlmann, Marc (2007), *Demokratie in den Gemeinden: Der Einfluss der Gemeindegrösse und anderer Faktoren auf die Qualität der lokalen Demokratie.* Zürich: Rügger Verlag.

Lösch, Bettina (2007), „Deliberative Politik – Demokratisches Bewusstsein und politisches Handeln", in: Lange, Dirk; Himmelmann, Gerhard (Hg.), *Demokratiebewusstsein – Interdisziplinäre Annäherungen an ein zentrales Thema der Politischen Bildung,* Wiesbaden: Verlag für Sozialwissenschaften, S. 76-86.

Machipotto (2010), *Shimin sanka shuhō no chōsa kenkyū: Shinjuku kumin tōgikai* [Empirische Untersuchungen zu Methoden der Bürgerpartizipation: Deliberatives Bürgerforum der Stadt Shinjuku], http://machi-pot.org/ modules/ participation/index.php?content_id=6 (03.08.2011).

Machizukuri sapōto netto genkina Iruma (2005), Machisapo tte? [Über das Unterstützungsnetzwerk „Aktive Stadt Iruma"], http://machisapo.com/?cat=3 (05.05.2012).

Maeda, Hiroe; Hirose, Yukio; Sugiura, Junkichi; Yagishita, Masaharu (2008), „Musakui Ccūshutsu o moto ni shita shimin kaigi sankasha no daihyōsei no kentō" [Representativeness of randomly selected Participants in a Citizen Panel Conference], in: *Sociotechnica*, Vol. 5, S. 78-87.

Makita, Yoshiteki (2007), *Jūmin sanka no saisei – Kūkyo na shimin-ron wo koete* [Wiederlebung der Bürgerbeteiligung – Zur Überwindung einer entleerten Zivilgesellschaftstheorie], Tōkyō: Keiso shobo.

Masuhara, Naoki (2005), „Shimin sanka no seidoka" [Zur Institutionalisierung der Bürgerpartizipation], in: Satō, Tōru u. a. (Hg.), *Shinsetu shimin sanka – Sono riron to jissai* [Neue Ansichten zur Bürgerpartizipation – Theorie und Wirklichkeit], Tōkyō: Kōjinsha, S. 83-107.

Matsui, Mariko (2005), „Jūmin sanka hōshiki no hatten" [Die Entwicklung von Partizipationsmethoden], in: Nishio, Masaru (Hg.), *Jichitai demokurashī kaikaku – Jūmin, shuchō, gikai* [Die Reform kommunaler Demokratie – Bürger, Bürgermeister und Gouverneure, Stadträte und Parlamente der Präfekturen], Jichitai kaikaku, Tōkyō: Gyōsei, S. 231-240.

Matsui, Mariko (2011), „NPO to gyōsei no kyōdō no nekusuto suteppu – Jichitai to NPO no kyōdō ni kansuru futatsu no chōsa o fumaete" [Der nächste Schritt für die Kooperation zwischen Verwaltung und NPOs – Auswertung von zwei Untersuchungen zur Kooperation zwischen Kommune und NPOs], in: *Kokusai bunka kenshū*, Vol. 70, S. 58-63.

Matsushita, Keiichi (1996), *Nihon no jichi, bunken* [Japanische Selbstverwaltung und Dezentralisierung], Tōkyō: Iwanami shoten.

Matsushita, Keiichi (2002), „Naze, ima, kihon jōrei na no ka" [Warum jetzt Rahmensatzungen?], in: *Chihō jichi shokuin kenshū*, Sondernr. 71 (Jichi kihon jōrei, sanka jōrei no kangaekata, tsukurikata), S. 6-21.

Matsushita, Keiichi (2004 [1. Auflage 1999]), *Jichitai wa kawaru ka* [Ändern sich Kommunen?], Tōkyō: Iwanami shoten.

Mayama, Tatsushi (2002), „Chiho bunken no tenkai to rōkaru gabanansu" [Local Governance in the Age of Decentralization], in: *The Doshisha Law Review*, Vol. 54, Nr. 3, S. 909-932.

McCarthy, John D.; Wolfson, Mark (1996), „Resource Mobilization by local social Movement Organizations: Agency, Strategy and Organization in the Movement against Drinking and Driving", in: *American Sociological Review,* 61, S. 1070-1088.

Mitaka borantia sentā (o.J.), Borantia sentā tte donna toko? [Was ist das Volunteer-Zentrum?], http://www.mitakavc. net/new/aboutus/index.html (01.06.2012)

Mitaka Inokashira komyuniti sentā [Mitaka-Inokashira Community Center] (o.J.), *Jūmin kyōgikai setsuritsu shushi* [Residents Association – Charta], http://www.ac.auone-net.jp/~inoka-cc/9a-soshiki.html (04.06.2010).

Mitaka machizukuri disukasshon 2006 jikkō iinkai (2006), Mitaka machizukuri disukasshon 2006 jisshi hōkokusho – Kodomo no anzen wo tēma ni [Bericht zur Durchführung der Bürgerkonferenz „Mitaka Machizukuri Discussion" 2006 – Thema: Sicherheit von Kindern]. Mitaka: Mitaka kyōdō sentā http://www.collabo-mitaka.jp/news/news061215.html [letzter Zugriff: 22.08.2011]

Mitaka-shi (2004a), *Mitaka o kangaeru ronten dēta-shū* [Diskussionspunkte Mitakas 2004], Mitaka-shi: Gyōsei.

Mitaka-shi (2004b), *Mitaka o kangaeru kiso yōgo jiten: Mitaka Data File 2004*. Mitaka-shi: Gyōsei.

Mitaka-shi (2006a), *Kyōdō suishin handobukku* [Handbuch zur Förderung von Partnerschaft], http://www.city. mitaka.tokyo.jp/c_service/002/attached/attach_2166_1.pdf (15.06.2011).

Mitaka-shi (2006b), *Kōhō Mitaka – Jichi kihon jōrei tokushūgō* [Amtsblatt Mitaka – Sonderausgabe zur kommunalen Rahmensatzung], http://www.city.mitaka. tokyo.jp/c_service/002/attached/attach_2199_2.pdf (17.08.2011).

Mitaka-shi (2006c), *Shishokuin muke no kyōdō suishin handobukku* [Handbuch zur Förderung von Kooperation für Angestellte der Stadt], http://www.city.mitaka.tokyo.jp/a 014/p001/t00100103.html (07.04.2011).

Mitaka-shi (2006d), *Mitaka-shi paburikku komento tetsuzuku jōrei* [Satzung für das Public Comment-Verfahren], http://www.city.mitaka.tokyo.jp/c_pubcome/ (21.06.2010).

Mitaka-shi (2006e), *Kyōdō suishin handobukku* [Handbuch zur Förderung von Kooperation], http://www.city.mitaka.tokyo.jp/c_service/002/attached/attach_2166_1.pdf (15.06.2011).

Mitaka-shi (2008), *Mitaka o kangaeru ronten dēta-shū* [Diskussionspunkte Mitakas 2008], Mitaka-shi: Gyōsei.

Mitaka-shi (2009a), *Heisei 19 – Mitaka shigikai giin senkyo kekka* [2007 – Ergebnisse der Stadtratswahl in Mitaka], http://www.city.mitaka.tokyo.jp/c_service/003/003915.html (17.09.2011).

Mitaka-shi (2009b), *Mitaka shichō mēru magajin 05.11.2006 – Gyōsei kakushindo zenkoku shui no hyōka wo ukete* (kōkai hi 09.05.2007, saishūkōshin hi 17.03.2009), [Mailmagazin der Bürgermeisterin Mitakas vom 05.11.2006 – Wahl zur Kommune mit der fortschrittlichsten Verwaltung Japans (veröffentlicht am 09.05.2007, überarbeitet zuletzt am 17.03.2009)] http://www.city.mitaka.tokyo.jp/c_service/001/001934.html (Zugriff am 23.06.2011).

Mitaka-shi (2010a), „*Mitaka kaikaku kyōiku Fōramu*" *o kaisai* [„Das Forum zur Bildungsreform" in Mitaka findet statt], http://www.city.mitaka.tokyo.jp/ c_press/018/018052.html (07.06.2011).

Mitaka-shi (2010b), *Mitaka o kangaeru kiso yōgo jiten – Mitaka Data File 2010*, http://www.city.mitaka. tokyo. jp/c_service/011/011152.html (04.06.2012)

Mitaka-shi (2010c), *Kōhō Mitaka* [Amtsblatt Mitaka], Nr. 1426, http://www.city.mitaka.tokyo.jp/koho/ kohotop.html (02.08.2011).

Mitaka-shi (2010d), *Mitaka o kangaeru ronten dēta-shū* [Diskussionspunkte Mitakas 2010], http://www.city.mitaka.tokyo.jp/c_ service/011/attached/attach_11351_1.pdf, S. 142f. (10.06.2010).

Mitaka-shi (2011a), *Kaiha no meishō oyobi shozoku giin* [Bezeichnung der Faktionen und zugehörige Stadträte], http://www.gikai.city.mitaka.tokyo.jp/member/party.html (21.09.2011).

Mitaka-shi (2011b), *Chōmei-betsu setaisū oyobi jinkō hōkokusho* [Bericht über die Anzahl der Haushalte und Einwohner nach Bezirken], http://www.city.mitaka.tokyo.jp/c_service/002/002991.html (17.08.2011).

Mitaka-shi shakai fukushi kyōgikai (2010), *Shakai fukushi kyōgikai (shakyō) to wa? Shakyō no ayumi* [Was ist der Rat für soziale Wohlfahrt? Die Entwicklung des Rates], http://www.mitakashakyo.or.jp/syakyo_towa/ ayumi.html (18.05.2010).

Mitaka-shi shimin kyōdō sentā (2004), *Shimin kyōdō sentā to wa?* [Was ist das Bürger-Partnerschaftszentrum?], http://www.collabo-mitaka.jp/about.html (17.08.2011).

Mitaka-shi shimin kyōdō sentā (2006), Mitaka machizukuri disukasshon 2006 [Diskussionsrunde zur Stadterneuerung in Mitaka 2006], http://www.collabo-mitaka.jp/discussion/dis_2006.html (07.06.2011).

Mitaka-shi shimin kyōdō sentā (2008), *Nyūsu retā* [Newsletter], http://www.collabo-mitaka.jp/ newsletter.html (02.08.2011).

Mitaka-shi shimin kyōdō sentā (2011),Tōroku dantai shōkai [Liste der registrierten Bürgergruppen], http://www. collabo-mitaka.jp/list.php [18.08.2011]

Mochizuki, Katsuya (2001), „Nihon – Undō tai kara keiei tai e" [Japan – von einer sozialen Bewegung zur wirtschaftlichen Organisation], in: Shigetomi, Shin'ichi (Hg.), *Ajia no kokka to NGO – 15 ka koku no hikaku kenkyū* [Asiatische Staaten und NGOs – eine vergleichende Studie über 15 Länder], Tōkyō: Akashi Shoten, S. 380-395.

Moteki, Isamu (2006), „Kiso-teki jichitai ni okeru sankagata hyōka no tekiyō ni kansuru kenkyū – Bunkengata shakai ni okeru chihō ukezara no kōfuku ni mukete" [Die Anwendung der partizipativen Evaluation an der kommunalen Basis], in: *21 seki shakai dezain kenkyū* [Rikkyo Journal of Social Design Studies], Nr. 6 (2006), S. 115-125.

Murakami, Shunsuke (2003), *Shimin shakai to kyōkai undō – kōsasuru 1848/49 nen kakumei kenkyū to shimin shakai-ron* [Bürgerliche Gesellschaft und die Vereinsbewegung: eine Schnittstelle der Studien zur Revolution 1848/49 und den Theorien zur bürgerlichen Gesellschaft], Tōkyō: Ochanomizu shobō.

Muramatsu, Michio (1988), *Chihō jichi* [Lokale Selbstverwaltung], Tōkyō: Tōkyō daigaku shuppankai.

Muramatsu, Michio (2004a), „Hashigaki" [Einführung], in: Muramatsu, Michio; Inatsugu, Hiroaki (Hg.), *Hōkatsu-teki chihō jichi gabananasu kaikaku* [Reform der inklusiven lokalen Goverance], Tōkyō: Tōyō keizai shinpōsha, S. i-iv.

Muto, Hiromi (1996), „Innovative Policies and Administrative Strategies for Intergovernmental Change in Japan", in: Jun, Jong S.; Wright, Deil S. (Hg.), *Globalization & Decentralization. Institutional Contexts, Policy Issues and Intergovernmental Relations in Japan and the United States*, Washington D.C.: Georgetown University Press, S. 68-83.

Nagamine, Jun'ichi (2004), „Chihō bunken, seisaku hyōka ni yoru shigen bunpai no governance" [Governance der Mittelzuteilung durch Dezentralisierung und Bewertung politischer Maßnahmen], in: *Financial Review*, Tōkyō: Zaimushō sōgō seisaku kenkyūjo. (auch als Webseite vorhanden: http://www.mof.go.jp/f-review/r71/r_71_059_078.pdf (12.04.2010)).

Nagasaki-shi (o.J.), *Nagasaki-shi kōru sentā* [Nagasaki Callcenter], http://www1.city.nagasaki.nagasaki.jp/ callcenter/index.html (07.06.2011).

Naikakufu (o.J.), *Ninshō no tame no tebiki* [Handbuch für die Zertifizierung als NPO mit Rechtsstatus], https:// www.npo-homepage.go.jp/pdf/201204_manual/201204_ninshou_tebiki.pdf (07.06.2012).

Naikakufu (2000), *Kokumin seikatsu hakusho 2000* [Weißbuch über Lebensweise des japanischen Volkes 2000], http://www5.cao.go.jp/ seikatsu/whitepaper/h12/1110wp-seikatsu-s.pdf (06.06.2010).

Naikakufu (2005), *NPO (minkan hi-eiri soshiki) ni kansuru yoron chōsa* [Meinungsumfrage über NPOs (private Nonprofit-Organisationen)], www.8.cao.go.jp/survey/h17/h17-npo/index.html (09.06.2008).

Naikakufu (2007), *Heisei 18 nendo shimin katsudō dantai kihon chōsa hōkokusho* [Bericht über die Untersuchung von Bürgergruppen 2006], https://www.npo-homepage.go.jp/pdf/h18kihonchousa-all.pdf (15.06.2008).

Naikakufu (2009), *Heisei 21 nendo shimin katsudō dantai kihon chōsa* [Untersuchung zivilgesellschaftlicher Organisationen 2009], https://www.npo-homepage.go.jp/pdf/h21kihonchousa-all.pdf (13.06.2011).

Naikakufu (2010), *Tokutei hi-eiri katsudō hōjin no katsudō bunya ni tsuite* [Über die Aktivitätsbereiche von NPOs], http://www.npo-homepage.go.jp/data /bunnya.html (15.08.2010).

Naikakufu (2011), *Tokutei hi-eiri hōjin no katsudō bunya ni tsuite* [Über die Aktivitätsbereiche von NPOs], https://www.npo-homepage.go.jp/data/bunnya.html (27.04.2012).

Naikakufu (2012), *Tokutei hi-eiri katsudō hōjin no katsudō bunya ni tsuite* [Über die Aktivitätsbereiche von NPOs], http://www.npo-homepage.go.jp/data /bunnya.html (01.06.2012).

Naikakufu danjo kyōdō sankakyoku (2011), *Chihō kōkyō dantai ni okeru danjo kyōdō sankaku shakai no keisei mata wa josei ni kansuru shisaku no suishin jōkyō (gaiyō)* [Die Umsetzung einer gleichberechtigten Partizipation von Männern und Frauen in den Gebietskörperschaften und der Fortschritt von Frauenförderungsmaßnahmen], http://www.gender.go.jp/research/suishinjokyo/2010/pdf/12.pdf (08.08.2011).

Naikakufu keizai shakai sōgō kenkyūjo (ESRI) (2010), *Jisedaigata kyōdō ni yoru sōgō keikaku no sakutei* [Ausarbeitung von Plänen für eine Kooperation der nächsten Generation], http://www.esri.go.jp/jp/archive/ e_rnote/e_rnote020/e_rnote013_01.pdf (15.06.2011).

Naikakufu NPO hōmupēji (o.J.), *Zenkoku tokutei hieiri katsudō hōjin jōhō no kensaku* [Informationsportal über NPOs in Japan] https://www.npo-homepage.go.jp/portalsite.html (Zugriffe: 01.03.2012, 19.08.2011).

Nakada, Minoru (1986), *Kore kara no chōnaikai, jichikai: Ikashiai no machizukuri* [Nachbarschaftsverein und Selbstverwaltungsrat der Zukunft: Lebensfreundliche Stadtplanung], Tōkyō: Jichitai kenkyūsha.

Nakamura, Akira (2007), *Jichitai shuken no shinario: Gabanansu, NPM, shimin shakai* [Das Szenario der kommunalen Souveränität: Governance, NPM, Zivilgesellschaft], Tōkyō: Ashishobo.

Namekata, Hisao (2004), „Shiki-shi no jūmin kyōdō o kangaeru" [Zur Kooperation in der Kommune Shiki], in: *Jichi to bunken*, Vol. 15 (2004.4), http://www.jilg.jp/ronsetsu/page/z0150.html (15.06.2011).

Nara-shi (2010), *Nara-shi machizukuri shimin kaigi teiansho* [Das Gutachten der Bürgerkonferenz zur Stadtplanung Naras], http://www.city.nara.nara.jp/www/contents/1257922187577/files/ms_houkoku.pdf.

Nelissen, Nico (2002), „The Administrative Capacity of New Types of Governance", in: *Public Organization Review: A Global Journal*, Vol. 2, Nr. 1, S. 5-22.

Nemoto, Toshiyuki (2006), „Kyōdō to sankaku o jitsugen suru tame ni" [Für die Verwirklichung von Partnerschaft und Partizipation], in: Hyōgo daigaku fuzoku sōgō kagaku kenkyūjo (Hg.), *Sankaku to kyōdō – riron to jissen* [Partizipation und Partnerschaft – Theorie und Praxis], Kōbe: Hyōgo daigaku fuyoku sōgō kagaku kenkyūjo, S. 39-67.

Newman, Janet (Hg.) (2005), *Remaking Governance. Peoples, Politics and the Public Sphere*, Bristol: Policy Press.

Nihon toshi sentā (2005), *Chihō bunken kaikaku ga toshi jichitai ni ataeta eikyō nado ni kansuru chōsa kenkyū. Hōkokusho* [Untersuchungsbericht über den Einfluss der Dezentralisierungsreform auf die kommunale Selbstverwaltung], Tōkyō: Takara Kuji.

Nihon-kai yūhi kyanpēn (2012), *Nihon-kai yūhi kyanpēn* [Kampage zur Revitalisierung der Stadt Niigata], http://www.yuuhi.net/about/index.php (05.05.2012).

Niigata-shi (2002), *Niigata-shi shakai kōken katsudō hōshin* [Aktivitätsrichtlinien gesellschaftlichen Engagements in Niigata], http://www.city.niigata.jp/info/ kusei/koeki/kihonhoushin.htm#b3a (28.08.2010).

Niigata-shi (2003), *Ura-Nihon o koete* [Nachdenken über die an der Japansee gelegenen Küstengebiete], http://www.city.niigata.jp/info/hisyo/sicho/hikoukigumo/hikoukigumo 1884.htm (09.09.2011).

Niigata-shi (2004), *Shin-Niigata-shi gappei manifesto* [Manifest zur Gemeindefusion], Niigata.

Niigata-shi (2005a), *Niigata Manifesto [Manifest Niigata]*, Niigata: Niigata Kommunalverwaltung.

Niigata-shi (2005b), *Shokuin muke: NPO to no kyōdō o susumeru tame ni* [Handbuch zur Förderung von Partnerschaft für Verwaltungsangestellte], http://www.city.niigata.jp/info/kusei/kyoudou/pdf/manual.pdf (28.09.2011).

Niigata-shi (2006a), *Niigata-shi no kōiki gappei ni okeru shimin e no kōka eikyō ni kansuru chōsa hōkoku* [Studie über die Auswirkungen der Gemeindefusion Niigatas auf die betroffenen Bürger], http://www.city.niigata.jp/info/kikaku/gappei/13gaiyou/pdf/ gappeikensyou.pdf (08.08.2011).

Niigata-shi (2006b), *Heisei 18 nendo boshū Niigata-shi shimin kōeki katsudō shien hojokin* [Finanzielle Fördermittel zur Unterstützung von gemeinnützigen Aktivitäten], http://www.city.niigata.jp/info/kusei/koeki/ hojyokin/18bosyuyoko. htm (28.09.2011).

Niigata-shi (2007a), *Shimin kyōdō no tebiki* [Kooperationsleitfaden für Bürger], http://www.city.niigata.jp/ info/ kusei/kyoudou/pdf/kyodotebiki_2006.pdf (25.06.2008).

Niigata-shi (2007b), *Niigata-shi jichi kihon jōrei* [Kommunale Rahmensatzung Niigatas], http://www.city.niigata.jp/info/kikaku/jichikihon/pdf/Pamphlet.pdf (17.08.2011).

Niigata-shi (2007c), *Jichikai kanyūritsu, kodomokai kanyūritsu* [Eintrittsrate in Nachbarschaftsorganisationen und Organisationen zugunsten der Kinder], http://www.city.niigata.jp/info/shokuiku/shoku/kaigi/gaikyo/p9.pdf (18.05.2010).

Niigata-shi (2007d), *Kyōdō no tebiki* [Kooperationsleitfaden Niigatas], http://www.city.niigata.jp/info/ kusei/kyoudou/pdf/kyodotebiki_2006.pdf (28.09.2011).

Niigata-shi (2007e), *Niigata shigikai* [Stadtrat Niigata], http://www.city.niigata.jp/info/gikai_jimu/index.htm (12.08.2007).

Niigata-shi (2008), *Zaisei jōkyō ichiranhyō – Niigata-shi* [Übersicht zur Finanzlage der Kommune Niigata], https://www.city.niigata.jp/info/zaimu/zaisei/zaiseibunseki/h20/ H20zaimuichiran.pdf (10.03.2010).

Niigata-shi (2009a), *Niigata-shi kyotenka senryaku adobaizā kōenkai: Kokudo senryaku no naka no Niigata* [Workshop „Niigata als strategisches Zentrum in Japan"], http://www.city.niigata.jp/info/kikaku/ koyo/pdf/210611yada_kouen.pdf (09.09.2011).

Niigata-shi (2009b), *Niigata-shi gyōsei hyōka iinkai yōkō* [Programm des Ausschusses zur Evaluation der Verwaltung der Stadt Niigata], http://www.city.niigata. jp/kensaku/youkou/files/public/00666.pdf (23.06.2010).

Niigata-shi (2010a), *Niigata-shi kigyō ritchi gaido* [Niigata Business guide], http://www.city.niigata.jp/info/ port/others/image/q7.pdf (09.09.2011).

Niigata-shi (2010b), *Jigyō shiwake gaibu hyōka iinkai* [Externer Evaluationsausschuss für die Vergabe öffentlicher Aufträge], http://www.city.niigata.jp/info/gyokei/gyokaku/22shiwake/kekkasokuho.html (01.09.2010).

Niigata-shi (2010c), *Shimin kōeki katsudō hojokin* [Subventionen für gemeinnützige Aktivitäten], http://www.city. niigata.jp/info/kusei/koeki/hojyokin/koekihojyokin. htm (05.06.2010).

Niigata-shi (2011a), *Kaiha-betsu giin meiba* [Namensliste der Stadträte nach Faktion], http://www.city.niigata.jp/ info/gikai_jimu/meibo/meibo_02kaihabetsu.htm (22.09.2011).

Niigata-shi (2011b), *Tōhyō ritsu* [Wahlbeteiligung], http://www.city.niigata.jp /info/senkan/kekka/ritsu.html (27.08.2011).

Niigata-shi (2011c), *Jūmin kihon daichō jinkō* [Wohnbevölkerung], http://www.city.niigata.jp/info/somu/ toukei/nstat/00_01jinkou/1juuki/01ku/excel/h23/110831kujinkou.xls (04.10.2011).

Niigata-shi (2011d), *Meiwa gijin. Niigata minato – Shimin jichi no genryū* [Die gerechten Menschen von Meiwa: Der Ursprung der Bürgerselbstverwaltung in der Hafenstadt Niigata], http://www.city.niigata.jp/info/ bunka/meiwagijin/meiwagijin.htm (28.09.2011).

Niigata-shi (2012), *Chiiki komyuniti kyōgikai to wa?* [Was ist eine Community-Konferenz?], http://www.city.niigata.lg.jp/kurashi/shimin/community/comkyou.html (20.06.2012).

Niigata-shi (o.J.), *Niigata chiiki kōiki gappei shiryō-shitsu* [Materialien zur Gemeindefusion Niigatas], http://www.city.niigata.jp/info/kikaku/gappei/ kouikigappei_siryousitu.html (09.09.2011).

Niigata-shi komyuniti shienka (2011), *Kyōdō jigyō teian moderu jigyō* [Modell-Verfahren für bürgerinitiierte Kooperationsprojekte], http://www.city.niigata.jp/info/kusei/ kyoudou/kyoudouteian.html (06.07.2011).

Niigata-shi shimin katsudō shien sentā (2011), Suchergebnisse unter http://www.shimin-ouen.com/center/dantai/ (06.07.2011).

Niigata-shi shimin seikatsubu komyuniti shienka (2011a), Suchergebnisse unter http://www.shimin-ouen.com/dantai/ [18.08.2011]

Niikawa, Tatsurō (2005), „Shimin shakai soshiki to gyōsei no pātonāshippu no arikata" [Formen der Partnerschaft zwischen zivilgesellschaftlichen Organisationen und der Verwaltung], in: *NIRA Policy Research*, Vol. 18, Nr. 2., S. 6-13.

Nikkei gurōkaru [Nikkei Glocal] (2006), *Zenkoku shiku gyōsei kakushin-do rankingu* [Nationales Ranking in Bezug auf Verwaltungsreformen], http://www.nikkei.co.jp/rim/glweb/backno/no62.htm (18.06.20111).

Niseko-chō (2000), *Niseko-chō machizukuri kihon jōrei* [Rahmensatzung zur Stadterneuerung der Gemeinde Niseko], http://www1.g-reiki.net/reiki26d/ (12.06.2010).

Nishio, Masaru (2007), *Chihō bunken kaikaku* [Die Dezentralisierungsreform], Tōkyō: Daigaku shuppankai.

Nishi-Tōkyō-shi (2002), *Nishi-Tōkyō-shi shimin sanka jōrei* [Partizipationssatzung der Kommune Nishi-Tōkyō], http://db.city.nishitokyo.lg.jp/reiki/myweb.exe/document|1|guest07||0|0|0|726|4|7|0,4,0|1200,1|89,7| 1200,1 (27.07.2010).

Nōrinsuisanshō (2010), *Shi-chō-son no sugata – Gurafuto tōkei de miru nōrinsui sangyō* [Zur Struktur der Gemeinden – Landwirtschaftliche Statistiken], http://www.machimura. maff.go.jp/machi/map2/15/ 100/agriculture.html (09.09.2011).

Nōrinsuisanshō (2011), *Nōgyō rōdō ryoku ni kansuru tōkei* [Statistiken zur landwirtschaftlichen Arbeit], http://www.maff.go.jp/j/tokei/sihyo/data/08.html (09.09.2011).

Ōasa, Setsuko (2005), „Chiteki kōzō kūkan toshite no chiiki shakai – Mitaka nettowāku daigaku ga mezasu mono" [Mitaka Network University as the Platform for the Intellectual Local Community], in: *Keikaku gyōsei* 2, S. 44-50.

Ōishida, Hisamune; Yamaoka, Yoshinori (2001), *Kyōdō shakai no suketchi.* [Eine Skizze der Kyōdō-Gesellschaft], Shimin, jūmin to jichitai no pātonashippu [Partnerschaften zwischen Bürgern, Einwohnern und Kommune] Bd. 3. Tōkyō: Gyōsei.

Ōishida, Hisamune (2004), „Komyuniti no henka to shimin jichi" [Wandlung der Kommune und Bürgerautonomie], in: Karasuya, Kazuo (Hg.), *Jichi-ken Ōita* [Forschungsgruppe zur Autonomie der Präfektur Ōita], Ōita: Ōita jichi kenkyū sentā, S. 12-19.

Ōishida, Hisamune (2006), *Henbō suru jichi no genba (Atarashii jichi ga tsukuru chiiki shakai)* [Der Wandel der Selbstverwaltung (Schaffung einer neuen Autonomie durch die kommunalen Gemeinschaften)], Vol. 3, Tōkyō: Gyōsei.

Ōishida, Hisamune; Shimada, Keiji; Imai, Akira (2008a), „40 shūnen kinen tokubetsu intabyū – Shimin jichi no made, kore kara (Saishūkai) chiiki de atarashii kachi wo sōzō suru" [Ein Sonderinterview zum 40jährigen Jubiläum – Bürgerautonomie in der Vergangenheit und zukünftige Schaffung neuer Werte in den Kommunen], in: *Chihō jichi shokuin kenshū* [Schulung kommunaler Angestellter], 41(3), S. 11-19.

Ōishida, Hisamune (2008b), „Chiiki de atarashii kachi o sōzō suru" [Schaffung neuer Werte in den Kommunen], in: Imai, Akira (Hg.), *Shimin jichi no made, kore kara* [Bürgerautonomie bisher und zukünftig], Tōkyō: Kōshokuken, S. 233-254.

Ōishida, Hisamune (2009), „Henbō suru komyuniti – Chiiki seisaku no shin tenkai" [The Changing Community: The New Development of Solution About Areas Problem], in: *Chihō jichi sōgō kenkyūsho* [Monthly Review of Local Government], 35 (1), S. 63-81.

Okamoto, Mitsuhiko (2008), „Rōkaru gabanansu to ishi kettei e no sanka – Jūmin jichi to jūmin tōhyō" [Die Teilnahme an Entscheidungsfindung und lokaler Governance – Bürgerliche Selbstverwaltung und Referendum], in: Yamamoto, Hiraku (Hg.), *Rōkaru gabamento to rōkaru gabanansu* [Local Government and Local Governance], Tōkyō: Hōsei daigaku shuppankyoku, S. 53-72.

Ōmoto, Keino (2010) „Jichi senshin toshi wa ika ni kizukareta ka (jō)" [Wie wird eine Stadt mit progressiver Selbstverwaltung aufgebaut?], in: *Tokyō keizai daigaku gakkaishi*, Vol. 267, Tōkyō: Tōkyō keizai daigaku, S. 247-289.

Ōsugi, Satoru (2007), „People and Local Government – Resident Participation in the Management of Local Governments", in: *Papers on the Local Governance System and its Implementation in Selected Fields in Japan No.1*, Council of Local Authorities for International Relations (CLAIR), Institute for Comparative Studies in Local Governance (COSLOG), Tōkyō: National Graduate Institute for Policy Studies (GRIPS), S. 1-30.

Ōsumi, Sōshirō (2002), „NPM no kakushin to seitō-sei" [Die Legitimität des und das Vertrauen auf New-Public-Management], in: *Kōkyō seisaku kenkyū* [Public Policy Research], No.2 (2002), S. 96-111, http://www.ppsa.jp/pdf/14.pdf (15.06.2011).

Ōsumi, Sōshirō (2005), „New Public Management: Jichitai ni okeru senryaku manejimento" [NPM-Strategien für Kommunen], in: *Financial Review*, Mai 2005, Zaimushō sōgō seisaku kenkyūjo, S. 19-44, http://www.mof. go.jp /pri/publication/financial_review/fr_list4/r76/r76_019_044.pdf (15.06.2011).

Ottersbach, Markus (2003), *Außerparlamentarische Demokratie: Neue Bürgerbewegungen als Herausforderung an die Zivilgesellschaft*, Frankfurt a. Main: Campus Verlag.

Ōwaki, Kōya; Kanazawa, Sadako u.a. (2009), „Shinjuku ni okeru nojukusha no kenkō – Chiiki seikatsu ikō shien jigyō no eikyō" [Health Situation of Homeless People in Shinjuku Tōkyō – Influence of a Housing First Project], in: *Shakai igaku kenkyū*, Vol.26 (2), Tōkyō: Shakai igaku kenkyūkai, S. 109-112.

Oyama, Kosuke (2003), „The Public Service Governance in Japan: Is an NPO an Agent or a Partner", in: *Keio Journal of Politics*, No.12, S.61-71.

Pappi, Franz Urban (1987), „Die Netzwerkanalyse aus soziologischer Perspektive", in: Ders. (Hg.), *Methoden der Netzwerkanalyse*, München: Oldenbourg, S. 11-37.

Pekkanen, Robert (2004), „Japan: Social Capital Without Advocacy", in: Alagappa, Muthiah (Hg.), *Civil Society and Political Change in Asia: Expanding and Contracting Space*, Stanford University Press, S. 223-255.

Pekkanen, Robert (2006), *Japan's Dual Civil Society: Members without Advocates*, Stanford: Stanford University Press.

Pierre, Jon; Peters, Guy B. (2000), *Governance, Politics and the State*, London: Palgrave.

Sagamihara-shi (2003), *Sagamihara pātonāshippu suishin shishin – Kyōdō suru shimin shakai wo mezashite* [Leitfaden zur Förderung der Partnerschaft in Sagamihara – Für eine kooperierende Zivilgesellschaft], http://www.city.sagamihara.kanagawa.jp/dbps_data/_material_/localhost/simin-katsuryoku/410500/pdf/ sisin.pdf (06.06.2011).

Saitō, Mizue; Iwasaki, Hiroshi; Mishima, Kōmei; Fujii, Eijirō (2007), „Musashino-shi ni okeru shimin sanka ni yoru ryokuchi no hozen to sōsei no shikumi ni kansuru kōka kenshō" [Zur Effektivität der Beteiligung der Bürger an der Erhaltung der Grünflächen und Erstellungen von Plänen in der Kommune Musashino], in: *Nichi-ryoku kōshi*, 33 (1), S. 270-273, http://ci.nii.ac.jp/els/110006382086.pdf?id=ART0008379576&type= pdf&lang=jp&host=cinii&order_no=&ppv_type=0&lang_sw=&no=1308151734&cp= (15.06.2011).

Saitō, Susumu (2004), „Jichitai gyōsei to kyōdōgata machizukuri" [Kommunale Verwaltung, lokale Administration und partnerschaftliche Stadtgestaltung], in: Kurazawa, Susumu; Kobayashi, Ryōji (Hg.), *Chihō jichi seisaku II* [Politik der lokalen Selbstverwaltung II], Tōkyō: Hōsō daigaku daigakuin kyōzai, S. 99-111.

Sakaguchi, Masaharu (2005), „Chiiki gabanansu to jichitai seifu no saikōchiku – Jichitai naibunken to chiiki jūmin jichi soshiki o tōshite" [Local Governance und die Restrukturierung von Lokalregierungen – Über innerstädtische Dezentralisierung und Institutionen der Bürgerselbstverwaltung], in: *Think Tank Fukushima Newsletter*, Juli (2005), Nr. 30, S. 21-24.

Sakakibara, Hidenori (2003), „Chihō jichi to sanka seido" [Lokale Selbstverwaltung und Partizipationsverfahren], in: *Minshushugi kagakusha kyōkai hōritsu-bukai kikanshi*, S. 48-60.

Sakakibara, Hidenori (2005), „Jūmin sanka no hatten to kadai" [Entwicklung und Aufgabe der Bürgerpartizipation], in: Muroi, Tsutomo (Hg.), *Jūmin sanka no shisutemu kakaku. Jichi to minshu shugi no rinyūaru* [Der Wert von Bürgerpartizipation. Erneuerung von Demokratie und Selbstverwaltung], Tōkyō: Nihon hyōronsha.

Sapporo-shi (2008), Kankyō shuto – Sapporo o mezashite (Heisei 19nen (2007) 6gatsu tsuitachi [Sapporo als Umwelthauptstadt] http://www.city.sapporo.jp/city/mayor/citizen/h190601.html (12.04.2011).

Sapporo-shi (2011), *Sapporo-shi jichi kihon jōrei* [Rahmensatzung der Stadt Sapporo], http://www.city.sapporo.jp/shimin/jichi/kihon/documents/jichikihonjorei.pdf (16.06.2011).

Sasaki, Nobuo (2006), *Jichitai o dō kaeru ka* [Wie ändert man Kommunen?], Tōkyō: Chikuma shobō.

Sasaki, Nobuo (2009), *Gendai chihō jichi* [Lokale Selbstverwaltung der Gegenwart], Tōkyō: Gakuyō shobō.

Satō, Iwao (2002), *Autonomy and Mobilization: Two Faces of Civil Society in Japan in the 1990s (Research Report Handout)*, Halle-Wittenberg: The annual meeting of the German Association for Social Science Research on Japan on 23rd of November 2002.

Satō, Kimitoshi (2007), „Jūmin sanka kenkyū no rironteki shiza: Gabanansuron no shiten kara" [A theoretical Perspective on Citizen Participation: From the Viewpoint of Governance Theory], in: *Chiiki Seisaku Kenkyū*, 10, Nr. 2, S. 45-61.

Satō, Tōru (2005a), „Shimin sanka no kiso gainen" [Grundbegriffe der Bürgerbeteiligung], in: Satō, Tōru; Takahashi, Hideyuki; Masuhara, Naoki; Mori, Kenzō (Hg.), *Shinsetsu shimin sanka: Sono riron to jissai* [Neue Ansichten zu Bürgerpartizipation: Theorie und Wirklichkeit], Tōkyō: Kōjinsha, S. 1-27.

Satō, Tōru (2005b), „Sōgō keikaku sakutei katei ni okeru shimin sanka" [Bürgerpartizipation an umfassenden Planungsprozessen], in: Satō, Tōru; Takahashi, Hideyuki; Masuhara, Naoki; Mori, Kenzō (Hg.), *Shinsetsu shimin sanka – Sono riron to jissai* [Neue Ansätze zu Bürgerpartizipation – Theorie und Wirklichkeit]. Tōkyō: Kōjinsha, S. 109-131.

Satō, Tōru (2005c), *Shimin kaigi to chiiki sōzō: Shimin ga kawari, gyōsei ga kawaru to chiiki mo kawaru!* [Bürgerkonferenzen und Kommunale Kreativität: Wenn sich Bürger und Verwaltung ändern, ändert sich auch die Region], Tōkyō: Gyōsei.

Satō, Tōru (2006), „Shimin kaigi no tokuchō to un'ei no pointo (Sukiru appu tokushū: Kō sureba umaku iku ‚Shimin Kaigi' " [Die Charakteristika der Bürgerkonferenz und die zentralen Punkte ihrer Durchführung (Sonderausgabe zur Weiterqualifizierung: Bedingungen für gut funktionierende ‚Bürgerkonferenzen')], in: *Gabanansu*, Vol. 61, S. 46-48.

Satō, Yoshiyuki (2002), *NPO to shimin shakai – Asoshieishon-ron no kanōsei* [NPO und Zivilgesellschaft – Möglichkeit der Assoziationstheorie], Tōkyō: Yūhi kaku.

Sayama-shi (2005), *Sayama-shi Iruma-shi gappei kyōgikai shiryō-shu*. [Informationsssammlung des Beratungsausschusses zur Gemeindefusion von Sayama und Iruma]. http://www.city.sayama.saitama.jp/gappei/ kaigi_pdf/jimu/20-07_010siryo.pdf (01.02.2010).

Schamoni, Wolfgang (2002), *Regeln für die Umschrift des Japanischen in schriftlichen Arbeiten*, Japanologisches Seminar der Universität Heidelberg, http://www.zo.uni-heidelberg.de/md/zo/japanologie/studium/umschrift-jp.pdf (06.03.2012).

Scharpf, Fritz W. (1999), *Regieren in Europa. Effektiv und demokratisch?*, Frankfurt a. Main: Campus.

Schmidtpott, Katja (2009), *Nachbarschaft und Urbanisierung in Japan, 1890 und 1970*, München: Iudicium.

Schulz, Martin (2009), „Ökonomisierung der Kommunen als Überlebensstrategie in Japan", in: Foljanty-Jost, Gesine (Hg.), *Kommunalreform in Deutschland und Japan: Ökonomisierung und Demokratisierung in vergleichender Perspektive*, Wiesbaden: VS Verlag für Sozialwissenschaften, S.79-106.

Schwalb, Lilian; Walk, Heike (Hg.) (2007), *Local Governance. Mehr Transparenz und Bürgernähe*, Wiesbaden: Verlag für Sozialwissenschaften.

Seko, Kazuho (2005), „Sanka kyōdōgata shakai e no paradaimu shifuto: Pātonāshippu o sasaeru kyōdō no rūru zukuri" [Zu einer Partizipations- und Kooperationsgesellschaft durch Paradigmenwechsel: Partnerschaftliche Gesetzgebung zur Kooperation], in: *NIRA Policy Research*, Vol. 18, Nr. 2., S. 14-19.

Shakai keizai seisansei honbu (Hg.) (2003), *Chihō gikai to jūmin sanka – Kore kara no chihō jichi no arikata o megutte* [Kommunalparlament und Bürgerpartizipation – das zukünftige Wesen der lokalen Selbstverwaltung], Tōkyō: ohne Verlag.

Shaw, Rajib; Gode, Katsuichirō (2004), „From Disaster to sustainable Community Planning and Development – The Kōbe Experiences", in: *Disasters*, 28(4), S. 16-40.

Shindō, Muneyuki (2002), *Chihō bunken* [Dezentralsierung], Tōkyō: Iwanami shoten.

Shinjuku-ku (2002), *Jisedai shien ikusei keikaku* [Plan zur Unterstützung der Ausbildung und Erziehung der nächsten Generation], http://www.city.shinjuku.tokyo.jp/fukusi-web/index/000001/001024.html (20.08.09).

Shinjuku-ku (2004a), *Shinjuku-ku chiiki to no kyōdō suishin keikaku* [Plan zur Förderung der Kooperation], http://www.city.shinjuku.lg.jp/content/000031404.pdf (08.08.2011).

Shinjuku-ku (2004b), *Kyōdō suishin manyuaru* [Partnerschaftsleitfaden für Verwaltungsangestellte], http://www.city.shinjuku.lg.jp/content/000015147.pdf (08.08.2011).

Shinjuku-ku (2004c), *Shinjuku-ku kumin-bu kyōdō suishin tantō* [Plan zur Förderung von Partnerschaft mit der Region und Shinjuku], Shinjuku.

Shinjuku-ku (2004d), *Kōhō Shinjuku* [Information Shinjuku], http://www.city.shinjuku. lg.jp/kohoshinjuku/ index.html (15.11.2004).

Shinjuku-ku (2005), *Shinjuku-ku paburikku komento seido ni kansuru kisoku jisshi yōryō* [Kernpunkte zur Durchführung der Bestimmungen zum Verfahren der öffentlichen Stellungnahme in Shinjuku], http://www.city.shinjuku.lg.jp/kusei/file14_00005.html (25.05.2011)

Shinjuku-ku (2006a), *Hōmuresu jiritsu shientō ni kansuru suishin keikaku* [Förderungsplan zum Aufbau eines selbständigen Lebens für Obdachlose], http://www.city.shinjuku.lg.jp/content/000041544.pdf (07.09.2011).

Shinjuku-ku (2006b), *Toshikata komyuniti no sōzō ni mukette – Komyuniti katsudō no suishin* [Zur Schaffung einer städtischen Gemeinschaft – Förderung gemeinschaftlicher Tätigkeiten], http://www.city.shinjuku.lg.jp/content/000024714.pdf (10.06.2010).

Shinjuku-ku (2007a), *Kumin to gikai o musubu jōhō-shi No. 231* [Einwohner und Stadtrat verbindendes Informationsblatt No. 231], http://www.city.shinjuku.lg.jp/content/ 000027654.pdf (18.09.2011).

Shinjuku-ku (2007b), *Shinjuku-ku kihon kōsō – Shinjuku-ku sōgō keikaku* [Basiskonzept und Basisplan der Stadt Shinjuku], http://www.city.shinjuku.lg.jp/kusei/file07_01_00014.html (23.05.2011).

Shinjuku-ku (2008a), *Heisei 20nendo Shinjuku-ku kyōdō jigyō teian shinsa hōkokusho* [Bericht zum Auswahlverfahren der Kooperationsprojekte 2008], http://www.city.shinjuku.lg.jp/content/000014619.pdf (13.07.2010).

Shinjuku-ku (2008b), *Zaisei jōkyō ichiranhyō – Shinjuku-ku* [Übersicht zur Finanzlage der Kommune Shinjuku], http://www.city.shinjuku.lg.jp/content/000062395.pdf (10.03.2010).

Shinjuku-ku (2009), *Heisei 21nendo – NPO katsudō shikin josei ni tsuite hōkoku* [Bericht über die finanzielle Unterstützung der Aktivitäten von NPOs für das Rechnungsjahr 2009], http://www.city.shinjuku.lg.jp/seikatsu/file03_02_00006.html (25.09.2011).

Shinjuku-ku (2010a), *Kyōdō jigyō teian seido* [Verfahren zur Einreichung von Initiativen für Partnerschaftsprojekte durch Bürgergruppen], http://www.city.shinjuku.lg.jp/seikatsu/index03_01.html (05.06.2010).

Shinjuku-ku (2010b), *Shinjuku-ku jichi kihon jōrei kumin tōgikai* [Deliberatives Bürgerforum im Rahmen der Formulierung der kommunalen Rahmensatzung], http://www.city.shinjuku.lg.jp/kusei/kikaku01_ 000117.html (02.08.2011).

Shinjuku-ku (2010c), *Shinjuku-ku jichi kihon jōrei chikujō kaisetsu* [Erklärung zur kommunalen Rahmensatzung Shinjukus], http://www.city.shinjuku.lg.jp/content/ 000076854.pdf (17.08.2011).

Shinjuku-ku (2011a), S*hinjuku-ku no aramashi* [Überblick über Shinjuku], http://www.city.shinjuku.lg.jp/ foreign/ japanese/aramashi/ (25.08.2011).

Shinjuku-ku (2011b), *Shinjuku-ku – Kusei monitā seido* [Das Monitoring-System Shinjukus], http://www.city.shinjuku.lg.jp/kusei/file04_00003.html (16.06.2010).

Shinjuku-ku (2011c), *Kaiha kōsei* [Faktionsstruktur], http://www.city.shinjuku.lg. jp/kusei/file08_00003.html (21.09.2011).

Shinjuku-ku (2011d), *Shinjuku NPO nettowāku kyōgikai zuiji kaiin Uketsuke-chū* [Shinjuku NPO-Netzwerk – Mitglieder gesucht!], http://www.city.shinjuku.lg.jp/seikatsu/file03_00014.html (23.09.2011, 27.02.2012).

Shinjuku-ku (2011e). *Shinjuku NPO nettowāku kyōgikai kaiin ichiran* http://www.city.shinjuku.lg.jp/ seikatsu/file03_00015.html [18.08.2011]

Shinjuku-ku (2011f), *Shinjuku-ku no jinkō* [Zur Bevölkerung Shinjukus], http://www.city.shinjuku.lg.jp/ kusei/ index02_101.html (18.03.2012).

Shinjuku-ku (2011g), *Shinjuku-ku kyōdō shien kaigi ni tsuite* [Informationen über den Expertenausschuss zur Unterstützung von Kooperation in Shinjuku], http://www.city.shinjuku.lg.jp/seikatsu/file03_03_00004.html (21.06.2011).

Shinjuku-ku (2011h), *Chiku kyōgikai no shōkai* [Vorstellung der Bezirkskonferenz], http://www.city.shinjuku.lg.jp/seikatsu/file02_01_00001.html (01.06.2010).

Shinjuku-ku (o.J.), *Paburikku komento* [Public comment], http://www.city.shinjuku.lg.jp/kusei/index14.html (21.06.2011).

Shinjuku-ku chiiki bunkabu chiiki chōseika kanrikei (2011), *Shinjuku kumin katsudō shien saito kira mira* [Online-Unterstützungsplattform Kira Mira], http://shinjuku.genki365.net/ (26.08.2011).

Shinohara, Hajime (1977), *Shimin sanka* [Bürgerpartizipation], Tōkyō: Iwanami shoten.

Shinoto, Akinori (2005), „Die Planungszelle in Japan", in: Dienel, Peter C. (Hg.), *Die Befreiung der Politik*, Wiesbaden : VS Verlag für Sozialwissenschaften, 2005,S. 125-127.

Shinotō, Akinori (2009), *Jūmin jichi o hiraku shimin tōgikai* [Planungszellen zur Erweiterung der Bürgerselbstverwaltung], in: Shinotō, Akinori; Suimio, Yoshida; Kohari, Ken'ichi (Hg.), *Jichi o hiraku shimin tōgikai*, Tōkyō: Imajin shuppan, S. 28-55.

Shinpō, Tetsuo (2003), „Nihon ni okeru gabamento to gabanansu" [Regierung und Governance in Japan], in: Iwasaki, Masahiro (Hg.), *Seisaku to gabanansu – Public Policies and Governance*, Tōkyō: Tokai University Press, S. 15-38.

Shushō kantei (2009), *Dai 173 kai kokkai ni okeru Hatoyama naikaku sōridaijin shoshin hyōmei enzetsu* [Grundsatzrede des Premierministers Hatoyama in der 173. Parlamentssitzung], http://www.kantei.go.jp/jp/ hatoyama/statement/200910/26syosin.html (08.04.2011).

Sōmushō (2002), *Hōmuresu no jiritsu no shientō ni kansuru tokubetsu sochihō* [Gesetz zu besonderen Förderungsmaßnahmen zum Aufbau eines selbständigen Lebens für Obdachlose], http://law.e-gov.go.jp/htmldata/ H14/H14HO105.html (07.09.2011).

Sōmushō (2006), *Kiso Jichi-tai ni okeru Jūmin Jichi ni tsuite* [Zur Bürgerselbstverwaltung in Kommunen], http:// www.soumu.go.jp/main_ sosiki/singi/chihou_seido/singi/pdf/No29_senmon_5_si1.pdf (07.06.2011).

Sōmushō (2007a), *Chihō kōkyō dantai no zaisei no kenzenka* [Die Wiederherstellung einer gesunden Finanzwirtschaft der Gebietskörperschaften], http://www.soumu.go.jp/iken/zaisei/kenzenka/index.html (10.02.2011).

Sōmushō (2007b), *Heisei 19nen kokumin seikatsu kihon chōsa* [Nationale Untersuchung zu Lebensbedingungen, Wohlfahrt und Gesundheit], http://www.e-stat.go.jp/SG1/estat/GL08020101.do?_toGL08020101_ &tstatCode=000000000322 (17.09.2011).

Sōmushō (2010), *Komyuniti gabanansu soshiki no arikata ni kansuru kenkyūkai – Komyuniti dantai un'ei no tebiki* [Forschungsgruppe zur Verbesserung der Organisation lokaler Governance – Leitfaden für lokale Organisationen], http://www.soumu.go.jp/main_ content / 000061359.pdf (18.02.2011).

Sōmushō e-Gov (2006), *Chihō bunken kaikaku suishinhō (Heisei 18 nen 12 gatsu 15 nichi)* [Decentralization Reform Promotion Law (15.12.2006)], http://law.e-gov.go.jp/announce/H18HO111.html (02.02.2013).

Sōmushō e-Gov (2009), *Gyōsei kikan no hoyū suru jōhō no kōkai ni kansuru hōritsu*. [Law on Access to Information held by Administrative Organs], http://law.e-gov.go.jp/htmldata/H11/H11HO042.html (07.06.2011).

Sōmushō jichi gyōseikyoku chiiki shinkōka (2005), „Jūmin to gyōsei to no kyōdō ni kansuru chōsa saishū-hōkoku" [Untersuchung über Kyōdō zwischen Bewohnern und Verwaltung (Endbericht)], http://warp.ndl.go.jp/info:ndljp/pid/283520/www.soumu.go.jp/s-news/2005/pdf/050603_9_01.pdf (06.06.2011).

Sōmushō jichi gyōseikyoku chiiki shinkōka (2006a), „Chihō jichitai to NPO-tō tono kyōdō suishin ni kansuru chōsa" [Untersuchung über die Förderung der Kooperation zwischen Kommunen und NPOs], http://warp.ndl. go.jp/info:ndljp/pid/997626/www.soumu.go.jp/menu_news/s-news/2006/pdf/060512_1_1.pdf (07.06.2011).

Sōmushō jichi gyōseikyoku chiiki shinkōka (2006b), „Kōeki-hōjin to gyōsei no kakawari" [Beziehung zwischen gemeinnützigen Körperschaften und Staats- bzw. Kommunalverwaltungen], in: *Kōeki hōjin hakusho* [Weißbuch über gemeinnützige Körperschaften], http://warp.ndl.go.jp/info:ndljp/pid/1052035/ www.soumu.go.jp/menu_seisaku/hakusyo/koueki/pdf/2008_honbun_3.pdf (06.06.2011).

Sueyoshi, Tetsu (2002), „Chihō bunkenka no senryaku to chihō jichitai no ariyō: Gabanansu-ron no tenkai no tame ni" [Dezentralisierungsstrategien und die Situation der Kommunen: Für die Entwicklung der Governance-Debatte], in: *Nihon toshi gakkai*, Nr. 35, S. 148-153.

Suginami-ku (2003), *Suginami-ku jichi kihon jōrei* [Rahmensatzung der Kommune Suginami], http://www2.city.suginami.tokyo.jp/library/file/jc_kih_jorei.pdf (14.08.2010).

Sunahara, Yōsuke (2005), „Gabanansuron no shatei – Daihyō minshūsei ni okeru ‚kōkyōteki mondai' e no taiō o megutte" [Die Reichweite der Governancedebatte – Der Umgang mit ‚öffentlichen Problemen' in der repräsentativen Demokratie], in: *Sōkan shakai kagaku*, Nr. 15, S. 70-85.

Suzuki, Kazutaka (2008), *Niigata-shi ni okeru jūmin jichi kasseika no tame no gyōsei no arikata ni kansuru kenkyū: Purānunkusutsere hōshiki ni yoru jūmin sanka no shindō* [A Study about the Administrative Ideal Method for Resident Autonomy Activation in Niigata City: Promotion of the Inhabitants Participation by the Planungszelle method], www.shinoto.de/pz-japan/downloads/page12/files/2008_Suzuki_Niigata.pdf (05.07.2011).

Takahashi, Hideyuki (2002), *Kyōdō gata shimin rippō: Kankyō jirei ni miru shimin sanka no yukue* [Partnerschaftliche Gesetzgebung: Entwicklungen in der Bürgerbeteiligung im Umweltschutzbereich], Tōkyō: Kōjinsha.

Takahashi, Hideyuki (2005a), „Sanka to kyōdō" [Partizipation und Partnerschaft], in: Satō, Tōru u.a. (Hg.), *Shinsetu shimin sanka – Sono riron to jissai* [Neue Ansichten zu Bürgerpartizipation – Theorie und Wirklichkeit], Tōkyō: Kōjinsha, S. 29-60.

Takahashi, Hideyuki (2005b), „Jōrei seitei katei ni okeru shimin sanka" [Bürgerbeteiligung im kommunalen Gesetzgebungsprozess], in: Satō, Tōru u.a. (Hg.), *Shinsetu shimin sanka – Sono riron to jissai* [Neue Ansichten zu Bürgerpartizipation – Theorie und Wirklichkeit], Tōkyō: Kōjinsha, S. 155-181.

Takahashi, Nobuyuki (2008), „Hajimete torikumu, ‚shimin kyōdō ni yoru machizukuri' no genjō to kadai" [Erste Auseinandersetzung zum Thema „Kooperation mit Bürger bei der Stadterneuerung" – Aktueller Stand und Probleme], in: *Nagasaki kokusai daigaku ronsō*, Vol. 8 2008.3., S. 193-204 http://library.niu.ac.jp/pdf/RN08-018.pdf (15.06.2011).

Takamizawa, Kunio (1991), „On the Planning Process and the Result of the District Environmental Improvement in Tokyo-ku-Area", in: *Nihon kenchiku gakkai keikakukei ronbun hōkokushū* (426), S. 91-100.

Takao, Yasuo (2006), „Co-governance by Local Government and Civil Society Groups in Japan: Balancing Equity and Efficiency for Trust in Public Institutions", in: *The Asia Pacific Journal of Public Administration*, 28 (2006), Nr. 2, S. 171-199.

Takimoto, Yoshifumi; Sekiya, Tatsuko; Ueda, Michiaki (2006), „Seisaku jiko hyōka to seisaku kadai – Hokkaidō, Setana-chō, Niseko-chō no Jirei Hōkoku" [Self-Evaluation and policy issues in Hokkaidō, Setana and Nisekō], in: *Bukkyō daigaku shakaigakubu ronshū*, No.43, 2006-9, http://archives.bukkyo-u.ac.jp/infolib/ user_contents/repository_txt_pdfs/syakai43/S043L001.pdf (15.06.2011).

Takizawa, Toshiyuki (2006), „Shimin to gyōsei to no kyōdō ni kakawaru shutai-sei to kankei-sei" [Subjektivität- und Verhältnisfrage in Bezug auf kyōdō von Bürgern und Verwaltung], in: Tōkyō borantia shimin katsudō sentā (Hg.), *NPO to gyōsei no pātonāshippu wa naritatsu ka?* [Wird Partnerschaft zwischen NPO und Verwaltung verwirklicht?], Tōkyō: Tōkyō borantia shimin katsudō sentā, S. 1-12.

Tamano, Kazushi (2006), „90nendai ikō no bunken kaikaku to chiiki gabanansu" [Dezentralisierungsreform und Local Governance seit den 1990er Jahren], in: Sanbonmatsu, Masayuki (Hg.), *Chiiki shakai no seisaku to gabanansu* [Regional Policy and Local Governance], Tōkyō: Tōshindō, S. 135-153.

Tamano, Kazushi (2007), „Komyuniti kara pātonāshippu e – Chihō bunken kaikaku to komyuniti seisaku no tenkan" [Von Gemeinschaft zur Partnerschaft – Dezentralisierungsreform und Wandel in der Kommunalpolitik], in: Hagai, Masami (Hg.), *Jichi to sanka, kyōdō: Rōkaru gabanansu no saikōchiku* [Selbstverwaltung, Partizipation und Kooperation: der Wiederaufbau von Local Governance], Kyōto: Gakugei Shuppansha, S. 32-48.

Tama-shi (2010), *Tama-shi ni okeru kyōdō no keika to torikumi jōkyō* [Entwicklung und Stand der Kooperation in der Stadt Tama], http://www.city.tama.lg.jp/bunka/47/7646/001800.html.

Tamura, Yoshikazu; Muzuguchi, Norihito; Mikami, Takahiro; Satō, Mitsuru (2005), *Bunken suishin to jichi no denbō* [Die Vermittlung von Selbstverwaltung und Förderung von Dezentralisierung], Tōkyō: Nihon hyōronsha.

Tanaka, Hiraki (2009), „Evaluation in Local Governments in Japan", in: *Papers on the Local Governance System and its Implementation in Selected Fields in Japan No.14*, Council of Local Authorities for International Relations (CLAIR), Institute for Comparative Studies in Local Governance (COSLOG), National Graduate Institute for Policy Studies (GRIPS), S. 1-42.

Tōkeikyoku (2005), *Kokusei chōsa (3): Hiruma jinkō* [Volkszählung (Teil 3): Tag-Bevölkerung], http://www.stat.go.jp/data/kokusei/2005/jutsu1/00/03.htm (09.09.2011).

Toki, Hiroshi; Hiraishi, Masami, Saitō, Hiraishi (2009), *Gendai Nihon no chihō jichi* [Japans gegenwärtige lokale Selbstverwaltung], Tōkyō: Hokuju shuppan.

Tōkyō borantia shimin katsudō sentā (Hg.) (2005), *NPO to gyōsei no pātonāshippu wa naritatsu ka?* [Wird Partnerschaft zwischen NPO und Verwaltung verwirklicht?], Tōkyō: Tōkyō borantia shimin katsudō sentā.

Tōkyō-to (2010), *Rojō seikatsusha chiiki betsu gaisū chōsa ichiran* [Anzahl der Obdachlosen nach Stadtbezirken, Stand: Januar 2010] http://www.metro.tokyo.jp/INET/CHOUSA/2010/03/60k3q201.htm (09.09.2011).

Tōkyō-to seikatsu bunka supōtsukyoku tomin seikatsubu kanri hōjinka (2006), *Tōkyō-tonai ku-shi-chō-son ni okeru NPO shien, kyōdō ni kansuru shisaku no jisshi jōkyō* [Maßnahmen zur Unterstützung der Kooperation mit NPOs], http://www.seikatubunka.metro.tokyo.jp/index4files/18kushityouson-sesaku.pdf (17.06.2010).

Tōkyō-to seikatsu bunka supōtsukyoku tomin seikatsubu kanri hōjinka (2009), *Tōkyō-tonai kushichōson ni okeru NPO shien, kyōdō ni kansuru shisaku no jisshi jōkyō* [Maßnahmen zur Unterstützung der Kooperation mit NPOs], http://www.seikatubunka.metro.tokyo.jp/index4files/21kushityouson-sesaku.pdf (17.10.2011).

Tōkyō-to sōmukyoku (2008a), *Zaisei jōkyō ichiranhyō – Mitaka-shi* [Übersicht zur Finanzlage der Kommune Mitaka], http://www.soumu.metro.tokyo.jp/05gyousei/gyouzaisei/zaisei/kessan/hikaku/itiran/shi/ 2004mitaka.xls (10.03.2010).

Tsubogō, Minoru (2003), „Chiiki seiji no kanōsei" [Die Chance einer lokalen Politik], in: Tsubogō, Minoru (Hg.), *Atarashii kōkyō kūkan o tsukuru: Shimin katsudō no itonami kara* [Einen neuen öffentlichen Raum schaffen], Tōkyō: Nihon hyōronsha, S.207-237.

Tsubogō, Minoru (2004), „Fukushi kokka to kankyō mondai – jizoku kanōsei no senryaku o megutte" [Wohlfahrtsstaat und Umweltproblem – Zur Strategie der Nachhaltigkeit], in: Saito, Jun'ichi (Hg.): *Fukushi kokka / Shakaiteki rentai no riyū* [Wohlfahrtsstaat / Motive gesellschaftlicher Solidarität], Tōkyō: Mineruba shobō, S. 119-151.

Tsubogō, Minoru (2006a), „Sanka gabanansu to wa nani ka" [Was ist partizipative Governance?], in: Tsubogō, Minoru (Hg.), *Sanka gabanansu* [Partizipative Governance], Tōkyō: Nihon hyōronsha, S. 13-29.

Tsubogō, Minoru (2006b), „Shimin sanka no shintenkai to jichitai kaikaku – Shimin shakai o tsuyoku suru hōhō" [Neue Entwicklungen von Bürgerpartizipation und die Reform der Kommunen – Ein Weg zur Stärkung der Zivilgesellschaft], in: Tsubogō, Minoru (Hg.), *Sanka gabanansu* [Partizipative Governance]. Tōkyō: Nihon hyōronsha, S. 31-53.

Tsubogō, Minoru (2009), „Nihon ni okeru jichitai seiji no kasseika – Chiiki seitō ‚seikatsusha nettowāku' no tōjō to hatten" [Aktivierung der kommunalen Politik in Japan – Gründung und Entwicklung der lokalen Partei „Seikatsusha nettowāku"], in: Tsubogō, Minoru; Foljanty-Jost, Gesine; Agata, Kōichirō (Hg.), *Bunken to jichitai saikōchiku – Gyōsei kōritsuka to shimin sanka* [Dezentralisierung und Rekonstruktion der Kommunen – Effizienzsteigerung und Bürgerpartizipation], Tōkyō: Hōritsu bunkasha, S.173-191.

Tsukamoto, Ichiro; Nishimura, Mariko (2008), „The Emergence of Local Non-profit Government Partnerships and the Role of Intermediary Organizations in Japan – Contractual Relationships and the Limits of Co-governance", in: *Public Management Review*, Vol. 8, Nr. 4, S. 567-581.

Uchinaka, Eisuke (2006), *Jichi kihon jōrei o tsukuru – Mitaka shimin no kai ga mezashita mono* [Die Schaffung kommunaler Rahmensatzungen – Ein Blick auf die Bürgerkonferenz in Mitaka], Tōkyō: Jichitai kenkyūsha.

UNDP (2009), *Human Development Report 2009*, http://hdr.undp.org/en/media/ HDR_20072008_GEM.pdf (08.02.2011).

Vosse, Wilhelm (1999), „The Emergence of a Civil Society in Japan.", in: Deutsches Institut für Japanstudien (Hg.), *Jahrbuch des Deutschen Instituts für Japanstudien*, Band 11, München: Iudicium, S. 31-53.

Vosse; Wilhelm (2004), „Civil Society in Times of Depolitisation: Do NPOs and Referenda Make a Difference in Japan in the 1990s?", in: Foljanty-Jost, Gesine (Hg.), *Japan in the 1990s. Crisis as an Impetus for Change*, Münster: Lit Verlag, S. 155-178.

Yamagishi, Hideo; Sugawara, Toshio (2004), *NPO to gyōsei – Kyōdō no saikōchiku. Kore made no jū nen, kore kara no jū nen* [NPOs und Verwaltung – Der Neuaufbau von Partnerschaften: Die letzten 10 Jahre, die kommenden 10 Jahre], Tōkyō: Daiichi shorin.

Yamamoto, Hiraku (2004), „Komyuniti, gabanansu to NPO (Gabanansu-ron to gyōseigaku)" [Community, Governance und NPO], in: *Nenpō gyōseigaku*, Nr. 39, S. 48-69.

Yamamoto, Hiraku (2008), Vorwort, in: Ders. (Hg.) *Rōkaru gabamento to rōkaru gabanansu* [Local Government and Local Governance], Tōkyō: Hōsei daigaku shuppankyoku, S. iii-ix.

Yamamoto, Tadashi (1999), „Emergence of Japan's Civil Society and its Future Challenges", in: Yamamoto, Tadashi (Hg.), *Deciding the Public Good: Governance and Civil Society in Japan*, Tōkyō: Japan Center for International Exchange, S. 97-124.

Yamamoto, Tadashi (Hg.) (1999), *Deciding the Public Good – Governance and Civil Society in Japan*, Tōkyō: Japan Center for International Exchange.

Yamamoto, Takashi (2009), *Rōkaru gabanansu. Fukushi seisaku to kyōchi no senryaku* [Local Governance: sozialpolitische Maßnahmen und Strategien partizipativer Regierungsführung], Tōkyō: Mineruba shobō.

Yamazaki, Takeo (2004), *Chiiki komyuniti-ron. Chiiki jūmin jichi soshiki to NPO. Gyōsei no kyōdō* [Die Debatte über lokale Community. NPOs und die Struktur der Bürgerselbstverwaltung. Kooperation der Verwaltung], Tōkyō: Jichitai kenkyūsha.

Yokohama-shi (2010), *Yokohama-shi kyōdō jigyō kenshō shisutemu no nagare* [Übersicht über das Evaluationssystem von Kooperationsverfahren in Yokohama], http://www.city.yokohama.lg.jp/shimin/tishin/kyoudou/kensyou/pdf/houkoku/system.pdf (17.08.2011)

Yokokura, Setsuo (2005), „Kōmin no kyōdō to kyōchi no sōshutsu – Atarashii jichitai ni mukete" [Partnerschaft mit Bürger und Neuschaffung der Zusammenverwaltung – Für neue Kommunen], in: Yokokura, Setsuo (Hg.), *Kōmin no kyōdō to sono seisaku kadai* [Partnerschaft von Bürgern und die Probleme politischer Maßnahmen], Tōkyō: Jichitai Kenkyūsha, S. 11-58.

Yokosuka-shi (2010), *Yokosuka-shi no shimin kyōdō no gaiyō* [Übersicht über die Kooperation mit Bürgern in Yokosuka], http://www.city.yokosuka. kanagawa.jp/2405/simin/gaiyou.html (06.06.2011).

Yonamine, Manabu (2006), „Kyōdō to wa nani ka" [Was ist Kooperation?], in: Hyōgo daigaku sōgō kagaku kenkyūjo (Hg.), *Sankaku to kyōdō* [Partizipation und Kooperation], Kōbe: Hyōgo daigaku sōgō kagaku kenkyūjo, S. 130-136.

Yorimoto, Katsumi (2004): "Synergetic-role Responses to Public Sphere Issues and Governance: Partnerships Among Citizens, Private Enterprises and Government Administration", in: Tamura, Sadao, Tokita, Minoru (Hg.): *Symbiosis of Government and Market*. London: Routledge-Curzon. S. 55-72.

Yoshikawa-chō (2003), *Yoshikawa-chō machizukuri kihon jōrei* [Rahmensatzung zur Stadterneuerung der Kommune Yoshikawa], http://www1.ocn.ne.jp/~hose/sub9 /2002/matidukurikihonnjyourei.htm (07.06.2011).

Za senkyo [Die Wahl] (2011a), *Mitaka shigikai giin senkyo* [Stadtratswahl der Kommune Mitaka], http://go2senkyo.com/elections/201109093201.html (27.08.2011).

Za senkyo [Die Wahl] (2011b), *Mitaka shichō senkyo* [Bürgermeisterwahl der Kommune Mitaka], http://go2senkyo.com/elections/201109093200.html (27.08.2011).

Za senkyo [Die Wahl] (2011c), *Shinjuku kugikai giin senkyo* [Stadtratswahl der Kommune Shinjuku], http://go2senkyo.com/elections/201109093668.html (27.08.2011).

Za senkyo [Die Wahl] (2011d), *Shinjuku kuchō senkyo* [Bürgermeisterwahl der Kommune Shinjuku], http://go2senkyo.com/elections/201109092236.html (27.08.2011).

Za senkyo [Die Wahl] (2011e), *Iruma shigikai giin senkyo* [Stadtratswahl der Kommune Iruma], http://go2senkyo.com/elections/201109097246.html (27.08.2011).

Za senkyo [Die Wahl] (2011f), *Iruma shichō senkyo* [Bürgermeisterwahl der Kommune Iruma], http://go2senkyo.com/elections/201109096014.html (27.08.2011).

Zenkoku chijikai (2007), *Abe naikaku no jisseki to sangiin senkyo kōyaku no kenshō* [Evaluation der Leistungen des Abe-Kabinetts und der Wahlversprechen bei der Unterhauswahl], http://www.nga.gr.jp/news/20070712_31.pdf (03.06.2012).

Zenkoku chijikai (2010), *Chūki zaisei un'ei no arikata ni tsuite* [Überlegungen zum geeigneten Management der mittelfristigen Finanzpolitik], http://www.nga.gr.jp/news/2010512tyukizaiseiuneinoarikata.pdf (03.06.2012).

Zenkoku feminisuto giin renmei (2010), *Zenkoku feminisuto giin renmei to wa?* [Was ist das Bündnis der weiblichen Abgeordneten (Alliance of Feminist Representatives – AFER)], http://www.afer.jp/feminist/ index. html (19.05.2010).

Zenkoku shakai fukushi kyōgikai (2010), *Zenkoku borantia katsudō Jittai Chōsa Hōkokusho* [Bericht zur landesweiten Untersuchung freiwilligen Engagements], http://www3.shakyo.or.jp/cdvc/data/files/ DD_08111830482620. pdf (27.04.2011).

Zenkoku shichōkai (2009), *Dainiki chihō bunken kaikaku ni kansuru teigen II – Jiritsu shita chiiki no tame ni* [Die zweite Stellungnahme für die zweite Reform der Dezentralisierung – Für die Schaffung von unabhängigen Regionen], http://www.mayors.or.jp/opinion/teigen/documents/210206bunkenteigen.pdf (01.06.2012).

The manufacturer's authorised representative in the EU is Springer
Nature Customer Service Centre GmbH, Europaplatz 3, 69115 Heidelberg,
Germany. If you have any concerns regarding our products, please
contact ProductSafety@springernature.com

Printed and bound by CPI Group (UK) Ltd, Croydon, CR0 4YY
27/04/2026
02097640-0009